“传播法研究”丛书
丛书主编 / 展 江 徐 迅
学术顾问 / 魏永征

传播权界论

展 江◎著

中国出版集团
世界图书出版公司
广州·上海·西安·北京

图书在版编目（CIP）数据

传播权界论 / 展江著 . -- 广州 : 世界图书出版广东有限公司 , 2025.1重印
ISBN 978-7-5100-9908-3

Ⅰ . ①传… Ⅱ . ①展… Ⅲ . ①新闻学 – 传播学 – 法学 – 研究 – 中国
Ⅳ . ① D922.164

中国版本图书馆 CIP 数据核字 (2015) 第 158945 号

传播权界论

策划编辑 赵　泓
责任编辑 梁少玲
装帧设计 梁嘉欣 卢佳雯
出版发行 世界图书出版广东有限公司
地　　址 广州市新港西路大江冲 25 号
电　　话 020-84459702
印　　刷 悦读天下（山东）印务有限公司
规　　格 787mm × 1092mm　1/16
印　　张 19.5
字　　数 310 千
版　　次 2015 年 7 月第 1 版　2025 年 1 月第 3 次印刷
I S B N 978-7-5100-9908-3/D·0122
定　　价 98.00 元

"传播法研究"丛书

总　序

传播法（communication law），又称媒介法、媒体法（media law）、大众传媒法（mass media law），是指调整与信息传播活动这一特定社会活动有关的各类社会关系的法律规范的总和。通常说的新闻法、新闻传播法，是其中重要组成部分。传播法是一个学术概念，除个别国家外，通常并没有传播法这样一部法律，也不是传统意义上的法律部门。它不是根据调整社会关系的性质和方法为标准，而是以其调整信息传播这个特定社会活动为目标、打破现有法律部门的分野而重新排列组合的一种综合性的法律规范的体系。

我国法律体系中包括宪法相关法、民商法、行政法、经济法、社会法、刑法、诉讼和非诉讼程序法等多个法律部门，在这些法律部门里，只要是用来调整信息传播活动的，就是传播法的内容。传播法涉及所有现行的公法和私法领域，传播法研究主要涉及宪法、诽谤法、隐私法、侵权责任法、知识产权法、诉讼法、保密法、信息法、电信法、广告法等以及关于各类特定媒体的专门法。

我国对传播法的研究始于上世纪80年代。30年来，作为一门跨学科的边缘性研究，新闻传播学界和法学界的众多学人携手合作、相互切磋，作出了重大成绩。许多研究成果，从不同侧面推动了国家社会主义法制建设，从而丰富了现有传播法的内容，同时经过各种阐释和传播，推动广大专业从业人员和以各种方式参与传播活动的人们知法用法，夯实了传播法治的基础。

编选出版这套传播法丛书，希望为有志于传播法研究的广大学人搭建一座平台，推广和交流各项成果，推进整个传播法的研究，这在当前尤其意义重大。

首先，随着传播科技迅猛发展，各类媒体趋向融合，新兴媒体不断出现，整个传播格局发生了颠覆性的变化，单一的专业的大众传播渠道已经变为专业的大众传播和广大自媒体生成内容（UGC）并行互动的局面，媒体的功能也从单一的传播信息而日益进入社会的经济、文化生活的诸多领域（互联网+），这对传播活动的规范不断提出了新的挑战，如何建立一个既能切实保障人们的表达自由、传播自由，又能有效维护他人各种合法权益和社会公共利益的传播新秩序，这是全世界都面临的一个课题，我国的传播法研究理应为国际社会做出应有的贡献。

其次，在国内，随着我国形成社会主义法律体系，中央又做出了全面推进依法治国的决定，在各个社会领域推进社会主义法治建设。在传播领域，如何进一步弘扬宪法的权威，切实在宪法的实施和监督上下功夫，如何按照全面反映客观规律和人民意愿的要求，克服利益博弈的倾向，推进传播法制建设，都有大量工作要做，传播法研究完全应该也可以对一些重大问题作出科学而有价值的回答。

其三，法律的生命力和权威在于实施，而实施的基础在于得到广大人民群众的广泛认同。某一条法律规定再好，人民群众特别是主要的相关权利和义务主体还不知道、不了解，这样的规定无异束诸高阁，是谈不上切实贯彻实施的，这种现象在传播法领域也时有发现。传播法研究可以通过对现行法律法规的解读、阐述，对其实务应用的评说，将这些规范进一步推向广大人民群众特别是专业工作者，这样才谈得上可能真正实现传播法治。

希望这套丛书能够不断推出传播法研究的成果。

魏永征
2015 年 5 月 5 日于上海悉尼阳光

Contents

目 录

壹 传播法治

马克思恩格斯新闻出版和新闻法治观探析

改革开放以来，越来越多的国人对马克思主义的基本精神进行了重新认识和思考。正如中央编译局俞可平教授所言：《共产党宣言》中提出要建立一个“自由人的联合体”，它指的是“每个人的自由发展是一切人的联合体，”它指的是“每个人的自由发展是一切人的自由发展的条件”，而我们始终没有把它突出出来。[1] 在对马克思主义新闻出版和新闻法治观的认识上，也有全面审视和准确理解的必要。

一、新闻出版是促进近代社会发展的强大动力

马克思曾详尽论述了近代出版自由思想的起源，认为自由观念的原始起点是简单商品交换，出版自由在法律上的确立，是在商品经济占统治地位之后对社会主导意识形态的反映。马克思说：“资产阶级为了达到它的目的，就必然要取得自由讨论自身利益、观点以及政府的行动的可能。它把这叫做‘出版自由权’……这是自由竞争的必然后果。”[2]

---

[1] 《共产党宣言》文献片即将推出”上海：《报刊文摘》，1998 年 6 月 11 日，第 3 版。
[2] 《马克思恩格斯全集》，北京：人民出版社，第 1 版，第 6 卷，第 121 页。

马克思还这样论述了报刊基本功能的实现与新闻法治的关系："没有关于新闻出版的立法，就是从法律自由领域中取消新闻出版自由，因为法律上所承认的自由在一个国家中是以法律形式存在的。"[1]

（一）专制社会的特征之一便是压抑新闻出版

在马克思恩格斯时代，资产阶级反对专制的斗争尚未在欧洲取得全面胜利。根据出版自由的有无以及这种自由度的大小，就可以将欧洲国家分为三种类型：（1）资本主义民主国家；（2）专制国家；（3）发生过资产阶级革命，但革命成果不巩固的国家。第一类国家的典型是英美，第二类的典型是普鲁士、俄国，第三类的典型是法国。对于普鲁士和俄罗斯的出版专制，马克思和列宁分别进行过严正的声讨。

1841年12月，普鲁士政府颁布了新的书报检查令，用虚伪的自由主义词句掩盖其专制主义的实质。为此，马克思在次年2月写下他的第一篇政论文章《评普鲁士最近的书报检查令》。它是一篇与弥尔顿的《论出版自由》一脉相承、说理辩驳更加严密有力的檄文。其后，马克思又在《莱茵报》上发表了一系列抨击封建书报检查制度的文章。

马克思为新闻出版自由作了有力的声辩："新闻出版就是人类自由的实现"[2]，"没有新闻出版自由，其他一切自由都会成为泡影。"[3]在马克思眼中，受检查的报刊=不自由的报刊，书报检查制度是政府垄断的批评，"书报检查制度不是法律，而是警察手段，并且还是拙劣的警察手段"。[4]

马克思认为，受检查的报刊具有这样的特点："这种报刊是文明化的怪物，洒上香水的畸形儿"[5]，它有"伪善、怯懦、阉人的语调和摇曳不停的狗尾巴"[6]。书报检查制度的后果是制度建立者自欺欺人并伤害人民的心灵。

对于俄国的出版专制，列宁作了类似的声讨。他认为，在沙俄，写作事业已经"被亚洲式的书报检查制度和欧洲的资产阶级所玷污。"[7]因而出现了

[1] 《马克思恩格斯全集》，北京：人民出版社，第2版，第1卷，第176页。
[2] 《马克思恩格斯全集》，北京：人民出版社，第2版，第1卷，第166页。
[3] 《马克思恩格斯全集》，北京：人民出版社，第2版，第1卷，第201页。
[4] 《马克思恩格斯全集》，北京：人民出版社，第2版，第1卷，第178页。
[5] 《马克思恩格斯全集》，北京：人民出版社，第2版，第1卷，第171页。
[6] 《马克思恩格斯全集》，北京：人民出版社，第2版，第1卷，第170页。
[7] 《列宁全集》，北京：人民出版社，第2版，第12卷，第94页。

“伊索式的笔调，写作上的屈从，奴隶的语言，思想上的农奴制——这个该诅咒的时代！”[1] 列宁指出，争取出版自由的途径首先是摆脱“农奴制的书报检查制度的束缚”[2]，然后再摆脱资本的控制。

（二）民主国家新闻出版自由的局限性

马克思恩格斯列宁因从事革命活动而不容于专制当局，先后被迫流亡国外，他们能够比较自由地发表政治主张的国家主要是出版自由的发源地英国和实行直接民主制的小国瑞士。

恩格斯在 1844 年写道：“英国无疑是地球上（北美也不除外）最自由的，即不自由最少的国家……英国的政治活动、出版自由、海上霸权以及规模宏大的工业，几乎在每一个人身上都充分发展了民族特性所固有的毅力、果敢的求实精神、还有冷静无比的理智，这样一来，大陆上的各个民族在这方面也远远落在英国人后面了。”[3]

1842 年，马克思在抨击莱茵省议会维护等级特权时反问道：“既然英国报刊在最不受束缚的情况下也没有破坏历史基础，难道这不是恰好说明新闻出版自由的好处吗？”[4] 他又提到了美国，并告诫议员们说：“你们可以在北美找到新闻出版自由的最纯粹、最合乎事物本性的自然现象。”[5] 燕妮·马克思则称英国是“众所公认的出版界圣地。”[6]

马克思恩格斯很少在出版自由前面加上“资产阶级”的修饰语，在论述资本主义新闻自由时经常以“（新闻）出版自由”和“人民权利”来说明。这是因为新闻出版自由具有普遍的形式，而一般不仅仅是资产阶级的专利或徒有虚名。

列宁写了多篇论及新闻出版自由的文章。大体上说，十月革命前，列宁肯定和赞扬新闻出版自由。十月革命后，他着重抨击和揭露一些国家出版自由的虚伪性。1896 年，他在狱中写的《社会民主党纲领草案及其说明》，将出版自由列入党纲第三章第四节。他在其后谈到英美等国的政治和新闻出版

[1] 《列宁全集》，北京：人民出版社，第 2 版，第 12 卷，第 92 页。
[2] 《列宁全集》，北京：人民出版社，第 2 版，第 20 卷，第 389 页。
[3] 《马克思恩格斯全集》，北京：人民出版社，第 1 版，第 1 卷，第 678-679 页。
[4] 《马克思恩格斯全集》，北京：人民出版社，第 2 版，第 1 卷，第 151 页。
[5] 《马克思恩格斯全集》，北京：人民出版社，第 2 版，第 1 卷，第 182 页。
[6] 《马克思恩格斯全集》，北京：人民出版社，第 1 版，第 16 卷，第 688 页。

自由时使用肯定语气。他写道，“在英国，有人民对于行政机关的坚强监督。”[1]从1914年以后到十月革命，列宁多次称赞美国人民享有的自由和民主。

在法治国家，出版自由是通例，违反出版自由则是特例，而在专制俄国，出版不自由是通例，出版自由才是特例。列宁认为，“推翻专制制度应该是俄国工人阶级的首要任务”，[2]因为俄国不但与英美有天壤之别，甚至比不上欧洲其他国家。他说：“德、法等国的工人阶级除了出版报纸以外。还有许多公开活动的形式和组织运动的方法”，“而我们在取得政治自由之前，则必须用革命的报纸来代替这一切”，这种报纸是“能正常出版和正常发行的”。[3]在沙俄几度短期开放报禁时，布尔什维克党都充分利用昙花一现的自由，出版了若干报纸。

十月革命时，俄国是协约国对德作战的主要国家之一。革命后协约国对俄国进行武装干涉，国内不断发生白卫军叛乱，苏维埃政权危机四起。在这种特殊背景下，新政权罚没、封闭了敌视苏维埃的报刊。当老布尔什维克格·米雅斯尼科夫1921年建议让从君主派到无政府主义者的各种人都享有出版自由时，列宁接连写了两封信予以批评。信中说：“资产阶级（在全世界）还比我们强，强很多倍。再让它有建立政治组织的自由（=出版自由，因为报刊是政治组织的中心和基础）这个武器，那就是为敌人的活动开方便之门，就是帮助阶级敌人。”“我们不愿自杀，因而决不会这样做。”[4]

列宁的信中还有以下这段被广泛引用的名言：“在全世界，凡是有资本家的地方，所谓出版自由，就是收买报纸、收买作家的自由，就是买通、收买和炮制‘舆论’帮助资产阶级的自由。”[5]

在列宁这一时期发表的其他文章中，他还以另外两个论据证明最先进资本主义国家的出版自由的虚伪和危害。一是取缔工人报刊，二是传播和捏造谣言。这些都是当时确凿的事实，是列宁对西方新闻自由持否定态度的重要原因。然而据此认为西方新闻自由就是造谣诽谤的自由，以及这种自由建立在取缔反对派报刊的基础之上，显然有以偏概全、将特例视为通例之嫌，因

[1] 《列宁全集》，北京：人民出版社，第2版，第4卷，第220页。
[2] 《列宁全集》，北京：人民出版社，第2版，第4卷，第169页。
[3] 《列宁全集》，北京：人民出版社，第2版，第42卷，第85-86页。
[4] 《列宁全集》，北京：人民出版社，第2版，第42卷，第85-86页。
[5] 《列宁全集》，北京：人民出版社，第2版，第42卷，第85页。

为上述情形发生在战争时期。而在战时，新闻钳制是通例，就像苏维埃政权不给反对派报刊以自由一样。此外，以英法美为首的协约国出于对俄国退出大战的恼怒和意识形态上的敌对，制造出许许多多的谣言，报界则自觉或不自觉地成为应声虫和传声筒。但这不是西方报界的本性，因为在民主化市场社会中，报刊靠造谣为生是不可想象的。此外，我们不应忘记，肯定出版自由的那段话（“出版自由”这个口号从中世纪末到19世纪在全世界成了伟大的口号。为什么呢？因为它反映了资产阶级的进步性，即反映了资产阶级反对僧侣、国王、封建主和地主的斗争。[1]），见诸列宁致米雅斯尼科夫的第二封信。

论及西方新闻自由的局限性，我们还应提到列宁广为人知的另外一段话。他在1921年3月写道：“资本主义使报纸成为资本主义的企业，成为富人发财、向富人提供消息和消遣的工具，成为欺骗和愚弄劳动群众的工具。”[2]这开头一句是非常正确的，在列宁的时代，作为报业垄断标志的报团在欧美国家纷纷出现。如果说报纸只为富人所用，正像资本家收买报纸一样，在十月革命前的俄国大致也是符合实情的，但并非在所有资本主义国家皆然，因为廉价报纸让报纸进入了社会中下层成员家庭，而独立报业19世纪初在英美等国的崛起标志着它们在政治和经济上获得了相对自主的地位。如果说独立报业诞生之前政府曾长期贿赂报刊的话，那么到马克思恩格斯时代则已废止。

那么怎样认识西方新闻自由的局限性呢？马克思恩格斯早就注意到资本主义制度下新闻自由受制于金钱这一现象。恩格斯说：“资产阶级的力量全部取决于金钱……这样，出版自由就仅仅是资产阶级的特权”。[3]因而，消灭资本独占，把新闻自由从金钱的束缚下解放出来，是马恩在肯定新闻出版自由的历史地位的基础上提出的高一级的要求。

二、报刊是社会的“第三种权力”

不同于英美等西方国家流行的“第四权力”（“第四等级”）论，马克思先后提出了报刊是社会中的“第三个因素”和“第三种权力”的观点。在

[1]《列宁全集》，北京：人民出版社，第2版，第42卷，第85页。

[2]《列宁全集》，北京：人民出版社，第2版，第40卷，第401页。

[3]《马克思恩格斯全集》，北京：人民出版社，第1版，第2卷，第647-648页。

第一个观点中，报刊这种“第三个因素”是有利于开展多方参与的社会治理的一种力量。在第二个观点中，报刊作为“第三种权力”是社会公共舆论的代表者或反映者。

（一）“第三个因素”和“第三种权力”

马克思在早年提出过“第三个因素”的观点，他说：“管理机构和被管理者都同样需要有第三个因素，这个因素是政治的因素，但同时又不是官方的因素……这个具有公民头脑和市民胸怀的补充因素就是自由报刊。”[1]在其他场合，他又提到了人民报刊的概念。在他看来，真正的报刊 = 自由报刊 = 人民报刊，它们极其忠实地报道人民的呼声，“不通过任何官僚中介，原原本本地把人民的贫困状况反映到御座之前”。[2]

有人认为上述观点是青年马克思的唯心主义观点。可是马克思在成为马克思主义者以后，仍然没有改变他关于报纸应该具有独立自主地位的主张。他在 1850 年发表的《1848 年至 1850 年的法兰西阶级斗争》一文中对法国政府起草、秩序党修正的新闻出版法作了严厉批判。针对该法规定“每一篇文章都要有作者署名”，马克思指出：“当报刊匿名发表文章的时候，它是广泛的无名的社会舆论的工具；它是国家中的第三种权力。”[3]从“第三个因素”到“第三种权力”，马克思关于报刊地位的基本思想不但没有变化，而且还有所强化，这是令人深思的。

（二）报刊与人的全面发展

马克思恩格斯从社会发展的总进程中考察了人的发展同社会发展的关系，分析了大工业生产下人的全面发展的必然性，使人的全面发展成为可以预见到的现实。

在马克思恩格斯看来，世界性的交往革命产生以后，迫于生存需要的精神交往和心理需要带来的不自觉的交往，将让位于人的自我实现和精神享受等较高级的交往形式，其结果是马克思所说的“个性得到自由发展”。[4]在人

---

[1] 《马克思恩格斯全集》，北京：人民出版社，第 2 版，第 1 卷，第 378 页

[2] 《马克思恩格斯全集》，北京：人民出版社，第 2 版，第 1 卷，第 378 页。

[3] 《马克思恩格斯全集》，北京：人民出版社，第 2 版，第 1 卷，第 473 页。

[4] 《马克思恩格斯全集》，北京：人民出版社，第 1 版，第 46 卷下册，第 218 页。

的全面发展过程中，人民报刊（自由报刊）起了重要的作用。

由于报刊在社会交往中的特殊地位，它与人民大众的关系便不同于一般的统治者和被统治者的关系，它需要依靠人民的普遍信任，也要求自身向人民不断提供新的精神产品。马克思说，新闻出版自由就是通过油墨来向我们的心灵说话，“有了自由的报刊，你们会丧失什么呢？”[1] 关于自由报刊与人民精神发展的关系，马克思有这样一段名言：

> 自由报刊是人民精神洞察一切的慧眼，是人民自我信任的体现，是把个人同国家和世界联结起来的有声的纽带，是使物质斗争升华为精神斗争，并且把斗争的粗糙物质形式观念化的一种获得体现的文化。自由报刊是人民在自己面前的毫无顾虑的忏悔，大家知道，坦白的力量是可以使人得救的。自由报刊是人民用来观察自己的一面镜子，而自我审视是智慧的首要精神，它可以推销到每一间茅屋，比物质的煤气还便宜。它无所不及，无处不在，无所不知。自由报刊是观念的世界，它不断从现实世界中涌出，又作为越来越丰富的精神唤起新的生机，流回新的世界。[2]

与自由报刊相反，在书报检查制度下，报刊以“伪善、怯懦、阉人的语调和摇曳不停的狗尾巴”[3] 为统治者粉饰太平，或为小市民提供一些无聊的谈资，或转移民众对自身苦难的关注。受检查的报刊非但不能促进人的发展，而且既扼杀民族精神，又败坏人民的教养水平。——伪善——是同它分不开的……政府只听见自己的声音，它也知道它听见的只是它自己的声音，但是它却耽于幻觉，似乎听见的是人民的声音，而且要求人民同样耽于这种幻觉。因此，人民也就有一部分陷入政治迷途，另一部分陷入政治上的不信任，或者说完全离开国家生活，变成一群只顾个人的庸人。[4]

马克思恩格斯重视报刊对人的全面发展的积极作用，但他们并不认为报刊是万能的。无论报刊的影响多少广泛，它毕竟只是一种精神力量，而“批

[1] 《马克思恩格斯全集》，北京：人民出版社，第2版，第1卷，第179页。
[2] 《马克思恩格斯全集》，北京：人民出版社，第2版，第1卷，第179页。
[3] 《马克思恩格斯全集》，北京：人民出版社，第2版，第1卷，第170页。
[4] 《马克思恩格斯全集》，北京：人民出版社，第2版，第1卷，第183页。

判的武器当然不能代替武器的批判”。[1]

（三）《马克思和〈新莱茵报〉》

有这样一种说法：同一般意义上的民主和自由一样，新闻自由是有条件的和相对的，而不是无条件的和绝对的。可是恩格斯却多次使用“绝对的（新闻）出版自由”的字眼。他在1888年写的《马克思和〈新莱茵报〉》一文中回忆说：“……在莱茵地区，我们却享有绝对的新闻出版自由，我们也充分利用了这个自由。”[2]

1890年，恩格斯在《给〈社会民主党人报〉读者的告别信》写道：

> 我生平曾经有两次荣幸地为报纸撰稿而充分享有一般能开展新闻出版工作所应具备的两个最有利的条件，第一，绝对的新闻出版自由，第二，深信你的听众正是你想要同他们说话的人第一次是1848年到1849年为《新莱茵报》撰稿。这是革命的时期……
>
> 第二次是为《社会民主党人报》撰稿。这同样是一个革命的时期。[3]

要理解恩格斯“绝对的新闻出版自由”概念，须从以下两方面入手：第一，“政治自由不是哲学意义上的自由。它是在实践中解决哲学问题，而不是用哲学方式解决实践问题。”[4]“绝对的新闻出版自由”是一个政治、法律、社会意义上的概念，不是哲学概念，这里的“自由”不必与“必然”作为一对范畴、“绝对”也不必与“相对”作为一对范畴看待。

第二，恩格斯对（新闻）出版自由作过清晰的界定。他在1844年称出版自由是“每个人都可以不经国家事先许可自由无阻地发表自由的意见”[5]。

那么在普鲁士，恩格斯是怎样享有“绝对的新闻出版自由”的呢？那都是发生在革命时期的特殊事件，统治者不得不暂时放弃书报检查，或者是报

[1] 《马克思恩格斯选集》，北京：人民出版社，第2版，第1卷，第299-300页。

[2] 《马克思恩格斯选集》，北京：人民出版社，第2版，第1卷，第299-300页。

[3] 《马克思恩格斯选集》，北京：人民出版社，第2版，第1卷，第299-300页。

[4] （美）乔万尼·萨托利：《民主新论》，冯克利、阎克文译，北京：东方出版社，1993年，第302页。

[5] 《马克思恩格斯全集》，北京：人民出版社，第1版，第1卷，第95页。

纸采取了“非法”手段。“《社会民主党人报》就是这种不合法性的体现。对它来说什么必须遵守的帝国宪法，什么帝国刑法典，什么普鲁士邦法统统不管。”[1]这样，我们可以把“绝对的新闻出版自由”理解为排除了国家干预后实现的、通过报刊充分表达意见的权利。

三、社会主义新闻自由必须超越资本主义新闻自由

马克思主义认为，社会主义是在政治、经济、文化等一切领域对资本主义的全面超越。社会主义新闻自由是建立在资本主义新闻自由普遍形式的基础上，消除了金钱的制约作用后所获取的更大的一种精神交往权利。因此，马克思恩格斯列宁主张，在工人阶级夺取政权以前，应充分利用包括新闻自由在内的资本主义民主形式，并以自己的行为表明，工人阶级政党内也必须发挥新闻自由的积极作用；在夺取政权后，对旧新闻出版业进行改造，使之成为扩大党内民主和人民民主权利的利器。

（一）工人阶级必须充分利用新闻出版

马克思恩格斯把自觉利用新闻自由开展合法斗争视为工人运动成熟的标志。在批判无政府主义者巴枯宁反对工人阶级争取包括新闻自由在内的政治自由时，恩格斯指出：“政治自由、集会结社的权利和新闻出版自由，就是我们的武器；如果有人想从我们手里夺走这些武器，难道我们能够置之不理和放弃政治吗？有人说，进行任何政治行动都意味着承认现状，但是，既然这种现状为我们提供了反对它的手段，那么利用这些手段就不是承认现状。”[2]

对于尚未获得新闻自由的专制国家的工人运动，马克思恩格斯给予格外的关切。1865年，恩格斯在小册子《普鲁士军事问题和德国工人政党》中，以整整一章论述了政治自由的意义。他指出：没有出版自由，就不可能有工人运动；没有出版自由，工人永远不能争得自身解放；争取出版自由就是争取工人政党本身呼吸所需的空气。[3]

在《共产党宣言》中，马克思恩格斯针对德国“真正的”社会主义者反

---

[1] 《马克思恩格斯选集》，北京：人民出版社，第2版，第1卷，第299-300页。

[2] 《马克思恩格斯选集》，北京：人民出版社，第2版，第1卷，第299-300页。

[3] 《马克思恩格斯全集》，北京：人民出版社，第1版，第16卷，第74-87页。

对资本主义民主的论调尖锐地批驳道："真正的社会主义……把社会主义的要求同政治运动对立起来，用诅咒异端邪说的传统办法诅咒自由主义，诅咒代议制国家，诅咒资产阶级的竞争、资产阶级的新闻出版自由、资产阶级的法、资产阶级的自由和平等，并且向人民群众大肆宣扬，说什么在这个资产阶级运动中，人民群众非但一无所得，反而会失去一切。德国的社会主义恰好忘记了，法国的批判（德国的社会主义是这种批判的可怜的回声）是以现代的资产阶级社会以及相应的物质生活条件和相当的政治制度为前提的，而这一切前提当时在德国正是尚待争取的。""这种社会主义成了德意志各邦专制政府及其随从——僧侣、教员、容克和官僚求之不得的、吓唬来势汹汹的资产阶级的稻草人。"[1]

马克思恩格斯认为，利用哪怕是昙花一现的新闻自由，还可以对统治当局的官员进行监督。1848 年欧洲革命爆发后，普鲁士当局被迫解除报禁，马克思恩格斯着手创办《新莱茵报》。它的创刊声明说："《新莱茵报》原定于 7 月 1 日出版。和通讯员们商定的也正是这个日期。但是，鉴于反动派实行新的无耻发动，可以预料德国的九月法令很快就要颁布。因此，我们决定利用自由环境中的每一天，从 6 月 1 日起就开始出版。"[2]

马克思恩格斯在《新莱茵报》上对进行密谋的君主、贵族等整个反动势力进行了无情揭露和抨击。在 1849 年 2 月的《新莱茵报》审判案中马克思说：报刊按其使命来说，是社会的捍卫者，是针对当权者的孜孜不倦的揭露者，是无处不在的耳目，是热情维护自己自由的人民精神的千呼万应的喉舌。[3]

在恩格斯等人的指导下，1890 年德国"反社会党人法"废除后，社会民主党报刊获得了空前发展，到恩格斯逝世时，出版党报 65 种，工会报 50 种，总发行量高达 100 万份。

在俄国革命实践中，列宁深感缺乏西欧那种政治自由之痛，在反对"左派幼稚病"的同时从办报人手，在国外和国内暂时享有新闻自由的环境下创办了许多报刊，为创建和发展社会民主党奠定了基础。

[1] 《马克思恩格斯选集》，北京：人民出版社，第 2 版，第 1 卷，第 299-300 页。
[2] 《马克思恩格斯全集》，北京：人民出版社，第 1 版，第 37 卷，第 324 页。
[3] 《马克思恩格斯全集》，北京：人民出版社，第 1 版，第 22 卷，第 90 页。

（二）党内民主离不开党内新闻自由

马克思和恩格斯指出，工人阶级政党报刊的使命之一是监督党的领导，批评其缺点错误。为此，在党内报刊问题上，既要维护阶级和党的利益，又要坚持报刊自主和新闻自由。党内报刊的批评功能一直受到马克思恩格斯的高度重视。恩格斯说："批评是工人运动的生命要素，工人运动本身怎么能避免批评，想要禁止争论呢？难道我们要求别人给自己以言论自由，仅仅是为了在我们自己队伍中又消灭言论自由吗？"[1]在如何认识党内新闻自由问题上，马克思恩格斯提出了许多深刻的见解。

1. 党的报刊应成为全体党员的论坛

19世纪80年代以后，德国社会民主党已拥有上百万党员。马克思恩格斯认为，党报不仅要宣传党的纲领，而且要成为全体党员发表意见的论坛。1882年，恩格斯在给《社会民主党人报》主编爱德华·伯恩施坦的信中批评党的领袖将党的报刊变成自己的工具。1885年，德国《社会民主党人报》发表反对意见，遭到议会党团批评。恩格斯表示支持党报，议会党团作了让步。恩格斯后来说："《社会民主党人报》决不是党团的简单传声筒。"[2]1890年，恩格斯又指出："党已经很大，在党内绝对自由地交换意见是必要的。"[3]

列宁主张用公开性促成党的统一，自1900年起，他至少有20多次谈到公开性问题。他为《火星报》制定的方针是："我们要使我们的机关刊物成为观点不相同的社会民主党人讨论一切问题的机关刊物。"[4]

2. 党报党刊有权批评党的领袖，抵制"普鲁士作风"

马克思恩格斯认为，对党的领导机关和领袖人物进行批评，是包括党报工作者在内的每个党员的民主权利。他们甚至将阻挠党的报刊履行监督和批评使命的言行同专制政权的书报检查相提并论，予以痛斥。

1891年，德国社会民主党机关刊物《新时代》发表马克思16年前写的《哥达纲领批判》后，遭到党的许多领导人的反对，但受到了广大党员的拥护和欢迎。恩格斯为此多次批驳了不同意发表该文的观点。

---

[1] 《马克思恩格斯全集》，北京：人民出版社，第1版，第37卷，第435页。
[2] 《列宁全集》，北京：人民出版社，第2版，第4卷，第89页。
[3] 《马克思恩格斯全集》，北京：人民出版社，第1版，第38卷，第88页。
[4] 《马克思恩格斯全集》，北京：人民出版社，第1版，第38卷，第517页。

恩格斯首先指出，德国社会民主党“需要社会主义科学，而这种科学没有发展自由是不能存在的，必须实行不可侵犯的自由。”党对因此发生的“种种不愉快的事情，只好采取容忍态度，而且最好泰然处之，不要急躁”。[1]

其次，恩格斯认为，如果党的领导人压制批评，干扰监督，那么，不仅党的报刊无法履行其他使命，而且党报工作者也痛苦不堪。他说：“做隶属于一个党的报纸的编辑，对任何一个有首创精神的人来说，都是一桩费力不讨好的差事。”[2]

第三，恩格斯将党的领导人压制党内新闻自由的行为称为资本主义民主差一个等级的“普鲁士作风”。当党内有人扬言要对《新时代》进行出版检查时，恩格斯指出，这是“在德国社会主义科学摆脱了俾斯麦的反社会党人法以后，又要把那置于一个由社会民主党的机关自己炮制和实施的新的反社会党人法之下。”[3]恩格斯奉劝道：“不要那么气量狭小，在行动上少来点普鲁士作风，岂不更好？”“你们根本想象不到，那种热衷于强制手段的做法，在国外这里给人造成何等奇怪的印象，在这里，毫不客气地向党的最老的领导人追究党内责任（例如伦道夫·邱吉尔勋爵向托利党政府追究责任），已是司空见惯的事。”[4]恩格斯多次邀请德国党的领导人到伦敦来呼吸一下自由空气。

第四，为确保批评党的领导人的权利，党的报刊应保持形式上的独立。恩格斯告诫奥古斯特·倍倍尔说：“你们在党内当然必须拥有一个不直接从属于执行委员会甚至党代表大会的刊物，也就是说这种刊物在纲领和既定策略的范围内可以自由地反对党所采取的某些步骤，并在不违反党的道德的范围内自由批评纲领和策略。你们作为党的执行委员会，应该提倡甚至创办这样的刊物……首先需要的是一个形式上独立的党的刊物。”[5]后来召开了党代表大会采纳了恩格斯的意见，决定不将所有党的报刊改为正式机关报刊。

（三）关于社会主义新闻出版和苏联模式

列宁在第一个社会主义国家建立之初，签署政令剥夺敌对报刊的出版自

[1] 《马克思恩格斯全集》，北京：人民出版社，第1版，第38卷，第38页。
[2] 《马克思恩格斯全集》，北京：人民出版社，第1版，第38卷，第88页。
[3] 《马克思恩格斯全集》，北京：人民出版社，第1版，第38卷，第518页。
[4] 孙旭培：《新闻学新论》，北京：当代中国出版社，1994年版，第45-46页。
[5] 《马克思恩格斯全集》，北京：人民出版社，第1版，第38卷，第517页。

由。1920年内战结束后，列宁认为，确立新的政治秩序的时机已经来临，着手逐步恢复新闻自由。具体做法有：（1）允许一部分非党报刊存在。（2）主张党内分歧应在党报上公开讨论。（3）提出达到一定人数的公民团体可以享受政府给予的出版物质条件。（4）鼓励报刊发挥舆论监督作用。

但是，斯大林在后来的社会主义进程中，抽去了时间和空间的条件，把列宁在夺取政权前和夺取政权之初的某些新闻观点和实践加以绝对化、模式化，使之成为苏联乃至整个“社会主义大家庭”的新闻制度，形成了一种很不利于表现社会主义优越性的新闻传播模式。

今天，结合中国1998年10月正式签署《公民权利和政治权利国际公约》以及全面推进依法治国和依宪治国的全新局面，显示社会主义高于资本主义的优越性的一个重要方面，便是在吸取资本主义新闻法治合理形式和内容的基础上，积极而审慎地发展社会主义新闻法治，并以此推动社会主义民主政治和经济建设事业。这与马克思恩格斯列宁的初衷应当是相吻合的。

开明、威权与自由之光

——160年缅甸新闻法制史管窥

目前拥有约5100多万人口的缅甸位于亚洲中南半岛西部[1]，是中国的邻国之一，历史上曾是英国殖民地。自1962年军事政变后，缅甸一直处于军人政权的控制中。在军人威权政府的统治下，缅甸由一个亚洲较富裕国家变成了落后国家，新闻事业更是受到军政府的严厉管制。到21世纪初，缅甸成为世界上少有的军人寡头集团统治的封闭和凋敝国家，遭受国际社会的轻视。

2011年，缅甸政府开始正式启动政治改革，新闻界的变革也随之步入轨道。2012年8月20日，缅甸政府宣布废除已实行48年的新闻检查制度。新的新闻法也在征集各方意见的起草过程中。作为一个曾经有着新闻自由传统的国家，缅甸这一次的新闻变革前景如何？本文尝试对于这一发展演化中的佛教国家的媒体变革之路进行初步的观察和考量。

一、19世纪亚洲最先进的新闻法

缅甸历史上并非是一个新闻不自由的国家。早在19世纪，缅甸是亚洲新闻的标杆之一。[2]1836年，在缅甸发行了一份英文周报《毛淡棉纪事报》(The Maulmain Chronicle)，这是缅甸历史上的第一份报纸。

（一）缅甸首部新闻法：亚洲最先进的新闻法

1852年第二次英缅战争中，英国占领勃固城并将此地称为下缅甸。因此，当时缅甸贡榜王朝的统治范围只剩下上缅甸。1853年12月17日，敏东继位上缅甸国王。他在位期间(1853-1878)鼓励报纸出版，并在王宫招待报纸编辑

---

[1] 参见 http: //news.xinhuanet.com/ziliao/2002-06/12/content_437267.htm。

[2] 张子宇："缅甸放宽新闻审查制度"，广州：《时代周报》，2012年2月16日。

人员。[1] 在他的支持下，第一份全缅文报纸《皇城曼德勒报》（Yadanaopon Nay Pyi Daw）在缅甸中部城市曼德勒创办。他还在 1873 年颁布了缅甸历史上最早的新闻法。此新闻法共包含 17 个条款，是东南亚地区第一部本土的新闻自由法。[2]

该新闻法确保了缅甸国内的新闻自由。它鼓励媒体为缅甸国民获取国外新闻而努力。在第三条中，法律规定报纸需要“帮助臣民获得来自欧洲、印度、中国和暹罗（泰国旧称）的新闻，以丰富臣民的思想并改善与这些国家的贸易以及交流”[3]。法律还一定程度上赋予了报纸批评政府和评论政事的权利，其中写道：“如果我做错了，可以写我。如果我的后妃做错了，可以写她们。如果我的儿女做错了，可以写他们。如果法官和市长做错了，可以写他们。任何人不得因为报刊叙说了真相而抵制报刊。他们（报刊记者）可以自由地出入王宫。”[4]

这部新闻法有多先进？我们可以比较一下当时亚洲国家和地区的其他新闻法。日本明治维新开始后于 1869 年 2 月 28 日颁布了该国第一部新闻法《报纸印行条例》；大英帝国在印度“依法”实行新闻管制；中国清政府在 1908 年 3 月 14 日颁布了《大清报律》管理印刷报刊；1885 年上缅甸被英国占领，成为英属印度的一个省份后，英国还在缅甸颁布了《缅甸无线电报法》。与这几部新闻法相比，敏东所颁布的新闻法要进步得多。例如，日本《报纸印行条例》中虽规定无须对提名得到出版许可的刊物每期进行监察，明确了报纸编辑的责任，并赋予了报刊刊载包括政治、军事、商法、艺术生活等各方面的权利，但还是限制了新闻报道，不允许报刊对政治发表评论[5]；而 1878 年英国在印度通过的《本地语言新闻法》(Vernacular Press Act) 作为印度新闻法制史上第一部本地语言的新闻法，则规定了在地方上设立新闻检查办公室，以及对于具有煽动性的作品如何进行打压，甚至还规定政府可以任意进入报

---

[1] Amanda C. Quick, *World Press Encyclopedia*, Detroit: Gale, 2003, pp633-636.

[2] IRRAWADDY. Chronology of Burma's Laws Restricting Freedom of Opinion, Expression and the Press[EB/OL].(2004-05-01). http://www2.irrawaddy.org/research_show.php?art_id=3534.

[3] IRRAWADDY. Chronology of Burma's Laws Restricting Freedom of Opinion, Expression and the Press[EB/OL].(2004-05-01). http://www2.irrawaddy.org/research_show.php?art_id=3534.

[4] 陈力丹：“缅甸新闻业的历史与面临的制度变化”，成都：《新闻界》，2012 年第 12 期。

[5] （日）山本文雄：《日本大众传媒史》，诸葛蔚东译，桂林：广西师范大学出版社，2007 年版，第 12-13 页。

社进行搜查，为地方政府管制新闻提供了法律依据[1]；《大清报律》采取了较宽松的注册登记制，给予人们较大的办报自由，虽然实行“事前检查”，但实际形同虚设[2]，然而对采访报道内容却给予了限制，规定“宫廷、政体、公安、风俗不得揭载，诉讼事件、预审事件、外交、海陆军事件、谕旨章奏未经许可不得揭载”[3]；1933 年的《缅甸无线电报法》更是规定：没有官方许可，不允许拥有任何无线电设备，对广播自由加以限制[4]。

（二）第二波民主化浪潮下的新闻自由

二次大战之后，西方殖民统治在东南亚逐渐消亡。1948 年，缅甸脱离英国取得独立。在塞缪尔·亨廷顿所说的“第二波民主化浪潮”中[5]，确立了民主政体的缅甸联邦诞生。1947 年颁布的《缅甸联邦宪法》规定了缅甸人民的基本权利，确保了人民思想、表达、信仰、宗教、结社等方面的自由。

由于政治上的自由民主，独立后的缅甸新闻界活跃起来。1948 年后，市场上出现的缅文、英文、中文报纸共有 56 家，它们大多数独立于政府。政府允许其对国内外新闻进行报道并与其他国外新闻从业者进行交流。独立后，缅甸出现了有影响的报纸。创办于 1957 年的《镜报》(Kyemon) 最高发行量为 9 万份，是当时缅甸发行量最大的报纸。此外，《人民报》《中华商报》《中国报》等中文报纸也具有影响力。

虽然缅甸联邦政府在 1950 年 3 月 9 日实行了《紧急条款法》，规定散播假新闻以及造成人们对政府公务人员或军队人员不敬不忠的行为为刑事犯罪[6]；但是，1948 年到 1962 年军事政变这 14 年间，缅甸还是很好地践行了

[1] 林伟伟：《印度新闻法治的历史变迁研究》，北京：中央民族大学文学与新闻传播学院，硕士学位论文，2009 年，第 13 页。

[2] 王晓迪：《“新闻自由”视域下中国新闻法律、法规比较研究》，沈阳：辽宁大学文学院，硕士学位论文，2010 年，第 29-30 页。

[3] 王晓迪：《“新闻自由”视域下中国新闻法律、法规比较研究》，沈阳：辽宁大学文学院，硕士学位论文，2010 年，第 53 页。

[4] IRRAWADDY, “Chronology of Burma’s Laws Restricting Freedom of Opinion, Expression and the Press,” (2004-05-01), http://www2.irrawaddy.org/research_show.php?art_id=3534.

[5] （美）塞缪尔·亨廷顿：《第三波——20 世纪后期民主化浪潮》，刘军宁译，上海：上海三联书店，1998 年版。塞缪尔·亨廷顿在《第三波——20 世纪后期民主化浪潮》中将 20 世纪结束前的世界民主化进程总结为三波民主化浪潮：一波民主化是指一组国家在一段特定时期内由非民主向民主政权转型；第二次民主化浪潮为短波，时间跨度为 1843-1962 年。

[6] IRRAWADDY, “Chronology of Burma’s Laws Restricting Freedom of Opinion, Expression and the Press,” http://www2.irrawaddy.org/research_show.php?art_id=3534.

新闻自由这一原则，维持了新闻的多样性。

二、第二波民主化回潮：威权政权下的新闻管制与言禁

1962 年，以吴奈温为首的军人发动政变夺取政权，并成立缅甸社会主义纲领党 (Burma Socialist Programme Party，BSPP)，开始了长达 48 年的军人独裁统治。军人执政的48年可以分为两个阶段: 奈温执政时期和新军人执政时期。后一阶段指的是 1988 年以苏貌为首的缅甸国防军再次发动政变，宣布废除宪法，解散人民议会和国家权力机构，并将“缅甸联邦社会主义共和国”改为“缅甸联邦”，推翻了缅甸社会主义纲领党政府。[1] 但这两个时期的政权实行的都是镇压式的统治体系，政治权力在缅甸长期占支配地位。与所有军人独裁的威权政府一样，政治合法性问题也是其政权的一个特点。

表 1 自敏东王以来缅甸历任统治者 [2]

贡榜王朝（雍藉牙王朝）1752-1885	
敏东王（King Mindon）	1853-1878
锡袍王（King Thidaw）	1878-1885
英国殖民统治时期 1885-1947	
缅甸联邦社会主义共和国 1948-1988	
吴努	1948-1956
吴巴瑞	1956-1957
吴努	1957-1958
吴奈温	1958-1960
吴努	1960-1962
吴奈温	1962-1981
吴山友	1981-1988
缅甸联邦共和国 1988-	
苏貌	1988-1992
丹瑞	1992-2011.2
吴登盛	2011.3-

经济方面，吴奈温执政后，其政权奉行缅甸式社会主义，将各行业收归

[1] 夏艳：“缅甸军人政治：历史与现状”，长春：《才智》，2008 年第 23 期。

[2] 蒯世烜：《中外历史大系手册》，北京：社会科学文献出版社，1988 年版，第 105-117 页。

国有。新军人政权执政后，开始有限地发展私营部门和海外贸易，但基本的市场机制还是受到政府的控制。根据非政府组织美国传统基金会 (The Heritage Foundation) 从 2007 到 2011 年公布的经济自由指数，缅甸连续五年排名倒数六名内。[1] 由于经济的管控和不透明，官员腐败也极其严重。在非政府组织透明国际 (Transparency International) 公布的腐败感指数排行榜中，从 2003 年到 2011 年，缅甸一直名列全世界的最后五位。[2] 从以上分析可以看出，缅甸是一个典型的威权管制型社会。

（一）依侍主义下的新闻界

由于媒介被视为整合社会和控制民众的工具，国家政权往往积极地对媒介加以利用，通过媒介来解决政治问题并证明其统治的合法性。[3] 缅甸的军人独裁政权也是遵循着这一规律。缅甸军人政权呈现出一种政府和军方的联盟，军方试图通过高压的手段维持它对社会的有效控制。鉴于媒体的特殊作用，缅甸军人政权和媒体之间形成了一种政治依侍主义。

政治依侍主义 (political clientelism) 指的是一种社会组织类型，其对社会资源的使用由庇护人控制，并输送给依侍人以换取服从或各种形式的支持。[4] 在这种社会组织形式中，法律规划般的正式规则不如个人关系或政党、教会和其他组织中介的关系重要。与媒体的关系则表现在依侍主义更倾向于与公共或私人媒介的工具化相联系。[5]

奈温 1962 年掌权后，便开始将缅甸国内的主要媒体收归国有，让这些媒体牢牢掌控在政府的手中。除此之外，大多数私营媒体的持有者都是与官方关系密切的人或集团。自此，虽然一些媒体还有抗争的声音发出，但大多数媒体已然抛弃了自身的社会批判功能，充当起政府和军方的传声筒。

随着军人政权合法性问题的提出，缅甸政府势必要在政府和媒体之间建立某种程度的主从关系以维持其政权的合法性。对去殖民地化和缅甸化的追

[1] 参见 http://www.heritage.org/。

[2] 参见 http://archive.transparency.org/policy_research/surveys_indices/cpi。

[3] （英）詹姆斯·卡伦、（韩）朴明珍主编：《去西方化媒介研究》，卢家银等译，北京：清华大学出版社，2011 年版。

[4] （美）丹尼尔·C·哈林、（意）保罗·曼奇尼：《比较媒介体制：媒介与政治的三种模式》，陈娟、展江等译，北京：中国人民大学出版社，2012 年，第 56 页。

[5] （美）丹尼尔·C·哈林、（意）保罗·曼奇尼：《比较媒介体制：媒介与政治的三种模式》，陈娟、展江等译，北京：中国人民大学出版社，2012 年，第 56-57 页。

求以及民族势力对立这些因素，让军方的强势统治成为可能。对媒体的控制也随之形成。在新军人政权期间，军方就曾在1991年通过国家广播发表讲话谴责西方文化对艺术家的影响，此外，《工人日报》还刊登漫画攻击西方人。[1]于是，言论自由和新闻自由这些公民最基本的权利被高高悬置起来了。据非政府组织记者无国界的新闻自由指数排名，2002-2010年缅甸的新闻自由在世界上都处于倒数前五(见表2)。

表2 2002-2013年缅甸新闻自由指数排名[2]

年份	国家总数	新闻自由指数	排名
2002	139	96.83	137（倒数第三）
2003	166	95.50	164（倒数第三）
2004	167	103.63	165（倒数第三）
2005	167	88.83	163（倒数第五）
2006	168	94.75	164（倒数第五）
2007	169	93.75	164（倒数第六）
2008	173	94.38	170（倒数第四）
2009	175	102.67	171（倒数第五）
2010	178	94.50	174（倒数第五）
2011-2012	179	100.00	169（倒数第十）
2013	179	44.71	151（倒数第二十九）

1. 印刷媒体管制

印刷媒体在缅甸有着比较悠久的历史。军人威权政权开始前，缅甸公民的识字率水平一直处于亚洲前列。因此，军人政府对于印刷媒体的管控十分严厉。首先，官方直接控制所有国内日报，只允许民营的周报和月刊存在，并且严格限制其数量，只给有军方背景的个人或集团颁发媒体运营牌照。到1988年新军人政权开始前，缅甸境内只剩下6份报纸，其中包括2份英文报纸。所有这些报纸的内容都是千篇一律的军方或政府指令。

1958年，奈温将军强迫当时在任总理吴努成立“看守政府”。在其后两年间，《波他腾报》(Botahtaung)《镜报》和《仰光日报》(Rangoon Daily)纷

[1] ARTICLE 19, “State of Fear: Censorship in Burma(Myanmar),”http://www.ibiblio.org/obl/docs3/State-of-Fear-minus.pdf, p54.

[2] 参见http://en.rsf.org/spip.php?page=classement&id_rubrique=1034，指数越高新闻自由度越低。

纷被关闭，其总编辑都因同情共产党或被指控进行反军方报道而被投进监狱。[1] 自1962年发动军事政变上台后，奈温更是加紧了对媒体的管制。报纸所有权被陆续收归国有，其中缅甸现存历史最悠久的报纸《缅甸之光》(Myanmar Ahlin) 就是在1969年被收归国有。其次，政府还关闭了一批报纸。缅甸的最后一份外省日报《汉莎瓦地报》(Hanthawaddy) 在1978年被奈温关闭。军方还限制媒体牌照的颁发。1966年开始，政府不再向印度语或中文报纸发布牌照。[2] 此外，军方还创建了《前进周报》(Forward Weekly) 和《工人日报》(Working People's Daily) 两份报纸充当缅甸社会主义纲政党的喉舌。[3]

1988年，缅甸国内爆发大规模的要求民主的抗议活动。[4] 缅甸媒体随之开始呈现复苏态势，仅曼德勒就创办了40多种新报纸。[5] 但是，1988年以苏貌为首的新军人政权开始后，这些报刊出版物都被查禁，新闻工作者受到迫害。到2010年，缅甸全国性日报只有3份，即《缅甸之光》(Myanmar Ahlin)、1992年复刊的《镜报》(Kyemon) 以及英文版《缅甸新光》(New Light of Myanmar)。新闻类周报41种，体育类周报39种。官方的缅甸通讯社 (Myanmar News Agency，MNA) 几乎是缅甸传媒消息的唯一来源。[6]

其次，官方利用已有法律并制定新法律确立新闻检查制度，打压报刊新闻从业者。

1962年，政府颁布《印刷商与发行人登记法》(Printers and Publishers Registration Law)，建立报刊检视委员会对一切文字印刷品进行出版前检查。1974年，军政府修订宪法，对各种自由加以限制。宪法第157条规定："每个公民享有言论自由、表达自由和发表自由，前提是这些自由不会与工人

[1] ARTICLE 19, "State of Fear: Censorship in Burma(Myanmar),"http://www.ibiblio.org/obl/docs3/State-of-Fear-minus.pdf, p18.

[2] ARTICLE 19, "State of Fear: Censorship in Burma(Myanmar)," http://www.ibiblio.org/obl/docs3/State-of-Fear-minus.pdf, p24.

[3] ARTICLE 19, "State of Fear: Censorship in Burma(Myanmar),"http://www.ibiblio.org/obl/docs3/State-of-Fear-minus.pdf, p20.

[4] 1987年，奈温宣布货币改革，决定把面值不能被9整除的钞票全部废除，只留下45和90元的钞票流通。这一决定引起了学生们的不满并发起了抗议活动。政府对学生们的抗议进行了残酷镇压，从而激起了越来越多的学生和广大民众的愤怒。

[5] ARTICLE 19, "State of Fear: Censorship in Burma(Myanmar),"http://www.ibiblio.org/obl/docs3/State-of-Fear-minus.pdf, p28.

[6] 陈力丹："缅甸新闻业的历史与面临的制度变化"，成都：《新闻界》，2012年第12期。

和社会主义的利益相抵触。”[1]1975 年，印刷与出版中心登记委员会发布递交手稿审查意向书，规定凡是有损缅甸国家意识形态、经济以及含有不合时宜的错误思想和观点的文章都将不被容忍。同年，《国家保护法》(State Protection Law) 出台，打击一切想要引起颠覆行为的人员。政府通过这一法律逮捕了很多的记者。

1988 年新军人政府掌权后，以《戒严法令》(Martial Law Order) 取代了《国家保护法》。其中第 2 条第 88 款、第 8 条第 88 款和第 3 条第 89 款分别对公共集会、印刷品出版以及言论进行了限制。例如第 3 条第 89 款规定出版任何没有事先登记的文件都是犯罪行为。[2]1996 年 6 月 7 日，政府颁布第 5 号法律，“保护国家责任和平和系统转移以及国民会议成功履行其功能而不被扰乱或反对”。[3] 该法第二章对任何有损国家稳定、社会安宁的煽动行为、示威、演讲以及口头或书面陈述做出了明令禁止。[4]

除了这些新法令外，英国殖民时期于 1923 年颁布的《官方机密法》(Official Secrets Act)、1950 年的《紧急条款法》(Emergency Provisions Act) 都成为新军人政府打压新闻界的工具。

在这些法律的名义下，军人政府成功地对新闻工作者进行了打压，禁止报刊对敏感话题和人物进行报道，很多的印刷媒体新闻工作者因此被投进监狱或流亡海外。

2. 广播电视统制

缅甸自奈温统治以来，经济迅速凋敝，进入落后和失败国家行列，因此其广播电视业发展缓慢。缅甸国内的电力服务大约只覆盖国土面积的 10%，能够使用收音机和电视机的人很有限。[5] 缅甸当局控制所有的国内广播电视媒体。

截至 2009 年，缅甸有两家政府控制的电视台和两家公私合营的付费电视

[1] ARTICLE 19, “State of Fear: Censorship in Burma(Myanmar),” http://www.ibiblio. org/obl/docs3/State-of-Fear-minus.pdf, p22.

[2] IRRAWADDY, “Chronology of Burma’s Laws Restricting Freedom of Opinion, Expression and the Press,” http://www2.irrawaddy.org/research_show.php?art_id=3534.

[3] “The World Factbook(Burma)2012,” https://www.cia.gov/library/publications/the-world-facthook/geos/bm.html.

[4] IRRAWADDY, “Chronology of Burma’s Laws Restricting Freedom of Opinion, Expression and the Press,” (2004-05-01), http://www2.irrawaddy.org/research_show.php?art_id=3534.

[5] Amanda C. Quick, *World Press Encyclopedia*, Detroit: Gale, 2003, pp633-636.

台，两家国有电视台中的一家为军队控制。现有的广播台中，有一家由政府控制的国内广播、六家公私合营的调频电台。[1]2001年，缅甸全国约有330万部收音机和80000台电视。[2]

缅甸官方对广播电视所播放的内容进行限制，只能播政府许可的内容。在很多时候广播电视起到官方传声筒的作用，帮助官方营造其形象。例如，2007年，军政府希望通过增选佛教徒来增加其政权的合法性，于是政府控制的广播电视媒体便经常播放军队官员访问寺庙、赠送方丈金钱和宗教材料以及公开为重建佛教纪念碑筹款的画面和内容。[3]

1996年，军政府颁布《电视与视频法》(The Television and Video Act)，规定所有电视、录像机以及卫星电视的拥有者都必须到交通、邮政和电信部注册备案获得执照。同时，视频审查委员会负责对所有进口的和缅甸自制的视频进行审查。[4] 官方同年颁布的《电影法》(The Motion Picture Law)，规定所有电影都要经过事先审查才能播出。[5]

虽然有诸多限制，但是相比较印刷媒体，对广播电视的管制实际上要宽松一些。缅甸居民可以通过短波收听国外电台，例如美国之声、英国广播公司，从而获知国内外的新闻；此外仍有不少缅甸观众违规安装卫星频道接收器。[6]

3. 互联网控制与反控制

缅甸互联网的起步和发展都比较缓慢。截至2009年，缅甸的网民近11万人，约占全国人口的0.2%（缅甸目前有大约5500万人口），且上网价格昂贵。但是，在对互联网实施管控方面，军政府依然不遗余力。1996年9月20日，军政府颁布《计算机科学发展法》(The Computer Science Development Law)，规定“所有电脑都需要到交通、邮政和电信部登记备案”并且“一切分发、散布和获得有害国家安全、统一及民族文化的信息都将触犯法律”[7]。同年，

[1] “The World Factbook(Burma) 2012,”https://www.cia.gov/library/publications/the-world-facthook/geos/bm.html.

[2] Amanda C. Quick, World Press Encyclopedia, Detroit: Gale, 2003, pp633-636.

[3] “Burma in Perspective: An Orientation Guide, 2008,”http://fieldsupport.lingnet.org/products/cip/burma/burma.pdf.

[4] IRRAWADDY, “Chronology of Burma’s Laws Restricting Freedom of Opinion, Expression and the Press,” http://www2.irrawaddy.org/research_show.php?art_id=3534.

[5] IRRAWADDY, “Chronology of Burma’s Laws Restricting Freedom of Opinion, Expression and the Press,” http://www2.irrawaddy.org/research_show.php?art_id=3534.

[6] 陈力丹：“缅甸新闻业的历史与面临的制度变化”，成都：《新闻界》，2012年第12期。

[7] 张子宇：“缅甸放宽新闻审查制度”，广州：《时代周报》，2012年2月16日。

政府还颁布了《电子法》(Electronics Act) 管理互联网，规定进口、持有和使用调制解调器必须事先得到官方许可，否则会被判处15年有期徒刑。[1]2000年，《互联网法》(Internet Law) 出台，禁止在网上发布任何有损联邦利益、政策和安全的作品和内容，违反规定的人会受到处罚。[2]

除了出台法律以钳制互联网上发布批评政府的文章以外，军政府还通过其他手段对互联网进行管制。首先是利用软件限制网民接触任何包含反政府内容的网站，这其中包括一些国外网站。在全国 12284 个 IP 地址中，只有 118 个地址可以登录互联网。[3] 此外，政府还会通过降低网络连接速度或切断网络来管控网络。

（二）新老媒体的抗争

虽然在军政府的严厉管控下，政权和媒体之间呈现一种依侍主义，但是，媒体并没有一味地顺从，而是不断寻找对策进行抗争，新闻从业者通常会通过仔细的措辞和图像将信息和批评隐藏在媒体报道中。[4]

在遇到重大事件时，部分印刷媒体更是突破禁令刊登新闻。2010 年 11 月 13 日，缅甸当局释放了已被软禁 15 年的著名反对派、全国民主联盟领袖、诺贝尔和平奖获得者昂山素季。这一事件引起了全世界的广泛关注。在缅甸国内，官方报刊和大多数民营报刊都按照官方报道框架进行了报道。但是，有 9 家民营报刊大胆地越过禁区，对这一事件进行了报道。事后，Hot News 周报和其他 7 家报刊都受到了停刊处罚。[5]

随着互联网以及新媒体影响的不断增大，新闻工作人员抗争的手段也发生了变化。越来越多的新闻工作者开始利用网络和新媒体这个平台。2007 年，军政府对示威游行的僧侣进行了镇压。一些普通公民将事件用手机拍摄下来

[1] Reporter Without Borders, “Internet Enemies(2011),”http://march12.rsf.org/i/Internet_Enemies.pdf, p12.

[2] IRRAWADDY, “Chronology of Burma’s Laws Restricting Freedom of Opinion, Expression and the Press,” http://www2.irrawaddy.org/research_show.php?art_id=3534.

[3] Reporter Without Borders, “Internet Enemies(2011),”http://march12.rsf.org/i/Internet_Enemies.pdf, p11.

[4] Amanda C. Quick, *World Press Encyclopedia*, Detroit: Gale, 2003, pp633-636.

[5] 张涛甫、伍庆祥：“社会运动中的媒体行动者——以缅甸媒体的昂山素季事件报道为例”，北京：《国际新闻界》，2011 年第 10 期。

传到网上，或是用博客将所见所闻发布出来[1]，从而成功突破了当局对新闻的封锁，让世界知道了缅甸所发生的一切。[2]

三、缅甸当下政治与新闻变革

根据亨廷顿《第三波——20世纪后期民主化浪潮》的分析，第三波民主化肇始于20世纪70年代，以葡萄牙1974年结束独裁为开端，而缅甸正是处于第三波民主化浪潮的后半程。[3]2010年11月7日，缅甸举行国会大选，最终军方支持组建的联邦巩固与发展党赢得了国会两院的大多数席位。2011年2月4日，缅甸国会选出联邦巩固与发展党的吴登盛为缅甸总统。自此，缅甸正式开启政治改革。缅甸的新闻变革正是伴随着政治改革发生的。

（一）民主化改革背景原因

缅甸的民主化改革是一种自上而下的变革过程，以吴登盛为首的体制掌权者在国家民主化过程中扮演着决定性的角色。

1. 间断式民主

缅甸从军人专制向民主转型的社会变迁模式属于间断民主型 (interrupted democracy)。1948年，缅甸在脱离英国殖民统治后，便建立起了民主政权，并且此政权一直持续到1962年，过程经历14年时间。这段较长时间的民主体验和实践使得夺取政权的缅甸军方不能完全根除民主实践，而这也是以奈温为代表的军方被迫进行议会选举，以及2010年新军人政权被迫诉诸国会选举的原因之所在。

2. 经济落后，民生凋敝

亨廷顿在《第三波》中将经济因素视为引起国家民主化的一个重要因素。他认为，经济发展和经济落后都可能会有助于民主或民主化。在民主价值被普遍接受的世界上，威权体制的合法性问题日益加深[4]，因此威权政府往往要

[1] 张涛甫、伍庆祥："社会运动中的媒体行动者——以缅甸媒体的昂山素季事件报道为例"，北京：《国际新闻界》，2011年第10期。

[2] 张建中："抗争的动力：新媒体与缅甸的民主化"，广州：《东南亚研究》，2011年第3期。

[3] 亨廷顿《第三波——20世纪后期民主化浪潮》写成于1991年，因此这里将20世纪下半期的民主化称为前半程，21世纪初期的民主化称为后半程。

[4] （美）塞缪尔·亨廷顿：《第三波——20世纪后期民主化浪潮》，刘军宁译，上海：上海三联书店，1998年版，第54页。

依赖政绩来维持其政权合法性。

但是，在缅甸军人政府的统治下，缅甸的经济从比较繁荣走向落后。吴奈温执政后的一系列重政治轻经济的举措将缅甸带入世界贫困国家的行列。新军人政府虽然开始发展私营经济和海外贸易，但是其对市场机制的干预造成缅甸的经济环境特别不自由，贪腐极其严重。

除了国内的政治原因所导致的经济落后以外，自缅甸新军人政权 1988 年掌权以来，西方国家便开始对军政府实行经济制裁。1990 年缅甸大选，昂山素季领导的全国民主联盟大获全胜，但是军方很快宣布选举作废，并软禁昂山素季十余年。西方国家因此进一步加大了对缅甸的经济制裁，这也是缅甸经济封闭落后的原因之一。

3. 示范效应

导致第三波民主化的因素之一可以用“示范效应、感染、播散、仿效、滚雪球，甚至是多米诺骨牌效应来形容”[1]。一个国家成功地实现民主化，这也会鼓励其他国家的民主化。自 1974 年希腊军政府垮台，拉美的巴西、阿根廷、秘鲁、亚洲的韩国等曾经的军人专权国家都结束了威权，而迈向民主化改革。这些无疑都对缅甸今天的变革起到了一定的示范作用。

虽然缅甸自军人掌权以来，一直对信息和媒介的传播进行严厉的控制，但是随着全球通信和网络科技以及新媒体的不断发展，这样的管控越来越难，成本越来越大，普通民众还是可以从各种渠道了解到发生在世界上的事件。

（二）缅甸新闻变革举措

随着缅甸民主化改革在 2011 年拉开帷幕，深受军人政府管制的新闻界也开始感受到春天的气息。

表 3　2011 年至今的缅甸新闻变革举措

时间	新闻变革措施
2011 年 6 月	解除了对体育、娱乐和彩票等期刊的检查。[2]

[1] （美）塞缪尔·亨廷顿：《第三波——20 世纪后期民主化浪潮》，刘军宁译，上海：上海三联书店，1998 年，第 13 页。

[2] 张子宇：“缅甸放宽新闻审查制度”，广州：《时代周报》，2012 年 2 月 16 日。

2011 年 9 月	先后解除了包括英国广播公司、美国之音和 Youtube 等一些外国网站的禁令，并表示将解除对新闻网站的封锁。[1]
2011 年 10 月 11 日	总统吴登盛签署特赦令，将陆续释放 6000 多名服刑人员。随后政府释放的服刑人员中，包括部分政治犯，这些政治犯中有一些为新闻工作人员。[2]
2011 年 12 月 9 日	54 种商业和罪案期刊以及书籍获准出版，但是其他新闻出版物还需事先检查。[3]
2012 年 2 月	政府表示正在准备推出新传媒法，解除半个世界以来的新闻检查制度。政府表示一些新闻机构已应邀提出意见。[4]
2012 年 8 月 20 日	新闻部宣布，取消对媒体的检查制度，记者即日起不需要在发稿前交由国家检查部门检查，从而结束了历时近半个世纪的新闻检查制度。[5]
2012 年 8 月 30 日	政府公布黑名单中被解除入境禁令的约 2000 人的名单，其中包括一些新闻记者。[6]
2012 年 9 月 17 日	改革了严格检查媒体的新闻委员会，新成立的委员会将被解除检查外国刊物和对记者进行刑事及民事起诉的权力，以进一步促进言论自由。[7]
2012 年 10 月 21 日	总统吴登盛首次在国内举行新闻发布会，与会记者包括缅甸国内记者和外国记者，这被视为改革的又一尝试。[8]
2012 年 12 月 28 日	缅甸信息部在其网站上宣布自 2013 年 4 月起，缅甸将允许私人办报，任何想创办日报的缅甸公民，可在 2013 年 2 月份提交申请。[9]

[1] BBC 中文网："缅甸政府解除对新闻网站的封锁"，参见 http://www.bbc.co.uk/zhongwen/simp/rolling_news/2011/09/110915_rolling_burma_ban.shtml。

[2] 张子宇："缅甸放宽新闻审查制度"，广州：《时代周报》，2012 年 2 月 16 日。

[3] 张子宇："缅甸放宽新闻审查制度"，广州：《时代周报》，2012 年 2 月 16 日。

[4] 王慧："缅甸政府拟推出新传媒法 解除严厉新闻审查制度"，参见 http://media.people.com.cn/GB/40606/17073338.html。

[5] BBC 中文网："缅甸推进改革 取消媒体审查制度"，参见 http://www.bbc.co.uk/zhongwen/simp/rolling_news/2012/08/120820_rolling_burma_censorship.shtml。

[6] BBC 中文网："缅甸公布名单解除两千人入境禁令"，参见 http://www.bbc.co.uk/zhongwen/ simp/rolling_news/2012/08/120830_rolling_burma_blacklist.shtml。

[7] "缅甸特赦政治犯并改革新闻委员会"，参见 http://news.ifeng.com/gundong/detail_2012_09/19/17725058_0.shtml?_from_ralated。

[8] BBC 中文网："缅甸总统吴登盛国内首次开记者会"，参见 http://www.bbc.co.uk/zhongwen/simp/rolling_news/2012/10/121021_burma_newsconference.shtml。

[9] Aye Aye Win, "Myanmar To Allow Daily Private Newspapers For First Time Since 1964," http://www.huffingtonpost.com/2012/12/28/myanmar-private-newspapers_n_2375543.html.

2013 年 1 月 24 日	缅甸联邦政府召开内阁会议，同意解散媒体检查与注册局。[1]
2013 年 4 月 1 日	缅甸当局 2012 年 12 月宣布的任何缅甸公民都可以申请办报的规定开始生效，已有 16 个新报纸获准每日发行，4 家新报纸于当日开始发行。[2]
2013 年 4 月 30 日	缅甸政府批准总部设在巴黎的美国报纸《国际先驱论坛报》按原版在缅甸印刷出版发行，系首次批准外国英文报纸在缅出版。[3]

四、结语：世人关注的缅甸变革进行时

缅甸作为搭乘第三波民主化末班车的国家之一，目前正经历着由军人专政的威权管制型社会向更加开放的民主型社会的转变。新闻界的自由化作为其政治民主化的产物，有着深刻的意义。首先，作为构建“公共领域”的主要工具，大众传媒应当具有开放性、对话性、批判性等公共理性精神。而新闻检查制度的废除，新的传媒法的制定，为缅甸新闻界走上自由、法制的轨道提供了可能性，从而将会促进缅甸新闻界朝着更加能够体现公共理性精神的方向发展。其次，西方新闻界将媒体称为国家的“第四等级”，赋予其监督政府行为和守护公共利益的职责。因此，缅甸的新闻变革反过来又能促进政治民主化改革的平稳进行。

虽然其意义不可小视，但缅甸的新闻变革之路还是存在着诸多不确定性。其中最大的不确定因素就在于：由于新闻变革与政治改革的这种相生关系，一旦政治改革止步或倒退，新闻变革也会难以持续。而作为自上而下的一种变革，缅甸的政治改革与掌权的改革派实际掌握权力的大小以及军方的妥协容忍程度密切相关。早在 2012 年 2 月份就准备推出的新的传媒法迟迟不能出台，也一定程度反映了这种政治权力的博弈。因此，来自军方保守派的威胁将可能为新闻变革增添很多不确定性。其次，虽然新闻事前审查制度被废除了，但是不能防止政府事后清算。这可能也是缅甸政府放宽舆论管制后，却“还

[1] BBC 中文网：“缅甸政府解散媒体审查机构”，参见 http://www.bhc.co.uk/zhongwen/simp/rolling_news/2013/01/130125_burma.shtml。

[2] BBC 中文网：“缅甸政府解散媒体审查机构”，参见 http://www.bhc.co.uk/zhongwen/simp/rolling_news/2013/01/130125_burma.shtml。

[3] 张云飞：“缅甸首次批准外国日报出版发行”，参见 http: //news.xinhuanet.com/world/ 2013-04/30/c_115599222. Htm。

没有出现什么和政府对着干的报纸”的原因之一。[1] 因此，现在还不能预见政府在面对媒体的批评时将会持有怎样的态度。此外，目前新闻自由和改革的努力主要集中于记者的安全和公民的个人权利，还谈不上传媒作为社会公器如何为公众服务以及缅甸各族人民如何平等地接触传媒和参与政治。[2] 尽管如此，缅甸的新闻变革的种种举措还是令人瞩目，值得我们对之作更进一步的观察。

（与黄晶晶合作完成）

[1] 张子宇：“缅甸放宽新闻审查制度”，广州：《时代周报》，2012 年 2 月 16 日。
[2] 陈力丹：“缅甸新闻业的历史与面临的制度变化”，成都：《新闻界》，2012 年第 12 期。

意大利新闻法治初探（1944—2004）

意大利是罗马法的故乡，其司法系统基于罗马法以及拿破仑法典和后来的各种成文法。关于新闻传播的法律自然都是成文法。法院实行三审制度，上诉几乎等同于重审。但是由于历史传统，相关法律总体上比较保守。例如滑稽的是，现行《刑法》是在20世纪30年代出台的，还带有法西斯时期司法部长阿尔弗雷多·罗科（Alfedo Roco）的名字。[1]

宪法规定的言论和新闻自由原则在现实中经常受到下位法的挑战，例如至今仍然有刑事诽谤案发生。在当代，由于复杂的立法程序和国会中的党派林立，由于政治经济纠葛和科技的发展，特别是西尔维奥·贝卢斯科尼作为政府首脑和媒体大亨的长期存在，包括正式法律和政府法令在内的意大利的媒体法从构成和稳定性来看显得杂乱而多变。

（一）宪法与新闻法

1. 授权与限权

意大利的新闻法制是建立在宪法对个人表达自由原则的规定和其他一些补充条款之上的。1947年2月22日通过、1948年1月1日生效的意大利宪法第21条规定：所有公民享有自由表达思想的权利，无论采用口头、书写还是任何其他传播形式。它进一步明确了新闻界不从属于任何权力，不接受任何新闻检查。这一条款构成了意大利新闻自由的宪法基础。但是这一条款不易得到落实，缺乏美国宪法《第一修正案》对媒体权利规定的诚挚精神。

意大利的司法审查制度远不如美国那么有力和完善，司法审查权属于专门的宪法法院，但是必须符合某些条件才能启动相关程序。战后创建的宪法法院由15名法官组成，任期9年，享有豁免权。宪法法院院长由国家总统直接任命，1/3法官由院长任命，1/3由国会选举，1/3由普通和最高法院选举。宪法法院的权限和裁决频度不如美国最高法院那么强大，针对言论和新闻自

[1] 参见 http://www.ifex.org/alerts/layout/set/print/content/view/full/17179/。

由的违宪审查似乎不是它的重要职责。[1]

不仅如此，宪法规定的新闻自由权利还要受到宪法其他条款的限制，尽管这些限定性条款在制宪过程中存在很多争议，经历了激烈的讨论才得以确立。作为一项准则，新闻中不允许出现有违道德的表达。在特定情况下，司法机构可以限制媒体，确保新闻自由不与法律中保障公民权的条款相抵触。在极端情况下，如果司法机构缺少合法依据，警方还可以通过对媒体进行 24 小时扣押以进行限制，宪法保障的新闻自由因此大打折扣。有关新闻法制的根本规定，从法理上决定了意大利媒体的尴尬状态。在某种程度上，意大利新闻法制与其说在保障新闻自由，不如说是在限制媒体的权利。

在传统的意大利法律体系中，许多与媒体有关的专门法甚至也是从限制本身而非保障新闻自由出发的。尤为突出的有 1848 年的《阿尔贝蒂内法》（Albertine Edict）、有关公共安全的法律和《刑法》，以及确立新闻事业总体指导方针的 1963 年《新闻工作者准则》。

2. 广播电视法

60 多年来，意大利新闻法的演变主要体现在广播电视法方面。这大致经历了两个阶段：公营的意大利广播电视台（RAI）一统天下的前贝卢斯科尼时代为第一个阶段，其间立法和司法解释权主要由国会和宪法法院掌握。在贝卢斯科尼时代，与电视媒体所有权和贝卢斯科尼本人相关的立法此起彼伏，立法的主导权逐渐转到了政府手中；而政府的经常更迭更反映了纷纭复杂的社会景观，此为第二个阶段。

（1）RAI 一统天下时期

RAI 是根据《民法》第 2461 条创立的，该法的一些附加立法规定了对诸如诽谤国教、恶意攻击外国首脑、从事间谍活动等追究刑事责任等惩罚性条例。附加立法对媒体进行舆论监督形成了一定障碍，如果说宪法规定的媒体不受外来压迫的表达自由、为媒体独立发挥舆论监督职能提供了前提的话，那么该补充性条款则缩小了这一职能发挥作用的范围。

意大利电视从“公共垄断到私人垄断”的变化始于 1974 年宪法法院的一项关于意大利的轻度垄断违宪的裁决。1975 年 4 月颁布的《第 103 号法律》决定建立 lottizzazione（意大利语：分地皮，引申为根据政治力量对比分摊职位）

[1] 参见 http://www.answers.com/topic/politics-of-italy。

制度，即将RAI的控制权由政府转给国会，国会按当时的三大政党——天民党、社会党和共产党——议席的实际比例建立一个40人的国会委员会。委员会的任务是保证RAI成为一个代表各种各样意见的多元化组织。但是，委员会必定有一个与执政党相应的多数。该法律还规定RAI领导机构董事会应由16名董事组成，其中10名由委员会指定。董事会也反映了政党议席的多寡。RAI的控制权转到了政党控制集团手中。实际上董事会和委员会都不干预资金（除了允准的广告之外）、计划或执照费（邮电部长控制）。

宪法法院1976年7月的202号裁决打破了国有广播电视的垄断地位，大大削弱了长期执政的天民党对媒体的控制力。同时，该法令还决定允许私营广播电视在非全国性的条件下存在[1]。地方私营广播电视随之迅速发展起来。1979年，RAI-3频道创办。小型地方有线电视获准建立，但是全国性垄断仍然掌握在提供公共服务的RAI手中。

（2）双头垄断时期

从70年代后期到80年代中期，贝卢斯科尼通过梅地亚赛特集团已经建立了拥有3个全国性商业频道的电视帝国。但是从法律上讲，贝卢斯科尼的地位还没有得到确认。1984年，意大利法院判决“第五频道”侵犯了RAI独家的全国播出权。贝卢斯科尼求助于他的老朋友贝蒂诺·克拉克西。克拉克西总理先以紧急法令的形式，后成功地游说国会于1985年10月通过法律，使贝卢斯科尼避免了3家商业台因未经批准进行全国性播出而被司法部门关闭的灭顶之灾。尽管在1991年1月以前，贝卢斯科尼拥有的3个商业电视频道不能播出新闻和时评。

但是，情况在1990年发生了重大变化。1990年7月，天民党5名左派部长因不同意众议院正在辩论中的《马米法》（Legge Mammì）宣布辞职，辞职的部长由继任者接替后，政府于7月28日获得信任票。8月，继众议院后，参议院也通过了这部得名于当时的通讯部长奥斯卡·马米（Oscar Mammì）的法律。《马米法》[2]又称《第223号法律》，它禁止同时拥有出版和电视公司。反对派对此深表不满，指责此法有利于贝卢斯科尼的菲宁韦斯特/梅地亚赛

[1] （英）唐纳德·萨松：《当代意大利：1945年以来的政治、经济和社会》，王慧敏等译，北京：中国社会科学出版社，1992年版，第173页。

[2] Amanda C. Quick, *World Press Encyclopedia*, Detroit: Gale, 2003, pp482-493.

特集团，并会造成RAI和菲宁维斯特集团对全国信息系统的双头垄断局面。[1]事实上《马米法》的确承认了贝鲁斯科尼和RAI的双头垄断，而这有悖于宪法法院的初衷，从反托拉斯的角度来看是反常的。

第一届贝卢斯科尼政府在1994-1995年短暂执政，它在1994年上台后发布的第一道法令《特雷蒙蒂法》（Legge Tremonti）是以财政部长朱利奥·特雷蒙蒂（Julio Tremonti）命名的一项税收法。该法律被认为是特别针对梅地亚赛特集团的，因为它不可思议地将该集团的巨额债务一笔核销了。同年，宪法法院作出420号裁决，责成国会立法规定电视市场集中的上限为20%，以此来结束双头垄断。

此后，与贝卢斯科尼对立的左翼政党重新上台。在第一届普罗迪政府执政期间的1997年，国会通过的《马卡尼科法》（Legge Maccanico）（即《第249号法律》）第一次规定电视运营公司拥有的频道数量不得超过市场总量的20%，要求贝卢斯科尼的“第四电视网”转为卫星频道，RAI-3成为无广告频道，并禁止国内最大的电信企业“意大利电信公司”进入开路电视市场。由于各种媒体市场的一体化，这种管制尝试在很大程度上没有见效。

2002年，宪法法院以284号裁决为国会制订了一个详细的时间表，以符合多元主义原则，尤其是20%的上限规则。作为回应，重新上台的贝卢斯科尼在2003年推出了新的电视法《第212号法律》，即得名于通讯部长毛里齐奥·加斯帕里的《加斯帕里法》（Legge Gasparri）。这项法律是由政府拟议的，其宗旨是解决电视市场的高度集中。在国内外的抗议下，意大利总统卡洛·阿泽利奥·钱皮（Carlo Azeglio Ciampi）以未能充分尊重多元主义为由否决了《加斯帕里法》。此后经过修改，于2004年5月3日生效。

然而，据信《加斯帕里法》由梅地亚赛特集团主管费德莱·孔法罗尼埃里（Fedele Confalonieri）草拟。它暂时放弃了《马卡尼科法》所要求的对梅地亚赛特集团和RAI的限制。大多数批评家认为，《加斯帕里法》在数字电视媒体方面鼓励垄断的扩展。意大利全国新闻联合会（Federazione Nazionale di Stampa Italiana, FNSI）认为，《加斯帕里法》是对梅地亚赛特集团的另一项优待，而不是一部关于媒体所有权的平衡性法律，因为“第四电视网”和RAI-3又可以重新“合法地”运营了。

[1] 展江等:《新闻舆论监督与全球政治文明》，北京: 社会科学文献出版社，2007年版，第344页。

在巨大的压力下，意大利政府向国会提交《弗拉蒂尼法》（Frattini Law），来解决媒体大亨身兼总理这个不相容的问题。这个被称为《解决利益冲突规则》的法案于2004年7月20日作为《第215号法律》在国会获得通过。此前各届政府当政期间没有通过类似立法。根据《弗拉蒂尼法》，担任政府公职的人不能“占有职位、担任公职，或在营利公司或其他商业企业中执行管理任务或任何其他义务”。该法的第七条特别规定了广播电视管理局在处理利益冲突方面的责任，并授权它对任何偏袒政府官员的媒体采取惩罚性行动。然而，政府官员仍然可以通过包括其家族成员在内的代理人作为媒体业主。[1]

第二节普罗迪政府在2006年上台后，有意拟议一部解决“利益冲突”和媒体集中的广电法。在通讯部长保罗·真蒂洛尼（Paolo Gentiloni）的主导下，一部议案已经基本成形。

新的改革议案承认，该国广播电视系统需要更充分的竞争和多元主义。议案着力于解决两个结构性问题：（1）该系统的经济、技术和受众资源集中于两大广播电视公司，这种寡头垄断性质在欧洲是绝无仅有的，在广告销售方面集中程度更高。（2）频谱状况令人非常不满意，有效管理受到长期存在的频率占用现实的阻碍。议案提出的改革建议要点如下：

△采取措施打破现有格局，扫除阻止新运营商进入电视广告市场的障碍。

△扫除阻止新运营商进入数字开路市场的法律和规制障碍，以确保市场开放。

△限制单个运营商使用频率资源中的重合和冗余现象，以符合欧盟和本国有效使用无线电频谱的原则。

△采取措施降低广播电视市场的媒体集中，开放频率，保证频率资源评估和使用的客观、透明、均衡和无歧视，以符合欧洲委员会的要求。

△保证任何有权益的运营商能够运营宽带，以符合客观、透明、均衡和无歧视的标准。

△根据确保市场中所有电视平台和运营商的最大代表性的标准来管理电视收视率程序。

△建立更有效的处罚机制和采取更得力的措施，以符合通讯管理局2006

[1] 参见 http://www.worldaudit.org/presstext.htm。

年7月12日提交给政府的报告和建议。

△重组公共服务电视执照人公司，最大限度发挥公共服务功能。

但是由于本届政府相当脆弱，因此其决策很难获得各方支持。该议案未能按原计划在2006年底获得政府批准，至于何时能够成为法律还不得而知。[1]

（二）信息自由法

构成舆论监督的制度条件，除了法律对媒体独立和表达自由的保障外，还需要作为最主要监督对象和行政信息的汇集者的政府依法保障公众的知情权。惟有如此，媒体和民众才能消息灵通，据以对公共事务和公众利益问题达成具理性的判断。

意大利从1990年8月7日起实施全国性的政府信息公开法，正式名称为《行政程序与近用行政文件权利法》，即《第241号法律》。但是，它是两部法律的集合，有关近用行政信息的内容只是该法的第五部分，共有6条（第22-27条）。总理办公室下属的近用行政文件委员会负责监督该法律的执行。第22条规定，为增强政府行为透明性，促进施政公正公平，任何需维护合法权益的个人均有权根据法定程序获取政府信息。

第24条规定，事关国家机密、财政程序、政策发展以及事关第三方的信息不在公开之列。事关国防、国际关系、货币政策、公共秩序和预防犯罪、个人隐私和职业秘密的信息可以不披露，但是如果对于维护他们的法定权益有必要的话就必须提供。第25条规定，如果不满行政机构关于信息近用的决定，可在30天内向地区行政法院提出上诉，后者将在30天内做出裁决；如对裁决不满，可在裁决发出30天内，向国务委员会提出上诉，后者将依据同样的程序在同样的期限内再次作出裁决。

《第241号法律》因其赋予公民的近用权不够充分而遭到批评。该法称，那些索取政府信息的人必须具备某种法定权益。1992年的规章要求索取者有“一种在与法律相关的情势下个人要维护的具体权益”。根据法院裁决，这包括环保组织和地方议员代表有关人士要求获得信息。这一规定在2005年经修改有所放宽，只要个人能够表明他代表普遍的公众利益就可以有近用权。2006年1月通过一项法令，以实施关于公共部门信息的再使用和商业开发的

[1] 参见“Communications Minister Gentiloni Heard By Watchdog Committee, ”http://www.comunicazioni.it/en/index.php?Arc=1&IdNews=95。

欧盟 2003 年第 98 号指导方针。

意大利的新刑法区分了调查性机密和职业性机密。调查性机密也就是法律性机密，它指的是由于与一个调查程序相冲突，因此相关信息不能公开。然而知名调查记者莱奥·西斯蒂（Leo Sisti）认为："存在一种发布易碎信息的义务。如果我得到一张对交保候审者的逮捕令，但是此人还没有被捕，我无论如何也会公布它。而我会因为袒护此人而受到指控。但是我不必保护司法调查，这是警方和从事调查的法官的事情。"[1]

意大利 1998 年签署了《奥尔胡斯协定》。该"绿色协定"是欧洲与中亚的 35 个国家在丹麦的奥尔胡斯签署的，被视为"环境知情权"的革命，于 2001 年正式执行，公民可以获悉他们使用的水、空气和土壤质量，并有权据此起诉政府和企业。2005 年 7 月，欧盟委员会宣布因未能执行关于近用环境信息的 2003 年欧盟指导方针而起诉意大利和其他 6 个欧洲国家。[2]

调查记者写书是一条摆脱时间和金钱限制的道路，但是这些书籍常常是一些以原始形式的文字脚本加上政府法令、法律文献和档案的相当复杂的语言。西斯蒂说："在意大利，许多文献是公开的，而这经常仅仅是对它们刨根问底的问题。因此不保密的纪录是有，但是很难得到。我们没有一部（真正的）信息自由法：一旦涉及秘密法案，它们就成了秘密，事情就是这样。"[3]

（三）名誉侵权与诽谤法

虽然有人认为意大利没有诽谤法，只要媒体和记者的报道内容是真实的，通常就不会受到诉讼的困扰。但是与其他西方国家相比实际情况并不乐观。宪法第 24 条规定，名誉受到损害的个人将受到法律保护。很成问题的是，在意大利诽谤会引发刑事诉讼，《刑法》第 594 条有"侮辱"（Ingiuria）罪名；第 595 条有"诽谤"（diffamazione）罪名；第 596 条规定，媒体犯诽谤罪最多可以判处 3 年监禁，而且罚款金额"上不封顶"。

这些显然是一种在今天的西方国家中罕见的过时法律条文。当记者报道腐败时，他们经常被控诽谤，但是这只是恫吓，还没有发生媒体因真实报道

[1] Cecile Landman, "Investigative Journalism in Europe: Italy, " http://www.vvoj.nl/publicaties/europa/rapport_ijeu11.html?PHPSESSID=79b69b57a52a4cb5e568d0103d3cc727.

[2] 参见 http://www.freedominfo.org/countries/italy.htm。

[3] Cecile Landman, "Investigative Journalism in Europe: Italy, " http://www.vvoj.nl/publicaties/europa/rapport_ijeu11.html?PHPSESSID=79b69b57a52a4cb5e568d0103d3cc727.

腐败而被判诽谤成立的案例。[1]

虽然如此，在司法实践中近年来意大利仍然不时发生刑事诽谤诉讼，而且其法理中不存在“公众人物”概念，高层政界人士等社会名流经常对新闻工作者提起诽谤诉讼。这引发国内外的关注和抗议，关于诽谤去刑法化改革的建议也呼之欲出。

1999 年 12 月 5 日，国会通过一项对《刑法》第 593 条进行修改的法律。该法律禁止在一审中只被判罚款而非监禁的人提出上诉。近年新闻工作者在名誉侵权引发的刑事诉讼中只被判支付罚金，在一审中被判罚款的新闻工作者不再有机会上诉，同时针对该新闻工作者的民事程序将自动开启。但是，如果该新闻工作者被判无罪，不仅公诉人和检察长，而且被推定受到名誉侵权的一方都可以提出上诉（一项统计显示：在针对新闻工作者的名誉侵权判决中，一名法官的名誉大约“值”每个读者 300 里拉，而社会名流的名誉只值 6 里拉）。根据新法律，“新闻侵权”罪今后由一名法官、而不是像现在这样由 3 名法官组成的合议庭裁决，因此更不容易达致平衡判决。[2]

2000 年 12 月初，司法部长皮耶罗·法西诺（Piero Fassino）承诺，要通过法律来给损害赔偿金封顶为 24500 美元。他还称考虑以快速撤销报道来作为息讼的一个理由。但是司法部门的其他人与法西诺的看法不同，因此封顶的动议被众议院司法委员会否决，而撤销报道抗辩只有在刑事诉讼中才有效，并带来了在随后的民事审判中承认有罪错的风险。[3]

针对新闻工作者因刑事诽谤罪由最高可能被判处 3 年监禁和 1 万欧元罚款，众议院司法委员会在 2003 年 5 月 7 日对此提出了批评。然而，贝卢斯科尼的力量党国会议员米诺·莫米诺还提出议案要求增加对犯有诽谤罪的新闻工作者加重处罚。抗议浪潮迫使贝卢斯科尼撤销了动议。[4]

意大利名誉侵权法有可能得到修正。2004 年的一项修正动议拟废除刑事诽谤条款，并敦促国会通过，以便让法官对已经被判处监禁的相关新闻工作

[1] 参见 http://www.globalintegrity.org/reports/2004/2004/scoresb7a8.html?cc=it&intQuestionID=22&catID1 =1&catID2=3#8。

[2] 参见 http://www.freemedia.at/cms/ipi/freedom_detail.html?country=/KW0001/KW0003/ KW0066/ & year=1999。

[3] 参见 http://www.freemedia.at/cms/ipi/freedom_detail.html?country=/KW0001/KW0003/ KW0066/& year=2000。

[4] 参见 http://www.freemedia.at/cms/ipi/freedom_detail.html?country=/KW0001/KW0003/ KW0066/& year=1999。

者的案件进行复议。2004 年 7 月 1 日，众议院司法委员会将对该动议进行投票表决，并决定它是否适用于互联网。

国际公民社会组织指出，意大利的法院如此经常地以诽谤为由判处新闻工作者监禁。这在一个民主社会是不可接受的，与联合国、欧洲人权法院和欧洲安全与合作组织的建议背道而驰。记者无国界认为，修正动议存在很多瑕疵，其中之一是授予法官以禁止新闻工作者从事其职业的权力。但是废除刑事诽谤将是新闻自由的一次真正胜利。

针对现行法律没有对诽谤罚金加以限制，修正动议将封顶金额定为 5000 欧元（约合 6200 美元）。它还规定，当记者第一次被定罪时，法官可以要求新闻工作者协会同意发出警告、中止或开除其会员资格。如果以后被定罪，法官就可以自行决定禁止记者工作 6 个月到一年，而无须知会新闻工作者协会。[1]

但是，根本性的改革还没有完成，从现有法律中删除刑事诽谤条款还是一个有待实现的目标。此外，政界要人动辄以新闻工作者为诉讼对象，这与宪政民主和新闻自由是不相容的。至于欧洲许多国家媒体法和媒体伦理中引进的公众人物概念何时成为意大利诽谤法中的一部分，尚不得而知。

（四）小结

意大利作为文明古国和欧盟成员国，拥有发达的新闻事业；意大利作为罗马法的故乡，其司法系统基于各种成文法而运作。毋庸置疑，意大利的媒体法在相当程度上维护了新闻自由，但是根据西方发达国家的普遍水准来衡量，它们也存在不少缺陷和弊端。在宪政方面，意大利缺乏严格的司法审查制度，公众人物的概念还没有被纳入法理；在信息公开方面，意大利的相关立法对公民的信息近用实行若干限制；在诽谤法方面，意大利还存在着刑事诽谤罪名，并且经常被政客用来对付新闻界。60 多年来，意大利新闻法的演变主要体现在广播电视法方面，其间虽然变化多端，但是未能制定出适应科技发展和公营、私营广播电视管理之不同要求的法律。

意大利和中国的法律体系有不少类似的地方，这尤其体现在作为媒体法明珠的诽谤法上。正因为如此，对意大利媒体法的研究具有比较突出的现实

[1] 参见 http://www.freemedia.at/cms/ipi/freedom_detail.html?country=/KW0001/KW0003/ KW0066/& year=2003。

意义。这首先表现在基于成文法的传统建立一个相对完善的媒体法体系，例如及早出台信息公开法律法规和广播电视法。其次是改革既有立法中陈旧过时的内容，例如取消侮辱罪和刑事诽谤罪等条款，引进公众人物的概念，以适应国际潮流，维护新闻事业与民主政治的良性互动。

《1996 年电信法》给美国带来了什么?

《国际新闻界》1996 年第 6 期曾刊登郭庆光的文章“21 世纪美国广播电视事业新构图——《1996 年电信法》的意义与问题”。此文对该法制定的背景、经过、该法的内容、性质、意义等作了详细的介绍与分析。本文则是对“电信法”实施一年来美国传媒业情况的一个回顾，从某种意义上说，它是对前文的必要的补充。

1996 年 2 月 8 日，美国通过了具有重大影响的《1996 年电信法》（Telecommunica-tions Act of 1996)。该法律受到普遍关注的内容主要有：(1)打破电信业、传媒业与其他产业之间的壁垒，允许相互渗透；(2)放宽传媒所有限制，旨在促进竞争；(3)限制暴力、色情等低俗的内容的传播（参见《国际新闻界》1996 年第 6 期郭庆光文）。

这项法律通过伊始，美国举国上下弹冠相庆。《纽约时报》称之为“观众的胜利”。《华尔街日报》名之曰“里程碑法案”。广播电视和有线电视业者以及电话业主管人士为之兴奋不已。某国会议员将该法律形容为“世界上任何国家所能构想的最为全面的蓝图”。克林顿总统声称，消费者将享有更多的选择和更低的价格，并且他们将“继续从广播、电视和印刷媒介的多种声音和观点中受益”。

然而，当美国人为《1996 年电信法》吹灭第一支生日蜡烛的时候，他们不无惊异地发现，情况与立法者的初衷大相径庭，以致于有人将该法律讥讽为“电信律师全员雇用法”。在此我们对一年来美国电信业和传媒业发生的种种变化作一简要回顾与分析。

“竞争高潮”未见踪影　兼并巨浪扑面而来

《1996 年电信法》招致了独立分析人士的抨击。该法放宽了对企业经营广播电视业的种种限制，结果在短短的一年内，美国大型传媒的面貌发生了巨变，传媒企业合并、买卖、合资事件层出不穷：

△ 1995 年出资 54 亿美元买进哥伦比亚广播公司（CBS）的威斯汀豪斯公司又以 49 亿美元购入无限广播公司，形成了拥有 77 个电台的庞大广播网，在全国十大广播电台市场上获得了支配性的地位。

△时代一华纳公司以 67 亿美元的高价完成了与特纳广播公司合并，形成了全球最大的传媒公司。

△奈尼克斯公司（Nynex）出资 221 亿美元买下贝尔大西洋公司，成为美国最大的地区性电话公司。

△贝尔公司的另外两家子公司 SBC 和 Pacific Telesis 以一笔 1670 万美元的交易实现合并。

△鲁珀特·默多克的新闻公司出资 30 亿美元，获得了对新世界通信集团公司的完全所有权，一跃成为拥有 22 个分台的全国性大电视网。

△贝尔公司的一家地区分公司美国西部公司 108 亿美元购入美国第三大有线电视台大陆有线公司。

△芝加哥论坛报公司出资 11.3 亿美元买下复兴通信公司，成为拥有 16 个电视台、进入全美 1/3 家庭的传媒巨人。

△全美第四大长途电话公司世界通信公司（Worldcom Inc）以 124 亿美元购进 MFS 通信公司，形成了自 1984 年贝尔公司裂变以来的第一个兼营长、短途电话业务的企业。

△达拉斯的 A.H. 贝洛公司出资 15 亿美元买入普罗维登斯日报公司，形成了拥有 16 个电视台、1 家有线电视网（食品电视网）、《达拉斯新闻晨报》、《普罗维登斯新闻公报》的传媒帝国。

△清晰频道通信公司拥有的广播电台增至 100 多个，所拥有的听众仅次于威斯汀豪斯公司。

△钱塞勒广播公司出资 3.65 亿美元买下了科尔法克斯公司的 12 个广播电台，目前在 15 个市场上拥有 53 个电台。

△全美第一报团甘尼特公司以 17 亿美元购进多媒体娱乐公司，使它拥有的报纸从 82 家增至 92 家，电视台从 10 个增至 15 个，电台从 11 个增至 13 个，并拥有一个在 5 个州有用户的有线电视台。

20 世纪 80 年代以来发生的重大购并事件还包括：大都会 /ABC 以 185 亿美元的卖价并入沃尔特。迪斯尼公司；威斯汀豪斯公司以 54 亿美元接管 CBS

公司；Viacom 兼并先前买下著名的出版公司西蒙—舒斯特的派拉蒙通信公司；默多克吞并 20 世纪福克斯电影公司、哈珀—柯林斯出版公司和发行量达 1500 万份的《电视指南》杂志；1996 年 11 月，又有一条惊人的消息传出：英国电信公司将出资 230 亿美元购买 MCI，使这家美国长途电话公司有足够的财力围攻地区性电话公司，而这是《1996 年电信法》允许的。此举将成为外国人接管美国公司事件中的最大的一宗，并对国际电信市场产生影响。

以上这些触目惊心的事件却并不为大多数美国人详知，因为有关新闻报道只出现在报纸的工商版或是专门报道工商新闻的有线电视频道上，故而不在一般人的视界之内。

而当美国国会在《1996 年电信法》通过以前的辩论中，不少人大谈“竞争”一词，有人声称，除创造数以百万计的就业机会之外，这项法律将“激起预告信息时代黎明即将来临的竞争高潮”。今天，人们不禁要问：越来越少的所有者何以能形成越来越多的竞争？

母公司只看重“底线”　新闻界传统受威胁

在当今西方传媒业垄断的 3 种基本形式（跨媒介垄断、跨行业垄断和跨国垄断）中，对新闻界传统信条威胁最大的是跨行业垄断。许多过去没有传媒业背景的大公司视传媒为制造金钱和名声的机器，纷纷携巨资闯入传媒业，它们作为传媒的母公司，只考虑“底线”（bottom-line 即利润率）而根本无视新闻事业的传统的社会责任。如果说过去美国公众对这一点过于担心了，那么 1996 年发生的情形恰恰证实了他们的担心。

1996 年 7 月，NBC 一名记者在报道中批评越南侵犯人权和知识产权。一个月后，NBC 向越南作了道歉，NBC 一名副总裁为此解释说：“我们不想伤害他们的感情。”而明眼人都知道，NBC 的母公司通用电气公司在越南的照明、医疗设备、塑料业等市场上投下巨资；NBC 的卫星频道“NBC 亚洲”和“CNBC 亚洲”能够覆盖越南全境和亚洲许多国家；通用电气公司已同越南签订了一项协议，为其建造一个数据传送网。一份美国业内刊物问道：“从何时起电视网要为报道真相而道歉的？”答案是：随着公司的膨胀，新闻部门变成了“越来越小的土豆”。

对此，新闻界人士忧心忡忡。有人提出这样的疑问：鉴于新闻主管和记者得罪不起讲求“和气生财”、业务遍及全球的母公司，未来将有多少涉及母公司生意的新闻会被上述“把关人”扣下？如果越南胡志明市的一座发电厂发生灾难性事故，而CBS的母公司威斯汀豪斯拥有占该发电厂35%股权的1亿美元资产，那么，“CBS新闻”对这一事故会进行详尽的报道吗？

跨媒介垄断的发展也带来了不少问题。时代—华纳公司在与特纳广播公司合并前虽然名列美国传媒公司之首，但只拥有杂志、电影和有线电视业；如今不但拥有CNN等广播电台，而且成为世界第一大传媒集团。迪斯尼公司长期经营报纸、杂志、广播电视和有线电视业，在跨入大都会/ABC以后，已成为世界第二大传媒集团（德国贝特尔斯曼公司名列第三）默多克集团则在美国的报纸、杂志、广播、电视、有线电视、出版和电影业全面出击。

媒介消费者并不清楚的是，在媒介巨人间发生的“交叉火力”中，他们是受害还是受益。时代—华纳是全国第二大有线电视经营者，从它与特纳公司的联姻获准时起，它就拒绝传送默多克新办的24小时“福克斯新闻频道”。特德·特纳如今坐上了时代—华纳副总裁的交椅，他当然不愿看到他自己的CNN、“CNN财经新闻”、“标题新闻”等全新闻频道的竞争了，更不用说这种竞争来自他所蔑视的默多克了。而一个新办有线电视节目要想在全国获取成功，得不到时代—华纳和头号有线电视巨人电信公司（TCI，它拥有时代—华纳的9.9%的股份）的首肯，是不可能实现的，因为这两大集团控有近一半有线电视用户。公众只知道所有权的集中会出现问题，但是并不了解他们没有得到的是什么，因此当他们收看不到一个新的新闻频道时，他们不会发出抱怨。而时代—华纳的行为与信息多元化的原则是不相符的。

1996年10月24日，《纽约时报》发表一篇题为《默多克先生的愤怒》的社论，它警告说：“看着一个被少数传媒巨人所支配的世界，而没有想到这些传媒公司是由恶意的极端利己主义者所经营，这是相当令人不安的。”该文抖出了默多克的老底：他曾将英国BBC挤出香港卫视，并且不同意由卫视传送CNN节目。该报还在11月10日称，时代—华纳与默克多的较劲表明，政府对于控制新近解禁的电信业几乎无能为力。

美国有学者认为，最让人吃惊的是这样一个事实：许多媒介巨头合谋其事，却没有一个大股东愿在一个鼓励批评的市场上传播信息。前“NBC新闻”主管威廉·斯莫尔教授说，在新法律实施的头一年，他没有看到由于合并而产生的封锁新闻的严重事例，但是自我新闻检查是最大的问题。如果你是一名从事调查性报道的记者或制片人，你在处理一条关于通用电气公司五角大楼交易的新闻时会犹豫不决吗？你会不会说："我为什么要让通用电气对新闻部或者对我恼火呢？"

对于这种已经出现的"雷区"，连《时代》周刊也表现出一种惶恐。在去年10月一期的篇首语中，《时代》编辑主任沃尔特·艾萨克森承认他们有一种因时代—华纳与特纳结盟而产生的"紧张"。艾萨克森写道，自从7年前时代公司与华纳合并以来，该杂志面临着更多的怀疑。他说："传媒界的大趋势是合并。随着迅速扩张的公司拥有新闻机构和利益冲突局面的出现，报刊上的声音越来越少了……报刊大老板可以暗中捣鬼……如果有读者或监督团体发现某种不诚实的判断，他们可以（而且应当）敲打我们。"

由于《1996年电信法》弊端丛生，以致人们对其立法过程也提出了批评。著名传播学者、新成立的"文化环境运动"创始人和主席乔治·格伯纳说，该法律实际上是秘密通过的，没有开展对其长期结果的讨论，它给垄断以合法地位，并把垄断推向全球市场。他认为，电视新闻业已成为市场营销的附属品，娱乐色彩越来越强烈，越来越转向戏剧小说所构筑的虚幻世界。随之而来的是新闻地位的日益下降。

总之，在美国传媒史上，公司老板从来没有像今天这样有更多的机会压制不受他们欢迎的新闻并干涉社论方针。

局面并非漆黑一团　未来动向值得关注

除了上述种种问题之外，《1996电信法》使消费者产生的最大希望也没有成为现实。该法律的核心部分规划了一个所谓的"双线世界"：有线电视与地方电话公司不再分别拥有图像和本地电话入户服务的垄断权，允许双方经营对方的业务，意在引发全国性的激烈竞争，最终降低以上两种服务的价格。但是除了在某些试营地区外，尚未见到消费者享受到了这种好处，事实上，连影子都没有。克林顿政府的一名官员对共和党鼓吹的这种恩惠嗤之以鼻，他说：

"当这项法律辩论时，我们就遇到这样的一个两难境地'我们在什么样的意义上必须承认，有线与电话攻向对方市场一说是一派胡言？'我们早知道这是一个谎言，因为我们是研究这些事情的。它不会发生的，双方费用和技术障碍太高了。”

对于这一重要背景，从未有人写文章谈论过，而《1996 年电信法》正是以这种不会形成的“双线世界”为基础的。与美丽的诺言相反，人们看到是更多的合并、更高的价格和不存在的新服务。

1996 年 10 月，时代—华纳公司首席执行官杰拉尔德·莱文告诉投资人，在花费数十亿美元发展电话业之后，他的公司对这一产业已失去兴趣。一些华尔街人士猜测，时代—华纳最终可能出售其有线电视的全部或部分资产，以减少其 175 亿美元的负债。另一巨头电信公司首席执行官约翰·马龙也作类似考虑，据称他们决定不再向有线电视业扩展。许多电话公司先前曾信誓旦旦，却不见他们有任何进军有线电视的行动。因此，即便是在若干年后，“双线世界”能否建立也是大有疑问的。

媒介评论家尼尔主席乔治·格伯纳希基认为，尽管《1996 电信法》带来了上述各种问题，但是也有一些关于它的好消息：

△新法律确保了公民、学校、医院、博物馆和图书馆，以经济上能够承受的方式，接近这些正在形成的先进通信网的权利。

△数字广播前景看好，将提供比目前更丰富多样的电视节目，大大提高每个社区电视信号的数目。

△随着美国电报电话公司、新近合并的 MCI—英国电信公司和地区性贝尔公司互相开战，本地和长途电话费最终将会下降。

△消费者选择的多样性正来自技术和市场力量的作用以及政府的调整。例如，作为有线电视的主要竞争者，直接广播电视卫星 (DBS) 产业正在崛起，其用户将从 1997 年初的 500 万增长到 2000 年的 2000 万。国际互联网络继续是最具多样性和最民主的传媒。

主要参考资料：

1. Columbia Journalism Review, Jan./Feb., 1997.

2. Broadcasting & Cable, 5/6,1997.

（写于 1997 年）

大众传播法与中国民主政治

大众传播法是人类民主与自由要求的制度产物，同时促进着民主与自由的发展。所谓大众传播，即通过印刷媒体（书、报、刊）、电子媒体（广播、电视、电影）和互联网传播新闻和其他信息，表达观点和主张。传播新闻和表达观点的目的，不外乎二者：一是为了使受众知晓环境变化以便趋利避害；二是为了让他人了解、接受相关的观点、主张和思想。同时，作为新闻和观点的传播者，也只有了解和接受各种信息和思想，才能有效地进行表达，更好地实现传播效果，达到传播的目的。因此，有关寻求、接受和传递思想、信息的法律规范，均属于大众传播法的范畴。

一、现代大众传播法的特点

渴望接收信息和向同伴传递信息，这是人的本能，因为及时了解、获知准确的信息便于人们把握生存环境，调节自我，从而更好地生存和发展。言论表达是人的天性，它是完善自我、发现真理的必要条件。同时，言论自由还具有促进科技、文化进步，以及促进民主政治等多方面的价值。因此言论自由不仅被作为基本人权载入了国际人权文件，而且也被各国作为基本的公民权利载入本国宪法和法律。因为言论自由属于基本人权，其限制问题尤其需要小心翼翼地对待。正是基于这样的国际共识，现代各国的大众传播法总体呈现出如下几个特点：

1. 以保护言论自由为本位

在言论表达与言论自由相对利益的关系上，大众传播法倾向于对言论自由的保护。基于保护其他利益的考虑对言论自由进行限制时，必须适度，不能根本性地限制言论自由。在大众传播法治成熟的社会，对言论自由的限制所掌握的如下原则，都体现了大众传播法关于言论自由本位的特点。

△公共利益原则。一方面，言论表达损害公共利益时，应受到限制；另一方面，国家基于公共利益的考虑，可以限制言论自由。但是，言论表达如

是为了公共利益，则不应受到限制。

△较少限制原则。即在有必要对言论自由进行限制的情况下，必须在多种手段中选择对言论自由限制最少、最轻或最小的手段。

△“明显而即刻的危险”原则。只有公民的言论表达具有明显而即刻的危险时，政府才应予以制裁，否则就应予以保护。

△法律明确规定、精确限制原则。对言论自由的限制必须有法律的明确规定，且法律规定对言论自由的限制范围和标准是精确的。

△事后限制原则。即对于言论表达的限制只能在事后进行，而不能进行事前的检查。

△时间、地点、方式限制原则。即在不问内容的情况下，可以对表达的时间、地点、方式予以合理限制。例如，在美国，分送、散发小册子、传单，使用广播车、招贴牌等都是受宪法保护的，但各州有权就出版物在何处出售作出合理的、不过问内容的规定。

2. 对传播权进行限制的正当性有具体的评价标准

在《世界人权宣言》、《公民权利与政治权利国际公约》和以这两个国际人权文件为标准的各区域性人权文件中关于言论自由的规定，对各国保护言论自由提出了明确要求，并对言论自由的限制提出了具体的条件。这为各国大众传播法对言论自由的保护和对言论表达的限制提供了标准，从而也使各国大众传播法的正当性受到了国际人权文件的肯定。对言论自由的限制，只有符合有关国际人权文件规定的限制条件，才是正当的。

3. 对传播者行为的评价具有弹性

大众传播法的规范对象实际上是言论自由的度的问题，而言论自由的边界并不是确定的。同时，对法律所保护的、与言论表达相对应的利益是否受到言论表达的损害，也缺乏确定的判断标准。比如，某种言论表达是否属于淫秽，看法可能因人、因时而异。因此，对传播者的行为是否违法以及是否需要承担责任，往往莫衷一是。在很多判例中，法官们对作为被告的传播的行为是否违法以及是否应受到制裁都是有分歧的，而人们对很多判例也会有不同的评价。因此，庭审中意见的充分表达和多数决定就成了司法裁决程序中的一部分。

二、大众传播法在中国

1949年以后，法制和法律文化在中国经历了曲折的历程。[1] 从20世纪50年代初到70年代末，基本上是一个与法治相对的人治时代。受“阶级斗争为纲”思想和法律虚无主义的影响，法律被视为“封资修”的毒瘤，受到全面的否定。“文化大革命”中，法律文化属于被肃清的对象。进入改革开放新时期以来，随着民主政治意识的勃兴、市场经济的崛起以及对外开放和交流的扩大，法制得到恢复和迅猛发展。这主要体现在法律制度的基本健全、法治观念的渗透普及和依法治国国策的确立。

中共中央总书记胡锦涛2008年6月提出，中国目前已出现了党报党刊电台电视台、都市类媒体和网络媒体的新格局。[2] 这意味着在数量和影响力上更占优势的后两类媒体不再被执政党视为官方喉舌，而主要是为社会提供信息、娱乐、广告服务的文化实体。随着经济和文化事业的发展，几乎所有的媒体今天都面临着随时应对法律诉讼的问题。因此产生了建立和健全媒体法治的新驱力。

1. 法治建设的飞跃和大众传播法的滞后

根据国务院法制办公室副主任袁曙宏博士的见解，改革开放30年来的法治建设大体上可以划分为3个阶段：

第一阶段：从1978年到1992年中共十四大，致力于法治的恢复与重建，法律的地位和权威得到确立。现行宪法和规范政治、经济、社会生活的重要法律法规相继颁布实施，“文革”期间基本瘫痪的各政法机关逐步建立健全。第二阶段：从1992年到2002年中共十六大，适应从计划经济体制向市场经济体制转变的要求，确立依法治国的基本方略。一批直接规范与保障市场经济的重要法律法规相继制定和颁布。第三阶段：从2002年至今，适应全面建设小康社会的要求，坚持依法治国、依法执政、依法行政相互推进。法律体系基本形成；明确提出树立社会主义法治理念。而法治建设的重大作用之一在于保障公民权利和人权。[3]

---

[1] 此处不涉及中国香港、澳门、台湾地区的法制建设情况。

[2] 胡锦涛：“在人民日报社考察工作时的讲话”，北京：《人民日报》，2008年6月21日第2版。

[3] 袁曙宏：“改革开放与中国的法治建设”，北京：《法制日报》，2009年6月24日。

相对于法治建设的总体进程，中国大众传播法的发展就显得滞后了。从历史源头来看，20 世纪上半叶的大部分时间里，中国是有专门性的新闻出版法的。晚清政府继 1906 年颁布《大清印刷物专律》后，于 1908 年出台《大清报律》，后者被视为中国第一部新闻法。辛亥革命以后颁布实施的新闻法规包括 1912 年《中华民国暂行报律》、1914 年《出版法》、1930 年《出版法》、1932 年《新闻记者法》和 1937 年《修正出版法》等。以上专门法律中较受肯定的是《大清报律》和《新闻记者法》。

1949 年以后到改革开放之前，关于新闻出版的保护性法律条文，仅仅见诸 1949 年《共同纲领》[1]、1954 年和 1975 年《宪法》[2]。另一方面，正如陈力丹教授所言："由于所有的新闻、出版、广播机构从 1953 年起全部转为国有，特别是新闻传播机构，基本上是党政机关的一部分而不是一个社会行业，故不存在制订新闻法的需要"。[3]1978 年以后，随着民主与法治的发展和政治改革提上国家议程，新闻立法的呼声渐起。1984 年，全国人大着手制定《新闻法》，1988 年 3 部《新闻法》草案形成。1989 年以后，这一进程停顿下来。然而在民法（如《民法通则》和拟议中的《民法典》）、行政法规（如《政府信息公开条例》）等范畴内，若干司法进步间接推动了媒体法制的进步。

2. 中国大众传播法制的现状

在立法和司法实践中，大众传播法通常包括如下内容：(1) 宪法规范；(2) 有国内法效力的国际公约和条约；(3) 政务信息公开和国家秘密；(4) 大众传播与司法；(5) 大众传播与公民、法人的人格权；(6) 色情、暴力与其他有害内容的限制；(7) 特殊新闻和信息的发布；(8) 对新闻事业的行政管理；(9) 大众传播与商务信息；(10) 大众传播与著作权；(11) 大众媒介产业；(12) 广播电视法律制度；(13) 电影法律制度；(14) 音像制品、电子出版物法律制度；(15) 互联网法律制度；(16) 广告法律制度；(17) 涉外活动管理等。

[1] 1949 年 9 月，中国人民政治协商会议通过了起临时宪法作用的《共同纲领》，它的第五条规定：中华人民共和国人民有思想，言论，出版，集会，结社，通讯，人身，居住，迁徙，宗教信仰及示威游行的自由权。第四十九条规定：保护报道真实新闻的自由。禁止利用新闻以进行诽谤，破坏国家人民的利益和煽动世界战争。发展人民广播事业。发展人民出版事业，并注重出版有益于人民的通俗书报。

[2] 1954 年《宪法》第八十七条规定：中华人民共和国公民有言论、出版、集会、结社、游行、示威的自由。1975 年《宪法》第二十八条规定：公民有言论、通信、出版、集会、结社、游行、示威、罢工的自由，有信仰宗教的自由和不信仰宗教、宣传无神论的自由。

[3] 陈力丹：《新闻理论十讲》，上海：复旦大学出版社 2008 年版，第 213 页。

就宪法规范而言，中共中央总书记胡锦涛2005年提出“学习宪法、落实宪法”的要求，而在现实中，宪法如何进入和引领司法的问题尚有待解决。此外，如上所述，没有一个国家能够仅仅依靠一部媒体法就能调节大众传媒与社会的所有关系。但是在一个缺乏法治传统、如今强调“以法律为准绳”的社会，没有新闻法或媒体法，要管理发展迅猛、影响广大的媒体，难度就会越来越大。有学者告诫，若不重视大众传播法制，就难免要延续“法治的盲区，人治的特区”。[1] 这与法治社会的目标是偏离的。

而在现实中，经济生活的异常活跃和公共领域的兴起对信息自由和言论自由提出了新要求。因此，尽管缺乏直接性的法律（指专门的大众传播法，《广告法》是一个例外），各种相关法律条文（主要是在宪法和刑法之外的民商法、经济法和行政法规的范畴内）作为间接性的法律被大量“借”用于媒体法实践。此外，由于中国宪法的特殊性和行政性法规、条例、规章的强势[2]，这些因素造成了当下大众传播法之法律渊源的多样性和“中国特色”，详见下表：

主要法源	类属	适用主要内容	能否进入司法	进入司法频率
宪法	宪法	言论、出版自由	否	
公民权利和政治权利国际公约	国际法	新闻、信息自由	否	
联合国反腐败公约	国际法	保护举报人	能	无
广告法	经济法	广告	能	低
民法通则	民法	名誉权、肖像权	能	高
未成年人保护法	社会法	隐私权	能	低
妇女权益保障法	社会法	隐私权	能	低
残疾人保护法	社会法	隐私权	能	低
消费者权益保护法	社会法	隐私权	能	低
刑法	刑法	诽谤、非法经营	能	低
治安管理处罚法	行政法	谣言、诽谤、侮辱	能	渐高
传染病防治法	行政法	疫情公布		
著作权法	商法	著作权	能	较高
司法解释（司法解答）	综合		能	高
行政处罚法	行政法		能	低
保密法	行政法	泄密	能	低

[1] 展江：“警惕传媒的双重封建化”，香港：《中国传媒报告》，2003年第3期。

[2] 简单地说，就是法律位阶最低的这些“条例”、“规定”、“办法”，往往缺乏与上位法的衔接，甚至与上位法抵触，但在实践中却具有上位法不具备的刚性。

突发事件应对法	行政法	相关信息发布	能	低
其他法律	综合			
政府信息公开条例	行政法规	政府信息发布	能	低
出版管理条例	行政法规	“非法出版”	能	较高
广播电视管理条例	行政法规			
电影管理条例	行政法规			
互联网新闻信息服务管理规定	行政法规			
互联网文化管理暂行规定	行政法规			
外国通讯社在中国境内发布新闻信息管理办法	行政法规			
其他法规、条例、规章、行政法规等			能	较高

除了国家制定的成文法渊源，在大众传播实践中，职业化、专业化的新闻传播作为一个行业，通过长期的发展，已经形成了一些业内普遍遵循的行为规范。这些行为规范属于自律规则而不是法律，但在一些国家被授予了准法律的地位。比如，英国的报业投诉委员会和广播电视道德标准委员会，虽然在性质上是新闻界自律机构，但却是由英国议会通过立法程序设立的，拥有作出准法律效力的裁决权。显然，该自律机构据以作出裁决的规则，具有准法律的性质。

总体而言，一方面是法制的巨大进步，一方面是由于根深蒂固的权力过于集中的传统，导致有法不依、执法不严仍然是法治建设中的基本问题。正如魏永征教授所言，在“新闻官司”问题上，总的说来，中国司法对媒体既是严格的，也是公正的。[1]同时，由于缺乏专门的新闻法或媒体法，“无法可依”下的人治行为成为掣肘大众传媒健康发展的一个因素。国家有关方面已经意识到新闻立法对于促进社会发展和提升中国形象的重要性。在未来的几年内，随着联合国《公民权利和政治权利国际公约》即将在中国生效，新闻立法将有可能进入全国人大的立法计划。

[1] 魏永征：“初读《中国新闻官司二十年》”，参见 http://weiyongzheng.com/archives/ 30034.html。

以新闻立法促进社会进步

2007年4月以来，两部法律法规的出台和修订引起了国内外新闻舆论界的特别关注。之所以如此，是因为它们是与新闻媒体最基本的采访报道权利有关的法律性文件，而这在中国立法和行政部门制订的众多法律法规中是罕有的。4月24日，新华社受权发布《政府信息公开条例》（2008年5月1日起施行）。6月24日，《突发事件应对法》（草案）提交全国人大常委会二读的《突发事件应对法》草案，删除了此前专门针对新闻媒体的不得“违规擅自发布突发事件信息”以及“违反规定擅自发布有关突发事件处置工作的情况和事态发展的信息或者报道虚假情况”可以被处以“5万元以上、10万元以下的罚款”的规定。这两个重要的法制进步使我们有理由对新闻法制建设的前景保持比较乐观的态度。

“新闻无法”有碍社会发展和国际评价

为什么两部属于行政法范畴的法律文件有如此正面的反响？原因在于我国法制建设还存在很大的发展和完善空间，而在与民主政治发展息息相关的新闻法制方面几乎是空白。在依法治国已成国策、立法速度加快的今天，有一个领域却似乎超然“法”外，那就是无专门法可依的新闻传播领域。而中国作为大陆法系国家，一个只有《广告法》、没有《新闻法》的法律体系是有严重缺失的。现实情况是，一旦发生新闻诉讼，人们只能援引民法、刑法等通用法律和其它专门法来兴讼。由于保障言论和出版自由的宪法精神和宪法条文还不能落到实处，由于缺乏对公权力的其它法律限制，由于不能充分考虑和尊重媒体特性和新闻规律和在此基础上规定新闻媒体的权利义务，有意兴讼者可能因法院不受理和媒体败诉率高而放弃努力；即便形成诉讼，其结果的公正性也难以得到保障。

人们不难得知，之所以时至今天在20世纪80年代已经提上立法议程、后因故中断的《新闻法》迟迟不能出台，并且有人以“世界上多数国家没有新闻法”为由为不制订《新闻法》辩护，其根由在于部分媒体管理者将新闻自由与媒体法治对立起来，视国际社会公认的基本人权——新闻自由——为洪水猛兽，殊不知此举既与国际潮流和国际法格格不入，也不利于宪法崇高地位的树立和法律体系的健全。

从实际评估效果来看，新闻无法容易授人以柄，仿佛中国没有新闻自由，因此有损于中国的国际形象（一个总部设在巴黎的记者权益保护组织 RSF 每年发布 100 多个国家和地区的“新闻自由指数”，我国的排名明显靠后）。在媒体管理实践中，一些地方官员以“正面宣传”为幌子堵塞言路，拒绝舆论监督，并且将媒体变成了为其歌德与礼赞的工具。如在 2007 年的山西砖窑事件中，若无外省媒体的揭露，其中的黑幕恐难见天日。

我们来看一下欧洲大陆法系主要国家的情况。除了宪法对言论和新闻出版自由的保护之外，法国、德国、俄罗斯分别有成文的《新闻自由法》《新闻法》和《大众传媒法》，其中法国的《新闻自由法》翻译成中文，有上万字之多，对以报刊为主的新闻媒体的权利与义务规定得非常详尽。在瑞典，《新闻自由法》是宪法性法律之一，可见新闻法在大陆法系国家法律体系中的位阶之高。

因此中国要走向法治社会，制订《新闻法》是必由之路。作为最低限度的新闻道德，《新闻法》将在保护新闻自由的同时严格限制新闻界滥用报道权和评论权的行为。但遗憾的是，除了经常被束之高阁的宪法第 35 条之外，现有法律中几乎没有任何直接保护新闻界的条款。这也是 2006 年《突发事件应对法》（草案）的内容首次披露后触犯众怒的原因。笔者因此强烈呼吁全国人大在拟定 2008-2013 年的 5 年规划中将《新闻法》列入。

政府信息公开立法与舆论监督权利保障

在国际上，政府信息公开被称为信息自由（Freedom of Information，FOI）和近用信息（access to information），也叫做公众知情权（public’s right to know）或行政管理透明（administrative transparency），它赋予公民近用政府和其他公共当局所掌握的官方信息的权利，被有关学者称为“第三代人权”。历史最为悠久的新闻法瑞典 1766 年的《新闻自由法》，今天还作为世界上第一部信息自由法而独享盛誉。

信息自由的基本原则通常是：（1）政府信息公开是常规，不公开是例外。

（2）公民有权获知政府如何运作、如何行使权力、如何使用纳税人的金钱，特别是当政府的政策或者决定影响到某些人的切身利益时，他们更有权获知政府决策的依据和考虑因素。（3）关于保障官方秘密的法律，应限于合理和必须的范围之内，而政府内部的纪律和处分制度也应该与之配合。（4）公民应有权获知存于政府中的有关他们的私人资料。（5）在确认公民知情权的同时，为保护国家、商业等方面的正当利益，可以制定限制信息发布的规范，但是应有明确、统一和公平合理的准则。（6）当公众与政府对有关信息公开发生争议时，应有一个客观独立的仲裁机构，审核政府的决定和索取信息者的依据，做出有权威性的和约束力的判断。[1]

如上所述，在当今全球化的趋势中，大陆法系与普通法系不时地发生交流和融合。现在，美国所颁布的成文法的数量已经不亚于一个大陆法系国家，《信息自由法》（1966年）就是一个范例。

此后至今，全球已有68个国家通过了此类法律，许多国家的宪法中有确保信息自由的条款。此外，还有些国家虽然没有宪法层次的立法，但通过司法机关的解释，将公民的信息自由解释为宪法性权利，从而也将公民的信息自由权上升至宪法层次。如韩国1996年制订《公共机关信息披露法》之前，宪法法院在1991年的一个判决中就认为，该国宪法第21条所规定的表达自由隐含了知情权，政府官员如果拒绝披露申请的信息，某些情况下会构成了对该种权利的侵害。将信息自由列为一项新的人权已成为全球趋势，2003年年度词汇是“透明度”。所有欧洲国家都有了信息自由法或在准备议案，所有发达国家都承认信息自由。《欧盟基本权利章程》第42条提供了近用欧洲议会、欧洲理事会和欧洲委员会文件的权利。

主流国家新闻事业所从事的舆论监督实践告诉我们，在宪政体制、尤其是在新闻法和信息自由（政府公开活动）法的保护下，在公民的期待和支持下，舆论监督的具体形式通常有以下三种：（1）大众传媒在第一时间以文字和图像的形式进行海量的客观报道，力求使权力的运作置于众目睽睽之下，透明化、阳光化。这是一种看似隐性、实则常规的舆论监督形式。在廉洁程度高的国家，这种报道最为常见。（2）大众传媒以文字评论和漫画的形式，针对权力滥用导致的腐败所作的抨击和谴责。（3）大众传媒以特殊的新闻文体和节目

[1] 魏永征、张咏华、林琳：《西方传媒的法制、管理和自律》，北京：中国人民大学出版社2003年版，第51-52页。

类型——调查性报道——深入揭露重要腐败案例和现象。

从理论上说，舆论监督的第一种形式，即以在宪法和信息自由法保护下的日常报道来使政府活动置于公众视界之中，实现公众对公共权力机关运作的知情权。尽管各国政府实际运作的透明度和政治腐败程度相差极大，但是信息自由立法毕竟是包括舆论监督在内的社会对政府监督的制度性保障，具有普适的价值。

新闻法制应当是一个完整而均衡的体系

由于现代新闻媒体在现实世界中无处不在，因此广义的媒体法要涉及本国法的几乎所有门类，渗透到宪法的、民事的、刑事的、行政的、经济的各种法律部门。在实行制定法或成文法的大陆法系国家，媒体法主要表现为各种法律文件，而在英美法系国家，习惯、判例等在媒体法中有重要地位。这些法律文件可以粗略地分为三大类：（1）宪法和专门的新闻（大众传播）法；（2）信息自由法；（3）诽谤法和隐私法。

1. 着眼于保护新闻自由的宪法和新闻法（大众传播法）

无论采用哪种法系，新闻法治都是现代国家法治的重要组成部分。英国没有成文宪法，但是有充分保障新闻自由的普通法传统。除英国等少数国家外，多数国家都在宪法性法律中对言论和新闻自由加以保护。据荷兰两位宪法学者统计，在世界142部宪法中，有124部规定了发表意见的自由。这些国家在肯定言论自由作为一项基本人权的同时，为防止这项权利的滥用，也都以"但书"的形式对这种权利的行使作了限制。

正因为言论自由和新闻自由之于社会发展具有如此重要意义，所以人们不仅把它当作一种信念，而且把这种信念用法律加以确认和保障；不仅把它作为某一国的国内法内容，而且还以国际宣言和条约的形式加以规定。例如《世界人权宣言》（1948年）第19条："人人有主张和发表意见的自由；此项权利包括持有主张而不受干涉的自由，和通过任何媒介和不论国界寻求、接受和传递消息和思想的自由。"

又如，对签约国具有法律效用的联合国《公民权利和政治权利国际公约》（1966年）第19条："一、人人持有主张，不受干涉。二、人人有自由发表意见的权利；此项权利包括寻求、接受和传递各种消息和思想的自由，而不论国界，也不论口头的、书写的、印刷的、采取艺术形式的或通过他所选择的任何其他媒介。”

大陆法系国家普遍制订成文的新闻法（大众传播法）。其中历史最为悠久的是瑞典1766年的《新闻自由法》（Tryckfrihetsförordningen）。法国作为大陆法系的重要国家，其洋洋洒洒的1881年《出版自由法》由5章64条组成，虽几经修改，但是生命力仍然旺盛。德国虽然没有联邦的新闻立法，但是1964年，各州都出台了自己的新闻法。当今俄罗斯新闻法体系的核心是1991年的《大众传媒法》。

2. 着眼于保护个人权利的诽谤法和隐私法

在现代国家的法律体系中，诽谤法和隐私法是不可或缺的组成部分，它们对被授予广泛舆论监督权的新闻界进行了必要的限制。国际人权法把保护名誉作为可以制定法律限制新闻自由的首要理由，而隐私权已经成为国际公认的一项基本人权。

由于妨碍名誉和披露隐私成为新闻传播中的两大“不当发表”，因此诽谤法和隐私法限制了记者从事具有舆论监督功能的报道和评论的内容。美国学者不得不承认：“多年来，诽谤一直是媒体肩上的重担，尤其是对于那些喜欢发起多方辩论、重视调查性报道的报纸而言。”

诽谤法虽然有悠久的历史，但是对于诽谤却难以有一个公认的定义。英美法系的诽谤概念是从判例中总结归纳出来的，而在大陆法系中，对于妨碍名誉的行为主要由法律（主要是刑法）定义。

在英美法中，妨碍名誉行为被归结为诽谤，而按其方式和后果的不同划分为书面诽谤(永久诽谤，libel)和口头诽谤（暂时诽谤，slander）两类。通常是指对某人进行文字上的诋毁。

大陆法与英美法的一个重要区别在于把妨碍名誉行为分为诽谤和侮辱。

隐私权(privacy)大体上被认为是个人不被打扰、私人信息不被公开，以保持心灵、感情、精神平静的权利。与具有深厚的法律根基的诽谤法不同，隐私法是一项只有百余年历史的现代司法发展。如今，各国普遍承认隐私权是一种民事权利，应予立法保护。

对于记者而言，在大众传媒无孔不入的今天，隐私权问题带来的麻烦越来越多，公众经常认为传媒侵扰了私人生活，他们因此而感到愤怒。联合国《世界人权宣言》第12条称：

任何人的私生活、家庭住宅和通信不得加以任意或非法干涉，他的荣誉和名誉不得加以攻击。人人有权享受法律保护，以免受这种干涉或攻击。

在保障新闻自由的现代国家，法院必须在公众知情权与个人隐私权之间寻求平衡。在新闻报道中，关于舆论监督对象私生活的内容可能会侵犯该人的隐私权。例如在美国，与记者有关的隐私权有如下3种：（1）因公开发布某信息而使某人处于被误解的地位。（2）公开发表令人尴尬的私人性事实。（3）记者未经许可（如窃听）侵入私人领域以获取新闻或图片。

总之，新闻法制体系应当是整个中国法制体系中非常重要的一个部分。从以上三大类别来看，《政府信息公开条例》的制订意味着中国的一大进步，在诽谤和隐私领域中国法律的相关条款与国际水平的差距也不是很大，问题在于第一大类中的宪法不落实和《新闻法》的缺失，造成媒体法制体系最重要部分的严重滞后，制约了新闻事业和民主政治的进步，妨碍了中国国际形象的提升；当务之急是尽快起草和出台《新闻法》，在此基础上逐步落实宪法有关条款和与联合国《公民权利和政治权利国际公约》的要求接轨。

贰 表达自由

英国早期出版专制和清教徒的抗争

19 世纪中期，马克思一家客居伦敦。对比祖国普鲁士的顽固专制和英国的自由空气，马克思夫人燕妮不禁感慨，称英国为“众所公认的出版界圣地”[1]。可那是英国人自引入印刷机之后与早期的专制君主和后来的各种戒律奋斗了几百年换来的。难怪学界公认，研究新闻出版自由的历史，英国是最丰富、最完整的案例。

在前新闻事业时期的初始阶段，英国专制君主在新闻传播方面乏善可陈。不仅如此，英国还设计出很多钳制言论、思想和信息扩散的机制，在钳制言论和出版方面花样和“创新”最多，钳制效果也一度最显明。而在理性地反抗出版专制的斗争中，16 和 17 世纪的清教徒贡献卓著，并且做出了堪称可歌可泣的牺牲。

一、检查制度、星法院和书商公会

在欧洲的君主专制时代，自从 16 世纪印刷术开始扩散以后，言论和出版活动受到严重遏制，统治者担心信息和思想的扩散会令人质疑其统治

[1] 《马克思恩格斯全集》，北京：人民出版社，第 2 版，第 1 卷，第 182 页。

的合法性，进而危及其统治。尽管检查制度（censorship, 又译审查制度、书刊检查制度）是欧洲宗教分裂的产物，但是各个世俗政府迅速借助对图书和戏剧进行全面的控制。法国就是一个很好的例证。从 1530 年前后开始，王朝颁布一系列法令查禁新教出版物。1672 年王室建立了一所书报检查官学院，一群学者奉命审读有意出版的手稿和批准出版商是否有权印刷图书，这种权利被称为特权（privilege）。到 18 世纪，法国的书报检查官人数在 150 到 200 人之间。该学院实施出版前检查，并将独家出版权授予某出版商，保护此人不被他人盗版。

在英国，对印刷品的检查始于亨利八世（1509-1547 在位）时代，当时他寻求保护国教和王权。他的继任者则利用检查制度来推行不同的宗教政策。爱德华六世（1547-1553 在位）允许新教作品出版，而玛丽一世（1553-1558 在位）则予以禁止；伊丽莎白一世（1558-1603 在位）通过多部法律对报刊和戏剧进行检查，以保证它们不背离她所认定的英国国教、不传播天主教思想和不批评王室，其中 1559 年的一道法令规定出版由大主教进行管制。为控制报刊，王室 1557 年责成书商公会（Stationers' Company）发放印刷许可证，规定每本书必须得到许可方能出版。在其后一个多世纪中，尽管发生了英国革命，但是革命前的和后来复辟的王室继续实行国家检查制度，尽管其目的越来越多地是为了维护王室免遭批评。

每个大大小小的政治单位都有类似的检查系统，有时还包括地方教会的代表。但是地方性的检查制度囿于一国一城，因此意欲开展政治或宗教批评的作者和印刷商只需要去另一个国家就可以出版其作品。于是，法兰克福书市等国际性商业图书贸易网络就在整个欧洲发行图书。最后，17 世纪末的报纸形成了难以检查的出版机制。由于报纸是地方性的和短命的，任何检查都必须快速和就地进行。报纸和大幅单面印刷品是在一夜之间用廉价纸张印刷的，经常是没有作者和印刷商具名，发行又十分快速，因此，过去的检查方式难以适应对这些新式印刷品的检查。到 17 世纪，检查制度的效力越来越低下，淫秽性、煽动性和渎神性材料的出版商在未经许可的情况下经常直接出版。于是在 1695 年，英格兰和威尔士停止了对书面材料的出版前检查。

在英国历史上的书报检查体系中，除了上文提及的书商公会、出版特许制之外，还有其他臭名昭著的设置，其中经常被后世所关注和抨击的，主要还有枢密院、星法院、叛逆罪、煽动诽谤法等英国王室的多种发明。

星法院（Star Chamber）[1]是都铎王朝（1485—1603）和斯图亚特王朝（1603—1741）年代的一所以专断裁决和秘密程序而臭名昭著的法院，1481年设立，1641年废除。该法院从国王法律顾问团的会议演变而来，因此其源头可上溯至中世纪。星法院最初以速审速决和办案灵活著称，它由王室枢密顾问和普通法法官组成，以充实普通法法院和衡平法法院在民事和刑事方面的活动。

但是，星法院实行闭门审判，它不设陪审团，没有控告书，被告没有上诉权，不传唤证人，证据以书面形式呈堂，其专断性由此产生。亨利七世（在位）运用星法院的这项权力对付土地贵族。在红衣主教托马斯·沃尔西（约克主教和大法官，约1475—1530）和坎特伯雷大主教托马斯。格兰莫（1515—1529在任）主持下，星法院成为起诉反对亨利八世、他的大臣和他的国会之人的政治武器。尽管星法院最初是一所上诉法院，但是亨利八世、沃尔西和格兰莫鼓励原告绕过下级法院直接向它提起诉讼。

英国专制王朝管制出版的第一部完备法令是1586年的《星法院法令》，它一直实行到1637年。该法令有以下内容：（1）所有印刷商须将印刷品送往书商公会注册；（2）除牛津、剑桥大学外，伦敦市外一律禁止印刷；（3）除非得到高等宗教事务委员会（High Commission）同意，否则不再任命新的印刷商；（4）印刷任何图书须事先申请许可；（5）书商公会有权处罚非法出版行为；（6）书商公会会长有权发布命令，搜查、扣留和没收以及逮捕疑犯；（7）学徒人数限1-3人，视其成员在书商公会的地位而定；（8）牛津、剑桥大学印刷所限学徒1人。[2]

在斯图亚特王朝时期，星法院已经大权在握。到查理一世（1625—1649年在位）时代，它已成为国王及其近臣误用和滥用权力的同义语。詹姆斯一世（1603—1625年在位）和他的儿子查理利用该法院审理煽动性诽谤案，这就意味着星法院可被用来镇压王室政策的反对者。如果有权势的贵族不宜在下级法院受审，那就可以交给星法院。

查理一世在长达11年的“个人统治”时期就用星法院作为国会的替代物，

---

[1] 过去普遍认为其名称来源于其所在地房间屋顶天花板上镏金的星星图案，经考证此说不确。

[2] 张隆栋、傅显明：《外国新闻事业史简编》，北京：中国人民大学出版社，1988年版，第11-12页；沈固朝：《欧洲书报检查制度的兴衰》，南京：南京大学出版社，1999年版，第65-66页。

他利用星法院大量迫害异见者，包括逃往新英格兰的清教徒。1632 年 10 月 17 日，星法院禁止所有“新闻书”出版，理由是西班牙和奥地利的外交官抱怨英国对三十年战争的报道不公正。因此，相关的新闻书经常在阿姆斯特丹印刷，然后偷运到英国，直到 6 年后开禁。

在孕育了定期报纸的三十年战争中的 1637 年星法院再次颁布印刷法令，主要内容有三类。第一类是一般性禁令，包括：（1）禁止生产和销售有助于诽谤的图书；（2）所有图书须经许可并在书商公会注册方可印行；（3）手稿一式两份，一份交检查官检查并留存，以备与印本核对，另一份复印；（4）即便是重印本也需接受检查和作出必要修改；（5）对未经许可的出版物和批评教会、国家的出版物可以进行搜查；（6）书商公会无须陈述任何理由就可以搜查。第二类重申了书商公会的特权，包括：（1）所有来自海外的图书只能从伦敦口岸进口；（2）没有教会和书商公会代表在场，不得开箱查验；（3）未经大主教和伦敦主教同意，不得销售任何进口图书。第三类是惩罚措施，包括：（1）未经许可而出版，将处以没收、毁版和查封的惩罚；（2）印刷商数量不得超过 20 家，须交纳 300 英镑保证金；（3）学徒人数不得超过被允许的机器数量；即便是大印刷商也不得雇用非自由民；（4）书商公会须严密监视熟练工，以防其从事地下出版业；（5）不得拒绝熟练工的求职要求；（6）未经书商公会同意，不得私自铸字和进口活字，铸字商限定 4 家，且须受到与印刷商同样的法令约束。[1]

此外，星法院还以判处酷刑而声名狼藉。它虽然不判处死刑，但是命令行刑者施用枷刑、鞭刑、烙刑、断肢等野蛮刑罚。从独断专行、秘密审讯到以叛逆罪、渎神罪和煽动性诽谤罪等野蛮罪名处以野蛮酷刑，星法院可谓集野蛮之大成，其行径在当代仍然是镇压宗教、言论和新闻出版自由的反面教材。

书商公会全名“虔敬的文具商和报纸制造商公会”（Worshipful Company of Stationersand Newspaper Makers）是伦敦市同业公会之一。1403 年成立时，书商（stationers）既包括图书销售商和图案花饰绘制者（美工），也包括装订商。书商出售他们及其雇员誊抄的图书手稿以及他们使用的书写材料。美工则为手稿配插图和装饰画。随着印刷逐渐代替手稿制作，1557 年获得皇家授予的出版特权后，它事实上成为了一个印刷公会，对出版业拥有垄断权，并制定

[1] 沈固朝：《欧洲书报检查制度的兴衰》，南京：南京大学出版社，1999 年版，第 68-69 页。

和实施版权规章，直到它在1695年失去了垄断权。[1]

在都铎王朝（1485-1603）和斯图亚特王朝（1603-1741）时期，书商公会在枢密院、星法院等皇家机构的支持下，获得授权查禁违反教会和国家制定的内容标准的"放肆图书"。它的官员可以将"冒犯者"移送教会当局，因此在新教改革和内战中对英国文化产生了堪称恶劣的影响，成为英国书报检查制度中最活跃的一个因素。

获得印刷特许权之后，书商公会以外的任何人不得从事印刷出版，公会的头面人物有权随时随地搜查印刷商、装订商或书商的店铺、居所内的图书，并有权查封、没收、扣押、焚毁任何有违法律法令和通告的已经和即将复印的出版物，或将这些出版物移交有关机构。阻止书商公会官员执法的人将被判处3个月监禁，罚款100先令，女王和书商公会五五分成，以激励后者积极履行职责。

书商公会的直接靠山是枢密院（Privy Council）和星法院。枢密院是英国王室的私人顾问班底，[2]1566年枢密院发布6条出版管制令，扩大了书商公会的搜查和没收权，规定书商公会的官员有权检查所有可能装载印刷品的入境货船。第二年书商公会任命的两名检查官巡查了全国所有印刷所。1576年书商公会命令由12名检查官轮番对伦敦所有印刷所每周搜查一次。尽管审书权部分掌握在教会手中，并且枢密院对书商公会有掣肘作用，但是这无碍于书商公会在出版管制方面以防范侵犯版权、维护经济利益为动力发挥了最大的效能，而这主要得益于星法院的长期支持和授权。如前所述，在王室特许权的基础上，星法院1586和1637年的法令赋予书商公会更为广泛的出版管制权。

另外，值得关注的还有煽动性诽谤。根据英国法律，煽动性诽谤（seditious libel）是一种刑事犯罪。煽动就是发表带有煽动性意图的煽动性言论：如果该陈述是书面的或其他永久性形式的，那就属于煽动性诽谤。在英国，煽动的现代意义出现于伊丽莎白一世时代的1590年前后。煽动性诽谤罪是在星法院

[1] 书商公会的特许状建立了对图书生产的垄断，一旦某成员断言他拥有一部文稿，其他成员就不能出版。这就是"版权"(copyright) 的来历。1710年英国通过了世界上第一部版权法。

[2] 枢密院由中世纪的国王法律顾问团（King' s Council，又译：御前会议）演变而来。1540年，枢密院成为一个向国王提供咨询和管理政府的小型行政委员会。1645到1660年英国内战和奥利弗·克伦威尔党政期间，枢密院被剥夺权力，此后再也没有恢复往日的地位，关于长期政策的辩论转移到了国会。

1606年的De Libellis Famosis案中设立的。该案将煽动性诽谤定性为对公众人物、政府和国王的批评。煽动法是对叛逆法和戒严法的补充：叛逆法主要控制有特权的神职反对派、牧师和耶稣会士以及某些平民，军管法用来震慑平民，而煽动法震慑知识分子。在那个年代，由于国家和教会的密切关联，"煽动性诽谤"与"渎神性诽谤"可以互换。

1351年英国叛逆法将针对国王的多种罪行定为叛逆，包括策划或想象国王驾崩、在王国领土上发动反国王战争以及效忠国王的敌人。此后，叛逆罪越来越多地被用于起诉以口头和书面文字公开反对国王的人。1477年法院判决用巫术预测国王驾崩为叛逆罪。在亨利八世时代，叛逆罪犯被大大扩展，国会给一名反对国王迎娶安妮·博林并预言国王因此将驾崩的女巫定为叛逆罪。

印刷机的发明赋予政治写作以一种新的重要性。星法院1606年的判决实际上为煽动性诽谤设定了非常宽泛的定罪空间。该判决是这样界定诽谤的：（1）诽谤一个普通人是刑事犯罪；（2）即便被中伤者已经故去，中伤者仍然构成诽谤罪；（3）可根据普通法或由星法院提起诉讼；（4）真相并不具有实质意义。其中第四条正是煽动性诽谤的实质：只要批评就可能构成诽谤，而事实不能作为抗辩理由。这种今天看来是荒诞的法理恰恰是英国历史上的专制统治者对付自由写作和出版的工具。关于诽谤的诉讼程序不是为了辩白，而是为了定罪而设计的。根据告密就可以逮捕被告，判决则无需陪审团；受国王特权祖护的诽谤罪案不受普通法约束，星法院也不承认不能强迫被告认罪的原则。[1]1629年有3人被控在国会陈述煽动性言论，因为这些言论"可能在陛下和他的忠实臣民之间制造嫌隙和煽动"。到报纸日益发展的1680年前后，当局经常以政治诽谤和煽动性文字来无情地惩治对政府进行批评的人。

在以后3个世纪的英国，口头传播煽动性言论、刊布某些诽谤和与他人密谋制造针对当权人士的仇恨或藐视被定为煽动罪。1704年，王座法庭首席大法官约翰·霍尔特（1689—1710在任）裁定：对于任何政府而言，没有什么比激起关于它的管理的憎恶的行为更恶劣的了；这永远被视为一种犯罪，如果不对此举加以惩罚，那么没有哪个政府会是安全的。直到19世纪自由民主的政治环境改变关于公民批评政府权利的观念之前，煽动性诽谤法的利剑一直高悬在与新闻传播关系密切的知识分子头上。

[1] 沈固朝：《欧洲书报检查制度的兴衰》，南京：南京大学出版社，1999年版，第74页。

二、新闻出版：压制和反抗

中世纪以后的英国素有制约权力和追求自由的传统。作为宪法性契约的1215年大宪章（Magna Carta）起源于教会、贵族、市民力量反抗王权的斗争，它以法律限制了英国王室的绝对权力，首次确立了有限政府的原则。而1484年国会的一项商业性立法为英国未来成为第一个出版自由国家奠定了某种基础。该法案强调，促进国家进步的商品和商人“应像天堂的阳光一样自由进入这块国土”。这些商品和商人包括海外的图书、小册子作者、装订商和印刷商，正是这些外国人带来了英国印刷业的繁荣。此前10年，威廉·卡克斯顿（William Caxton1422—1491）[1]刚刚将印刷术带入英国，随之而来的是欧洲大陆的各种思潮。[2]

宗教改革前的英国天主教会为了控制“异端”思想的传播，动用了罗马教廷用过的检查、禁书、焚书等一切手段。由于收效不彰，教会被迫求助王权。亨利八世对于查禁“异端’出版活动不遗余力。1515年国会通过的一项法案规定：除非经过“被指定的明智、谨慎的人阅读、讨论和检查过”，否则不得印刷和出版任何拉丁文和英文图书、民谣、歌本和悲剧作品。1526年英国公布第一部禁书目录，3年后禁书书目从18种增加到85种。亨利在1530年的敕令中还禁止出版印刷、进口、销售反对天主教信仰和国王权威的抄本和印本书。1534年，亨利发布关于诽谤性图书的国王文告，规定未经枢密院或国王指定的检查官的同意，任何人不得印刷任何英文图书。在这种高压下，圣经翻译家威廉·廷代尔（William Tyndale，1494—1536）成为英国宗教和出版自由的一个早期殉道者，他和他的译作一起被付之一炬。

亨利又在1538年的文告中下令：销售图书须经国王批准；未经检查官的检查不得进口任何图书；每本书须印出承印人、作者、译者、编者的姓名，否则将判处监禁和没收财产。这样，整个出版界只剩下他自己一个主人了。都铎王朝的出版管制之所以比罗马教廷有效，那要归因于亨利八世在禁书和惩罚之外采取的如下手段：（1）限制国外书商进入本国市场；（2）通过任命

[1] 英国第一个印刷商，共印制约100部作品，翻译24本书，其中23本由他印制。

[2] 沈固朝：《欧洲书报检查制度的兴衰》，南京：南京大学出版社，1999年版，第56页。

官方印刷商将印刷业控制在国王手中；（3）用出版特许制度管制出版业；（4）授予垄断专利。[1] 此后的玛丽一世对书商公会的收编改造和操控利用，更提高了英国书报检查制度的效能。

然而，书商公会的垄断和专横引起了印刷出版业的不满。威廉卡特（William Carter,1548?—1584）、休辛格尔顿（Hugh Singleton,?—1593?）和约翰沃尔夫（John Wolfe,1579—1601）成为向都铎王朝检查制度发起挑战的第一批印刷商。主张人民有权讨论政治问题的卡特因出版天主教图书而被处以绞刑。清教派的辛格尔顿因在1579年被发现印刷抨击伊丽莎白一世的图书而被以煽动诽谤罪名砍去右手。桀骜不驯的沃尔夫在监狱中仍然领导着废除出版特权的运动。

在反对检查制度的斗争中，清教徒从16世纪中期以后逐渐扮演显要角色。匿名小册子《致国会书》的作者约翰·菲尔德（John Field,1545—1588）和托马斯·威尔科克斯（Thomas Wilcox,1549?—1608）在1572年被捕后坚持认为，“在议会时代，应是言论自由和写作自由的时代”。此后，约翰·斯特劳德（John Stroud）、罗伯特·沃尔德格雷夫（Robert Waldegrave）、约翰·霍金斯（John Hodgkins）等人秘密印刷小册子回敬女王组织的对《致国会书》的反驳，约翰彭里（John Pemy,1559—1593）引发著名的“马普里莱特论战”，虽以印刷商全部被捕、彭里被处以绞刑告终，但是有力冲击了政府控制的出版业。

清教徒约翰·斯塔布斯（John Stubbs,1543—1591）以其坚定无比的信念和巨大的自我牺牲，树立了一个理性争取社会公众觉醒和制度变革的典范。1579年发表小册子反对46岁的伊丽莎白一世准备与天主教徒、法国安茹公爵结婚。他声辩说，他的目的是维护思想和言论自由。伊丽莎白对公众干预国事感到愤怒，斯塔布斯、他的印刷商和出版商在威斯敏斯特受审并被定为“煽动性写作”罪，斯塔布斯被处以砍去右手。[2] 依然忠君的斯塔布斯在昏厥前抬起断臂高呼“上帝保佑女王”。伊丽莎白随后放弃了婚姻计划。国会中的清教徒议员彼得·温特沃思（Peter Wentworth,1530—1596）1576年发表演说《论下院自由》，虽然因此获罪，但是不失为64年后伟大的约翰·弥尔顿的《论出版自由》（1644年）的先声。

进入斯图亚特王朝时代，詹姆斯一世和查理一世一改都铎王朝后期的怀柔政策，试图以书报检查等手段等恢复君主绝对专制。当国王与国会关系日

[1] 沈固朝：《欧洲书报检查制度的兴衰》，南京：南京大学出版社，1999年版，第59-61页。
[2] 女王原来有意处死斯塔布斯，经顾问规劝后决定从轻发落。

趋紧张时，国王干脆撇开国会，直接发号施令，或通过枢密院、星法院、最高宗教委员会和书商公会等特权机构，镇压各种不合意的消息和言论。1611年，詹姆斯一世对宗教法官说：朕授予你们三位全权……去调查、搜查……所有异端、鼓吹教会分立和诽谤的书籍、流言和文章，一切攻击国家的图书、小册子和肖像画……所有这类书的生产者、设计者、印刷者、散发者及其介绍人、策划者和唆使者，一律没收，处理掉上述书籍及其印刷所……使其不能再得到非法利用。书商迈克尔·斯帕克（Michael Sparke,1586—1653）1629年因“几乎每一本书都具有煽动性”而受审，同案者还有另外3个未经许可印书的印刷商。斯帕克在法庭上辩护道：星法院的出版法令“直接侵犯了世代相传的臣民人身和财产自由权，违背了《大宪章》和《权利请愿书》”。[1]

由于欧洲大陆的事务尤其是三十年战争，英国人对报纸的关注超过了政论性小册子。第一批荷兰“科兰特”1620年输入英国后，一些书商也转向有利可图的报业，这引起了统治者的警惕。

1621年，詹姆斯一世通过驻荷兰大使发布文告，禁止将报纸运往英国。托马斯·阿彻因印刷出版有关帕拉蒂纳特[2]战事的大幅单面报纸而被控告，尽管他申辩说英国尚无大幅单面报纸许可和登记制度，但是为了将“这个印刷商与他的印刷机隔开”，它在这年夏天被投入监狱。一批有声望的出版商随即开始申请出版新闻书。枢密院决定对报纸实行特许和检查制度，第一个获得特许权的是尼古拉斯·伯恩；新闻检查官是熟悉欧洲事务的资深外交官弗朗西斯·科廷顿（Francis Cottington,1579?—1652），他在1624年以前成功地压制了可能引起争议的所有新闻，其手法为继任者沿用。但是詹姆斯一世仍然对走私报纸放心不下，为此他在1623年重申书报检查制度和对走私国外报纸的惩罚措施。1632年10月，伯恩和纳撒尼尔·巴特因偷运小册子和报纸入境而被取消出版特许权。但是，这仍然压抑不住国人对欧洲大陆新闻的需求，不在禁止之列的新闻歌谣作为报纸的替代物再度流行于伦敦街头。

显然，随着新闻性印刷品的兴起检查制度的效能在斯图亚特王朝初期已经下降了。出版商也各出奇招对付当局：有的在书名页印上假准印许可和姓名地址；有的书以大幅单面报纸和新闻歌谣的形式出版，因为当局在1632年

[1] 沈固朝：《欧洲书报检查制度的兴衰》，南京：南京大学出版社，1999年版，第81-82页。

[2] 一译“巴拉丁”，历史上的德意志邦国，位于今日德国南部。1356年起，历任帕拉蒂纳特公爵成为帕拉蒂纳特帝选侯。

以前视这些印刷品为无足轻重的出版物；有的让书的正文先通过检查，然后插入献辞、前言；有的在将通过检查的印本属重印时加入新内容。有鉴于此，星法院在 1637 年才制定了堪称登峰造极的前述出版令。一名未获特许权的印刷商须经出版公会和政府检查官两道关口才能印书。

国会于 1628 年通过《权利请愿书》，它规定：国王不经议会同意不得征收捐税，不出示具体罪证不得任意捕人，和平时期不能随意实行军管法，不得任意在居民家中驻军等。查理一世勉强批准《权利请愿书》，随后又加以曲解并继续不经国会同意而征税。当国会号召人民拒绝交税时，查理一世在 1629 年 3 月将国会解散。从此到 1640 年 4 月国会重新召开，其间 11 年为国王个人统治时期。

而清教徒知识分子们也越来越桀骜不驯了。查理一世便频频动用星法院和煽动性诽谤罪来惩治"异端"的出版活动。苏格兰医学博士、清教教士亚历山大·莱顿（Alexander Leighton, 1587—1644 或 1649）1628 年在荷兰出版小册子《基督徒反主教之辩：向国会呼吁》。星法院指控他进行了"诽谤性的和恶意的中伤"，对他罚款 1 万英镑。他未经审判就被单独囚禁在一间没有屋顶、不生火的囚室中任凭雨雪侵袭长达 15 周。他被高等宗教事务委员会法院判处公开鞭笞，脸部刺上 SS（煽动性言论散布者）字样和割去双耳，并被判终身监禁。他曾被绑在木桩上，背部被抽打出 36 道条纹，曾在 11 月的霜雪中被带枷示众两小时。直到 1640 年革命爆发他才获释。对莱顿的惩罚和迫害是查理一世任内最可耻的事件之一。

至 1636 年间，各地出版的图书和小册子内容之激烈，数量之多，超过了以往任何时期。1637 年 6 月，清教徒亨利·伯顿（Hemy Burton,1578—1648）、约翰·巴斯特威克（John Bastwick,1593—1654）和威廉·普林（William Piynne1600—1669）因撰写抨击坎特伯雷大主教威廉·劳德的小册子而被捕，并被鞭打、带枷示众和割耳。三人被带上刑台时受到群众欢呼，巴斯特威克高呼：如果我的血能使泰晤士河上涨，我将为此洒尽每一滴血。他们分赴各监狱时，群众在路上撒满鲜花和芳草。这起案件是导致国会 1641 年撤销星法院和 1645 年处死威廉·劳德的原因之一。

美国学者弗雷德里克·S·西伯特就此指出：表达意见的自由是在所有压制或控制办法难以奏效之后才被承认的；讨论自由作为一种最终性方法，不是基于健全的理智，而是因为别无选择。[1] 自 17 世纪的三十年战争和英国革命后，随着政治制度的演变，这些新闻出版的拦路虎历经多年被逐一搬移；自 18 世纪初起，英国报业逐渐执欧洲和世界之牛耳，那是后话。

[1] Fredrick S. *Siebert, Freedom of the Press in England 1476-1776*, Urbana, Ill.: University of Illinois Press 1952, p119.

当代英国法中的表达自由及其限制

说到英国的古典出版自由，即1640年革命以后到19世纪中叶逐步确立的那种令全世界羡慕的自由，不仅仅是传统意义上的西方人，即便是马克思和恩格斯和他们的家人也是交口称赞。马克思夫人燕妮曾经说英国是“出版自由的圣地”。[1] 从1644年弥尔顿发表《论出版自由》到1695年报刊出版许可证法的废除，再到规定必须由陪审团审定何为诽谤以及被告是否有罪的1792年《福克斯书面诽谤法》（Fox’s Libel Act）[2]，最终是19世纪中叶“知识税”的终结，这一切意味着新闻出版在英国的自由度达到了世界领先的程度。其时恰好是马克思恩格斯为规避普鲁士专制统治的迫害而远走英伦并开始终生居住和长期著书立说之际。因此在很大的意义上可以说，没有英国的出版自由，就没有马克思主义的诞生和传播。

那么19世纪以后的情况怎样？是否发生的急剧的或根本性的改变？为什么这个一度是出版自由“圣地”的国度被传播政治学家丹尼尔·哈林和罗伯托·曼奇尼称为“国安型国家”？[3] 在欧洲一体化的背景下，英国法中的表达自由在多大程度上受到欧洲法的影响？本文从普通法中英国法的语境下进行初步探讨，以尝试回答这些较为复杂的问题。

从出版自由“圣地”到“国安型国家”？

正如哈林和曼奇尼所言，在20世纪的英国，强大的自由主义传统被保守的国家主义遗产和强大的劳工运动二者改变了，后者在20世纪40年代被整合进权力体制，将英国转向一种在许多方面与民主法团主义类似的自由法团主义，形成了“强国家”传统。在法治方面，英国没有成文宪法，议会主权学说在其法律体系中居于中心地位，因此新闻自由仍然是一种重要的文化传

---

[1] 《马克思恩格斯全集》，北京：人民出版社，第1版，第16卷，第688页。

[2] 参见 http://en.wikipedia.org/wiki/Libel_Act_1792。

[3] （美）丹尼尔·C·哈林、（意）罗伯托·曼奇尼：《比较媒介体制——媒介与政治的三种模式》，陈娟、展江等译，北京：中国人民大学出版社，2012年版，第234页。

统，而不是像美国那样成为特权性的法律原则。在英国，内部政治信息不会像在更加碎片化的美国政治体制下那样如此自由地被泄露。相比之下，诽谤法在英国不像在美国那样有利于新闻界。[1] 根据一项对 9 个西方民主国家新闻检查的比较研究，在 1972 到 1990 年间，新闻检查在英国、美国和法国这三个大国最为频繁，其中英国远远高于其他国家。英国有一个更为中央集权化的国家，但是缺乏存在于美国的那种对政府检查的宪法限制。[2]

英国的强国家传统的重要表现包括“国防通知”制度（D-notice system）和《官方机密法》（Official Secrets Act）。“国防通知”是在一次大战前夕的 1912 年建立的自愿性制度，它由一个专设委员会协调，陆军部一名助理大臣和报业协会的一名代表领头。1993 年，“国防通知”制度易名为“国防咨询通知”制度（DA-Notice）。“国防通知”和“国防咨询通知”都是咨询性的，没有法律强制性，其用意为劝导英国媒介针对有可能损害国家威信或安全的新闻遮蔽部分事实或忽略该事件。因此，新闻主编们可以选择不遵守。但是新闻媒体大多会遵守，这就造成了限制报道影响“国家安全”信息的效果。从 1997 年到 2008 年，委员会 30 次就它认为违反“国防通知”指导原则而致信有关媒体主编。[3] 最早的一部《官方机密法》是 1889 年生效的，其后被 1911 年的新版所取代，现行版本 1989 年推出。根据《官方机密法》，新闻工作者和公共官员可能因“泄露”特权性信息而受到惩罚。[4]

最近十多年来，由于英国参与 2001 年 9·11 事件后的反恐战争、2005 年 7 月伦敦地铁恐怖袭击等事件，以及《世界新闻报》因非法窃听失踪少女米莉道勒及其家人电话、干扰警方破案而被《卫报》在 2011 年 7 月初曝光、涉嫌触犯刑律并随即倒闭，对英国媒体表达权的质疑有所增加。加之新媒体的迅速发展，媒体和公民个人的表达权遭受到新的挑战。尽管如此，有悠久传统的报业部门在基本性质上仍然是自由主义的，既没有津贴也没有明显的管制干预。

在新媒体时代，如果与上述问题和侵犯个人权利无涉，表达权受到限制

---

[1] （美）丹尼尔·C·哈林、（意）罗伯托·曼奇尼：《比较媒介体制——媒介与政治的三种模式》，陈娟、展江等译，北京：中国人民大学出版社，2012 年版，第 228 页。

[2] （美）丹尼尔·C·哈林、（意）罗伯托·曼奇尼：《比较媒介体制——媒介与政治的三种模式》，陈娟、展江等译，北京：中国人民大学出版社，2012 年版，第 235 页。

[3] 参见 http://en.wikipedia.org/wiki/D-Notice。

[4] 参见 http://en.wikipedia.org/wiki/Official_Secrets_Act。

的情况即便不是较少，也会引发争端。而通过一系列复杂的司法机制，因言论表达导致的违法和犯罪判决通常很难成立。“推特玩笑案”就是一个经典案例：25 岁的实习会计师保罗·钱伯斯原定 2010 年 1 月 15 日从南约克郡唐卡斯特的罗宾汉机场乘机前往爱尔兰。受大雪天气影响，机场先前一度关闭，他计划搭乘的航班可能会延误。1 月 6 日他在推特主页上表达不满：“废物！罗宾汉机场关了。你们有一周多一点时间搞定，否则我就把机场炸上天。”一周后，一名不当班的机场经理偶然发现了这条微博。接到报案后，反恐警察 13 日将他逮捕，他成为第一名因在微博上发言不当而遭逮捕的英国人。他辩解说，那只是一句“玩笑话”。之后他获保释。5 月 10 日，钱伯斯因使用推特发送“与《2003 年通讯法》（Communications Act 2003）相抵触的、非常冒犯性的或具有违反不当、可憎和威胁性质的公共电子讯息”而被唐卡斯特地方法院定罪，他被判处 385 英镑罚款并支付 600 英镑审理费。多名社会名流谴责判决不公正和误审误判。在 11 月 11 日的第一次上诉中，唐卡斯特巡回刑事法院维持原判，并追加 2000 英镑审理费。2012 年 2 月 8 日，钱伯斯向高等法院提起的上诉落败。他向高等法院提起第二次上诉，高等法院院长贾基勋爵等 3 名法官 6 月 27 日推翻了原审判决。判决书称，“针对定罪的上诉之所以获准，是因为这条‘推特’不构成或包括威胁性的讯息”。他由于被定罪而两度失去工作。这一持续两年多的案件被称为“推特玩笑案”，被认为是网上言论自由的里程碑式胜利，表明司法在处理社交网站言论问题时，应基于网络传播的语境。[1]

国内判例法与《欧洲人权公约》的嵌入

与同为普通法系国家的美国不一样，英国没有成文宪法，长期以来表达自由只是依赖剩余原则（residual principle）而存在，被认为缺乏有力的法律保障。[2] 二次大战以后，英国国内法中融入了区域性和全球性国际法，这造成了一个有趣的现象：在一个没有宪法的普通法国家，存在着国内法中的案例

---

[1] David Mitchell, “Sacked and fined£1,000 for a joke about an airport?” Guardian, http://www.guardian.co.uk/commentisfree/2010/may/16/britain-turns-serious-david-mitchell.
Nick Cohen, “‘Twitter joke’ case only went ahead at insistence of DPP,” The Observer, http://www.guardian.co.uk/law/2012/jul/29/paul-chambers-twitter-joke-airport.

[2] 魏永征、白净：“从沙利文原则到雷诺兹特权——对借鉴外国诽谤法的思考”，上海：《新闻记者》，2007 年第 8 期。

法和成文国际法这两个分支。而这两者如何协调？国内法和国际法的位阶高低如何？他们是如何影响关于表达自由和新闻自由的？这些是与有着成文宪法、基本上靠国内法运作的美国很不一样的。

所有西欧国家都严格遵循1948年联合国的《世界人权宣言》，其第19条称："人人有权享有主张和发表意见的自由；此项权利包括持有主张而不受干涉的自由，和通过任何媒介和不论国界寻求、接受和传递消息和思想的自由。"1950年，世界上第一部区域性国际法《欧洲人权公约》签署，它规定集体保障和施行《世界人权宣言》中所规定的某些权利及基本自由，并规定设立欧洲人权委员会和欧洲人权法院，以确保公约的有效执行。

《欧洲人权公约》涉及表达自由的条款主要有第10条和第8条。第10条第1款肯定了作为常规的表达自由，以最大限度地排除各国公权力的干预。它规定："人人享有表达自由的权利。此项权利应当包括持有主张的自由，以及在不受公共机构干预和不分国界的情况下，接受和传播信息和思想的自由。本条不得阻止各国对广播、电视、电影等企业规定许可证制度。"

第10条第2款则对表达自由做出了若干特殊限制。它规定："行使上述各项自由，因为负有义务和责任，必须接受法律所规定的和民主社会所必需的程式、条件、限制或者是惩罚的约束。这些约束是基于对国家安全、领土完整或者公共安全的利益，为了防止混乱或者犯罪，保护健康或者道德，为了保护他人的名誉或者权利，为了防止秘密收到的情报的泄露，或者为了维护司法官员的权威与公正的因素的考虑。"

《欧洲人权公约》第8条则对涉及个人隐私的传播做了一定的限制。它规定："1.人人有权享有使自己的私人和家庭生活、家庭和通信得到尊重的权利。""2.公共机构不得干预上述权利的行使，但是，依照法律规定的干预以及基于在民主社会中为了国家安全、公共安全或者国家的经济福利的利益考虑，为了防止混乱或者犯罪，为了保护健康或者道德，为了保护他人的权利与自由而有必要进行干预的，不受此限。"

英国是《欧洲人权公约》最早的签署国之一，但是它当时没有成为英国法律的一部分。近半个世纪后的1998年，英国国会通过《人权法》（Human Rights Act），批准《欧洲人权公约》自2000年10月2日起在英国生效。至此，《欧洲人权公约》被引入英国的成文法律。英国《人权法》将使《欧洲人权公约》对英国的宪政制度、尤其是对司法审查制度产生深刻影响。它可以使英国法院直接强制执行《欧洲人权公约》规定的权利。[1]

《欧洲人权公约》的引入令表达自由（freedom of expression）的概念在英国普及。这是一个重要的话语转变，因为此前英国人和英语世界的传统话语是新闻（出版）自由（freedom of the press）。同时，英国缺乏制定法来保护相关自由的历史终告结束，而表达自由的涵义更为宽广。美国人经常以保护言论自由和新闻自由的宪法《第一修正案》为傲，但是200多年前问世的宪法《第一修正案》并没有出现“表达”一词，受保护的多项自由包括言论、集会和向政府请愿的自由。而表达自由涵盖了这三种自由。[2] 当然，其核心是通过新闻媒体实现的表达信息和观点的自由权。

另一方面，即便是概略地浏览《欧洲人权公约》第10条也不难发现，该条告诉我们，表达自由是有限度的。如果说第10条第一款是对一个所谓民主社会的承诺，那么第二款即便是对表达观点和意见的自由的合理限制，那么这样的限制只发生在绝对必要之时。这里的关键词是“必要”，而对“必要”一词的理解可见于2011年的“镜报报团诉联合王国案”（MGN Ltd v United Kingdom）的判词中。

在此必须提出两大与第10条规定的各项权利的适用相关的问题。第一个问题涉及上议院2004年对“坎贝尔诉镜报报团案”（Campbell v MGN Ltd）的判决，当时该法院以3比2的结果判决说，原告的隐私由于在她离开国际知名戒毒机构“匿名戒毒”的一个分店时被拍照而受到侵犯。照片刊登在销量上百万的小报《每日镜报》上。判决表明，《欧洲人权公约》保护隐私权的第8条在此优先于保护表达自由的第10条。本案的原告是黑人超级名模娜奥米·坎贝尔，它还引出了英国法中的一个特殊问题，即高昂的诉讼费以及谁来支付？这一问题将在后面探讨。[3]

法院称，形容词“必要的”（“necessary”）暗示，存在着一种紧迫的社会需要。《欧洲人权公约》缔约国在评估是否存在这样的社会需要时可以

[1] 傅思明：“欧洲人权公约对英国司法审查制度的影响”，北京：《法学杂志》，2001年第4期，第64-65页。

[2] Duncan Bloy and Sara Hadwin, *Law and the media*(2nd Edition), London: Sweet & Maxwell, 2011, p52.

[3] Duncan Bloy and Sara Hadwin, *Law and the media*(2nd Edition), London: Sweet & Maxwell, 2011, p42.

各有其一定的“裁量余地”（margin of appreciation，也译“自由判断”）。[1] 关键问题是任何限制是否与第10条所保护的表达自由相调和。[2]“裁量余地”是欧洲人权法院在考虑某个公约签署国是否违反了《欧洲人权公约》而发展出的一个法律概念。根据“裁量余地”原则，签署国法院和法官可以考虑到各国的不同国情以及与欧洲人权法院和各国在文化、历史和哲学方面的差异。这个概念貌似权力下放原则（subsidiarity），但是并不相同。“裁量余地”原则首次用于1976年的“汉迪赛德诉联合王国案”（Handyside v. United Kingdom）中，它事涉一本面向中小学生的书是否能够出版，书中有一章清晰地讨论了性行为。该书在其他公约签署国成功出版，但是欧洲人权法院同意本着保护公共道德的初衷而对表达自由加以限制。[3]

第10条第一款规定的表达自由作为基本原则，其地位不宜轻易被撼动。然而，第一款和第二款之间的关系如何拿捏却是难以把握的。对此欧洲人权法院认为：（1）表达自由构成了民主社会的基石之一。（2）捍卫新闻界尤为重要，尽管新闻界不应当逾越设定的边界。（3）新闻界有责任告知事关公共利益的信息和观点。（4）公众相应有权接收这样的信息和观点。（5）新闻界的“公众守望者”角色至关重要。（6）在一国当局阻挠新闻界参与到对于具有合理的公共关切的事务的讨论时，欧洲人权法院有责任开展“最谨慎的审视”。（7）表达自由权包括传播冒犯、震动或打扰国家或共同体的任何部分的观点和意见。（8）新闻记者的自由包括可能会借助某种程度的夸张乃至挑衅。[4]

欧洲人权法院总是努力确认，第10条并不承认“绝对的表达自由”，即便出现严重的公共关切之时。新闻界必须谨慎对待第二款所规定的“义务和责任”。该法院在2007年的“切博塔里诉摩尔多瓦案”（Cebotari v Moldova）中说，这些义务和责任“在国家安全和领土完整处于危险中的时候

---

[1] 王玉叶：“欧洲人权法院审理原则——国家裁量余地原则”，台北：《欧美研究》，第37卷，第3期（2007年9月）；张志铭：“欧洲人权法院判例法中的表达自由”，北京：《外国法译评》，2000年第4期。

[2] Duncan Bloy and Sara Hadwin, *Law and the media*(2nd Edition), London: Sweet & Maxwell, 2011, p43.

[3] 参见 http://en.wikipedia.org/wiki/Margin_of_appreciation; http://en.wikipedia.org/wiki/ Handyside_v_United_Kingdom。

[4] Duncan Bloy and Sara Hadwin, *Law and the media*(2nd Edition), London: Sweet & Maxwell, 2011, pp43-44.

呈现出意义”。而无论对第10条的保护性条款做何种理解，仍然有一个附加条件，那就是新闻工作者必须“基于与新闻伦理相一致的旨在提供准确和可靠的信息的高度信仰而行事”。[1]

另一方面，欧洲人权法院认为，强有力地表达观点和冒犯国家的自由被视为一种处于第10条的恰当范围之内的“权利”。该法院的许多判决告诉人们，它秉持一个自由的新闻界对于民主社会的高度价值这样的理念。在1997年的“德哈斯和海塞尔斯诉比利时案”（De Haes and Gijsels v Belgium）判决中，该法院指出，比利时《幽默》（Humo）杂志的作者胡戈·海塞尔斯和主编列奥·德哈斯批评了安特卫普上诉法院的判决而向欧洲人权法院上诉，他们的观点与第10条的原则是一致的。

> 虽然德哈斯先生和海塞尔斯先生的评论无疑是严厉批评性的，但是事出有因，他们的文章中被指称的事情与他们因此被引发的激动和愤慨是成比例的。至于新闻工作者的论战式的和甚至是攻击性的调门，虽然本法院不应该予以同意，必须铭记的是第10条所保护的不仅有被表达的信息和观点的内容，而且还有它们被传递的形式。[2]

英国司法界的主流见解

在《欧洲人权公约》适用于英国之后，英国司法界的主流观点如何呢？在1999年“雷诺兹诉《星期日泰晤士报》案”（Reynolds v Sunday Times）[3]中，曾在香港担任大法官的上议院大法官尼科尔斯勋爵（Lord Nicholls，中文名李

[1] Cebotari v Moldova [2007] ECHR 9 para.32.

[2] De Haes and Gijsels v Belgium [1997] ECHR 7, para.48.

[3] 1994年11月17日，爱尔兰总理艾伯特·雷诺兹宣布辞职。3天后，《星期日泰晤士报》英国版和爱尔兰版都刊登了长篇调查性报道。英国版题为《再见了，放高利贷的人》。爱尔兰版题为《为何一个撒谎的人难以证明其作为爱尔兰和平缔造者的重要性》。雷诺兹对略去了一些重要内容的英国版极为不满，对泰晤士报报团以及文章作者、编辑提起诽谤诉讼。此案于1996年11月初审，被告的一个抗辩理由为，本文属于政治性报道，与公共利益有关，应该享有“受约制特权”（qualified privilege）保护。法庭裁定政治性报道不属于特权保护范围，但是鉴于作者和编辑没有恶意，判令被告赔偿原告1便士。原告和被告均提起上诉。但是上诉法院的二审（1998）和上议院的终审（1999）都维持了一审判决。虽然三审判决都判决媒体败诉，但是大法官们在判词中提出一些重要原则，使得根据传统普通法在诽谤案中很难胜诉的媒体大受鼓舞。法庭判决肯定了涉及公共利益、受到公众关注的新闻和言论应当受到特别保护。

启新）在引用《欧洲人权公约》和欧洲人权法院判例、英国 1998 年《人权法》等文件中有关表达自由的规定后发表了若干重要观点。李启新指出：

> 法庭应当格外重视表达自由的重要性。媒体履行‘警报’和‘监视’的重要功能，对于媒体报道是否涉及公共利益，公众是否有权知晓，特别是当报道涉及政治领域时，应当慎重对待。解决任何疑难应当有利于出版。

李启新解释说，在很多情况下，基于某种特殊利益，诚实地发表一些言论，即使这些言论不能被证明是真实的，但其发表的重要性高于名誉保护，普通法可以予以特权保护。这种特权有的是“绝对特权”（absolute privilege），例如法官、律师、证人在法庭上的言论；但在通常情况下，主要是“受约制特权”。他在列举了以往诽谤案判决“受约制特权”保护的一些情况后指出：当一个人基于某种利益，或者职责、法律、社会甚至道义的需要发表意见，例如这种发表关乎公众利益、发表时的表现又是负责任的，就可以得到“受约制特权”保护。这自然也适用于新闻报道。

那么怎样衡量新闻报道是负责任的呢？李启新提出，法庭可以考虑以下一些因素：（1）对当事人（诽谤案件的原告）指责的严重程度；（2）有关事项受到公众关注程度；（3）消息来源是否可靠；（4）发表前是否作过核实；（5）有关事项所处状态，例如是否正处于当局调查中；（6）发表的迫切性；（7）有没有请当事人回应；（8）有没有报道当事人的意见；（9）行文的格调；（10）报道发表的现实环境和时机。李启新说，上述 10 点并非全部衡量标准，可视情况而变化。

雷诺兹案把受制约特权推广到与公共利益相关的新闻报道，比起传统诽谤法一味要求被告媒体承担严格责任来，是一个很大的放宽。本案成为英国侵权法中的重要判例，英国本世纪出版的主要媒介法著作都详细介绍此案，有些英国学者作出这样的归纳：这些案例建立了一个原则，即涉及公众“有权获知”的出版，即使后来证明有错，仍有可能受到特权保护，除非这种出版被证明含有恶意。[1]

---

[1] 魏永征、白净：“从沙利文原则到雷诺兹特权——对借鉴外国诽谤法的思考”，上海：《新闻记者》，2007 年第 8 期。

在2004年的“格林诉报联社案”（Greene v Associated Newspapers）中，上诉法院法官布鲁克（Lord Justice Brooke）说：

在我国，我们有一个自由的新闻界。我们的新闻界自由地把事情做对，也自由地把事情做错。仿效米尔顿的方式写作是自由的，以一种让弥尔顿转身而去、长眠不醒的方式写作也是自由的。布莱克斯通（Blackstone）[1]在1769年写道：在一个自由国家，新闻界的自由权是必不可少的，这种自由权意味着不对出版做事先限制。他写道：“每一个自由人都有毋庸置疑的权利将令他愉悦的情感放到公众面前：禁止这种权利就是消灭新闻自由。”[2]

在2004年的“坎贝尔诉镜报报团案”（Campbell v MGN Ltd）中，霍夫曼勋爵（Lord Hoffmann）直言不讳地说：

……新闻界有发表任何它喜欢的东西的自由。受制于诽谤法，无论这种发表可能是多么琐碎、刻毒或冒犯都没有关系。[3]

这位上诉法院院长在2004年的“劳昌斯基诉泰晤士报报团案”（Loutchansky v Times Newspapers Ltd）中持有这样的观点，即公共利益寓于：

……一个现代民主社会的自由表达中，并且更为特别的是，寓于对一个自由而生机勃勃的新闻界的促进中，以保障公民知情。这个利益的至关重要性在近期的案件中已经被反复认同和强调，在此不必赘述。[4]

在2009年10月16的“弗拉德诉泰晤士报报团案”（Flood v Times

[1] 威廉·布莱克斯通（1723-1780），英国法学家。1758年在牛津大学任教，成为英国大学教授英国法的第一人。代表作《英国法释义》对英国和美国法律界和法律研究影响深远。他认为，新闻自由就是免于事先限制的自由。

[2] Greene v Associated Newspapers [2004] EWCA 1462, para.1.

[3] Campbell v MGN Ltd [2004] UKHL 22, para.56.

[4] Loutchansky v Times Newspapers Ltd [2004] EWCA 1805.

Newspapers）一审中，高等法院的迈克尔·图根达特（Micheal Tugendhat）法官引用了李启新在1999年“雷诺兹诉《星期日泰晤士报》案”（Reynolds v Sunday Times）中的发明——即雷诺兹公共利益特权——来支持媒体的调查性报道，并判决原告败诉。图根达特法官认为：

> ……没有必要去论证媒体在表达和传播关于政治事务的信息和评论方面所担负的角色。正是通过大众媒体，大多数人今天才获得了他们关于政治事务的信息。没有媒体的表达自由，表达自由就会是一个空洞的概念。一个民主社会在确保一个自由的新闻界方面的利益大大影响着这样的平衡：它决定对这种自由的任何克减是否与克减的目的有一种合理的关联。在这方面，必须记住的是媒体的一个当代功能是调查性报道。就像传统的报道和评论一样，这种活动一般是新闻界和媒体的至关重要的角色的一部分。

原告加里·弗拉德是一名侦探，他在后来的上诉中获得胜诉。泰晤士报报团又将此案上诉到2011年10月设立的英国最高法院。2012年3月21日，最高法院5名法官对“弗拉德诉泰晤士报报团案”一致做出终审判决，维持一审判决结果。这是最高法院第三次考虑雷诺兹特权，也是辩方第二次在最终上诉中获得成功。新闻界对此大表欢迎，称雷诺兹特权抗辩回来了。而此时此刻，正值英国新闻界因《世界新闻报》窃听丑闻受到刑事追究而处于历史上的低谷。因此《卫报》说，该判决给了报界少许安慰。[1]

既然英国司法界如此看待表达自由，那么引起争议乃至轩然大波的观点表达以什么为界限？在英国诽谤法中，有一种抗辩事由叫公正评论（fair comment）（现已被“诚实意见”取代，见下文），关于这种抗辩的限度可以参鉴时任香港大法官李启新在2000年“郑经翰、林旭华诉谢伟俊案”（Cheng v Tse Wai Chun Paul）中的见解：

> 在社会和政治领域，在这些限度之内作出评论，这种自由中

---

[1] Flood v Times Newspapers [2009] EWCA 2375, para.147; Siobhain Butterworth, “Flood v The Times: Reynolds privilege defence is back,” *Guardian*, 21 March, 2012, http://www.theguardian.com/law/2012/mar/21/flood-times-reynolds-privilege-defence.

所蕴含的公共利益特别重大……对于公共事务和参与其中者的不受阻碍的讨论是抵御不负责任的政治权力的基本屏障。因此，对于公正评论权的不受限制的维护是支撑我们的个人自由标准的基础之一。[1]

……评论必须是由一个诚实的人做出的，无论他可能是如何带有偏见，无论他的观点是如何夸张或固执：参见波特勋爵在1950年“特纳诉米高梅电影公司案”（Turner v Metro-Goldwyn-Mayer Pictures Ltd）中的看法……不喜欢一名艺术家的风格不成其为抨击其人道德和做派的理由。但是，一位批评家在指责他所不同意的对象时不必拐弯抹角。他有权为了合理批评的目的而下笔尖酸刻薄。[2]

如果2005年丹麦《日德兰邮报》刊登的那组在穆斯林世界引发巨大抗议浪潮的关于先知穆罕默德的漫画是由英国报纸首先发表的，是否触犯法律呢？加迪夫大学邓肯·布罗伊教授认为，这组漫画作为该新闻传播过程的一部分被欧美国家的许多报纸转载，这在某些情况下体现了表达自由权。漫画争议反映了若干涉及自由新闻界、表达自由以及政府保护宗教自由和促进宗教宽容之间的关系等一系列问题。一个政府如果因为某种言论低俗或具有冒犯性而加以压制，那就势必受到实施新闻检查和政治干涉的谴责。

布罗伊说，根据《欧洲人权公约》第10条第二款，可以接受的是，国家经由法律的正当程序，可以限制或禁止自由言论的某些方面。在英国，国会已经把故意煽动宗教仇恨规定为刑事犯罪，包括以口头和书面形式以及出版和分发这类材料。然而，根据《2006年种族和宗教仇恨法》（Racial and Religious Hatred Act 2006）第29条第10款，国会重申了它对表达自由的承诺。因此，如果是在英国首先发表穆罕默德的漫画，在各种可能性中，都不可能是犯罪行为。这是因为没有证据表明报纸发行人故意煽动宗教仇恨，尽管这在很大程度上取决于主编能否预见到“宗教仇恨”会成为其行动的后果。如果一个人使用威胁性的词汇或行为，或者展示任何威胁性的书面材料，那也是犯罪行为。威胁性是一个操作性的词汇，因此拥有、出版或分发煽动性的

[1] Cheng v Tse Wai Chun Paul [2000] HKCFA para.38.
[2] Cheng v Tse Wai Chun Paul [2000] HKCFA para.88.

材料也是一种犯罪。由是观之，发表漫画也许构成了犯罪所需要的行为，但是可争辩之处在于发表并不意味着煽动宗教仇恨，发行人们可以运用第 29 条第 10 款来为表达自由辩护。[1]

表达自由的非政治性障碍

多少有点吊诡的是，如果说在英国表达自由所受的政治限制确实不多，那么在经济等其他方面却有多个不利之处。这多少让人想起英国历史上的“知识税”：统治者几乎允许你出版一切，只要你交得起纸张税、印花税和广告税。这些弊端还打上了当今全球化时代的烙印。它们主要表现在以下两个方面：

（一）有条件收费安排

在英国、澳大利亚等英联邦国家，律师费用承担规则为“败者支付”，与美国的“各自支付”不同。败诉的当事人不仅要负担自己的律师费用，还要负担胜诉对方的律师费用。在诉讼是否成功不确定的情况下，律师费“败者支付”对提起群体利益诉讼者威胁很大：原告一旦败诉须支付双方的律师费用，后果比美国原告惨重得多，因此没有几个原告愿意提起诉讼。同样也没有律师愿意资助诉讼。为防止律师挑辞架讼或侵害当事人利益，英国传统上不允许律师采取“胜诉酬金”收费方式。

考虑到有些受害人可能财力不足以及为适应集团侵权案件的需要，英国《1990 年法院和法律服务法》（Court and Legal Service Act 1990) 和《1999 年近用司法法》(Access to Justice Act 1999) 允许律师采用类似美国胜诉酬金的“有条件收费安排”(conditional fee arrangement，CFA)：如败诉，委托人无需支付律师费，如胜诉，除正常律师费用外，律师可向败诉方加收额外的胜诉费。但英国法允许“有条件收费安排”并没有化解“败者支付”规则中律师费由败者支付的风险。[2]

有条件收费安排之所以被放在表达自由的范畴中加以讨论，是因为它对

[1] Duncan Bloy and Sara Hadwin, Law and the media(2nd Edition), London: Sweet & Maxwell, 2011, pp47-48.

[2] 耿利航：“论我国股东派生诉讼的成本承担和司法许可”，西安：《法律科学》，2013 年第 1 期；Duncan Bloy and Sara Hadwin, *Law and the media*(2nd Edition), London: Sweet & Maxwell, 2011, p67.

于新闻媒体在诉讼中的辩护的总费用具有深重的影响，可能造成对媒体报道的“寒蝉效应”。提起针对媒体组织的诉讼需要数量可观的资源。法律援助在诽谤诉讼中是不可行的。在过去十多年中，有条件收费安排越来越普及，其本意是让原告在诽谤案等诉讼中更多地近用司法。这种设计听起来对于诉讼当事人很美，在某个方面也确实如此。律师可以从中获得报酬，因为虽然他们要承担败诉的风险，但是一旦胜诉，“胜诉”费就是百分之一百。

可是，对于被动陷入官司的媒体组织来说，这可不是什么好消息，因为如果原告不按一项有条件收费安排行事，媒体就要支付大幅上涨的常规费用。媒体组织有力地申辩说，胜诉费制度的存在这一条，就与《欧洲人权公约》第10条的原则相抵触，而欧洲人权法院在2011年的“镜报报团诉联合王国案”中已经予以明确。该法院承认如下观点：如果原告起诉媒体组织而胜诉，后者不得不支付较高费用，这势必成为遏制出版和限制言论自由的因素。

上诉法院法官杰克逊（Lord Justice Jackson）受命从事民事诉讼资助和费用的评估，2011年3月，政府发布了对他的建议的回应。政府声称，它正在寻求“降低令许多面临有条件收费安排诉讼的行业、个人和其他组织痛苦的不公正费用。我们的目标是退回较大比例的民事案件费用，就像欧洲人权法院近期在‘镜报报团诉联合王国案’中所要求的那样”。政府认为，正确的改革方向是废除胜诉费和事后保险费的重复负担。[1]

这些建议影响到个人伤害索赔和针对媒体的诉讼。在改革以前，几乎不可能找到律师来代理媒体被诉诽谤案件的律师，除非其客户承担全部费用。前文提及的2004年“坎贝尔诉镜报报团案”就是一个典型案例，在国内诉讼中因侵犯秘密而败诉的镜报报团只好向欧洲人权法院大倒苦水。名模坎贝尔获得了3500英镑损害赔偿金，但是此案先后上诉两次，她的律师提出了如下的索赔要求：（1）377,070英镑用于初审；（2）114,755英镑用于向上诉法院上诉；（3）594,470英镑用于向上议院上诉。这三项总费用为1,086,295英镑。

在此，一个问题是谁在控制漫长而未定的诉讼中的费用和时间框。显然，原告律师的最大利益是延长预审过程来获取费用。在2005年的“亨利诉英国广播公司案”（Henry v BBC）中，BBC申请对费用进行封顶，却遭到格雷法官（Gray J.）的拒绝，理由是申请太晚了，尽管认可BBC发现自己所陷的困境:

[1] Duncan Bloy and Sara Hadwin, *Law and the media*(2nd Edition), London: Sweet & Maxwell, 2011, pp66-67.

“如果本案进入审理，BBC 自己的费用将是 515,000 英镑。如果 BBC 赢得官司……BBC 将无权取回它自己费用的 20%（根据事后保险）。而原告和她的丈夫的总资产为 235,000 英镑，其中大部分为婚姻居所的权益。因此原告的份额只有 117,000 英镑。反之，如果原告赢得诉讼，BBC 将面对原告的开支账单，加之上涨因素，总额将高达 160 万英镑。另一方面，BBC 还必须支付自己的费用。”[1]

（二）“诽谤旅游”与择地行诉

从 20 世纪后期开始，“诽谤旅游”（libel tourism) 已经成为英国法院受理诉讼案过程中引起争议最多的一种现象。这个字眼由具有澳大利亚和英国双重国籍的人权律师杰弗里·罗伯逊（Geoffrey Robertson）首创，特指非英国原告为了得到更加令人满意的结果、千里迢迢来到英格兰和威尔士提起诽谤诉讼的现象。[2]“诽谤旅游”是择地行诉（forum shopping) 的夸张说法。Forum shopping 是英美法上的一个术语，指当事人为了维护自己的利益，总是希望选择一个对自己有益的法院进行诉讼，就像在市场挑选物品，故名。它在法律中是指当事人利用国际民事管辖权的积极冲突，从众多有管辖权的法院中选择一个最能满足自己诉讼请求的法院去起诉的行为，在国内有“择地行诉、挑选法院、竞择法院”等不同译法。

关于“诽谤旅游”的一个重要案件是 2000 年的“别列佐夫斯基诉迈克尔斯案”（Berezovsky v Michaels，也称“别列佐夫斯基诉福布斯公司案”），美国《福布斯》杂志 1998 年 12 月 30 日发表一篇文章，称原告——叶利钦时代的俄罗斯政治红人、犹太富豪鲍里斯·别列佐夫斯基和另一名俄罗斯商人尼古拉·克鲁什科夫——是“令人发指的罪犯”。根据判决书，该期《福布斯》的杂志发行量如下：

	订阅量（份）	报摊销售量（份）	合计
美国和加拿大	748,123	37,587	785,710
英格兰和威尔士	566	1,349	1,915
俄罗斯	13	0	13

[1] Duncan Bloy and Sara Hadwin, *Law and the media*(2nd Edition), London: Sweet & Maxwell, 2011, pp68-69.

[2] 参见 http://en.wikipedia.org/wiki/Libel_tourism。

双方还同意，加上在线浏览，本期的英国读者约为6,000人。尽管杂志在英国和俄罗斯的发行量很小，但是原告仍然在英国打官司。一审法院认为原告与英国的关系较远，于是将该案搁置。上诉法院在原告补充了证据之后认为，英国是原告合适的诉讼地点，推翻了一审判决。当时作为最高一级法院的上议院不同意杂志的如下说法：上议院应要求案件在俄罗斯或在美国审理，因为原告是俄罗斯国民，推定他在俄罗斯享有最广泛的声誉，而美国是主要发行地。2000年5月，上议院以3比2驳回了被告的上诉。最终双方达成了和解。[1]

"旅游诽谤"案的原告大多来自欧洲和美国，他们总是感觉国内维护被告否定贬损言论的辩护原则太宽，而到伦敦一游提起诽谤诉讼胜算更大。虽然许多诽谤案与英国关系不大，但是英国法院却乐于受理，于是不仅有了"诽谤旅游"的戏说，而且伦敦也因此被"誉"为"诽谤案之都"。据英国2009年的一项统计，2006和2007两年间，择地英国起诉的诽谤案增加了3倍，截止2009年5月31日，过去12个月的诽谤案增长了32%，其中超过20%是名人诽谤案，而新媒体诽谤案增长了1倍多，由商业起诉的诽谤案则增长了3倍。[2]

互联网也改变了许多事情，司法管辖权就是其中之一。这个问题最早出现在2004年上诉法院审理的"伦诺克斯·刘易斯诉唐·金案"（Lennox Lewis v Don King）中。本案是一个关于如何确定司法管辖权问题的丰富信息来源。美国籍的国际知名拳击经纪人唐·金声称他受到了诽谤。设在美国加州的拳击网站发表了由英国拳王伦诺克斯·刘易斯及其制作公司聘请的纽约律师贾德·伯恩斯坦写的两篇文章。伯恩斯坦在文章中提及了唐·金言论中"清晰的反犹腔调"。唐·金坚称，上述文章把他描述为一个"一贯的、偏执的、不知羞耻的和死不改悔的反犹分子"。唐·金希望在伦敦的高等法院打官司，他在这个司法管辖范围内享有声誉。然而事实是，一名纽约律师在加州的网站上贴出文

[1] 徐扬：《论英国诽谤法改革的走向》，汕头：汕头大学长江新闻与传播学院，硕士学位论文，2013年，第3-4页；http://en.wikipedia.org/wiki/Berezovsky_v_Michaels；http://en.wikipedia.org/ wiki/ Libel_tourism。霍夫曼勋爵在上议院的反对意见中写到："原告是不折不扣的择地行诉者。他们已经盘算过各种可用的管辖权对他们的好处并决定英格兰是维护他们的国际声誉的最佳地。他们需要英国法、英国司法的完整以及在一宗英国诽谤诉讼中伴随着成功的国际扬名。"

[2] 朱文雁："英国诽谤诉讼及其法律规制"，烟台：《烟台大学学报（哲学社会科学版）》，2012年第1期。

章批评一位美国公民，英国人不禁要问这与伦敦何干？答案是：唐·金在英国大名鼎鼎，而由于那些帖子，他的名声在英国受到了损害。因此从逻辑上讲，一个有“国际”声誉的人几乎可以在世界上任何司法管辖范围内提起诉讼，只要他能证明他的名声受到损害即可（这在中国法律上被称为根据侵权行为结果发生地选择诉讼地）。[1]

英国诽谤法和诽谤案审理以及随之而来的“诽谤旅游”现象遭到了国内外的强烈批评。在美国，批评者指责英国诽谤法支持原告认定被告诽谤言论成立的原则太宽，倾向于假定被控言论是虚假的，而且很难作出公正评论。2005 年 11 月美国女演员凯特·哈德森在英国高等法院起诉美国超市小报《国民问询报》（National Enquirer）的英国版，该报 10 月刊登了一篇题为《戈迪告诉凯特: 吃点东西！凯特听从了！》的文章，暗示凯特哈德森饮食紊乱，“看上去皮包骨”。好莱坞明星戈迪·霍恩是凯特的母亲。2006 年 7 月，高等法院判决该报败诉。[2] 明眼人看得出来，此案在美国原告没有胜诉的可能。

更严重的指责发生在“马赫福兹父子诉埃伦费尔德和博纳斯图书公司案”（Mahfouz & Ors v Ehrenfeld & Anor）之后。沙特阿拉伯亿万富翁哈立德·本·马赫福兹和他两个儿子起诉以色列出生的美国恐怖主义和腐败问题专家蕾切尔·埃伦费尔德博士，原告指控被告 2003 年在美国出版的《资助邪恶》一书中声称，马赫福兹父子三人通过马赫福兹的银行和慈善机构为基地组织等恐怖集团提供资助，而被告著作通过在英国注册的网站在英国售出了 23 本，该书第一章也可以在《美国广播公司新闻》的网站上免费阅读。埃伦费尔德先坚称，根据美国诽谤法，她的书不构成诽谤。被告提出，在英国受到起诉侵犯了美国宪法《第一修正案》赋予她的权利，她拒绝成为被告，并在美国提出反诉（反讽的是，纽约的法院裁决说它们缺乏对马赫福兹的个人管辖权）。2005 年 5 月，英国高等法院的戴维·伊迪法官（Justice David Eady）在缺席审判中批评被告行为是对辩护依据不予考虑的表现，并驳回其异地抗诉的请求，判其销毁现有著作印本，为其中的虚假言论道歉，赔偿每一名原告 10,000 英镑损害赔偿金（根据《1996 年诽谤法》以此数为限）以及承担诉讼费用。此

[1] Duncan Bloy and Sara Hadwin, *Law and the media*(2nd Edition), London: Sweet & Maxwell, 2011, p63.

[2] 朱文雁：“英国诽谤诉讼及其法律规制”，烟台：《烟台大学学报（哲学社会科学版）》，2012 年第 1 期；http://www.theguardian.com/media/2006/jul/20/pressandpublishing.privacy1。

判决在国内外遭到声讨，被谴责抱有偏见，限制表达自由，乃至在全球范围内引发要求改革英国诽谤法的呼声。[1]

《2013 年诽谤法》与表达自由

虽然英国是普通法国家，但是从 1998 年《人权法》开始，英国制订了若干与新闻传播有关的成文法。它们包括《1999 年近用司法法》《2000 年信息自由法》《2003 年通讯法》《2006 年种族与宗教仇恨法》以及《2013 年诽谤法》。其中最新一部并且与表达自由关联度最高的肯定是《2013 年诽谤法》（Defamation Act 2013）。关于信息自由（即政府信息公开），本书中将有一组专文论述。关于其他几部法律，上文多少有所涉及。在此笔者将侧重分析英国最新的诽谤法。

传播法学界认为，要看一个国家的言论自由和表达自由，其诽谤法是一个主要标准。与美国相比，英国虽然没有成文宪法，但是在诽谤法领域 200 多年来一直有制定法。第一部是《1792 年书面诽谤法》（Libel Act 1792）（即《福克斯书面诽谤法》），接下来到 19 世纪末先后有《1843 年书面诽谤法》《1845 年书面诽谤法》《1881 年报纸书面诽谤与登记法》（Newspaper Libel and Registration Act 1881）《1888 年诽谤法修正法》（Law of Libel Amendment Act 1888）和《1891 年口头诽谤女性法》（The Slander of Women Act 1891）。

二次大战以后，英国先后有《1952 年诽谤法》、《1996 年诽谤法》和《2013 年诽谤法》。这三部成文诽谤法的名称中舍弃了古老的法语词汇 libel，而采用了书面诽谤与口头诽谤合一的 defamation。其中缘由是很清楚的：20 世纪中期广播电视等音频 / 视频媒体兴起了，而传统的书面诽谤则主要与印刷媒体相联系。在今天的媒体融合时代，用 defamation 取代 libel 更是顺理成章。

英国历史上的专制王朝时期曾经有臭名昭著的煽动性诽谤罪。随着民主

[1] 朱文雁："英国诽谤诉讼及其法律规制"，烟台：《烟台大学学报（哲学社会科学版）》，2012 年 第 1 期；http://en.wikipedia.org/wiki/Rachel_Ehrenfeld；http://www.5rb.com/case/mahfouz-ors-v-ehrenfeld-anor/；http://www.bailii.org/ew/cases/EWHC/QB/2005/1156.html。在埃伦费尔德反诉马赫福兹、纽约法院裁决它们缺乏对马赫福兹个人的管辖权之后，纽约州议会立即采取行动，一致通过了《诽谤恐怖主义保护法》（Libel Terrorism Protection Act，又名《蕾切尔法》）。该法于 2008 年 4 月 29 日生效，它"赋予纽约人针对那些其法律与美国宪法保障的言论自由不一致的国家所做出的诽谤判决的更大保护"。

政治的发展，特别是进入 20 世纪，刑事诽谤已经很少见，引人注目的一宗是 1912 年意大利无政府主义者恩里科·马拉泰斯塔因刑事诽谤成立而坐牢 3 个月。根据《2009 年验尸和司法法》（Coroners and Justice Act 2009）第 73 条，英国自 2010 年 1 月 12 日起将诽谤除罪化。[1]

《2013 年诽谤法》分为“导言”和以下 9 章：严重伤害构成要件；抗辩；单一发表规则；管辖权；陪审团审理；法院判决书概要；陈述的移除等；口头诽谤；总则。它适用于 2014 年 1 月 1 日以后发生的案由，因此旧诽谤法仍然适用于 2014-2015 年的许多诽谤案件。

这部新法之所以重要，是因为它广泛吸纳了《欧洲人权公约》的原则，社会各界尤其是国会、新闻界、科学界、律师和诽谤法改革社团的批评和建议，巩固了诽谤除罪化等多项重要的诽谤法改革成果，回应了新媒体时代英国法中表达自由权行使中出现的多数主要问题，总体而言对于个人的表达自由和承载表达自由的新闻界十分有利，从而有望一改英国诽谤法以相对严格的言论限制而闻名的旧貌，有助于洗刷被讽为“诽谤案件原告之天堂”和“富人的游戏”的污名。

《2013 年诽谤法》在表达自由权和名誉权保护方面对诽谤法进行了改革，它还回应了英国诽谤法导致了“诽谤旅游”的兴起等不恰当的索赔主张。该法摒弃了无需证明实质损害的过往标准，要求原告在英格兰和威尔士提起诽谤诉讼之前先出示实际的或可能的严重伤害（对于赢利机构而言则限定为重大的财务损失）；针对“诽谤旅游”问题对地理上的相关性做了限制；废除了有 200 多年历史的诽谤案件陪审团审理制度；确立了单一发表原则；大幅缩减了持续诽谤主张的范围（其中转载转播或持续可视包括了不间断和更新的诽谤）。[2]

《2013 年诽谤法》在抗辩事由方面改革较多。它以成文法推出了新的法定抗辩事由，即“真实”、“诚实意见”和“‘基于公共利益的发表’”或“特权保护的发表”（包括同行评议的科学期刊），来分别取代普通法中要求被告负责举证的“有理可据”（justification）、实际运用非常复杂且日趋机械化的“公正评论”和导致媒体组织败诉率高、辩护成本昂贵的“雷诺兹特权抗辩”。它还为开办用户生成内容的网站运营者提供了一种新的抗辩事由，从而强化

[1] 参见 http://en.wikipedia.org/wiki/Defamation。

[2] 参见 http://en.wikipedia.org/wiki/Defamation_Act_2013。

了既有的抗辩事由。[1]

古罗马法谚云："法是平衡的艺术"。从英国诽谤法的演化历程可以看出，诽谤法在充分平衡对言论自由与名誉权保护的路途中不无艰难和矛盾地前行，试图满足社会各方的利益诉求而难以如愿。在当代社会中，对于涉及公共事务的言论给予高于一般言论的保护是欧美大多数国家在处理表达自由与名誉权冲突解决机制上的基本共识。[2]

针对英美在此问题上采取的不同进路，我们一般认为，美国的诽谤法自1964年"《纽约时报》诉沙利文案"之后一路领先，而英国的诽谤法则停留在过去。其实英国当以1998年接纳《欧洲人权公约》的《人权法》和1999年"雷诺兹诉《星期日泰晤士报》案"为转折点，开始加大了对表达自由的保护，到《2003年诽谤法》推出则达到了一个新高点。虽然目前还缺乏对司法案例的研究，但是这部新法作为英国表达自由的标杆，还是被寄予了很高期待。

从英国传播法理论和实践来看，保护表达自由是通则，限制则是例外。当然，在今天的全球化和反恐时代，对言论自由的例外性限制可能多于以往，也不限于对名誉权和公民个人隐私权的保护，还要面临从《欧洲人权公约》第8条和第10条第二款对基于国家安全、领土完整和公共安全等全社会福祉的考虑进行的"必要"限制。

[1] 参见http://www.legislation.gov.uk/ukpga/2013/26/contents; 徐扬:《论英国诽谤法改革的走向》，汕头：汕头大学长江新闻与传播学院，硕士学位论文，2013年，第3页。

[2] 蔡浩明："新近的英国诽谤法改革及其对我国的启示"，长沙：《湖南涉外经济学院学报》，2014年第4期。

阿根廷记者与新闻法制改革

基于历史渊源，阿根廷等拉美国家的法律采用大陆法系，主要是由宪法和专门的新闻法来对新闻事业开展舆论监督的前提——言论自由和新闻自由——进行直接授权。但是，长期的军人独裁统治破坏了法治的基础。近年来，虽然阿根廷在民主化进程方面进步显著，虽然新闻自由已经成为法制的一个重要组成部分，但是由于反复出现的独裁统治和长期的“保密文化”传统等原因，法治精神远远没有充分发育成熟，以至于有法不依和行政操弄司法的现象相当普遍，甚至许多民众普遍对司法抱有不信任态度。此外，一些历史遗留下来的不利于舆论监督的过时法律还有待清理。为推动法制体系尤其是新闻法制改革，阿根廷的新闻工作者以其勇气、坚韧和智慧为各国新闻界树立了一个范例。

一、宪法与《美洲人权公约》

阿根廷没有成文的新闻法，而是在宪法和民法、刑法中对新闻出版活动的权限作出具体规定。阿根廷最高法院曾经指出：新闻自由是阿根廷宪法中一条极重要的条文，如果新闻自由没有足够的保障，整个民主制度只会徒具形式。在阿根廷，创办任何媒体都不需要领取执照。但是，由于1930年到1983年的军人统治期间宪政体系的中断，法治受到了极大损害。这影响了反腐败的制度能力。1983年民主制度恢复后，情况逐步好转。

阿根廷宪法制定于1853年，后经1860年、1866年、1898年、1957年和1994年多次修正。1994年的宪法改革就国家和新闻界的关系加入了若干肯定表达自由的条款。宪法第14条规定，阿根廷共和国的所有居民有权“在报刊上发表其观点而无须事先检查”。第32条具体规定：“联邦国会不得通过限制刊印自由的法律，或者对它确立联邦司法管辖权”[1]，这被称为阿根廷的“宪法《第一修正案》”。为消息来源保密的权利得到了宪法第43条第3款

[1] 参见 http://www.freemedia.at/wpfr/Americas/argentin.htm。

的专门保护："新闻信息来源的秘密性质不受损害"。第 75 条第 19 款赋予国会管制广播电视媒体的权力。

这部宪法还糅合了若干专门处理新闻界权利的国际条约的内容。对新闻自由来说具有重要性的是已被阿根廷接纳的《美洲人权公约》（又名《哥斯达黎加圣何塞条约》，它的第一款的文字与联合国《世界人权宣言》和《公民权利和政治国际公约》第 19 条主要部分如出一辙），它确立了如下权利：

第 13 条思想和表达自由

1．人人有思想和表达自由的权利。此项权利包括寻求、接受和告知各种信息和思想的自由，而不论国界，也不论是口头的、书面的、印刷的、采取任何艺术形式的或通过任何个人所选择的其他媒介的。

2．上一段落所述权利的行使无须经受事先检查，但是必须承担法定的专门性事后责任，以确保：（1）尊重他人的权利和名誉；（2）维护国家安全、公共秩序、公共健康或公德。

3．表达权利不可被下列间接方法和手段限制：政府滥用权力和私人控制新闻纸、电台广播频率或用于扩散信息的设备，或者通过任何倾向于阻碍观点和意见传播与流通的手段。

4．尽管有以上第二段的规定，但是公共娱乐可以依法受到事先检查，对它们的近用进行管制的唯一目的在于对儿童和青少年的道德保护。

5．下列行为将被视为依法可处罚的罪行：宣传战争和针对个人或人群鼓吹可激发违法暴力的民族、种族和宗教仇恨或类似行为，无论这种鼓吹是基于何种理由，包括种族、肤色、宗教、语言或国籍。

二、"不敬罪"法与诽谤法

民主化改革以来，阿根廷有了一部好宪法。但它仍然是对新闻界开展舆论监督进行法律限制最多的国家之一。除了声名狼藉的"不敬罪"法之外，《刑法》和《民法》相关条款以及最高法院的裁决也约束着新闻工作者的行为和新闻自由。民选总统卡洛斯·梅内姆在任内（1989-1999）和卸任后多次针对新闻媒体提起"不敬罪"（desacato）和刑事诽谤诉讼，在 1995 年前后达到了一个高峰，有的案件至今仍然没有审结，对新闻事业的发展造成了复杂的影响。

刑事诽谤罪由刑法有关条文规定，这些过时的法律对新闻界的限权比较严苛，因而招致了越来越多的批评。一旦发生国家和地方权势人物提起的诽谤法诉讼，其漫长的审理过程和结果往往具有高度的不确定性。在新闻工作者的多年艰苦努力和国际社会的持续压力下，有关立法和司法改革进程已经取得了明显成效。

1.“不敬罪”法及其废除。阿根廷著名新闻工作者奥拉西奥·贝韦斯基（Horacio Verbitsky）认为，与许多拉美国家一样，阿根廷残留着若干威权性质的法律，其中之一便是刑法第244条中规定的“不敬罪”。它类似于一种对公共官员的特殊藐视罪，其作用是阻止对以总统、国会两院议长和最高法院院长为首的高官的劣行进行公共调查。

身为《12页报》专栏作家的贝韦斯基本人在1991年因对最高法院院长“不敬”而被定罪。案件源于1988年3月6日贝韦斯基在《12页报》发表的一篇名为《两次战争的创伤》的文章，文中在提到最高法院院长奥古斯托·贝卢西奥所做的一次访谈时用了asqueros（有“令人厌恶”和“对……感到厌恶”两个意思）一词，称贝卢西奥讲到的拟议中的额外增加最高法院法官人数“令他厌恶”。

贝卢西奥因此向位于布宜诺斯艾利斯的联邦第四刑事法院提起私人性的诽谤诉讼。联邦法官裁定，贝韦斯基使用的措辞超出了尊敬官员的限定，构成了对官员履职的损害。法官将私人诉讼改为公共诉讼中的“不敬罪”（它惩罚的是冒犯、侮辱或威胁履职官员的表达），判定贝韦斯基有贬损最高法院院长的意图。贝韦斯基辩称，他使用asqueros一词取的是某人被厌恶的意思。1991年7月13日，联邦上诉法院维持了原判。贝韦斯基于是依宪法中的新闻自由条款向最高法院作出违宪特别上诉，但是在1992年2月25日被驳回。

贝韦斯基聪明地利用了阿根廷在1984年9月5日接纳的《美洲人权公约》，向美洲人权委员会揭露国内判决侵犯了作为基本人权的新闻自由，并前往美国避难。然后他利用美洲人权委员会的机制，于1992年5月5日向美洲人权委员会提出由委员会要求阿根廷当局接受庭外和解，迫使阿根廷政府于8月31日同意庭外和解，并承诺要推动废除与国际潮流相违背的“不敬罪”。1994年，“不敬罪”终于被国会以全票的表决结果予以废除。这为媒体监督高官消除了一大障碍。[1]

[1] 参见 http://www.freemedia.at/wpfr/Americas/argentin.htm。

2. 诽谤法。《刑法》中有口头诽谤 (calumnias) 和侮辱 (injurias) 罪。第109条称："导致公共行为的口头诽谤或虚假指控某一罪名可处以1到3年监禁"。第110条称："任何诋毁他人之人将被罚款1000到10万阿根廷比索并处以1个月到1年监禁"。如果有人感到他是这些规定的受害者，他就可以提起诉讼。这些条款的适用范围被扩展到发表或复制其他人所作的声明的人，或者被认为是声明原作者的人。第114和115条特别规定：发表此类声明的新闻组织的主编可被原告强制发表法庭判决或因其冒犯而加大某种惩罚。第117条则充当了一种安全阀，它允许冒犯者避免受到惩罚，如果他们在回应法律诉讼前或与此同时公开撤回有关声明的话。

《刑法》中的口头诽谤和侮辱罪条款引起了民权至上主义者的异议，因为这些条款多次被用来惩罚新闻组织。2002年，阿根廷国会就一项议案限制上述条款的适用范围开展辩论，该议案拟将参与涉及公共利益（例如政府官员）的议题的个人排除在外，降低或免除发表这类声明的新闻组织的责任。

三、梅内姆与诽谤诉讼

在废除"不敬罪"之后，卡洛斯·梅内姆和他的家人转而以诽谤罪控告新闻工作者，他可能是各国政要中打同类官司最多的一个。在阿根廷，司法部门受到行政部门的支持，法院作出了多项不利于新闻工作者的判决。1990年，梅内姆利用总统权力将最高法院法官人数从5人增加到9人，其中6人支持他。以下数起官司都引起了阿根廷国内外的关注。

1. 梅内姆诉《理性报》主编案（1988年）。1988年，里奥哈省省长、总统候选人梅内姆对《理性报》（La Razon）主编哈科沃·蒂梅曼 (Jacobo Timerman) 提起诉讼。梅内姆当时还不能以"不敬罪"控告对方，他打的是诽谤官司。蒂梅曼在随后两次审判中被判无罪。1996年初，得知阿根廷最高法院应梅内姆的要求重审此案，蒂梅曼逃往乌拉圭。在国际压力下，对他的指控于1996年4月10日最终撤诉。

2. 梅内姆诉前国会议员和《新闻》杂志案（1991年）。1991年，梅内姆总统以诽谤罪起诉一名前国会议员兼影评家和《新闻》杂志。该议员在当年3月13日《新闻》发表的专访中指控梅内姆政府"腐败、行骗和卖国"。

2003 年 3 月 20 日，最高法院发回重审这起旧案。[1]

3. 内政部长诉贝韦斯基《窃国大盗》一书案（1992 年）。1992 年 2 月 18 日，梅内姆政府的内政部长卡洛斯·科拉奇因贝韦斯基 1991 年 11 月出版的揭露梅内姆政府腐败的《窃国大盗》（Robo Parala Corona）一书对他提起诉讼，指控其对政府犯有诽谤罪。1992 年 5 月 5 日，贝韦斯基将此案上诉至美洲人权委员会。经过漫长的多次上诉过程，贝韦斯基于 1999 年 1 月 25 日又将此案上诉至美洲人权委员会，该委员会于 2001 年向阿根廷方面发出了有利于贝韦斯基的庭外和解的提议，并获得阿根廷当局的同意。此时梅内姆已经卸任。

4. 梅内姆诉《12 页报》专栏作家和主编案（1994 年）。1994 年，梅内姆对《12 页报》专栏作家贝韦斯基、主编索科洛维茨（Sokolowicz）和蒂芬贝格（Tiffenberg）提起诽谤诉讼。贝韦斯基在 10 月 30 日的文章中质疑梅内姆总统关于在军人独裁期间遭受折磨的说法的真实性。梅内姆指控《12 页报》和地方人权团体共谋破坏他的领导地位。1996 年 12 月 17 日，一名法官判决说，贝韦斯基履行了他的职责，不但行使了一种权利，而且履行了他作为新闻工作者调查梅内姆总统的义务。梅内姆因此败诉，支付所有诉讼费用。贝韦斯基认为，这是一个非常重要的裁决。[2]

5. 梅内姆诉《新闻》杂志案（1996 年）。1996 年，梅内姆起诉《新闻》杂志 1995 年发表的关于他和前教师马莎·梅萨关系的一系列文章侵犯了他的隐私权。《新闻》报道说，前总统是梅萨生于 1981 年的儿子的父亲，梅内姆给了梅萨许多礼物，还帮助她进入政界，成为国会下议院议员。梅内姆败诉了，而上诉法院在 1998 年推翻了一审判决。2001 年 9 月 25 日，阿根廷最高法院维持了 1998 年的判决，但是将梅内姆的赔偿金从 15 万比索（合 15 万美元）降至 6 万比索（合 6 万美元）。当日，贝韦斯基代表维护独立新闻事业协会要求美洲人权委员会进行干预。[3]

上述多宗案件中的被告最终向美洲人权委员会提出申诉，该委员会于 1999 年 10 月 14 日向阿根廷当局提议庭外和解及进行立法和司法改革。2001 年 7 月 30 日，阿根廷当局向委员会发来一份国会执行部门提交的改革阿根廷民法和刑法中诽谤罪条款的议案，以便与《美洲人权公约》协调一致。此后，

[1] 参见 http://www.freemedia.at/wpfr/Americas/argentin.htm。

[2] 参见 http://www.cpj.org/attacks96/countries/americas/cases/argentinalegal.html。

[3] 参见 http://www.cpj.org/news/2001/Argentina15nov01na.html。

尽管刑事诽谤条文仍然没有从刑法中删除，但是刑事诽谤案件明显减少了。

贝韦斯基在评价该国宪法精神与新闻自由实际状况时说："作为对美国宪法的最成功移植，阿根廷宪法保障最完全的言论自由。我们有自己的宪法《第一修正案》，但是在20世纪的阿根廷，更多的政府是由子弹而不是选票选出的。在书本上言之凿凿，而实际上不是这样。1983年独裁统治终结后，新闻界开始争夺军方留下的空间。即便我们有了民选政府，宪法中所陈述的权利也不是一种真实的实践。于是，新闻界不得不在现实条件下支持争夺这些权利……阿根廷人民还不习惯对官员进行公共审视。每一届民主政府被看作是两次军事政变的过渡。于是，一种恐惧文化弥漫开来，而每一次独裁都比上一次残酷。这样，我们不得不学习运用自由。在这个过程中，新闻界扮演了重要的角色，因为它首先开始调查独裁统治期间对人权的侵犯，然后才调查民主政府的腐败。作为半个多世纪威权统治的结果，我们有一种高度抑制性的立法。它与我们的宪法相抵触。然后在一系列的审判中，我们开始反对这种立法。"[1]

民主政治的发展是一个漫长的过程，它需要新闻界的配合和监测。在根据宪法权利持续开展对政治权力进行监督的过程中，阿根廷新闻工作者勇敢而智慧地应对各种刑事诉讼，并逐步向公众揭示陈旧法制的弊端，进而引发一种社会动员，推动了立法和司法改革；另一方面，他们在推动完善国家法制的进程中也为新闻界获得了更大的运作空间，这种新闻事业与法治建设的良性互动模式值得借鉴。

[1] 参见 http://www.cpj.org/news/2001/Argentinal5nov01na.html。

各国舆论监督的法律保障与伦理约束

有关规范大众传播活动或传媒活动的法，通常称为新闻法、媒介法、传播法、大众传播法。在所有国家，媒介法都不是采取单一的法律文件的形式，至今没有一个国家制定过一部规范媒介活动中一切社会关系的法律或法典。这是因为，媒介的传播活动涉及社会的政治、经济、文化等各个领域，需要调整的社会关系错综复杂，要由一部法律来囊括其中的所有规范可能是难以做到的，也是没有必要的。各国的媒介法大都要涉及本国法的几乎所有门类，渗透到宪法的、民事的、刑事的、行政的、经济的各种法律部门。从法的渊源角度说，媒介法也具有多样性。在实行制定法或成文法（statutory law）的大陆法系国家，媒介法主要表现为各种法律文件，而在英美法系国家，习惯、判例等在新闻传播法中有重要地位。[1]

普通法系和大陆法系经过若干年的发展、变化，已经不再绝对地排斥对方，而出现了一种相互融合的趋势。普通法系国家已经加快了制定法的步伐。而大陆法系学说的发展，正呈现出一种积极鼓励法官发挥其在填补法律漏洞方面的造法功能、发现社会生活中“活”的法律的趋向。近年来，俄罗斯、日本、法国和德国等典型的大陆法系国家都在发展过程中逐渐地借鉴了判例制度。

一、宪法和新闻法对新闻自由的保护

无论采用哪种法系，新闻法治都是现代国家法治的重要组成部分。英国没有成文宪法，但是有充分保障新闻自由的普通法传统。除英国等少数国家外，多数国家都在宪法性法律中对新闻自由加以保护。例如美国宪法《第一修正案》规定：“国会不得制定任何法律……剥夺公民的言论或新闻自由。”1949 年颁布的德国《基本法》第五条第一款规定：“每一个人都有权以语言、文字和图画自由地表达和传播自己意见的权利。并有自由采访一般可允许报道的

[1] 魏永征、张咏华、林琳：《西方传媒的法制、管理和自律》，北京：中国人民大学出版社，2003 年版，第 3 页。

消息的权利。新闻出版、广播与电视报道的自由予以保护，不受检查。”俄罗斯宪法（1993年）第29条第5款规定："保障大众信息自由。禁止新闻检查。”巴西宪法规定：“除每个人依照法律规定对其在娱乐和公开表演中所犯的越轨行为负责外，思想、政治或哲学见解可以自由表达，以及提供信息不受检查。通讯权利受到保护，出版书刊、报纸和期刊无须当局许可。”印度宪法第19条第1款规定，一切公民均享有“言论和表达自由”。

正因为言论自由和新闻自由之于社会发展具有如此重要意义，所以人们不仅把它当作一种信念，而且把这种信念用法律加以确认和保障；不仅把它作为某一国的国内法内容，而且还以国际宣言和条约的形式加以规定。例如《世界人权宣言》（1948年）第19条：“人人有主张和发表意见的自由；此项权利包括持有主张而不受干涉的自由，和通过任何媒介和不论国界寻求、接受和传递消息和思想的自由。”又如，对签约国具有法律效用、我国政府已经签署的联合国《公民权利和政治权利国际公约》(1966年)第19条：“一、人人持有主张，不受干涉。二、人人有自由发表意见的权利；此项权利包括寻求、接受和传递各种消息和思想的自由，而不论国界，也不论口头的、书写的、印刷的、采取艺术形式的或通过他所选择的任何其他媒介。”除此之外，《德黑兰宣言》(1968年）、《美洲人的权利和义务宣言》（1948年）、《欧洲人权公约》（1950年）、《美洲人权公约》(1969年）和《非洲人权和民族权宪章》（1981年）等国际人权宣言和公约对言论自由都作了规定。

据荷兰两位宪法学者统计，在世界142部宪法中，有124部规定了发表意见的自由。这些国家在肯定言论自由作为一项基本人权的同时，为防止这项权利的滥用，也都以“但书”的形式对这种权利的行使作了限制。[1]

大陆法系国家普遍制定作为宪法下位法的新闻法（大众传播法）。其中历史最为悠久的是瑞典1766年的《新闻自由法》(Tryckfrihetsforordningen)。法国作为大陆法系的重要国家，其洋洋洒洒的1881年《出版自由法》由5章64条组成，虽几经修改，但是生命力仍然旺盛。德国虽然没有联邦的新闻立法，但是1964年，各州都出台了自己的新闻法。当今俄罗斯新闻法体系的核心是1991年的《大众传媒法》。

无论是何种法系，具有法治传统的民主国家对新闻出版自由的保护是高

[1] 刘海年："言论自由和社会发展"，郑州：《郑州大学学报（哲学社会科学版）》，第32卷，第5期（1999年9月）。

度稳定有效的，而大多属于大陆法系的转轨国家的情况则要复杂得多，有法不依、甚至公开践踏法律的现象都可能发生。从这个意义上说，宪法条文与宪政精神、新闻法中的动听言辞与真正的新闻自由往往相去甚远。正如法学家梁治平所言，宪法与宪政，有如法制之于法治，“其盛衰兴废，不独受制于法律之制度，更取决于政制之安排、社会之结构、公民之素质与民众之信仰。故修宪虽易，行宪政实难。”[1] 俄罗斯等国有看似完备的新闻法而新闻法治疲弱，这一现实就是一个明证。

二、信息自由法与行政管理透明

信息自由（Freedom of Information，FOI)，我国学者也称为（政府）信息公开，也叫做公众知情权(public's right to know)或行政管理透明(administrative transparency)。它赋予公民近用政府和其他公共当局所掌握的官方信息的权利。历史最为悠久的新闻法瑞典 1766 年的《新闻自由法》，今天还作为世界上第一部信息自由法而独享盛誉。南美的哥伦比亚和欧洲的芬兰则早在 1888 和 1919 年制订了类似法律。

如上所述，在当今全球化的趋势中，大陆法系与普通法系不时地发生交流和融合。现在，美国成文法的数量已经不亚于一个大陆法系国家，《信息自由法》（1966 年）就是一个范例。此后至今，全球已有 70 多个国家通过了此类法律，许多国家的宪法中有确保信息自由的条款。此外，还有些国家虽然没有宪法层次的立法，但通过司法机关的解释，将公民的信息自由解释为宪法性权利，从而也将公民的信息自由权上升至宪法层次。如韩国 1996 年制订《公共机关信息披露法》之前，宪法法院在 1991 年的一个判决中就认为，该国宪法第 21 条所规定的表达自由隐含了知情权，政府官员如果拒绝披露申请的信息，某些情况下会构成了对该种权利的侵害。将信息自由列为人权已成为全球趋势，2003 年年度词汇是“透明度”。所有欧洲国家都有了信息自由法或在准备议案，所有发达国家都承认信息自由。《欧盟基本权利章程》第 42 条提供了近用欧洲议会、欧洲理事会和欧洲委员会文件的权利。[2]

[1] 宋玉波：《民主政制比较研究》北京：法律出版社，2001 年版，第 1 页。

[2] 周汉华：《外国政治信息公开制度比较》，北京：中国法制出版社，2003 年版，第 10-12 页。

各国近年来加快了信息自由立法的进程，并且超越了两大法系的界限而趋于一致。德国是没有信息自由法的唯一欧洲大国，目前受到了巨大压力。从理论上说，舆论监督的第一种形式，即以在宪法和信息自由法保护下的日常报道来使政府活动置于公众视界之中，实现公众对公共权力机关运作的知情权。尽管各国政府实际运作的透明度和政治腐败程度相差极大，但是信息自由立法毕竟是包括舆论监督在内的社会对政府监督的制度性保障，具有普适的价值。

三、诽谤法、隐私法与公众人物和私生活

在现代国家的法律体系中，诽谤法和隐私法是不可或缺的组成部分，它们对被授予广泛舆论监督权的新闻界进行了必要的限制。国际人权法把保护名誉作为可以制定法律限制新闻自由的首要理由，而隐私权已经成为国际公认的一项基本人权。

表 1 部分新闻事业发达国家和国家信息立法情况表

国家类型	国家	有无	法名	通过年份
西方管制国家[1]	挪威	有	《信息自由法》	1970
	芬兰	有	《新闻自由法》 《官方文件公开法》 《政府活动公开法》	1919 1951 1999
	丹麦	有	《丹麦近用公共管理档案法》	1985
	瑞典	有	《新闻自由法》	1776
	法国	有	《自由近用行政文件法》	1985
	意大利	无	《行政程序与近用行政文件权利法》	1990
	德国	无	（拟议中）	
西方新自由主义国家[2]	英国	有	《信息自由法》	2000
	美国	有	《信息自由法》 《阳光下的政府法》	1966 1976
	加拿大	有	《近用信息法》	1985
	澳大利亚	有	《信息自由法》	1982
	日本	有	《近用行政机关信息法》	1999

[1] 指政治上实行宪政民主、经济上适当进行国家干预的国家。
[2] 指政治上实行民主，经济上倾向于自由放任的国家。

拉美转型国家	墨西哥	有	《信息自由法》	2002
	巴西	无	（宪法第5条）	
	哥伦比亚		《政治与市镇组织法典》	1888
	阿根廷	无	（拟议中）	1998
	秘鲁	无	（宪法第2条第3款）	(1993)
其他转型国家	俄罗斯	无	《信息、信息化与信息保护法》	1995
	韩国	有	《公共机关信息披露法》	1996
	印度	有	《信息自由法》	2002

由于妨碍名誉和披露隐私成为新闻传播中的两大“不当发表”[1]，因此诽谤法和隐私法限制了记者从事具有舆论监督功能的报道和评论的内容。美国学者不得不承认：“多年来，诽谤一直是媒体肩上的重担，尤其是对于那些喜欢发起多方辩论、重视调查性报道的报纸而言。”[2]

诽谤法虽然有悠久的历史，但是对于诽谤却难以有一个公认的定义。英美法系的诽谤概念是从判例中总结归纳出来的，而在大陆法系中，对于妨碍名誉的行为主要是在刑法中定义。

在英美法中，妨碍名誉行为被归结为诽谤，而按其方式和后果的不同划分为书面诽谤，永久诽谤，libel)和口头诽谤（暂时诽谤，slander）两类。前者通常是指对某人进行文字上的诋毁。

大陆法与英美法的一个重要区别在于把妨碍名誉行为分为诽谤和侮辱[3]。

当今国外的司法实践中，尽管界限通常不大清晰，但是法院对公众人物与普通人的认定往往能影响诽谤诉讼的天平向何方倾斜。一个当事人如果既非公共官员，亦非公众人物，则可能受到较多的保护，反之亦然。在美国，公众人物是指具有相当大权力与影响力的人，及“自愿介人”公共辩论的人。如果记者能证明某事件与公共事件有关，或是重要的社会问题，那么介人其中的人物可能会被界定为公众人物。当然，并非所有有名的人都在此列。公

[1] 魏永征、张咏华、林琳：《西方传媒的法制、管理和自律》，北京：中国人民大学出版社，2003年版，第100页。

[2] （美）梅尔文·门彻：《新闻报道与写作》，展江主译，北京：华夏出版社，2004年版，第674页。

[3] 魏永征、张咏华、林琳：《西方传媒的法制、管理和自律》，北京：中国人民大学出版社，2003年版，第67-69页。

共官员是指负责政府公务的政府职员，但法院指出，并非所有的政府职员都是公共官员。

在有法治传统的国家，据信大部分诽谤性新闻都是因记者粗心大意造成的；而在其他国家，诽谤与正常报道和评论的界限就不一定清晰，法官的裁量和外来压力可能影响诽谤案判决结果。无论如何，“诽谤是新闻记者可能涉足的最危险领域之一……对于一个有经验的记者而言，诽谤的危险时刻提醒着记者小心慎行。”[1]

隐私权 (privacy) 大体上被认为是个人不被打扰、私人信息不被公开，以保持心灵、感情、精神平静的权利。与具有深厚的法律根基的诽谤法不同，隐私法是一项只有百余年历史的现代司法发展。如今，各国普遍承认隐私权是一种民事权利，应予立法保护。

对于记者而言，在大众传媒无孔不入的今天，隐私权问题带来的麻烦越来越多，公众经常认为传媒侵扰了私人生活，他们因此而感到愤怒。联合国《世界人权宣言》第 12 条规定：

任何人的私生活、家庭住宅和通信不得加以任意或非法干涉，他的荣誉和名誉不得加以攻击。人人有权享受法律保护，以免受这种干涉或攻击。

在保障新闻自由的现代国家，法院必须在公众知情权与个人隐私权之间寻求平衡。在新闻报道中，关于舆论监督对象私生活的内容可能会侵犯该人的隐私权。例如在美国，与记者有关的隐私权有如下三种：（1）因公开发布某信息而使某人处于被误解的地位。（2）公开发表令人尴尬的私人性事实。（3）记者未经许可（如窃听）侵入私人领域以获取新闻或图片。在有关隐私权的司法实践中，各国的差异不小：在美国，使用电子设备侵犯他人家庭或办公室的行为也被认定为非法；而在英国，秘密拍摄可以有限使用。在法国，总统等高官即便有私生子也被认为是私人事务；而在美英等国，媒体对此类事件穷追不舍也无侵犯隐私之虞。

四、新闻伦理自律的柔性约束

新闻伦理自律是指新闻媒体、新闻界和新闻工作者以成文的伦理规约或

[1] （美）梅尔文·门彻：《新闻报道与写作》，展江主译，北京：华夏出版社，2004 年版，第 673 页。

不成文的专业理念（在美国常被称为“新闻专业主义”）和价值观对自己的职业行为进行的自我“授权”和自我“限权”，其中自我约束是主要的方面。从积极的方面来说，新闻伦理教育有助于培养记者的职业理想和操守，即以捍卫公众利益为宗旨，揭露权力运作可能导致的腐败，同时防止自身堕落。从消极的方面来说，新闻伦理自律有助于在合法与违法之间建立一个缓冲区和防波堤，以此降低记者和媒体遭受诉讼之苦的可能性。

哥伦比亚大学新闻学院的梅尔文·门彻教授认为，新闻伦理自律可分为媒体组织（包括单个媒体和媒体协会）层次自律和记者个人层次自律。以美国为例，在媒体组织层次上，各新闻机构已经采纳下列伦理准则和行为指南：（1）禁止记者接受消息来源的任何有价值的东西。（2）限制可能会造成利益冲突的活动。（3）强调记者对社会所负的责任，以及追求准确、不偏不倚、独立的职责。在记者个人层次上，记者已经采纳以下准则：（1）同情穷人、残疾人和与常人不同之人。（2）当无权无势者受害时产生道德愤慨。（3）愿意将政策失败的责任归咎于那些政策制定者。（4）致力于提高其技能[1]。

当然，这种自律原则只是所谓的美国理念和经验，不一定为其他国家新闻界所认可，例如，作为美国新闻界的核心价值观之一的客观性几乎体现在所有的新闻道德规约中，但是法国、拉美等国新闻工作者就很难接受美国式新闻报道的无倾向性即不偏不倚的理念和操作方法。

另一方面，虽然新闻伦理规约划定了界限并描述了可接受的行为，但是这还仅仅是一个开端。新闻伦理规约仍然不能帮助记者解决一些最棘手的问题。“一旦需要在互相冲突的道德或伦理行为之间做出选择，这种两难境地就出现了。”[2] 此外，由于自律的非强制性本质，“没有任何规约能使一名记者成为有良知的人。只有记者自己恪守新闻道德才能实现这一点。”在美国或任何一个新闻事业发达的国家，违反职业道德的行为也是有禁难止。这种行为在有的国家甚至很严重，包括假借舆论监督之名敲诈勒索和严重的造假行为。

通常而言，新闻职业道德自律没有强制力，它是通过理念和操守的内化

---

[1] （美）梅尔文·门彻：《新闻报道与写作》，展江主译，北京：华夏出版社，2004 年版，第 717 页。

[2] （美）梅尔文·门彻：《新闻报道与写作》，展江主译，北京：华夏出版社，2004 年版，第 730 页。

来间接塑造新闻从业者行为的。但是在英国、意大利等国家，新闻职业道德自律规约被授予准法律的地位。英国新闻界的两个自律组织即报业投诉委员会（Press Complaints Commission）和广播电视标准委员会是英国议会通过立法程序设立的，拥有作出准法律效力裁决的权力。如在戴安娜王妃车祸身亡事件发生后，它们对有关媒体作出了出发或警告，还按照官方的要求，对《从业规约》作了大幅度修改，使之成为欧洲最严格的传媒规约[1]。

五、结语：舆论监督与新闻法治的交织

民主政制的精义在于宪政。综观各宪政民主制度已经确立的国家，其建立宪政的宗旨，无不在于废除或防止专制独裁，建立和发展民主政治，保障公民的权利自由。得到普遍认同的宪政基本原则包括政府制度外普遍的监督制度等等[2]。其中首先和最重要的是新闻媒介对政府的全方位监督，而法定的新闻自由是保障民主和法治的利器。

政治文明离不开健康的新闻舆论，其中让权力运作透明化以及揭露和抨击权力滥用的重任就责无旁贷地落在了新闻界的身上。其中必然包括人民群众通过新闻媒体对政治过程尤其是政府的决策和施政过程进行监督。

舆论监督是指新闻媒介代表公众对权力运作尤其是权力滥用导致的腐败进行的监督。（应该当指出，“舆论监督”并不是一个严谨的概念，因为它实际上是媒体监督，所谓代表公众则是一种习惯，并非正式授权和约定。国外的类似表述有 watchdog role of the media，直译为“媒体的看门狗（监察）作用”。）主流国家新闻事业所从事的舆论监督实践告诉我们，在宪政体制、尤其是在新闻法和信息自由（政府公开活动）法的保护下，在公民的期待和支持下，舆论监督的具体形式通常有以下三种：（1）大众传媒在第一时间以文字和图像的形式进行海量的客观报道，力求使权力的运作置于众目睽睽之下，透明化、阳光化。这是一种看似隐性、实则常规的舆论监督形式。（2）大众传媒以文字评论和漫画的形式，针对权力滥用导致的腐败所作的抨击和谴责。（3）大众传媒以调查性报道这种特殊的新闻文体和节目类型深入揭露

[1] 魏永征、张咏华、林琳：《西方传媒的法制、管理和自律》，北京：中国人民大学出版社，2003 年版，第 9 页。

[2] 宋玉波：《民主政制比较研究》北京：法律出版社，2001 年版，第 1-2 页。

重要腐败案例。

如果说隐蔽是腐败的特性的话，那么曝光和公开性则是媒体的本能。在宪法、新闻法和信息自由法的保障下，媒体日常的客观和海量报道可将权力运作透明化，特殊的揭露性报道可将腐败丑行暴露在光天化日之下，或者为司法机构惩治腐败提供线索，寻找证据；媒体的评论则是社会良知的体现物，它有利于形成反腐败的强大舆论。越是廉洁的国家，第一种报道所发挥的作用就越大，这种报道是与透明化的“白箱政治”的水平成正比、与丑闻的发生几率成反比的。而调查性报道则往往是影响最大的舆论监督形式，它不但受到新闻界和一般公众的重视，而且被国际社会科学界普遍视为遏制腐败的利器。

另一方面，媒体在煽情主义商业取向下肆意侵犯他人权益的放纵行为也为各国法律所不容。新闻自由是新闻界在法律允许的范围内从事报道、评论等职业活动的权利。现代社会新闻媒体无孔不入，很有可能对公共和私人生活造成侵扰。因此，不当的信息采集方式往往受到各国诽谤法、隐私法等相关法律和媒体自律规约的多重性的合理限制。

厄立特里亚何以成媒体环境最劣国?

在世界地图上，要快速定位新近独立的小国厄立特里亚（Eritrea，以下简称“厄国”）或许有些费力，但在全球“新闻自由指数”排行榜上找到它却是轻而易举：2007 年，厄国首次取代朝鲜，位居国际组织“记者无国界”（Reporters Without Borders）年度“新闻自由指数”的末位。截至 2014 年，厄国已蝉联该排行榜末座 8 年之久，位居 183 个国家和地区的榜尾。[1]

那么，这是怎样的一个国家？在表达自由和新闻自由得到联合国制定的国际法和各国法律普遍认可的今天，为什么这个非洲国家的当局在“争取民主和正义”的响亮口号下反其道而行之，以至于厄国成为世上最密不透风的政权之一？本文尝试对以上问题进行初步回应。

由于厄国几乎拒绝所有的国际援助，驱逐了大多数联合国机构，并禁止外国大使在首都阿斯马拉以外的地区活动，同时因对外国媒体的严格限制和对本国媒体的严厉审查，厄国成为世界上少有的“新闻黑洞”。但是由于这个国家对于外国观察家而言太过陌生，其触目惊心的新闻管制状况很少为外人所知。

一、高度紧绷的国家—媒体关系

厄国位于非洲东北部，西邻苏丹，南邻埃塞俄比亚、吉布提，东隔红海与沙特阿拉伯和也门相望。厄国面积 117600 平方公里，相当于中国福建省，2012 年时人口约 623 万。[2]1993 年独立后的厄国迅速成立了制宪议会。1997 年，

[1] 从 2002 年到 2005 年，朝鲜一直名列榜尾。2002 年列入榜单的有 139 个国家和地区，2014 年增加到 183 个（来源：http://en.wikipedia.org/wiki/Press_Freedom_Index）。

[2] 厄立特里亚原为埃塞俄比亚建立的屯垦区，1890 年为意大利所占领，成为其殖民地。二次大战后经联合国批准，厄与埃塞俄比亚组成联邦，但 1962 年被埃塞俄比亚兼并，成为该国第 14 省。致力于以武力争取独立的“厄立特里亚解放阵线”于 1961 年成立。1970 年代，“厄立特里亚人民解放阵线”自“厄立特里亚解放阵线”中分裂出来，逐渐取代后者成为埃塞俄比亚境内主要的叛军。1991 年埃塞俄比亚共产主义政权被叛军推翻，新政府同意在厄举行公民投票，以决定该地区是否脱离埃塞俄比亚。在联合国的斡旋与监督之下，1993 年 4 月举行公投，结果 99.8% 的投票者赞成脱离埃塞俄比亚，厄于同年 5 月 24 日宣布独立，曾领导“人民解放阵线”解放厄立特里亚全境的阿费沃尔基担任厄国国家元首兼政府首脑至今（来源：http://en.wikipedia.org/wiki/Eritrea）。

制宪议会通过新《宪法》，其第31条第1款、第41条第2款规定，国民议会是国家最高权力机构；总统由国民议会选举产生，任期5年。1997年厄国出现私人报纸，但私营广播电视不得创办。

伊萨亚斯·阿费沃尔基（Isaias Afwerki,1946-）总统领导下的临时政府本应于1997年选举国民大会，但因埃塞俄比亚入侵边境而推迟[1]。2001年上半年，厄国公布《选举法》和《政党组织法》草案，拟于当年底举行大选，逐步实行多党制。但随后执政党内发生严重分歧，选举被无限期推迟。厄国2002年颁布的《选举法》明确提出"多党制不符合厄国国情"。临时政府只承认一个合法政党，即阿费沃尔基领导的主要由前"人民解放阵线"成员组成的"厄立特里亚争取民主与正义人民阵线"。

然而，阿费沃尔基以与埃塞俄比亚的边境冲突为由，拒绝实施新宪法。厄国新闻界与总统之间的冲突揭开帷幕。报界对总统及其政治同僚公然背信弃义的行为进行了猛烈抨击。在总统断然拒绝召开"争取民主与正义人民阵线"中央委员会之后，私营媒体和互联网开始曝光该党内部权斗。阿费沃尔基极力争取党内高层的秘密支持，并开始系统地打击异见人士。不久后，临时政府查封了所有私营报纸，并逮捕多名新闻工作者、编辑和其他媒体从业人员。[2]

在2001年以"危害国家安全"为由取缔私营媒体之后，厄国成为非洲唯一一个没有私营报纸、电视和广播的国家，"记者无国界"称其为"信息黑洞"(Information Blackhole)。所有官方媒体都由政府新闻部管控，官方宣传成为媒体上唯一的信息内容。

2012年厄国仅有7份报纸。[3]在内容上，这几份报纸的报道围绕伊长期执政者阿费沃尔基及其内阁出台的发展计划、埃塞俄比亚和苏丹的颠覆阴谋、来自埃塞俄比亚和苏丹边境的非法移民对厄国家安全造成的威胁等等。此外，

[1] C.S.H.N.Murthy, "State-owned media and democratization in Eritrea: An analytical study," *Global Media Journal*, African Edition, 2012, 6(2), pp172-215.

[2] C.S.H.N.Murthy, "State-owned media and democratization in Eritrea: An analytical study," *Global Media Journal*, African Edition, 2012, 6(2), pp172-215.

[3] 除了面向青年的周报《心动报》（Tirigta）是隶属"争取民主与正义人民阵线"的党报外，其他6份报纸的所有权皆归政府。H，Eritrea Haddas、Geled和《心动报》以厄国大部分人口使用的提格里尼亚文出版，Al Hadisa、Eritrea Profile和L Asmarino分别是阿拉伯文、英文和意大利文报纸。其中2份日报、1份周二报、4份周报（另有来由说该国只有4份报纸）。尽管这些报纸都由政府出版，由于没有独立的统计机构，要统计它们的发行量十分困难。厄政府也从未对这些报纸在人民当中的普及率进行调查。此外，就职于官方报纸的新闻工作者的社会活动与交往同样受到安全部门的监视。

在与埃塞俄比亚的边境冲突问题上，官方报纸站在厄国政府的立场上，将埃塞俄比亚定性为侵略者，指责联合国维和机构和国际社会偏袒埃塞俄比亚、不能公平对待厄国。

对于管制电子媒体，厄国政府给出了同样明确的答案。厄国有 3 家广播电台。最大的"人民之声"（Dimtsi Hafash）调幅电台有两个频道，使用 9 种部族语言。"人民之声"播出的新闻充斥着对埃塞俄比亚和苏丹的敌对信息，并渲染两国对本国的威胁，以激发厄国民众强烈的民族主义和爱国主义情绪，使他们时刻准备投入卫国战争。这就导致了厄国青少年和成年的精神处于临战状态。巴纳电台（Radio Bana）用 5 种语言播音，主打教育内容，例如英语口语和书面语的学习，以及面向年轻人的娱乐内容，如西方音乐和民族音乐，每天仅播音数小时。另一家是采用调频技术的提格里尼亚语的扎拉电台（Radio Zara）。

厄国仅有两家电视台，Eri-TV1 通过卫星发射，信号覆盖全球。另一家 Eri-TV2 只覆盖本国境内。在内容上，电视节目与报纸、广播电台相差无几，极力挑起民众的民族主义和爱国主义情绪。

厄国媒体也有少量轻松的内容。电台节目经常播放"人民解放阵线"在与埃塞俄比亚交战期间创作的爱国歌曲和戏剧，还有一些关于健康、营养、妇女儿童福利、防控艾滋病的音乐、戏剧和科学节目。电视娱乐节目主要播放西方电影、歌曲、器乐，以及非洲和欧洲的体育赛事。在官方报纸上，广告十分罕见，但在某些地方版上，报业的市场化迹象初露端倪。一些特殊的布告栏会刊出托福和雅思考试信息，为年轻人提供出国便利。

2000 年，厄国成为非洲最后一个接通互联网的国家。目前，该国有 4 家互联网服务商，都使用政府控制的网络基础设施。2012 年互联网用户为 48692 人（2008 年约 2 万人），居全球 180 位，网民占人口 0.8%，居全球 211 位。[1] 绝大多数网民是年轻人，35 到 40 岁的成年人极少光顾网吧。在首都阿斯马拉，只有在网吧才能使用互联网进行个人或商业用途。由于分配的带宽较低，有时服务器速度十分缓慢，连接到一个页面需要等待很长时间。

尽管政府不容忍异见，厄国互联网所受内容检查却相对松弛。4 家互联网服务商中只有两家被封闭了批评政府的网站。然而，由于高昂的私人网络

[1] 参见 http://en.wikipedia.org/wiki/Telecommunications_in_Eritrea。

连接费用，大多数网络用户在网吧使用网络，暴露在政府便衣特工的监视中。[1]

与其他威权主义国家不同的是，厄国的互联网并不是人民发泄怨愤、组建政治团体的空间，反而表现得在总体上拥护政府。像Dehai.org之类为海外厄立特里亚移民社群提供聚会场所的热门论坛对厄国政府抱有好感，尽管有时批评个别政策或决定，但他们从不质疑政权的合法性和权威。[2]

即便信息流通的渠道日益发达和便捷，政府仍然在本能地寻求措施来遏制信息的流动。流亡海外的厄国人创建的网站大多被封锁，同样被禁的还有YouTube等视频网站。大多数年轻人会访问政府封锁的网站，并期望表达自己对国家政策的观点。然而，由于互联网信息受到政府服务器的严格检查过滤，许多人选择在在线聊天时表达观点，或者在桌面上留下想法。

二、非洲最大的新闻工作者监狱

从成立起，“厄立特里亚人民解放阵线”就是世界上最封闭的政治运动之一。这种封闭的政治文化在厄国独立后逐渐根深蒂固。在私营媒体和外国媒体缺失的情况下，官方媒体成为政府机构的延伸，新闻工作者则沦落为宣传工具。这一局面已经持续十余年，且毫无转机的迹象。

1. 全球新闻检查最严厉的国家

2001年9月18日之前，厄国的私营媒体虽然受到严格检查，但并没有被禁止发行。尽管需要谨慎措辞，新闻工作者尚可报道与人民利益相关的问题。一名曾供职厄国第一份独立报纸《塞迪特报》（Setit）的新闻工作者称，他每周会因报道内容被警察带走并谈话一到两次。

国际组织“保护新闻工作者委员会”的报告称，厄国新闻部长阿里·阿卜杜用恐吓和关押的方式来实现政府对信息的严密掌控[3]。私营媒体销声匿迹之

[1] I. Gagliardone & N. Stremlau, “Mapping digital media: Digital media, conflict and diasporas in the Horn of Africa,” http://www.opensocietyfoundations.org/sites/default/ files/digital-media-conflict-and-diasporas-horn-africa-20120220.pdf.

[2] 这种异常状况需要从移民社群与阿费沃尔基领导的“人民解放阵线”（即后来的“争取民主与正义人民战线”）的历史渊源来解释。20世纪七八十年代，厄国大量民间团体在欧洲和美国成立，从经济和意识形态上支持“人民解放阵线”领导厄脱离埃塞俄比亚。该阵线建立起一套密切联系厄国移民社群的策略，并支持一系列在移民社群中宣传国家大业的组织和活动，那些不拥护政府的群体则面临被报复的风险。长此以往，对厄政府政策方针持批评态度的移民大都选择保持沉默，以防留在厄国的亲人遭到报复，或本社群被边缘化。

[3] R. Diaz, “Don’t Forget About Eritrea: The World’s Most Censored Nation,” http://jawclap.com/1397.

后，官方媒体新闻工作者的采访、报道等同样受到政府的严密控制。新闻部的发达触角将新闻界紧紧捆绑，该部官员甚至会安排好采访对象，并规定报道角度。新闻工作者如果受到怀疑向国外传递信息，就会在未经起诉的情况下被监禁，并无法会见家人和律师。[1]不少新闻工作者在未经起诉的情况下被拘禁在秘密地点，阿费沃尔基总统一直拒绝说明这些新闻工作者的关押地点、法律地位和健康状况。

在厄国当局制造的铁幕下，人民难以获得事实真相。2013 年 10 月 3 日，意大利所属的地中海岛屿兰佩杜萨的海岸发生海难，船上 500 多名移民绝大多数来自厄国，其中仅 155 人生还。[2]厄国官方媒体对祖国人民的噩耗极力遮掩，相关报道仅以"非洲东部非法移民在渡海时遇难"而轻描淡写。

官方媒体极少提及跟人民切身利益相关的问题。由于互联网普及率仅有 1% 左右，独立网站被封闭，厄国人民几乎无法从其他途径获取信息[3]。在这个封闭的国家，少数政府官员（大多数是军方高层和特工）高度垄断信息流动，甚至连政府内部人士对本国新近发生的事情也一无所知。摆脱了媒体的监督和制衡，厄国政府肆无忌惮地强化政治暴力，践踏法治，频频侵犯言论自由、信仰自由等基本人权。无辜民众被关进秘密监狱。

威权主义的古代倡导者柏拉图认为，在理想社会里，国家树立了统一的政治和文化目标并付诸实施，执政官需要严格控制舆论和公众讨论。"柏拉图想用一种严格的文化规范来'调整'公民生活，一切与他的主张不合的艺术形式和思想形式，都要加以禁止。"[4]厄国官方报纸、电视、广播和互联网上的内容枯燥无味，除宣传外别无他物。人民的经济困境、地牢中成千上万被拘者的遭难、厄政府的暴政、官员中猖獗的腐败现象等从来不被报道。

在阿费沃尔基眼中，甚至音乐也是危险品。2003 年，厄国当局以口头命令的形式禁止酒吧和唱片店等公共场所播放阿姆哈拉语 (Amharic) 的音乐。不过，这一禁令后来完全失效，人们不仅在公共汽车上播放埃塞俄比亚官方语

[1] Kd. Suarez, "Eritrea'most censored' country - global media watchdog," http://www.rappler.com/world/4736-global-media-watchdog-eritrea-most-censored-country.

[2] 在过去 20 年中，数以万计的厄国人逃亡欧洲寻求政治庇护。"人权观察"称，尽管有被边防警卫击毙的危险，每月约有 1500 名厄国人逃往国外。

[3] A. Eyasu, "Eritrea: a nation without media," http://assenna.com/eritrea-a-nation-without-media/.

[4] （美）弗雷德里克·S·西伯特等：《传媒的四种理论》，戴鑫译，北京：中国人民大学出版社，2008 年版，第 4 页。

言阿姆哈拉语歌曲，到头来连政府控制的电视台也开设了面向埃塞俄比亚人民的阿姆哈拉语节目。[1]

2. 新闻工作者的高危处境

在厄国，新闻工作者是一个非常危险的职业，仅仅与外国人喝茶聊天就可能面临牢狱之灾。迄今为止，厄国发生过两次大规模逮捕新闻工作者的事件。

第一次密集逮捕发生在2001年9月18日，阿费沃尔基总统以“打击恐怖主义”为名，对全国异见人士发动袭击，逮捕了数百名反对派人士，取缔了所有私营媒体，至少18名新闻工作者身陷囹圄。而在逮捕行动发生之前，20余名私营媒体新闻工作者和改革派政治家联名上书总统，要求进行民主改革。这次逮捕行动被认为是扫清政治异己，为当年11月的大选做准备。大选最后也被无故取消。数月后厄国发生抗议政府暴行的绝食行动，被捕新闻工作者随后被转移到秘密地点关押。[2]

2002年2月28日，又有10名新闻工作者被逮捕和无限期拘押。当局给出了两条理由为抓捕行动辩护：第一，一些被捕新闻工作者接受了包括外国政府资助，美国国务院曾就厄国内社会经济政治状况与这些新闻工作者联络。当局给出的第二个理由则是部分被捕新闻工作者没有履行兵役义务。

第二次逮捕高峰发生在2006年11月，目标针对就职于官方媒体的新闻工作者，9人遭到拘留。此前，数名国有媒体员工逃离厄国，此举显然是为了恐吓国有媒体雇员。当局强迫陆续被释放的新闻工作者回到工作岗位，对其进行监视和电话监听，并明令禁止他们离开首都阿斯马拉。

厄国政府限制被监禁者与外界联系，因此关于这些被捕新闻工作者的信息极度匮乏，他们的拘押地和健康状况都是问号。尽管厄国拥有完善的民法和刑法体系，这些新闻工作者却无缘被正式起诉，甚至他们的具体人数也难以确定。“保护新闻工作者委员会”引用的数量是17位，而“记者无国界”则列出了一个34人的名单。在2001年被关押的11名新闻工作者中，至少有7名已死于极端的关押环境，或是自杀。[3]

[1] S. Solomon, “In Eritrea, what’s unsaid is as important as what’s said,” http://africa-talks.com/2013/02/12/in-eritrea-whats-unsaid-is-as-important-as-whats-said/.

[2] “Eritrea: A Nation Silenced,” http://www.article19.org/data/files/medialibrary/3494/Eritrea-a-Nation-Silence.pdf.

[3] Reporters Without Borders, “Eritrean officials accused before Swedish court of crime against humanity,” http://en.rsf.org/eritrea-eritrean-officials-accused-before-03-07-2014, 46576.html.

面对当局的铁腕高压统治，众多新闻工作者选择出逃。但是他们的家人往往遭到迫害，被处以罚金，甚至被监禁。“保护新闻工作者委员会”2012年的报告称，目前厄国有27名流亡在外的新闻工作者，人数居世界第五。[1]

厄国有庞大的拘留所系统，有一些广为人知，而另一些十分隐秘。由于羁押程序极其不透明，具体的拘留所数量仍是未知数。2006年，数名政治犯死于狱中，监狱所在地首次被报道揭露。部分新闻工作者被关押在位于红海北部沙漠地区的Eiraeiro监狱，这座监狱因拘押政治犯而臭名昭著。监狱内部环境十分严酷，犯人长年被带上手铐，不允许互相交谈或与狱警交谈。[2]

众多位于沙漠地带的拘留中心设有地牢和金属船运集装箱。原本很大的温差在地下环境和金属墙壁的作用下变得更加极端，白天极热，夜间极冷。几乎所有拘留所都拥挤不堪，卫生环境差，食物和饮用水稀缺。[3]一位曾经被囚在威亚（Wi’a）军营地牢的未判决囚徒说，“我们没法躺下，只能站着。因为只要一躺下，皮肤就被火热的地面黏住。”据另一位曾被扣留在巴伦图拘留所的人士称，一间3米长、2.5米宽、2米高的牢房关押了33个人，房门紧锁，室内气温接近摄氏50度。[4]

---

[1] 达维特·伊萨克(Dawit Isaak)是厄国第一家独立报纸《塞蒂特报》的创始人之一，2011年世界新闻学会颁发的金笔自由奖得主。1987年，达维特以难民的身份流亡到瑞典，1992年获得瑞典国籍。厄国独立后，达维特返回祖国，投身新闻事业。由于刊发一系列批评当局的公开信，达维特在2001年大规模逮捕新闻工作者的行动中身陷囹圄并被关押至今。2005年，达维特被短暂释放外出就医。仅两天后，他在去医院的路上再度被捕。阿费沃尔基总统2009年在接受瑞典电视4台访问时对达维特的问题回应道：“我们不会审判他，也不会释放他。我们知道如何处理他这种人。”2010年，一位已经逃往埃塞俄比亚的前拘留所看守向媒体透露了达维特的近况。达维特被单独囚禁在距首都50公里的一所秘密监狱的一间12平方米的无窗屋中，几乎全天候被手铐铐住。精神状况不佳的达维特反复要求获得药物和看医生，他没有遭到严刑拷打，但令人窒息的炎热和与世隔绝“比严刑拷打更糟糕”（来源：Agence France-Presse, “Swedish media groups call for Eritrea aid ban,” http://www.thelocal.se/20100503/26428）。与达维特相比，同为《塞蒂特报》创始人的亚伦·贝尔哈内(Aaron Berhane，1969-)则幸运得多。贝尔哈内是阿斯马拉大学新闻学专业的首届毕业生。2001年9月18日的大规模逮捕新闻事业者行动发生前，消息灵通人士提醒亚伦提防危险，不要在公共场所出现。2002年1月，贝尔哈内在国际笔会的帮助下只身逃亡加拿大寻求政治避难。贝尔哈内成功逃跑后，他的弟弟和堂兄被拘留，两年后在未经起诉的情况下出狱，并被警告“不要乱说”。贝尔哈内的妻子被监视居住，出行困难，并屡次遭警察盘问。

[2] International Press Institute, “Eritrea’s Imprisoned Journalists,” http://www.freemedia.at/ index.php?id=445.

[3] Amnesty International, “Eritrea: Rampant repression 20 years after independence,” http://www.amnesty.org/en/for-media/press-releases/eritrea-rampant-repression-20-years-after-independence-2013-05-09.

[4] Amnesty International, “Eritrea: Rampant repression 20 years after independence,” http://www.amnesty.org/en/for-media/press-releases/eritrea-rampant-repression-20-years-after-independence-2013-05-09.

2006年，厄国政府明令禁止外国记者入境。外国记者会遭到直截了当的拒签，那些想方设法进入厄国境内的则被视为恐怖分子，甚至面临终身监禁。2007年，厄国的最后一位外国记者被驱逐出境。[1]2012年，“保护新闻工作者协会”的年度报告将厄国列为世界上最缺少新闻自由的国家，称其对外国记者“完全封闭”。[2]

2012年9月，“记者无国界”2009年创办于巴黎的埃里纳电台(Radio Erena)遭到厄政府破坏，它使用的阿拉伯卫星广播电视服务被干扰长达三周。此前，埃里纳电台电台刚遇到一次信号干扰，9月2号才恢复正常播音，其官网在8月底也遭到了黑客攻击。埃里纳电台旨在为厄国人民提供独立的新闻平台，对厄国国内及移民社群播音。[3]

三、厄国严酷媒体环境的成因

1. 阿费沃尔基的威权统治

流行的西方民主理论认为，实行普选是成为民主国家的条件，民主制度除了需要一个成熟的议会，还要求独立的司法系统和选举委员会。此外，由独立媒体所保障的全体公民的言论自由应成为一项基本权利。[4]但是从1991年独立起，厄国一直处在阿费沃尔基的独裁统治之下。这个新兴国家又从未经历过其他政体，因此缺失新闻自由的传统。

挪威奥斯陆大学教授黑尔格·伦宁(Helge Ronning)和南非金山大学教授塔瓦纳·库皮(Tawana Kupe)在《民主和威权主义的双重遗产：津巴布韦的媒体与政府》一文中谈到，“非洲的媒体自殖民时代起便充满着矛盾。那时的报纸和广播主要服务于殖民统治的需要，它们也同殖民地的其他社会机构和文化机构共同地形成了当地的公共领域。与之相对的是，反殖民运动也建立起

[1] The Voice of America, “Eritrea President Denies Stifling Freedom of Speech,” http://blogs.voanews.com/breaking-news/2012/05/18/eritrea-president-denies-stifling-freedom-of-speech/.

[2] The Voice of America, “Eritrea President Denies Stifling Freedom of Speech,” http://blogs.voanews.com/breaking-news/2012/05/18/eritrea-president-denies-stifling-freedom-of-speech/.

[3] “Eritrea: A Nation Silenced,” http://www.article19.org/data/files/medialibrary/3494/Eritrea-a-Nation-Silence.pdf.

[4] D. Greenberg, “The Sudbury Valley school experience, subtleties of a democratic school,”http://books.google.co.in/books?id=-UMqvLEcH0wC&pg=PA173&dq=Universal+suffrage+the+sudbury+valley+school+experience&cd=1&redir_esc=y#v=onepage&q&f=false;
D. Greenberg, “The Sudbury Valley school experience. Back to basic of political basics,”http://www.sudval.com/05_underlyingideas.html#09. p.81ff.

了自己的公共领域，并有另一套媒体结构，其中的很多媒体都由流亡者来运作”。解放运动的领导者们对于基本的民主价值观持有矛盾态度——“一方面，他们公开表明将为‘自由’、‘独立’、‘平等’、‘民主’的理念而战；另一方面，他们之所以这样做，在某种程度上也是受马克思主义意识形态的影响所产生的结果。”[1]

在“民主”的定义上，厄国政府否认西方的民主是标准模式，“议会选举和总统选举并非民主的必要条件”，只需在地方层面实行选举就可实现自治。[2]在厄国政府的眼中，民主就是通过教育使人们的国家意识和对国家的义务观念得到启蒙。这与巴西教育学家保罗·弗雷勒 (Paulo Freire) 和路易斯·拉米罗·贝尔特伦 (Luis Ramiro Beltran) 提出的拉丁美洲媒体与民主的关系十分相似，即非商业化、非政治化和非官僚主义的媒体是实现民主制度的前提。大多数拉美国家认为，垄断媒体和媒体操纵下的民主化会对小国的公平发展形成障碍。[3]

在非洲，新闻媒体的功能和管制问题总是在与民主化及其他发展问题不断碰撞。与西方媒体“看门狗”、“第四权”的角色不同，非洲新兴独立国家普遍对媒体在促进民主政治和政府问责方面的作用持怀疑态度，尽管各国之间存在大大小小的差异，而厄国是处在媒体管制一极的最远端。

2. 以“维稳”和“国家安全”的名义

在一些所谓的“正处于发展阶段”的一党制国家里，当权者对威权主义的期待异常强烈，其结果是媒体也经由各种制度性的安排而被置于了政府的控制之下。“媒体以‘国家统一’的名义为政党及其领导人歌功颂德。同时，它们以一种不置可否的方式来进行新闻报道，而不愿去根据实际情况进行独立性的批判”。[4]

在厄国 1991 年独立后，厄埃两国边境冲突不断，厄方往往占下风。不稳

[1] （挪）黑尔格·伦宁、（南非）塔瓦纳·库皮：“民主和威权主义的双重遗产：津巴布韦的媒体与政府”，载（英）詹姆斯·卡伦、（韩）朴明珍主编：《去西方化媒介研究》，卢家银等译，北京：清华大学出版社，第 199-200 页。

[2] C.S.H.N.Murthy, “State-owned media and democratization in Eritrea: An analytical study,” *Global Media Journal*, African Edition, 2012, 6(2), pp172-215.

[3] A. Canizalez, “Milestones of communication and democracy in Latin American thought,” *Journal of Latin American Communication Research*, 2011, 1(1), pp1-18.

[4] （挪）黑尔格·伦宁、（南非）塔瓦纳·库皮：“民主和威权主义的双重遗产：津巴布韦的媒体与政府”，载（英）詹姆斯·卡伦、（韩）朴明珍主编：《去西方化媒介研究》，卢家银等译，北京：清华大学出版社，第 200 页。

定的国内环境让媒体的独立发展和自由报道十分艰难。无休止的紧急状态，国家安全的考量以及保卫领土完整的需要，成为厄国当局压制异见的挡箭牌。政府往往将地区不稳定夸大成国家腹背受敌。

2012 年，阿费沃尔基在接受美国之音访问时称，厄国政府无意限制人民的表达自由。“这不是表达自由的问题。这是捣乱破坏的问题”。[1] 他最关心的问题是保卫国家安全，防范那些受雇于国外情报机构、制造骚乱和传播错误信息的人。以此为借口，厄国当局不仅与埃塞俄比亚的干涉开展斗争，同时打击新闻界和人权倡导者。[2]

面对联合国人权理事会给出的一系列关于表达自由权的建议，厄国政府回应道，该国不存在紧急状态，知情权、表达自由和意见自由得到了充分尊重，没有公民因为发表观点而被拘禁，人民可以自由使用互联网、报纸和其他电子媒体。在新闻自由方面，政府会继续完善新闻法律法规，使它们与厄国的价值观、传统、文化和国家利益相一致。

3.21 世纪的“一个政党，一个领袖”

2001 年 9 月 18 至 19 日，11 名政府高官和解放运动领袖因签署了指控总统非法压制言论、要求实施宪法和政治民主化的请愿书，被厄国当局逮捕。此后，新闻工作者、中层官员、商人、抵制征兵的年轻人、基督教领袖和信徒等先后入狱。一些人短期内获释，而高官和新闻工作者等政治犯被无限期拘禁，没有审判，也禁止探视。

独立媒体以及人权组织在 1990 年代初就认识到，“政府在名义上将非官方媒体视为反对派，但实际上却当作了国家的敌人。这种冲突也正好说明，一个贪恋权势的腐败政府必将视开放的媒体为一种威胁，尤其是当这些媒体报道一些同执政党内部斗争相关的内容的时候”。[3]

在一系列打击异己的恐怖行动之后，兼任国民议会议长、政府首脑和武装部队总司令的阿费沃尔基总统将厄国引向准极权主义之路。领袖权威不容任何形式的质疑，独裁统治日益巩固；“争取民主与正义人民阵线”单独专政，

---

[1] The Voice of America, “Eritrea President Denies Stifling Freedom of Speech,” http://blogs.voanews.com/breaking-news/2012/05/18/eritrea-president-denies-stifling-freedom-of-speech/.

[2] “Eritrea: A Nation Silenced,” http://www.article19.org/data/files/medialibrary/3494/Eritrea-a-Nation-Silence.pdf.

[3] （挪）黑尔格·伦宁、（南非）塔瓦纳·库皮：“民主和威权主义的双重遗产：津巴布韦的媒体与政府”，载（英）詹姆斯·卡伦、（韩）朴明珍主编：《去西方化媒介研究》，卢家银等译，北京：清华大学出版社，第 221-222 页。

不允许有潜在竞争威胁的反对党存在；阿费沃尔基的许多战时同志不满其一人独裁，或流亡海外，或成立旨在推翻政府的激进组织，或呼吁以非暴力方式过渡到民主政体。随着独立媒体销声匿迹，媒体失去了开展建设性对话和批评政府的功能。[1]

4. 技术因素

厄国在通讯和新媒体发展方面发展缓慢。厄国独立后试图在全国范围建设电话网络。然而与邻国接踵而至的两次战争使其经济负担沉重，成果甚微，绝大多数固定电话都集中在首都阿斯马拉。2012 年全国主要电话线路 6 万条，排名世界 161 位。2005 年，厄国引进手机，普及速度快于固定电话。2012 年，全国手机拥有量约 30 万部。[2] 一份报告显示，政府已经实现了目标手机覆盖率的 80%。手机拥有多种功能，因而格外受到厄年轻人追捧。对于促进民主化和开放的市场经济而言，手机的普及是一个积极信号。[3]

薄弱的通讯和传播基础设施是制约厄国媒体发展的又一个因素。覆盖率极小的电话网络，世界上最少的电脑拥有量，7.2% 的手机普及率，3.5% 的互联网渗透率。[4]2011 年，厄国原计划引入移动互联网，但政府害怕类似“阿拉伯之春”的后果而最终放弃。在肯尼亚、埃及、南非和尼日利亚等非洲国家异常迅猛的宽带网络和智能手机普及浪潮，没有在厄国出现。

四、高度压制性的新闻法制

现代法治，以维护表达自由和新闻自由为要务之一。可是厄国内现有的法律框架却为政府压制性的暴行保驾护航，使侵犯人权的行为免遭惩罚。阿费沃尔基总统拒绝实施 1997 年宪法，公然违背在国际和地区范围内作出的保护表达和新闻自由的承诺。《新闻法令》(Press Proclamation)、《厄立特里亚

---

[1] Daniel Connell, “Countries at the crossroads 2011: Eritrea,” https://freedomhouse.org/report/countries-crossroads/2011/eritrea#.VYmEJZVdLZ4.

[2] CIA report, “The World Factbook,” https://www.cia.gov/library/publications/the-world-factbook/geos/er.html.

[3] C.S.H.N. Murthy & D. Kishore, “SMS Messages: A Multiplier of Media Economy and Index of Democratization”, *The Journal of Innovations*, 2009, 4(1), pp9-16.

[4] M. Einstein, “World’s least penetrated mobile markets,” http://www.telecomramblings.com/2013/01/worlds-least-penetrated-mobile-markets/; Reporters Without Borders, “Countries Under Surveillance: Eritrea,” http://en.rsf.org/surveillance-eritrea,39762.html.

过渡刑法典》(The Transitional Penal Code of Eritrea) 等严刑峻法为当局提供了多种惩罚异见者和不同声音的机制，常见手段就是监禁和罚款。

1. 内容互相冲突的《宪法》

厄国 1997 年《宪法》规定了公民享有言论自由和新闻自由，包含许多关于保护和增进人权的内容，尤其在第 3 章列举了一份人权清单。例如第 7 条规定，建立一个基于民主原则的国家，其中以下几个条款特别针对保护表达自由和信息自由：第 1 款，保证公民广泛而积极地参与国家政治、经济、社会和文化生活是一项基本原则；第 5 款，政府的公共事务和所有组织机构对自身行为负责，并且行为应当是透明的；第 7 款，政府应当创造发展民主政治文化的必要条件，即自由和批判性思维、宽容以及国家共识。

《宪法》第 19 条则专门规定了保护表达自由和信息自由的内容：第 2 款，每个人都享有言论自由和表达自由的权利，包括报纸和其他媒体的自由。第 3 款，每个公民都有获取信息的权利。

《宪法》第 26 条规定了对言论自由和信息自由的限定条件，包括：国家安全，公众安全和经济福利；健康和道德规范；阻止公共骚乱或犯罪；保护他人的权利和自由等。对言论自由的限制必须：(1)与民主和司法原则一致。(2)可以广泛适用，并且不否定这一权利和自由的根本内容。(3)明确限制条件的范围和授权这一行动的宪法条款。

与联合国《公民权利和政治权利国际公约》相比，厄国《宪法》中对表达自由的限制门槛太低，对表达自由设限的相关利益太过宽泛，不符合适当性原则、必要性原则和狭义比例原则[1]等宪法的基本原则。例如，国际标准中不允许因保护"国家的经济福利"而限制表达自由的情况存在。

厄国《宪法》第 27 条却规定，当议会以超过 2/3 的投票结果宣布国家处于"紧急状态"时，表达自由和信息自由权可以被减损。在近期的一次联合国人权理事会普遍定期审查中，厄国被确认不处于紧急状态，表达自由和意

[1] 即比例原则，源自德国，为大陆法系国家所采用的违宪审查模型。当认为某项法律或行政措施可能有违反宪法的疑虑时，可以用比例原则来检验其是否违宪。适当性原则：国家所采取者必须是有助于达成目的的措施，又称"合目的性原则"；必要性原则：如果有多种措施均可达成目的，国家应采取对人民侵害最小者，又称"侵害最小原则"或"最小侵害原则"。狭义比例原则：国家所采取的手段所造成人民基本权利的侵害和所欲达成之目的间应该有相当的平衡（两者不能显失均衡），亦即不能为了达成很小的目的而使人民蒙受过大的损失，又称"衡量性原则"。亦即，合法的手段和合法的目的之间存在的损害比例必须相当。

见自由应该得到尊重。而根据《非洲人权和民族权宪章》，在任何情况下（包括紧急状态）减损言论自由权都是不被允许的。

2. 大大低于《非洲人权宪章》标准的《新闻法令》

《新闻法令》是一部专门规范新闻事业和媒体运营的法律，1996 年 6 月生效。第二章名为“新闻界的目标和功能”，除部分条款保障新闻自由和禁止新闻检查，许多内容公然损害新闻自由。例如第 4 款第 1 条规定，广播电视事业应为政府所有，其所有权和设备为厄国公民所有。

而联合国人权理事会就《公民权利和政治权利国际公约》第 19 条的解释称，由于现代大众传媒的发展，有必要采取有效措施防止可能阻挠表达自由权的媒体操控行为。国家不得垄断媒体，并应促进媒体的多元化。[1] 因此，厄国政府垄断广播电视事业、以国籍限定媒体所有权的作法违反了言论自由的国际标准。言论自由和信息自由权应赋予国家管辖权范围内的所有人，不应以国籍作为限制。

在媒体的目标和功能方面，《新闻法令》第 4 条第 2 款明确规定媒体是政府部门而非独立的监督机构，要求媒体致力于解释信息，方便政府部门出台解决方案，实现国家目标，发展公共控制和建设性批评。媒体应当丰富国家传统，维护国家统一。该条同时说明，新闻自由只在其促进而非破坏政府目标时才能得到保证。这为政府随心所欲限制言论自由提供了法律依据。

《新闻法令》第 3 款规定：新闻工作者是主要收入来自媒体、并且在相关政府部门登记注册的个人。此定义存在三个问题：第一，对新闻工作者狭窄的定义进一步缩小了《新闻法令》中本就有限的对新闻工作者的保护范围，拒绝保护那些通过大众传媒收集和向公众传播信息并以此为职业、但主要收入来源并非来自媒体的人。以收入来源定义新闻工作者没有合理依据。考虑到目前厄国媒体行业的经济困境，符合新闻工作者条件的人数并不多；

第二，要求新闻工作者在新闻部登记注册的规定违反了表达自由的国际标准。在登记注册的条件下，新闻工作者经常被当做政治工具，无法在媒体上自由地发表观点。废除执照和资格认证可以让更多的人加入新闻工作者的行列，更多的观点可以自由流通；

第三，厄国强制施行登记注册制，并以刑罚为后盾。《新闻法令》第 15

[1] 参见 http://ccprcentre.org/doc/ICCPR/General%20Comments/CCPR-C-GC-34.pdf。

条第 1 款规定，在没有登记注册的情况下从事新闻工作者工作是犯罪行为，可判处 6 个月到 12 年的监禁，或是 1000 到 2000 美金之间的罚款。这就强化了政府对媒体的控制，同时提高了新闻工作者的职业门槛。

在新闻工作者的权利和义务方面，《新闻法令》第 3 章第 5 条第 1 款规定，新闻工作者的权利包括从任何官方和非官方的消息源获取信息，保护新闻工作者人身安全，保护新闻工作者不被强迫揭露消息源，建立新闻工作者协会的权利等等。

《新闻法令》第 3 章第 5 条第 2 款详述了新闻工作者的义务，许多义务仅说明普遍适用的刑法同样适用于新闻工作者，新闻工作者应当尊重法律，不能胁迫司法系统。同时，该条款规定了一些语义模糊、无法在法律上强制执行的义务，例如“遵守法律法规、职业道德和良知”。这无异于告诫新闻工作者他们的行为会受到特别监视，给言论自由权的行使浇上一瓢冷水。

第 5 条第 2 款中的规定的义务也不符合国际法的原则，例如“不扭曲信息”和“不发布未经证实的信息”的责任，以及不得曲解广义和未被界定的概念，例如“国家利益至上”、“分歧”、“异议”等。

厄国实行出版许可制度。在实行媒体许可证制度的国家，国际标准要求至少要遵守以下条件：在申请方具有完备的必要条件时，政府不能随意拒绝申请；登记注册不能设置过多条件；登记注册体系应由独立于政府的第三方机构管理；政府部门不得掌握颁发执照的决定权，也不得随意授予执照。

《新闻法令》第 7 条第 2 款规定，禁止媒体在没有取得政府允许的情况下出版报纸。第 3 款规定，政府有充分的自行决定权来拒绝出版申请，无需给出任何理由。第 9 条甚至列出一份长名单，在列的人被禁止拥有或经营报纸。第 15 条第 2 款规定，对不遵守许可证规定的人处以严厉的刑罚。除 3000 到 5000 美金的罚款之外，还要没收出版物，并且一年之内不得申请许可证。这就给有办报意向的人士制造了不必要的障碍。

此外，第 13 款规定，所有获准在厄国发行的报纸必须向新闻部无偿提供两份报纸原件。这一规定对新闻刊物，尤其是那些涉及政治评论和争议性社会问题的内容，具有极大的震慑作用。

《新闻法令》还对外国媒体进行限制。第 8 条规定，禁止在没有得到新闻部允许和许可证的情况下进出口、租赁、销售、复制、陈列、发行电影、盒式磁带、录像带等产品。第 9 款进一步规定，外国新闻工作者需要取得新闻部的许可。新闻部有权对外国新闻工作者的入境和工作设置更多限制，全权决定是否接受外国新闻工作者的申请。这些规定为政府控制信息的流入和输出提供了多种手段。同时，外国资本被禁止进入媒体。第7条第8款规定，报纸的所有资金都必须来源于国内。第9条进一步规定，任何允许出版报纸的人和组织都必须向新闻部上交年度财务报表。第15款第13、14条规定，对非法资助报纸并取得收益的行为处以罚款。这些规定阻止外国资本进入厄媒体，破坏了独立媒体的经济活力。

《新闻法令》第5章列举了禁止报道的事项，包括“任何诽谤和贬低人道主义和宗教信仰的事物”，“蓄意影响经济形势、制造暴乱骚动、破坏国家和平的不准确的信息”，“厄国领土的轮廓、照片和地图”，“煽动宗教和民族不和、助长民间分歧和异见以及贬低厄国人民奋斗进取传统的信息”等。这让厄国当局可以随意打压与它所塑造的厄国形象不符的言论。[1]

3.《过渡刑法典》：因言获罪法

非洲人权委员会2010年第169号决议称，刑事诽谤法严重干扰言论自由权的行使，破坏媒体舆论监督的功能，阻止新闻工作者和媒体从业者无畏和诚信地践行使命。在国际上，诽谤去刑法化正成为一股潮流。[2]在非洲，加纳、多哥已实现诽谤去刑法化，中非共和国规定刑事诽谤免于监禁。

《约翰内斯堡关于国家安全、言论自由和获取信息自由原则》称，政府以国家安全之名对言论自由和信息自由的任何限制都必须有名副其实的目的和保护正当的国家安全利益的明显效果。[3]“正当的国家安全利益”包括保护国家领土安全不受武力威胁，或它应对武力威胁的能力。这种武力威胁可以是外部的军事威胁，也可以是国家内部煽动暴力推翻政府的行为。《原则》同时规定，为了保护与国家安全无关的利益，例如保护政府的不法行为免于暴露，隐瞒公共机构的运行状况，保卫某种意识形态或是压制行业动乱而限制言论自由和信息自由的行为是不合法的。

独立后，厄国临时政府采用了埃塞俄比亚1957年《刑法典》。尽管埃塞俄比亚早已废除这部法律，但它以《过渡刑法典》之名在厄国继续施行。在

[1] 参见 http://www.refworld.org/docid/48512e992.html。

[2] “Eritrea: A Nation Silenced,” http://www.article19.org/data/files/medialibrary/3494/Eritrea-a-Nation-Silence.pdf.

[3] “The Johannesburg Principles on National Security, Freedom of Expression and Access to Information,” http://www.article19.org/data/files/pdfs/standards/joburgprinciples.pdf.

厄国，诽谤可被定为刑事罪。《过渡刑法典》第581条第二款规定，公共利益、道德目的和真实都可以成为阻却刑事诽谤成立的抗辩事由。但是第582条规定，当受害人的私生活受到该信息的侵害，真实这一抗辩理由失效，而私生活的范围并未明确界定。

国际标准要求政府官员比普通人更加能够容忍批评，这保证了政府官员要接受监督，督促他们更好地服务公众。因此，职位越高、权势越大的人就越应该容忍批评，包括无恶意的错误指责。《过渡刑法典》的规定颠倒逻辑，反而为最高当权者提供特殊保护。

在厄国，侮辱政府官员是一项重罪。规定，侵犯正在执行公务的公职人员的荣誉权或名誉权将被处于严刑。除了关于诽谤的一般规定，第256条特别强调保护总统和制宪机关不受诽谤侵害。这就使得直接针对国家元首和政府部门的冒犯受到更加严厉的刑法。

保护国家安全的宽泛法律条文经常成为政府压制异见和扼杀批评的简单有效的工具。2001年9月，至少18名新闻工作者被逮捕，当局称这些新闻工作者触犯了《过渡刑法典》中的三宗罪，即叛国罪、危害国家独立罪以及损害国防力量罪。[1]

五、结语：向好的非洲与例外的厄国

非洲大陆是一片广袤的土地，各国政治、经济、科技和文化发展存在明显差异。我们不应该对非洲一些新近独立的贫弱国家提出苛求。本文根据“记者无国界”自2002年推出的“新闻自由指数”，发现了一个令人意外的结果：即名不见史籍的非洲新国家厄国为什么在这个排行榜上敬陪末座，以至于远远赶超了绝大多数非洲国家?

当然，“记者无国界”多年来是一个有争议的组织，其成员的“行为艺术”受到过不少批评。但是据了解，尽管其政治观点不乏非议，“新闻自由指数”还是有依据的，在国际上较有影响。况且，即便某一年的指数不尽准确，某个国家或地区的持续得分还是可以供我们参考的，也具有一定的说服力。

笔者相信，外界对厄国的研究本来就比较稀缺，具体到媒体环境这个研

[1] “Eritrea: A Nation Silenced,” http://www.article19.org/resources.php/resource/3494/en/eritrea:-a-nation-silenced; “Penal Code of Ethiopia 1957,” http://policy.mofcom.gov.cn/english/flaw!fetch. action?libcode=flaw&id=17f044fe-ed68-49ed-bbc9- aee053b851e1.

究领域，研究成果可能更为少见。有鉴于此，我们主要依据英文资料和研究成果，努力探究厄国的媒体环境真相。与同在榜单末尾的朝鲜、索马里等国相比，厄国的媒体管制极少得到国际社会关注，相关报道数量亦十分有限。因此这种尝试未见得成功，我们的研究发现只是初步的，研究视角可能也未见得恰当，但是我们期待，本文可能为读者和媒体研究者稍稍打开了一扇神秘的窗户。

（与冯霜晴合作完成）

叁

信息公开

《政府信息公开条例》与知情权、传播权和公权力的调整

2008年5月1日，《政府信息公开条例》将在全国实施。它将成为中国法治史的一个里程碑，对于落实宪法赋予公民的言论自由和保障公民对行政权力运作的知情权具有划时代的意义。换言之，在公民的知情权利和传播权利扩大的同时，政府的保密权力、治安权力势必受到限制，而作为调节者和仲裁者的司法权力将据此重新调整。由于在中国目前的国情下政府信息公开与包括新媒体在内的各种新闻媒体关系甚为密切，因此原本作为行政法规的《政府信息公开条例》可以被视为广义的媒体法律法规的组成部分。

然而，与观念变革先行、制度建设跟上的其他改革举措不同的是，一方面是法学专家预期该法规将形成“倒逼机制”[1]，促进各级政府根本改变行政方式，从暗箱操作转变为阳光决策，另一方面该法规则有可能屡屡撞在毫无准备或无意应对的无数地方官员形成的壁垒上，以至于一部与国际惯例接轨的良法在一段时间内形同虚设。

---

[1] 中国人民大学法学院冯玉军副教授在中国青年政治学院召开的“信息公开：权利、义务、责任、风险”主题研讨会上的发言。

一、地方政府信息公开：正反案例的昭示

《政府信息公开条例》的颁布向人们预示了一个光明的前景，但是这并不意味着政府部门的档案柜就会骤然像国家图书馆一样向公众敞开。在我们这个法治还比较疲弱的社会中，一部法律或法规从起草到施行，再到融入人们的生活，内化为常态的行为模式，都有很长的路要走。有法可依只是第一步。事实上，从多年前政府信息公开作为依法治国的一项具体目标，到今年4月全国性的《政府信息公开条例》公布，其间地方政府就已出台了近百个同类法规，但是2007年的事态表明，这些有法可依的地区的政府并不比别的地区更主动公开信息，实现自我透明化，甚至恰恰相反，对公民在信息饥渴的环境下开展的人际传播活动采取监控和打压措施。

案例一：

2006年4月18日，《解放日报》资深记者马骋向上海市城市规划管理局提出了一项采访要求，并向上海市城市规划管理局传真了采访提纲，但是该局没有答复。5天后，马骋又以挂号信的形式向该局寄送了书面采访提纲，再次遭到拒绝。其后，马骋就向上海市黄浦区人民法院提起行政诉讼，要求法院判决市城市规划管理局根据2004年5月生效的《上海市政府信息公开规定》，向其提供应当公开的有关政府信息。上海市黄浦区法院经过认定，于6月1日受理此案。[1] 由于各种压力，马骋一周以后突然以“放弃对被申请人的采访申请”为由撤回了诉状。这是国内首例新闻记者起诉政府部门信息不公开的案件。

实事求是地讲，上海的媒体和舆论环境在全国不算宽松，但是上述兴诉毕竟给扩大公民知情权和包括记者采访权在内的媒体传播权带来了希望。虽然实际诉讼并没有进行，但是已经写下了中国公民和媒体维护知情权利的新篇章，在法律史和新闻史上占有独特地位。然而，这仅仅是目前可能发生的各种情况中最好的一种，况且原告是一位法学专业背景和多年媒体从业经验的记者。事后，原告被调离了一线记者的岗位。

案例二：

[1] “上海记者状告市规划局信息不公开”，广州：《南方都市报》，2006年6月3日。

《江苏省政府信息公开暂行办法》从2006年9月1日起施行。该《暂行办法》所奉行的基本原则堪称与国际惯例接轨：第三条规定“政府信息以公开为原则，不公开为例外。政府信息公开遵循合法、全面、真实、及时、便民的原则。”这可谓是全国性《政府信息公开条例》的一个“试验田”，然而这块“试验田”上并没有长出社会所期待的果实，倒是发生了令人不解和担心的事件。

2007年6月上旬，江苏无锡一名丁姓市民因蓝藻爆发太湖污染发送百余条短信被警方查获，并因违反《治安管理处罚法》第二十五条第（一）项将其行政拘留10天。警方称，“近日在工作中发现有人利用手机短信散布谣言，称‘太湖水致癌物超标200倍’，引起一些市民恐慌”。尽管后来官方发布的信息间接表明，太湖水污染不但确凿无疑，而且首先是人为灾难，但是这位市民违反《中华人民共和国治安管理处罚法》、“散布谣言，扰乱公共秩序”的定性并没有被改变。

《暂行办法》要求政府主动发布公开政府信息，第五条还规定了六类不予公开的政府信息，其中并不包括关于环境污染的信息，因此属于政府应通过该《暂行办法》所要求的通过政府网站、政府公报、报刊、广播、电视、新闻发布会等形式予以公开的信息。但是很显然，无锡市官方关于蓝藻爆发的信息披露既不及时也不充分，在此情况下市民因环境污染产生焦虑和担忧以点对点的方式通过手机这种新媒体告知他人，即便所传递信息不尽准确，主要责任也应该由不作为的信息公开义务人承担，诿过于市民显然是本末倒置。[1]

案例三：

2007年7月18日，山东省会济南发生特大暴雨。据官方事后报告，暴雨造成34人死亡，但是没有公布死亡名单。21日，网民“红钻帝国”在山东舜网论坛上跟帖，坚信济南银座商场（上市公司）发生了淹死市民的事件。据报道，“21日13点多，红钻帝国开始参与‘路路畅通’板块的济南暴雨讨论，网站数据显示，到她22日13点回最后一个帖子，整整一天时间里她发了200多个回帖……”。红钻帝国的行为引起了商场方面注意，该商场高管报警，警方出动并找到了这个在婚纱影楼工作的23岁李姓女孩。警方依据《治安管

[1] 展江：“随意截取公民短信侵犯通信自由”，广州：《南方都市报》，2007年7月27日。

理处罚法》第二十五条第（一）项“散布谣言、扰乱公共秩序”的罪名，对“红钻帝国”予以行政拘留。

这则新闻24日见报后，论坛上部分网友评价说“活该”。也有部分网友进行了质疑，指出红钻帝国并没有自己编造什么东西，而是和很多人一样转载和引述，虽然态度激烈，但并非故意造谣。还有网友指出，就像没有证据证明有人在商场被淹死，同样也没有证据证明红钻帝国是“故意扰乱公共秩序”，既看不出故意，又看不出有公共秩序被扰乱，毕竟只是一个当地论坛。

一些法学专家在接受媒体采访时接受后一种意见。清华大学法学院教授余凌云指出，散布谣言扰乱公共秩序应与传播小道消息区分开来，后者不属于违法行为。前者属于结果犯罪，不单单要有基本散布谣言的行为，如果不造成后果，则不违法。造成的客观结果是有具体指标的，比如造成人心惶惶，抢购，秩序混乱，大家不敢出门等等。对于网上发帖的行为，还要看这个帖子有多少人看到，有多大的影响面。比如被广泛转载，就证明大家对这个消息感兴趣，也是衡量社会危害性的指标，还要看在什么情况下发帖，比如政府已经辟谣，还在发帖，这也是一个衡量指标，不能笼统地看待这一行为。[1]

这个案例所反映的问题与案例二类似，也就是各方没有考虑到由于政府公开有关信息不具体、不充分并引发民众中对相关事实莫衷一是的问题。此时《政府信息公开条例》已经由国务院授权公布，但是山东省并没有已经生效的地方法规，济南市政府只是在2004年8月30日颁布了《济南市政务信息公开暂行办法》，而暴雨消息可以被解释为非政务信息。这样，就更不大可能提出对政府主动披露相关信息的要求了。

以上案例说明，徒法不足以自行，更何况在没有出台地方性政府信息公开法规的省份。由此我们不能不怀疑，《政府信息公开条例》实施后，类似情况还有可能出现。长期的传统使地方政府已经习惯于“以保密为常规，以公开为例外”，习惯于垄断公共信息资源，把公众挡在政府信息库的大门之外。虽然近年来推行的政府职能改革，试图抛弃事事保密的思维定势，但是，扭转这种根深蒂固的思维和制度惰性，需要相关法律不断被援引和适用。在我国，司法判例虽然不是法的渊源，但是法院的判决无疑会对当事主体的行为产生指引作用。毕竟我们通过案例一看到，通过司法途径诉求政府信息公开已经

[1] “参与暴雨讨论被指散布谣言 济南女网友跟帖被拘”，广州：《南方都市报》，2007年7月25日。

走出了至关重要的第一步。

二、政府信息公开的一般理论和国际经验

“政府信息公开”国际上通称为信息自由（Freedom of Information，FOI）也叫做公众知情权（public’s right to know）或行政管理透明（administrative transparency），它赋予公民近用政府和其他公共当局所掌握的官方信息的权利。政府对信息的控制实际上是对权力的控制，政府控制信息可以更自由地行使行政裁量权，避免公众监督。在民主公开的法治社会中，公众有权获知政府如何运作、如何行使权力。通过立法的方式确保政府尊重和满足公民的知悉政府运作的权利，有助于促进政府的运作更理性、更具有透明度、更负责任，并能为公众监督权力提供更多可能性。

国家行为应该公开的原则是由英国启蒙学者洛克首先提出的，他在《政府论》中指出，政府所拥有的一切权力，只是为社会谋幸福，决不允许任意妄为。权力的实施必须通过明确、公开的法律。只有法律公开，才能保障统治者不逾越限度[1]。世界各国的信息公开制度正是在这一理论基础上发展起来的。历史最为悠久的新闻法——1766 年的瑞典《新闻自由法》，今天还作为世界上第一部规定政府信息由人民自由享用的法律而独享盛誉。南美的哥伦比亚和欧洲的芬兰则早在 1888 和 1919 年制订了类似法律。

美国是世界上信息公开制度比较发达的国家。美国法律对信息公开和开放政府的价值比较重视，以保护公民不受限制地合法利用政府的信息。美国宪法《第一修正案》虽然没有规定信息公开，但它对美国的信息公开制度具有决定性的作用。[2] 与此同时，美国法律明确禁止联邦政府援引版权法保护联邦政府信息，因此，联邦政府的任何文件都属于公有领域，任何人都可以加以复制并予以出售。在这些法律的保障下，美国历史上便具有信息公开的传统，但这些法律并没有直接规定政府的信息公开制度，在 1966 年之前，政府是否公开其文件完全取决于其自由裁量权。

1966 年，作为普通法体系国家的美国制定了专门的《信息自由法》

[1] （英）约翰·洛克：《政府论》（下篇），叶启芳、瞿菊农译，北京：商务印书馆，2003 年版，第 82 页。

[2] 美国联邦最高法院于 1980 年审理的 Richard Newspapers, Inc.v.Virginia 第一次间接认定了根据宪法《第一修正案》可以获得法院的刑事审判文件。

（Freedom of Information Act），引领了近30年来为政府信息公开立法的世界潮流。到2005年初，德国是没有信息自由法的唯一欧洲大国，因而受到了国内外的巨大压力甚至谴责。6月3日，德国国会终于通过了《联邦信息自由法》，消灭了欧盟国家的一大空白。[1]此外，还有些国家虽然没有宪法层次的立法，但通过司法机关的解释，将公民的信息自由解释为宪法性权利，从而也将公民的信息自由权上升至宪法层次。如韩国1996年制订《公共机关信息披露法》之前，宪法法院在1991年的一个判决中就认为，该国宪法第21条所规定的表达自由隐含了知情权，政府官员如果拒绝披露申请的信息，某些情况下会构成了对该种权利的侵害。《欧盟基本权利章程》第42条提供了近用欧洲议会、欧洲理事会和欧洲委员会文件的权利。

信息公开制度的建立是以公民对政府和公共部门所拥有的公共信息享有“知情权”为基础的，信息公开立法的目的是将保障公众知情权作为政府的基本义务。知情权体现了富有美国民主色彩的一种政治传统，广义上说，知情权就是不妨碍公众接受来自政府、大众媒介和其他信息源的信息的权利，包括“信息接受权”和“信息公开请求权”（对政府拥有的信息要求公开的权利）。知情权基本上是一种抽象的权利，只有依据信息公开法律，将其实现制度化，才能最终获得具体的权利。《信息自由法》建立了公众有权向联邦政府机关索取任何材料的制度，其主要内容是：联邦政府的记录和档案除某些政府信息免于公开外，原则上向所有人开放。公民可以向任何一级政府机构提出查询、索取复印件的申请。政府机构必须公布本部门的建制和本部门各级组织受理信息咨询、查找程序、方法和项目，并提供信息分类索引。如果政府机关拒绝公众的请求，则它必须说明理由。公民在查询信息的要求被拒绝后，可以向司法部门提起诉讼，并应得到法院的优先处理。行政、司法部门处理有关信息公开申请和诉讼时必须在一定的时效范围内。《信息自由法》规定了信息公开和不公开的标准，有九类材料可以作为例外不予公开，为防止政府机关将应该公开的材料隐藏在不予公开的材料中，《信息自由法》要求对材料进行区分，只对应该保密的材料保密。一旦政府机关确定某材料为保密材料，则该机关负有举证责任，证明不公开的材料属于例外。

尽管各国政府实际运作的透明度和政治腐败程度相差极大，但是信息自

[1] 展江等:《新闻舆论监督与全球政治文明》，北京: 社会科学文献出版社，2007年版，第33页。

由立法毕竟是包括舆论监督在内的社会对政府监督的制度性保障，具有普适的价值。虽然各国信息自由的范围并不相同，但是都承认信息自由须遵循以下基本原则：（1）政府信息公开是常规，不公开是例外。（2）公民有权获知政府如何运作、如何行使权力、如何使用纳税人的金钱，特别是当政府的政策或者决定影响到某些人的切身利益时，他们更有权获知政府决策的依据和考虑因素。（3）关于保障官方秘密的法律，应限于合理和必须的范围之内，而政府内部的纪律和处分制度也应该与之配合。（4）公民应有权获知存于政府中的有关他们的私人资料。（5）在确认公民知情权的同时，为保护国家、商业等方面的正当利益，可以制定限制信息发布的规范，但是应有明确、统一和公平合理的准则。（6）当公众与政府对有关信息公开发生争议时，应有一个客观独立的仲裁机构，审核政府的决定和索取信息者的依据，做出有权威性的和约束力的判断。[1]

2005年1月1日，英国《信息自由法》正式生效。按照《信息自由法》的规定，任何人，不论国籍与居住地，都有权利了解包括中央和地方各级政府部门、警察、国家医疗保健系统和教育机构在内的约10万个英国公立机构的信息。英国的《信息公开法》在规定信息公开的范围时采用否定列举的方式[2]，规定公共机关拥有的信息除了例外信息（exemption information）之外都是应当公开。例外信息是原则上应该公开，但由于法定因素而不予公开的信息。例外信息事实上是处理公开与保密的平衡关系，英国《信息公开法》在规定例外信息时主要考虑两个利益因素，一是公共利益，信息申请人的利益的获得不能以公共利益为代价，如果某信息的公开可能损害公共利益，那么该信息便属于例外信息，有关国防、国家安全和国际关系的信息很可能是例外信息。如果公众咨询的问题涉及国家安全，或透露有关信息违反法律，则有关部门可以拒绝答复。第二个需要考虑的因素是与第三人的利益相比较，信息申请人的利益的获得不能以损害第三人利益为代价，这类信息包括公共机关拥有的第三人的商业秘密、他人的个人数据等。例外信息又可以分为绝对例外信息和一般例外信息，关于绝对例外信息，公共机关不但可以拒绝提供信息，而且可以拒绝告诉申请人该机关是否拥有该信息，因为对于某些信息，

[1] 魏永征、张咏华、林琳：《西方传媒的法制、管理和自律》，北京：中国人民大学出版社2003年版，第51-52页。

[2] 世界各国的信息公开法在规定信息公开的范围时可采用肯定概括和否定列举的方式。

只要政府回答是否拥有就已经构成披露该信息。为保障公共利益，《信息自由法》规定，即使是某个信息符合例外情况，对于它是否公开也应该考虑公共利益，具体问题具体分析。

三、需要解决的问题

对照上述六个原则来考量 2008 年 5 月 1 日即将实施的《政府信息公开条例》，以下问题似乎亟待解决：

（1）公开与不公开的划界。政府信息以公开为常规、不公开为例外是国际通行的原则，除了法律规定不得公开的事项以外，其它都应当公开。如美国的《信息自由法》规定了应当豁免公开的九种情况，其中包括国防和外交秘密、纯属机关内部的事务等，豁免之外的事项，其他都属于公开的范围。我国一些地方政府法规，如江苏省、广州市、杭州市的信息公开规定，也写入了“以公开为原则，不公开为例外”。上海市的规章没有写上这句话，但是在具体规定中采取了否定列举式。即将实施的《政府信息公开条例》第九条规定了行政机关对符合四项基本要求的信息应当主动公开，第十条规定了县级以上政府及其部门应当重点公开的十一条事项，以及第十一条和第十二条规定的市、县政府和乡镇政府应当重点公开的事项等。虽然涵盖广泛，并且还有兜底条款，但是从立法方式来说，则是肯定概括式而不是否定列举式。否定列举式必须对不公开事项作明确规定，《政府信息公开条例》将不得公开的范围简化为“涉及国家秘密、商业秘密和个人隐私的政府信息”，而同时又规定了公开信息“不得危及国家安全、公共安全、经济安全和社会稳定”的限制，后者是以公开的效果作为限制的标准，而效果只能预测，不能证明。[1]这样就可能出现一个模糊的中间地带，这些信息的公开缺乏明确的规定，可能就会在实践中产生困扰。

（2）保密审查机制的建立。《政府信息公开条例》规定，行政机关应当建立健全政府信息发布保密审查机制，在公开政府信息前，应当依照《保守国家秘密法》以及其他法律、法规和国家有关规定对拟公开的政府信息进行审查。对政府信息不能确定是否可以公开时，应当依照法律、法规和国家有关规定报有关主管部门或者同级保密工作部门确定。有关保密审查机制的设

[1] 魏永征：“《政府信息公开条例》初读”，http://yzwei.blogbus.com/logs/5222508.html。

计，是没有见诸其他国家的法律规定的。

国家秘密是关系国家的安全和利益，依照法定程序确定，在一定时间内只限一定范围的人员知悉的事项。我国对保守国家秘密建立了十分系统、十分严格的制度，除了1988年“保密法”以外，还有《国家安全法》《军事设施保护法》《档案法》《科学技术进步法》《刑法》以及众多的行政法规、部门规章和司法解释对保守国家秘密予以规范，所以《条例》要采用“法律、法规和国家有关规定”的提法，表明信息公开必须在现有保密制度的框架内进行。“国家有关规定”过于宽泛，在实践中，被用作拒绝公开的理由并不充分。

《条例》还就未建立健全政府信息发布保密审查机制的情况规定了制裁措施[1]，表明这个保密审查机制是普适性的，适用于所有政府信息的发布，而不是仅仅对那些有可能涉及国家秘密的信息进行审查。

（3）与《治安管理处罚法》的位阶关系。国外对政府信息公开普遍采用立法形式，而我们目前只是政府规章。从重要性来说，政府信息公开要明显高于治安管理。但是在国内前者是法规，后者是由《治安管理处罚条例》升格而来、自2006年3月1日起施行的法律。因此《政府信息公开条例》与《治安管理处罚法》两者的位阶关系存在着形式和实质上的严重冲突。因此有疑问的是，司法系统能否约束警方适用《治安管理处罚法》所赋予的不受检控程序的行政拘留权？

（4）救济和问责机制。没有救济就没有权利，信息公开制度中的权利救济实际上包括两个方面：一是信息公开请求人对拒绝公开决定请求的救济；二是因公开决定（包括部分公开决定）权益受侵害者请求的救济。信息公开请求人对拒绝公开决定请求的救济在下面专门讨论，这里只说因公开决定（包括部分公开决定）权益受侵害者请求的救济。

根据《政府信息公开条例》第二十四条规定，行政机关认为申请公开的政府信息涉及商业秘密、个人隐私，公开后可能损害第三方合法权益的，应当书面征求第三方的意见；第三方不同意公开的，不得公开。但是，行政机关认为不公开可能对公共利益造成重大影响的，应当予以公开，并将决定公

[1] 《政府信息公开条例》第三十四条规定：行政机关违反本条例的规定，未建立健全政府信息发布保密审查机制的，由监察机关、上一级行政机关责令改正；情节严重的，对行政机关主要负责人依法给予处分。

开的政府信息内容和理由书面通知第三方。这里就有一个问题，公共利益谁说了算？没有对公共利益的明确界定，在实践中，公共利益往往成了一个筐，部门利益也被混同为公共利益装在里面。

四、救济途径和问责机制

即将实施的《政府信息公开条例》规定了举报、行政复议和行政诉讼三种手段，并且没有规定行政救济和司法救济的关系，表明对于拒绝公开决定，公开请求人可以直接提起行政诉讼中的撤销诉讼，而在提起行政诉讼之前也可以提出行政复议申请。没有将复议程序作为提起行政诉讼的前置程序。这意味着公民、法人可以直接寻求司法救济，强化了对信息申请人的权益保障。这在我国公共权力运作不规范的情况下是有重要意义的。相关诉讼会有增加，但从长远看，笔者认为不会给法院造成讼累。独立的第三方若能发挥作用，由于诉讼成本高，也会逐渐形成事实上的前置主义，但前提是独立的第三方的处理能让信息请求人信服。

事实上，日本的《信息公开法》中，行政复议的前置也不是一项义务，但是在解决信息公开方面的纠纷的实际过程中，公开请求人的请求被拒绝后，通常总是先提出行政复议申请。这是因为在信息公开的救济制度中设置了复议审查机关需向信息公开审查会（许多地方公共团体中称之为“公共文件公开审查会”）进行咨询的制度，并且，该咨询制度在实践中也颇有成效。由于市民对咨询制度十分信赖，因此在地方公共团体实施信息公开制度的运作中，行政复议事实上居于前置程序的地位。

《信息公开法》第 18 条设定了行政复议审查机关的首长在作出相应的裁决之前，原则上负有向信息公开审查会提出咨询的义务。信息公开审查会制度起源于日本地方公共团体的信息公开实践活动。根据日本《地方自治法》第 138 条之第 4 条第 1 款的规定，地方公共团体在审查行政复议申请时，其拥有裁决权限的合议制机关即行政委员会只能由法律设置（即属于法律规定事项），因此，在审查有关信息公开的行政复议申请时，无法以地方公共团体的信息公开条例为根据设置拥有裁决权的行政组织。在这一前提之下，各个地方公共团体为了解决这一制度上的难题，在实践中退而求其次，将地方公共团体的首长等机关定位为审查行政复议的“实施机关”，而在该机关的审议程序之中加设了居于第三者地位作为咨询机关的审查会，并相应设置了实施机关向该咨询机关进行咨询的程序。在多年以来的信息公开实践中，作为咨询机关的信息公开审查会的工作卓有成效，并且在实际上发挥了与裁决机关同样的功能。

由于日本的《信息公开法》属于法律，自然可以设立对行政复议申请拥有裁决权的行政委员会，但《信息公开法》的立法者并没有采取行政委员会的方式来裁决行政复议申请，而是同地方公共团体的信息公开条例一样，建立了咨询机关——信息公开审查会。《信息公开法》第21条规定："为调查审议第18条规定的咨询程序中的复议申请，在总理府中设置信息公开审查会。"作为法律的《信息公开法》也建立咨询制度是完全基于在地方公共团体层面上作为咨询机关的信息公开审查会所具有的实证成果。在国家的层面上，信息公开审查会具有以下基本特征：（1）参与行政复议；（2）属于第三者机关；（3）属于咨询机关；（4）属于合议制机关；（5）不具有对制度运营的建议功能；（6）全国只设置一个；（7）设置在总理府内。[1]

第7项特征使得人们可以期待国家的信息公开审查会在今后《信息公开法》的运作中能够发挥实效，因为设置在总理府中的该机关的权限可以广泛涉及除国会、法院和会计检察院之外的所有国家机关，并且超然于各个具体行政部门之上。为了保证拥有如此高度权威的信息公开审查会能够确实地行使职权，《信息公开法》第23条第1款要求该委员会的委员须从具有优越见识的人员中产生，经国会两院批准后由内阁总理大臣任命。迄今为止，这种程序在所有选任居于第三者地位的机关成员的程序中，是最为复杂和严格的。由此程序产生的9名委员组成信息公开审查会。在调查审议相关案件时，原则上由其中的3名委员组成合议体开展工作。

这套机制有效运行的前提是，有一个客观独立的仲裁机构，当公众与政府对有关信息公开发生争议时，审核政府的决定和索取信息者的依据，做出有权威性的和约束力的判断。中立的第三方如何组织和运作，要不要有法官参与，如何保证其独立地位？行政复议机关和作为接受举报单位的"上级行政机关、监察机关或者政府信息公开工作主管部门"能否成为独立的第三方？日本作为咨询机构出现的信息公开审查委员会对我们是有参考价值的。

---

[1] 朱芒：《功能视角中的行政法》，北京：北京大学出版社，2004年版，第128页。

另一个十分重要的问题是，虽然根据《政府信息公开条例》，对于政府信息公开的纠纷可以通过行政诉讼寻求救济，对拒绝公开决定，可以依据《行政诉讼法》对该决定提起行政诉讼，即提起撤销之诉。但由于信息公开诉讼有其自身特殊的一面，在一定程度上并不能理所当然地用《行政诉讼法》中有关撤销之诉的规定来规范或解释信息公开诉讼中的问题。《行政诉讼法》在适用于政府信息公开相关案例时，并非畅通无阻。

在解决由政府拒绝公开信息引发的行政争议中，如果和一般的解决纠纷的司法程序所要求的那样，在对拒绝公开决定的行政复议或诉讼程序中也允许双方当事人查阅作为审查对象的行政文件，那么这种行政复议或诉讼制度本身就没有意义了。

在这个问题上，美国、加拿大等国的司法诉讼程序制度采用了 in camera 审查制度（屏蔽审查程序）。例如在美国的诉讼程序中，被要求公开的行政文件可以不让原告查阅而仅由法官审查。[1]但是在我国，《保守国家秘密法》只规定对是否属于国家秘密发生争议，由国家保密局或省级保密局确定，并无法院裁判的规定，所以是否国家秘密是不可诉的；行政法规也不可以超越法律作出另外的规定。因此，《条例》中有关司法救济的规定，不适用于政府以属于国家秘密为由不予公开的情况，申请人对申请公开事项被政府以属于国家秘密为由予以拒绝若有异议，不可以提起行政诉讼，只能按“保密法”有关规定处理。司法若要介入保密工作，只能通过修改“保密法”来实现。[2]

实际上，在 2003 年《政府信息公开条例专家建议稿》中，有对于涉及国家秘密的案件，法院可以进行不公开的单方审理的设计。这实际上就是“屏蔽审理”。但是《政府信息公开条例》并没有采纳。毕竟《政府信息公开条例》只是一部行政法规，它不可以超越基本法律《行政诉讼法》来规定特别的诉讼程序。这样，《政府信息公开条例》作为行政法规的法律位阶就使司法救济掣肘。在这一问题上，日本的相关经验有重要的借鉴意义。

日本《信息公开法》在行政复议制度中设置了信息公开审查会独有的屏蔽审查程序。前面提到，信息公开的救济制度中，复议审查机关需向信息公开审查会（许多地方公共团体中称之为“公共文件公开审查会”）进行咨询，该法第 27 条第 1、2 款规定，信息公开审查会“认为必要时，可以要求咨询

[1] 朱芒：《功能视角中的行政法》，北京：北京大学出版社，2004 年版，第 129 页。
[2] 魏永征：“《政府信息公开条例》初读”，http://yzwei.blogbus.com/logs/5222508.html。

提出机关出示公开等决定所涉及的行政文件”，咨询提出机关不得拒绝审查会的该要求。委员对该行政文件进行实际审查之后作出该行政文件是否应该予以公开的结论。同时作为这一制度的保障，第27条第1款和第32条规定“任何人不得要求审查会公开该被出示的行政文件”，并且“审查会的调查审议程序不公开。”

之所以在《信息公开法》中移植入屏蔽审查程序，原因在于相对于美国等国家而言，日本的司法诉讼程序中不具备这种屏蔽审查制度。因为日本《宪法》第82条要求审判程序公开，在这样的宪法原则之下对诉讼程序中建立屏蔽审查制度是否符合宪法的问题就存在不同的见解。为了在具体案件的审理中回避这种争议，在过去地方公共团体的信息公开条例诉讼中，法院审理一般只是以推定的方式进行司法审查而不是直接阅读相应的行政文件。因此，地方公共团体从能够有效地实施权利救济的目的出发，首先在信息公开条例中建立了屏蔽审查制度。到制定《信息公开法》时，地方公共团体层面上所建立的这项制度业已取得丰硕成果。《信息公开法》中的屏蔽审查制度正是充分认识到了信息公开条例所取得的成果后在法律层面上建立起来的制度。

是否属于国家秘密的确认，就只能期待独立的第三方。如何产生第三方，第三方如何发挥作用？国外的独立第三方的产生程序、咨询制度和屏蔽审查给我们提供了有益的参考，但具体的应对措施还需要根据我国的实际情况进行设计。

总之，对法院而言，《政府信息公开条例》的实施意味着将会出现一类新的行政诉讼，涉及的不光是信息公开义务机关，还有复议机关、作为独立第三方的机构。《行政诉讼法》如何适用于处理此类案例？对于提供的理由，政府应如何举证？什么样的证据可以采纳、认可？政府公开的信息与事实不一致，即公开的信息不真实（虚假信息），法律上是否可追究其责任？责任主体和责任形式如何？还有类似本文开头所举的案例，当事人是否可以以政府未履行主动公开相关信息的义务进行抗辩？根据第24条第3款规定，申请公开的政府信息涉及第三方权益的，行政机关征求第三方意见所需时间不计算规定的答复期限内。当政府怠于征求第三方的意见时，申请人当如何寻求救济？这些环节都是应予以充分考虑。

五、结语

无锡市自来水水质恢复正常后，还有一些市民对水质有顾虑。无锡市政府发布通告，告知全市人民，经卫生监督部门连续监测，无锡市自来水出厂水质达到国家饮用水标准，实现正常供水。市委书记、市长带头喝烧开的自来水，让市民们放心。由此可见，政府信息公开在我国还面临政府信誉问题，公众对政府公开的信息不信任，从另一个角度反映了政府的信任危机。在这种情况下，尤其需要对政府履行信息公开的义务进行监督，通过媒体、司法和公众的共同监督，使政府信息公开成为常态，政府透明度的增强也将有助于信誉度的提高，今后遇到类似情况，政府只需将信息公开，而无需市长带头喝水了。

（与雷丽莉合作完成）

司法信息公开的新途径

——“李庄案第二季”微博传播初探

19世纪美国废奴运动领袖温德尔·菲利普斯（1811-1884）说：“若是没有公众舆论的支持，法律是丝毫没有力量的。”[1] 同样，如果公众舆论只是发自于朴素的正义感，而没有法律理念和制度做依据，同样是不堪一击的。此二者的相互支持在法治社会初建时期尤为重要。在李庄“漏罪”案中，部分律师和知名法学家，在传统媒体记者的呼应下，第一次以微博、博客为主要平台，发布案件信息、解释相关法理，捍卫法律尊严，最终使此案成为中国法治进程中的一个重要里程碑。

一、李庄“漏罪”案如何进入公众视野

由于此前的“李庄案第一季”受到社会广泛关注，并引发热议，成为社会热点事件，而且在二审终结后，关于该案质疑和讨论仍未消弭，因此被称为“李庄案第二季”的李庄“漏罪”案从一开始就成为舆情焦点之一，并在网民的围观、热议中迅速演变为公共事件。

纵观整个李庄“漏罪”案的媒体呈现，大致可归纳为以下几个特点。

1. 案件初期，相关信息几乎皆由华龙网首先披露，传统媒体涉及李庄案件的信息多是对华龙信息的转载，至多是将该信息按照新闻价值要素对内容或标题略加修改，出乎其右的信息凤毛麟角。检方撤诉后，平面媒体的优势方始呈现，出现了一些深度报道。

2. 在本案的媒体呈现中，“新媒体”占据了重要席位。尤其是一些知情律师的微博，发挥了重要的信息发布功能。这不同于以往案件中，微博主要内容以评价和议论为主，而少有信息的系统发布。尤其是进入法庭审理阶段，微博异常活跃，微博的即时信息披露及互动和律师个人网站和博客的系统阐

[1] 参见 http://www.finswift.com/aphorism/laws.html。

述交相呼应，形成对华龙网单一消息的核正和补充。此刻，微博向公众发布的信息，更是广受关注。

3. 本案中以微博为平台的信息发布者多为法律界人士。其发布的内容既有信息披露，也有对法律及法理的阐释和本案对法律运用的评述。其中，信息内容包括案件进展，包括程序中的细节和实体问题的信息，控辩双方人员的组成甚至履历，以及一些外围信息，如法庭外的横幅、各界对此案的关注及态度等。观点性信息包括对管辖权的质疑、对证据及其证明力的质疑以及对取证程序的合法性的质疑等，与案件相关的法律问题得到及时阐释。

4. 随着案件不同阶段信息的透露，在微博上形成了一个个议题，而在议题进程中又有博客、帖子等对该议题的法理阐述及分析。如先是对是否需要辩护，引发对辩护权的讨论，然后是对管辖权问题、接受质证的证据完整性问题、证据取得的合法性问题、证明力问题、证人是否应出庭接受质证问题等的多方讨论。值得注意的是，这些议题事实上就是本案中控辩双方争议的焦点。在这些议题中，程序正义是被强调最多也是引起共鸣最多的。

5. 舆论始终伴随着争论，虽也有二元对立的态势，但随着新的信息的披露和议题的多元化，尤其是在律师博客与微博的专业化阐述下，舆论逐渐改变了简单的二元对立对抗的走向，表现出理性和思辨性，而且超越案件本身，延伸到律师身份的社会认同、司法改革等问题的讨论。

二、李庄“漏罪”案的信息场域

李庄案发生在重庆“打黑”背景下，该项行动无论是从其启动还是从具体执行过程看，都不能认定为一次完全意义上的司法活动。[1]

刑事司法活动信息公开的正常途径有两条：一是司法部门（目前主要指法院，其实还涉及检察院和公安机关）通过履行信息公开义务，如以公开开庭、公布判决书等形式向公众公开案件信息；二是由媒体通过报道司法信息向公众进行公开。这条途径的畅通有两个前提，一是司法部门对媒体公开，二是媒体依法享有的采编权能够充分行使。（下图中细实线箭头所标示的即是司法信息公开的正常途径。）

[1] 如知名评论家五岳散人认为，运动式司法活动与法治精神的碰撞至李庄案达到高潮。

通过法庭信息公开获取信息

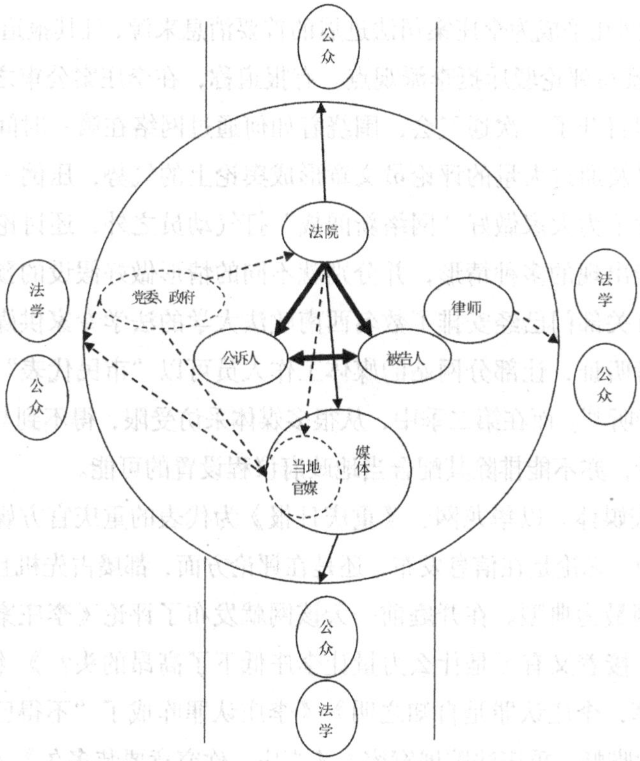

但在李庄案的信息发布中，情况显然要复杂得多。图中虚线部分是在正常的司法活动和司法信息公开中没有的。虚线部分涉及四个主体：政府、法院、媒体、律师；涉及四个行为：一、政府知会法院，为地方官媒提供采访便利；二、地方官媒在地方政府保驾护航下，成为唯一消息来源；三、政府引导网络公众舆论；四、律师通过“自媒体”发布案件相关信息。而与此相对的是正常的信息发布渠道不畅通，这表现在：一、公众和媒体无法从司法部门获得与当地官方媒体同等的信息近用权；二、个别媒体只能选择通过微博和记者个人博客发布信息。

尽管在李庄案前后两季信息场域中的主体没有变化，但是各个主体的行为却有很大的不同，具体表现在：

1. 重庆市。在李庄案第一季中，政府议程设置痕迹十分明显。有媒体称，重庆官方引导舆论的行动早在李庄被捕之初就已经展开，并采取如下举措[1]：（1）引入专家力量向社会阐释司法正当。[2]（2）借助当地媒体全方位引导舆情发展，从网络媒体、纸质媒体到电视媒体悉数上阵，选取有利的信息进行报道。华龙网几乎成为李庄案司法进展的首要消息来源，且其报道立场鲜明。[3]（3）发帖撰写评论驳斥挺李派观点。有报道称，在李庄案公审之前，重庆市委相关部门召开了一次通气会，围绕着如何通过网络在第一时间对李庄案发出声音，以及通过大量的评论员文章形成舆论上的气势，压倒一切对李庄案的质疑。除了为大家做好“网络新闻战”打气动员之外，还讨论了李庄案审判庭上可能出现的多种情形，并分别就不同的情形做好假设的预案。为了方便采访，有关部门已经安排了数名西南政法大学的法学专家供媒体采访；亦已安排了旁听证，让部分网站的媒体工作人员可以“市民代表”的身份进入庭审现场旁听[4]。而在第二季中，从很多媒体采访受限，得不到与华龙网相同的待遇来看，亦不能排除其配合当地政府议程设置的可能。

2. 重庆媒体。以华龙网、《重庆日报》为代表的重庆官方媒体，在李庄案第一季中，无论是在信息发布，还是在评论方面，都屡占先机且立场鲜明。其中华龙网最为典型。在开庭前一天该网就发布了评论《李庄案，碰触谁的蛋糕？》，接着又有《是什么力量让李庄低下了高昂的头？》《证人出庭不是救命稻草，李庄认罪是自知之明》《李庄认罪咋成了“不得已”》《律师“精英”软脚虾，重庆法院展宽容》《李庄，你究竟要装多久》《李庄遭禁：这辈子就跟“寡”有缘》《李庄：“厚黑学徒”学艺不精》《李翻翻：你翻掉的不是法律事实，是曾经支持你的心》《李庄倒了，阴魂散否》《且看李

[1] 下文有关李庄案“第一季”的舆情，参见检察日报社网络信息中心《政法网络舆情》2010年第9期。

[2] 据事后媒体披露，李庄案一审开庭当天，西南政法大学和重庆大学的5名法学学者，被重庆方面紧急召集到法院。庭审一结束，专家们就被请进了会议室，研讨庭审得失。重庆当地媒体在这里录制节目。会议的目的是要求专家发表有利于检方的观点，以便当地媒体维护舆论导向。12月31日，这些有利于检方的意见，以“专家释疑”的方式见诸报端。其中一位专家对媒体“断章取义”的报道方式表示了不满，但他同时表示，目前不宜对重庆以外的媒体发表全面看法。参见检察日报社网络信息中心《政法网络舆情》2010年第9期。

[3] 如《重庆晨报》的报道《网友称李庄把法律当儿戏》，截取有利的网民跟帖以表达舆论立场；《重庆晚报》在北京律协调查组回京后就发布《北京律协谈打黑案律师造假：重庆警方系依法办事》，后来就庭审而发布的《一位旁听李庄案庭审的法律人士评价李庄》报道称，一位全程旁听的法律专业人士称，16个小时中，控辩双方唇枪舌剑，情绪激动。特别是李庄，有些语言还超出法律范畴。但审判长很好地把握了尺度，“宽严适度”，既保障了李庄及其辩护人的诉讼权利，又使庭审得以继续。

[4] 参见检察日报社网络信息中心《政法网络舆情》2010年第10期。

庄如何玩弄法律》等倾向性极其鲜明的评论。但是在第二季中，华龙网除了在消息发布上仍独占头筹外，在评论上明显降温，且类似于第一季中投枪匕首般的标题也十分鲜见。而都市类媒体在信息采集上的表现明显不如第一季，尤其在案件初期，几乎集体失语，（这与第一季中，尤其是一审中重庆当局对媒体开放不无关系），但在立场上较第一季更为中立客观。

3. 律师、法学家。无论是在立场还是语言风格上基本上一以贯之，与第一季没有太大区别。依旧以程序正义等法治原理为据，用文书事实说话，用语较为理性、克制。但此案的重要性也是被他们抬到了相当的高度，无论是第一季中李庄“我愿意用我的自由换取中国法治建设进步的一小步”，还是辩护律师“为中国法制体系辩护”，以及第二季控方撤诉后称“这是法治的胜利”，对于法治追随者而言都具有强烈的煽动性，其效果对于知识界人士具有较大说服力。但是第一季中，其法治理念的传播对于只具有朴素道德观的民众而言还存在隔阂。而在第二季中，这些宏大表述得到了更多的认同。在第二季中律师和法学界的言论表达较之第一季最大的区别在于对微博这一新平台的利用。在第二季中，微博的信息发布、追踪和舆论聚合功能得到充分发挥，其即时交互性优势得以展现，形成一个活跃的舆论场。

4. 网友。李庄案第一季中，网络舆情基本分为“挺李派”和“倒李派”两大阵营。“倒李派”的举措呈现出有组织化倾向，产生了很好的舆论效果，提高了普通民众对于重庆“打黑”和司法惩治李庄的支持率；但是这种做法难以左右业内人士的看法，尤其是相关评论“组织”和“操刀”的痕迹明显。而“挺李派”的言论则主要集中在对法治理念的呼吁和对案件本身程序的纠错以及对案件事实的分析上。而在第二季中，网友中基本上没有了“挺李派”和“倒李派”的分野，舆论的交锋大多集中在是非判断和法理分析上，言论更平和也更具有反思性。在语言的使用上，情绪化的倾向也大大减弱。

三、WEB2.0与律师潜在功能的发挥

李庄案前后两季，相隔只有短短的几个月。较之李庄案“第一季”，在李庄“漏罪”案中，舆情波动平稳了很多，也没有了盲目的“集体欢腾”，

网民“法商”[1]的迅速提高，一批具理性、独立思考的网民迅速成长起来。这一方面可归因于兼具公共性、开放性、交互性、多元性、瞬时性的互联网WEB2.0时代，使公众具有了强大的个体传播力量；另一方面，也得益于在李庄案中，一批职业律师积极参与公众议程设置，以微博、个人博客和个人主页为平台，发布案件信息并对相关法律问题进行专业解读。

英国学者杰拉尔德·汉隆在谈到社会结构与律师职业工作时认为，“职业者和社会之间的关系是辩证的。如果我们需要了解在整个的职业内部正在发生的一切，我们也需要了解这一重要的工作领域正在发生的一切以了解更广泛的社会变迁及其影响因素”，“这一转向是更大范围结构调整的一部分。”[2]尽管杰拉尔德讨论的是英国律师在社会转型中的境遇，同样处于转型中的中国也面临类似的问题。“黑幕的揭露者和维权的实际行动者往往都是律师，他成了专制弄权者和地方恶势力最害怕的一支力量。”[3]同时，律师的身份认同和社会定位还没有普遍的社会共识。但在社会转型中，在司法这个特定的领域，律师必须发声，否则很可能被去专业化（deprofessionalised），沦为一般的工作性群体（occupational group）。

四、“强公共领域”与“弱公共领域”

哈贝马斯将公共领域区分为“强公共领域”和“弱公共领域”。“强公共领域”是高度结构化和形式化的，与之相应的是政治公共领域（political public sphere）；“弱公共领域”则是一种非组织化的舆论形成的载体，与之相应的是公民公共领域（civil public sphere）。哈贝马斯指出，“弱公共领域”应是“一个预警系统，带有一些非专用的但具有全社会敏感性的传感器”，“不仅仅觉察和辨认出问题，而且令人信服地、富有影响地使问题变成讨论议题，提供解决问题的建议”[4]。而在司法领域，律师群体无疑是“弱公共领域”的

[1] “法商”（Law Quotient, 即“法治商数”，简称LO)，指一个人对法的内心体认和自觉践行，体现的是人们法律素质的高低、法治意识的强弱、明辨是非的能力，以及依法办事、遵守秩序、崇尚规则的自觉性和主动性；包括法律认知、法律评价、法律行为和法律意识四个层次。

[2] （英）杰拉尔德·汉隆：《律师、国家与市场：职业主义再探》，程朝阳译，北京：北京大学出版社，2009年版，第211页。

[3] 陈有西：“公共事件中的中国律师角色”，广州：《南都周刊》，2011年6月11日。

[4] （德）于尔根·哈贝马斯：《在事实与规范之间》，童世俊译，北京：生活·读书·新知三联书店，2003年版，第445页。

中坚力量，秉持法治理念的律师“作为服务阶层的一个重要的部分，将在这一转型过程中拥有（以及正在拥有）重要发言权。”[1]

由于天天在处理法律实务，律师等法律界人士对中国司法现状和社会现实有切身感受，一般人无法见到的内幕也能够调查了解。这是其他公共事件参与人，如学者、记者都无法替代的。”[2]

而且，对于“自媒体”而言，WEB2.0为其提供了信息博弈的可能，使虚假信息能够被即时监督、揭发、反驳和纠正。而且，由于“律师的解读……可以有别的律师、学者、记者、网民去反驳、比较他的观点，因此是一种平等的对话。在不断的滚动对话中，真相和真理能够被发现。”[3]在本案中我们看到，有影响力的律师微博或博客，言论自律较强，用语谨慎，尤其是在与自身有关联、易让人产生联想和质疑的事件上，更加注意其严密性，力求以理服人。

诚然，正如保罗·莱文森所言，“试图寻找固有属性—好俱好、一坏俱坏的技术，是徒劳无益的。”[4]但很显然，通过对某些公共事件的随聚随散的关注培育公众的参与意识却只能在WEB2.0的技术背景下完成。“不同的民主形式都有它特定的技术基础”，[5]其中包括传媒的科技基础。WEB2.0改变了公民参与公共事件和公共议题的方式，尤其是微博出现后，迅速成为重要的公共信息平台和公共论坛。李庄案最终以撤诉了结，其中最重要的原因就是信息公开化。WEB2.0时代到来，法庭的外延被扩大，网民成了陪审员，大家对真相的探讨以及通过微博等新媒体的交互碰撞，越来越清楚。

五、问题与反思

从传播的角度来看，本案最值得关注的焦点在于作为传播主体的律师和作为传播介质的微博。司法信息本不应由律师来公开，这样的信息也不需要通过微博来公开，然此二者相互结合，在某一地传统媒体集体失声的情况下，

[1] （英）杰拉尔德·汉隆：《律师、国家与市场：职业主义再探》，程朝阳译，北京：北京大学出版社，2009年版，第211页。
[2] 陈有西：“公共事件中的中国律师角色”，广州：《南都周刊》，2011年6月11日。
[3] 陈有西：“公共事件中的中国律师角色”，广州：《南都周刊》，2011年6月11日。
[4] （美）保罗·莱文森：《手机：挡不住的呼唤》，何道宽译，北京：中国人民大学出版社，2004年版，第201页。
[5] 丛云日：《当代世界的民主化浪潮》，天津：天津人民出版社1999年版，第366页。

突破报道瓶颈，在信息发布中打破了当地官媒单一信源的垄断，在舆论上发挥了拨乱反正和制衡的作用，一波三折的李庄案形成了一道独特的媒介景观。尽管此举引来众多热议，但笔者认为至少有以下两个问题值得反思。

1. 关于公众参与司法的特殊性和司法公开的常态途径

确实与其他公共事务不同，社会对于司法的报道评论一直争议颇多，媒体自身也对司法报道进行自我约束，避免在案件审理中做有倾向性的报道。

当然，关于司法，公众是否可以参与讨论，公众参与可以到何种程度，的确应与其他公共事务有所不同。司法机关应居中裁判，任何国家机关、社会团体和个人都不得干涉，加之其有专业性屏障，不能民主决策，对于其独立性应给予更多的尊重，涉及司法这一特殊领域的信息发布和公众参与也应当遵循特殊的规则。媒体对司法的报道应有一定的尺度，但这种尺度更多的是媒介伦理的范畴，对司法的尊重是媒体和公民自律的范畴，而不应成为对公众获取司法信息并进行监督设限的理由，否则法院将不可避免地担任运动员和裁判员双重角色，独断是非。

2009年，最高人民法院发布《最高人民法院关于司法公开的六项规定》提到，要将审判公开落实到审判和执行的各个环节，进一步规范裁判文书上网和庭审直播，将司法的过程和结果公开。而且，此规定被收入国务院新闻办公室《2009年中国人权事业的进展》白皮书中关于“人权的司法保障”一章中，作为司法透明度进一步增加的表征。法院应更积极地推进司法公开，保障司法信息的常态发布机制，以回应舆论对于司法公正的质疑。

2. 关于“去中心化”信息传播

本案中我们看到了社会对信息封锁的抗争，看到了在媒体由于主客观原因缺席或无法有所作为的情况下，公民知情权如何得以实现。WEB2.0在中国凸显出独特的价值。采集和发布信息不是记者的特权，而是一项公民权利。尽管本案的信息发布模式不应成为信息发布的常态，媒体、司法部门和律师终究还是要各归其位、各司其职，但本案中律师、法学家、公众跨越职业角色进行“替代性”传播，展示了一条“去中心化”的传播路径，即权威未必来自官方，可能来自民间，还可能来自草根传播者在WEB2.0的信息博弈中树立的公信力。同时，也预示了新的技术背景下，可能会有更多传播模式被发掘出来。

另外，本案中律师参与传播的出现，增强了对记者新闻专业主义的要求。

律师作为一群特殊的公民记者，其对于司法信息发布，表现出了比多数法制记者更强的专业性，他们甚至比记者更清楚行为的界限在哪里。因此，新闻媒体只有强化新闻专业主义素养，才能提升自身的专业地位，更有效地实现司法的公开透明。

（与雷丽莉合作完成）

“电子监管门”折射了什么？

2008年夏秋之际，一宗针对国家有关部门的多家企业集团诉讼，引起了法律界、企业界、知识界和媒体的普遍关注。虽然该诉讼因“超过法定起诉期限”而在2008年9月4日未被法院受理，但是双方的角力仍在进行之中。而明眼人都知道，一周前作为被告的公权力部门刚刚召开了一次针对有关媒体和律师的“威风凛凛”的新闻通气会，此后对该部门的批评从传统媒体转移到了网络上，该部门的强势可见一斑。然而这个问题、或者说该部门的信誉危机化解了吗？笔者看到的非但不是这样的苗头，而是某些公权力部门逆改革开放和依法行政之势的孤傲。

一

自4月初以来，《法制日报》等多家媒体接连披露，一家超大型企业属下的分支——中信国检信息技术有限公司（下称“中信国检”）——借助国家质检总局这只公权力之手，向全国所有相关企业推行电子监管码，引起了众多企业的质疑，之后到8月1日发展到了四家防伪企业诉诸法律手段将公权力部门告上法庭。而这一天是《反垄断法》实施的首日，该案成为该法实施后的“中国反垄断第一案”。

从事件发生到演变成诉讼，这本来是法治社会中再正常不过的事情。“商”告“官”的案情可以通过控辩双方的陈述以及法院的判决，遵循程序正义和公开透明的原则，在妥善权衡“商”与“官”、“商”与“商”的利益之后予以了断；媒体对于这起事关企业和公众利益的事件加以平衡报道和多元评论，有利于诉讼两造和社会各界了解原委和是非曲直。

质检总局和“中信国检”方面均称，建立电子监管体系利国、利民、利企、利商，“对产品的生产、流通、消费进行全程闭环监控，是该监管网和以往其他监管或防伪措施的最大不同”（《法制日报》2008年4月3日）。另一方面，4家作为原告的防伪企业认为，国家质检总局强制推广“中信国检”的电子监管网业务，这些防伪企业面临不公平竞争，质检总局的行政行为，违反了《反不正当竞争法》和《反垄断法》。

在媒体对诉讼行为进行报道之后，从法律专家到一般民众，公众舆论似乎并不站在质检总局和“中信国检”一边。而质检总局和“中信国检”处于被动境地。更有甚者，国家立法机关也采取了不利于推行电子监管码的行动。在8月25日召开的十一届全国人大常委会第四次会议上，《食品安全法（草案）》中有关电子监管码的内容已全部被删除。这意味着质检总局三年来一直推行的电子监管码制度将失去《食品安全法》的支持。8月27日北京一家报纸将近三个版面的深度报道刊出，事件进入了新阶段。

面对持不同乃至相反意见的企业、舆论和立法机关，沉默多日之后，质检总局终于在8月29日举行“紧急新闻通气会”。除了自辩清白无暇之外，通气会的矛头既没有指向同为公权力的全国人大常委会，也没有指向称其行为“是一种赤裸裸的权力变现”的受访专家，而是单挑媒体，并且颇有“泰山压顶”的气势，声称在北京奥运会开幕前后，有个别企业和个人以质检总局“推广产品质量电子监管网而导致行政垄断”为由，连续发布了一些不真实、不全面的消息；8月27日，“个别媒体出现了有悖新闻道德、新闻纪律甚至触犯有关法律法规的报道”。

帽子不可谓不大，而且此后的事态发生了倒转：9月4日质检总局“双喜临门”：法院不予受理“反垄断第一案”；刊登深度报道的报纸就“电子监管网报道中部分细节失实问题”公开致歉。但问题是，即便报纸近三个版的报道有缺失，质检总局多重不当行政乃至违反法律是毋庸置疑的，甚至它自身的声明和表白也无法开脱。

二

自《行政许可法》实施以后，“法无规定即不可行”成为防止行政权力滥用的有效制约手段。自《政府信息公开条例》颁布以后，“政府信息公开是常规，不公开是例外”的观念日益深入人心，媒体的透明化报道和质疑、追问成为保障信息公开的机制之一。而质检总局似乎游离在这样的逻辑和规则之外，不得不引起人们的多种质疑。

第一，质检总局所属机构凭什么入股“中信国检”，成为第二大股东？

质检总局官员8月29日辩称，下属信息中心“应另两家股东的要求，按百分之三十参股，与中信集团和中国电信组建了‘中信国检’公司。信息中心作为具有法人资质的事业单位，参股手续是完备的。”如此振振有辞，何来的依据和底气？改革开放30年，伴随着政企分开的强烈呼声和实际进程。市场经济已经发展这么多年，官员还大谈入股企业有理；既然有理，为什么现在要退出，参股手续是完备的吗？连知名经济学家余晖先生都说，他是第一次听到政府内设机构以干股的形式，投资一般竞争性的企业。显然这是典型的忤逆时代潮流、不获法律许可的官商合体，称之为“电子监管门”恰如其分。

第二，质检总局没有回应的是，它指定“中信国检”作为电子监管码的唯一经营者，是否违反《反垄断法》？该法第八条规定：行政机关和法律、法规授权的具有管理公共事务职能的组织不得滥用行政权力，排除、限制竞争。第二十一条规定：经营者集中达到国务院规定的申报标准的，经营者应当事先向国务院反垄断执法机构申报，未申报的不得实施集中。试问质检总局，质检总局作为行政机关是否违反了第八条？质检总局信息中心参股“中信国检”而成为经营者，事先是否向国务院反垄断执法机构申报过？

第三，质检总局语焉不详的是，信息中心是否已经从“中信国检”退股？质检总局官员8月29日辩称，信息中心于今年4月11日正式提出退出股份，4月14日“中信国检”董事会研究同意；4月17日，质检总局召开新闻发布会发布了此消息。笔者查阅质检总局官方网站，4月11-20日共发布“新闻动态”32则，其中18日的一则内容为17日的新闻发布会。但是1400字左右的“动态”没有提到退股一事。笔者从《法制日报》8月3日的报道“国家质检总局成反垄断首个诉讼对象被指违法”中获知，质检总局确曾在4月17日新闻发布会上宣布，“所属事业单位国家质检总局信息中心将退出在中国产品质量电子监管网的股权”。也就是说，公众到今天也不知道有没有退股，信息中心委任的两名董事和一名董事会副主席是否仍然在“中信国检”任职。

第三，质检总局没有回应的是，“中信国检”董事局执行主席是否仍然担任“产品质量电子监管网推广办公室”的副主任？这位执行主席是根据什么成为行政机关下属机构负责人之一的，这是否构成双重性的官商合体？更重要的是，质检总局也没有回应被它批驳的媒体报道中的一段：6月6日，质检总局又成立“产品质量电子监管推进领导小组”，那位执行主席担任其成员。这发生在质检总局4月17日声称要从“中信国检”退股之后，据此我们有理由强烈怀疑，所谓退股还停留在言说阶段。

第四，质检总局如何看待 8 月 25 日全国人大常委会会议删除了国家对食品、食品添加剂和食品相关产品实行监管码制度的规定？当初《食品安全法（草案）》中写进相关内容贵局扮演了什么角色？如果质检总局称建立电子监管体系利国、利民、利企、利商，为什么此举不仅遭到除“中信国检”之外的其他相关企业的反对，进而引发反垄断诉讼，公共舆论也不予支持，而且最关键的是不能获得最高立法机关的支持？根据《政府信息公开条例》，公众有权提出上述问题要求质检总局回答。

第五，质检总局须全面看待法院方面对多家企业集团诉讼未予立案的具体情境。法院没有受理仅仅是因为该诉讼“超过法定起诉期限”而不是其他。也就是说，是否如原告所诉称的质检总局违反《反垄断法》《反不正当竞争法》《产品质量法》和《招投标法》等多部法律，还是很难说的。根据媒体所采访的多数法学专家的意见，法理显然不在质检总局一边。而且原告还在进行上诉，因此事态还有待进一步观察。

第六，质检总局官员斥责说，有媒体称质检总局食品生产监管司司长邬建平的死亡与电子监管网有关联，而“事实上，邬建平只是在检察机关侦查某单位一起职务犯罪案件中配合调查时意外身亡”。笔者查阅有关报道，该媒体并没有说邬司长之亡故与电子监管网直接有关，只是在时间上与防伪企业集团诉讼期相重合。此外，什么叫意外身亡？能否详细说明一下，从楼上坠下身亡，不管基于什么原因，都可以说是“意外身亡”。相关媒体只是陈述了根据《政府信息公开条例》，此类涉及社会公共利益的事件政府有公开的义务。如果没有公开，造成社会和媒体“不明真相”，因此才有种种不尽准确的说法流传，责任主要在于负有信息公开义务的一方。此外，地位重要的食品司司长如果是“意外身亡”，那么根据《突发事件应对法》，政府部门也要公布相关信息。

第七，针对媒体关于质检总局可能从推进电子监管网中获巨额利润的文字，质检总局官员 8 月 29 日辩称，质检总局“未获得一分一厘收益”，并且已经退股。这一点大概是质检总局对有关媒体最为反感、乃至于称之为“触犯有关法律法规”主要缘由。然而关于质检总局可能获得巨额利润部分，媒体并没有下定论，记者一方面引述律师的观点，一方面援引“中信国检”的母公司“中信 21 世纪电讯公司”的年报，陈述律师的质疑并寻求可靠消息来源的印证。“中信21世纪电讯公司”7月30发布的年报称，“这个电子监管网公共物流信息平台，将创造每年2000亿元的价值空间”，如果外界还不知质检总局信息中心是否依然是企业股东，根据其股权比例推论其可能（不一定实现）获利数额不是合理的吗？作为专业研究者，笔者看不出媒体存在什么“有悖新闻道德、新闻纪律甚至触犯有关法律法规”之处。

三

改革开放孵化了市场经济，催生了法律体系，塑造了现代媒体，培育了公民意识，总之，形成了国家领域、市场领域、公共领域和私人领域并存的新型社会形态，造就了一个成长中的公民社会。于是我们有了利益多元、权力制衡、司法仲裁等新的社会矛盾协调和解决机制。其中对影响各方利益尤其是公共利益的公权力的约束（包括公权力之间的制衡）和问责，已成为社会共识，而在各个社会领域之间起沟通作用的媒体则更多地代表其他领域监督国家领域。

对于媒体的监督，现代法治国家一般不允许行政权力部门为维护“自身形象”来指责、威胁和告发媒体。正如杰斐逊在二百年前所言，报纸批评政府如果批评错了，那也没有什么；如果批评个人批评错了，那就要承担责任。理由很显然：媒体相对于政府是弱势者，媒体相对于个人是强势者（当代社会还倾向于区分公众人物和普通个人）。所谓的司法公正，在此就是不承认政府的名誉权。而且政府在日常工作中已经习惯于与挑剔的媒体共处。

笔者发现，在社会治理的过程中，国务院各部门逐渐与媒体建立了密切的工作关系。随着政府信息公开事业的发展，行政部门一方面通过媒体之臂传达政令和了解社会环境，一方面其行政行为处在媒体和社会的众目睽睽之下，接受以是否依法行政为主的广泛监督。这一种良性的模式是完全可以建立的，而且我们发现，环保部、国家安全生产监督管理局等在实践中特别重视媒体的信息沟通和舆论监督功能，其工作获得了社会的更多理解。我们忘不了国家安监局前任局长李毅中先生多次奔波于矿难发生地、怒斥官商勾结的同时要求强化媒体的舆论监督功能的情景。

国家质检总局负有监督全国商品质量之重责，其管理范围和执法权限之大是可想而之的，面对不容乐观的食品乃至一般社会大量使用产品的质量状况，全国人民对质检总局的工作有很高的期待。本来，敬畏这一重责，如履薄冰般地履行义务，努力获取社会公众的信任和支持，与新闻媒体建立顺畅的信息沟通机制，是行政部门转变职能、更好服务社会的应有之义。事实上，国家质检总局支持下中央电视台创办的《每周质量报告》在最初的两三年内为打击假冒伪劣贡献巨大。可是我们看到的是相反的情形。更有甚者，质检总局官员在约见诉讼代理律师之时告诫这位有媒体从业背景的律师要与媒体保持距离，这是非常奇怪的。

中共中央总书记胡锦涛2008年6月20日在人民日报社发表的讲话受到国内外媒体和舆论的普遍好评，因为讲话融入了大量体现官方顺应时代发展的开放和开明态度的元素。胡锦涛在讲话中第一次提出要“按照新闻传播规律办事”，指出媒体的工作是“通达社情民意、引导社会热点、疏导公众情绪”，“必须加强主流媒体建设和新兴媒体建设，形成舆论引导新格局。要从社会舆论多层次的实际出发，把握媒体分众化、对象化的新趋势，以党报党刊、电台电视台为主，整合都市类媒体、网络媒体等多种宣传资源，努力构建定位明确、特色鲜明、功能互补、覆盖广泛的舆论引导新格局。”根据以上表述，我们可以期待一个国家与媒体乃至社会互动互补、相对和谐的新局面。

未知质检总局如何看待新闻规律，为何面对一份在读者中有影响的都市报所做的深度报道作出如此激烈的反映？即便媒体批评有误，也犯不着声言媒体几近犯罪；根据国内外经验，政府部门和媒体尖锐对立，既得不到公众支持，到头来也很难证明自己掌握着真理；而如果自身毛病多多，问题成堆，不但不首先自责，反而认定媒体是错误和乱象之源，那只能表现出这种公权力的逆势心理，其公信力的丧失在所难免。

（写于2008年9月14日）

知情权概念如何应运而生？

——美国《信息自由法》立法背景探析

美国是知情权概念的发源地，也是率先发起知情权运动，并将知情权由一个抽象的概念上升为一项法定的具体权利的国家。美国的知情权发展走在世界前列绝非偶然，除了新闻界的巨大推动作用外，既源于宪政机制、历史传统、法律渊源的影响，也包含当时经济社会因素的制约，既源于罗斯福新政主动扩充政府权力，也包含两次世界大战的推波助澜。

一、美国法治与新闻传统

18 世纪，卢梭就从“公意”的角度论述了“主权在民”的思想：“当人们能够充分了解情况并进行讨论时……从大量的小分歧中总可以产生公意。”[1] 知情权不仅意味着对公民权利的保障，也意味着对公权力的有效约束和监督，因此，知情权不仅是一项重要的基本人权，还是民主和法治的基石。虽然“知情权”一词 1945 年才由库珀率先使用，但它在美国的思想起源可以追溯到 17、18 世纪的殖民地时期。美国是宪政体制国家，甚至在国家诞生之前，宪政的三大要素民主、法治、人权就已经深入人心。从美国开国元勋的政论中和宪法条文中可以挖掘、推导出知情权的法理依据。1765 年，约翰亚当斯在《波士顿公报》（Boston Gazette）发表的一篇文章中指出，有知识的人民是对英国统治的最有效的反抗，“一旦人民普遍拥有知识和识别能力，独裁政府和一切形式的压迫就会得到相应的瓦解和消灭……获得有关统治者的知识是人民享有的毋庸置疑、不可剥夺、不可让渡的权利。”[2] 他还宣称出版自由是公众接触政府信息的一种基本工具。这是有关知情权重要性的较早理论阐述，以此为契机，殖民地公众的政治参与度大大提高，北美大陆掀起了一场有关

---

[1] （法）让—雅克·卢梭：《社会契约论》，何兆武译，北京：商务印书馆，1997 年版，第 39 页。

[2] Robert J. Taylor, et al.(eds), *Papers of John Adams*, v1. Cambridge, MA: Belknap Press of Harvard University, 1977, p108.

殖民政治和人民知情权利的大讨论。越来越多的人意识到，出版自由是突破机密、捍卫权利的最强大武器。1774 年 10 月 26 日大陆会议通过的《魁北克宣言》(Quebec Declaration)强调了出版自由对于“传播政府管理的自由意见，在主体间交流思想等政治参与活动”是必不可少的。这是美国第一次由一群官员声明出版自由是一项天然的权利，是公民自由的基本信仰。[1]

随着美国独立革命进程的发展，“知情的公民”(informed citizenry)的概念被推向公众话语中心，民主制度依赖于人民的知情及参与的观念日益深入人心。公众有权了解他们所选举出来并为其服务的政府的运作情况，自然成为民主宪政制度的题中应有之义。1787 年，托马斯·杰斐逊在给爱德华·卡林顿的信中论述了政府信息公开与新闻自由的关系：“我相信人民的正确判断力将永远被看作是最精锐的军队。他们也许一时会被引入歧途，但是很快就将自我纠正过来。人民是其统治者唯一的监督者；甚至他们的错误也有助于促使统治者恪守他们制度的真正原则。过于严厉地惩罚这些错误，将会压制公共自由的唯一保障。预防此类对人民的不合常理的干预的办法，就是通过公共报纸的渠道，向人民提供关于他们自己事务的全部信息，并且力争使这些报纸渗透到全体人民群众中间。”杰斐逊认为：“民意是我国政府赖以存在的基础，所以我们首要的目标就是要保持这种权利；若由我来决定我们是要一个没有报纸的政府，还是没有政府的报纸，我会毫不犹豫地选择后者。”[2]

杰斐逊还极力主张把人民权利和新闻自由思想法制化，为此他积极推动国会制定《权利法案》(The Bill of Rights，1791)，以防止政府走向暴政，侵犯人民的新闻自由等权利。杰斐逊在 1801 年当选总统后，废除了 1789 年通过的压制新闻出版的《煽动法》(Sedition Act of 1789)，在党派报纸的攻击和诽谤下，实践了自己的新闻自由思想。

同样，《权利法案》的主要起草者，被誉为“联邦宪法之父”的詹姆斯·麦迪逊(James Madison)在 1787 年费城制宪会议上也曾指出：“国民有权知道其代理人正在做什么，已经做了什么，立法机关绝不可随意秘密进行议事。”[3]

[1] Herbert N. Foerstel, *Freedom of Information and the Right to Know: The Origins and Applications of the Freedom of Information Act*, Westport, Conn.: Greenwood Press, 1999, p3.

[2] (美)迈克尔·埃默里等：《美国新闻史》(第九版)，展江译，北京：中国人民大学出版社，2009 年版，第 82-83 页。

[3] James Madison, *Notes of Debates in the Federal Convention of 1787*, New York: W. W. Norton & Company, 1966, p434.

在 1822 年的一封信中，他又更精辟地提到："一个受大众欢迎的政府，如果没有普遍的信息或者获得信息的渠道，只能算是一场闹剧或悲剧的序幕，或者两者皆是。知识将永远统治无知。人民如要想自治，必须用知识所给予他们的力量来武装自己。"[1] 这些先哲们的精辟论述，论证了新闻自由、信息公开和保障人民知情权对于民主制度正常运行的重要性。

很快地，让公众了解政府的活动，让他们有机会接触到有关政府行为的档案记录成为美国民主的基本信条之一。美国联邦政府成立后，保护言论自由和出版自由的条款被写入 1791 年宪法《第一修正案》，体现了人民主权这一宪政原则，同时也是以法律的形式确立了新闻自由思想。麦迪逊在总结宪法《第一修正案》的基本目的时称："自由地检查公共的角色和措施的权利，并因此得以自由交流，是对其他一切权利唯一有效的保护。"虽然当时知情权一词并未在宪法中提及，亦未在法律上专门做出规定，但在人们的观念中，应该是不言自明的。正是在这样一种理论和政治传统下，知情权才得以在美国率先得到明确化。

正如后来美国参议院参议员托马斯·C·亨宁斯 (Thomas C. Hennings) 所说："政务信息自由是我们的政治体系内在的必需部分。我们的自治政府体系只有在人们能够充分地接近政府信息的地方才能有效运行……虽然在宪法中没有有关知情权的明确条款，但是像许多其他的基本权利一样，开国元勋们想当然地认为没必要将该权利包括进去……因为根据我们的政府理论，自治权在人民，故从逻辑上和必要性上看人们有权知道他们自己建立的政府正在做什么。"[2]

二、罗斯福新政与行政机构扩张

在历史上，美国民间社团发育较好，社会的力量远远大于国家；政府在自由主义市场经济面前奉行"不干涉主义"。在 20 世纪之前，美国一直处于"小政府"状态，国会一直占据着联邦政府的中心位置，政府的公共信息主要来自于国会法令、条约或其他公文，政府并不是主要的信息贮藏库。通过

[1] James Madison, "Letter to W. T. Barry," Aug 4, 1822, in Gaillard Hunt(ed.), The Writings of James Madison, v9, New York: G. P. Putnam's Sons, 1910, p103.

[2] Herbert N. Foerstel, *Freedom of Information and the Right to Know: The Origins and Applications of the Freedom of Information Act*, Westport, Conn.: Greenwood Press, 1999, pp11, 35.

亲临国会辩论现场，阅读报纸上的政府新闻，人们对政府信息的知情需求基本得到了满足。20世纪上半叶，情况发生了变化。美国逐渐从农业国转变为工业国，经济和社会生活日益复杂，对政府的要求也越来越多，美国联邦行政部门的规模和权力空前膨胀，独立管制机构急剧增加，政府对公众的生活和行为发挥着越来越重要的影响，总统及其领导的行政部门逐渐取代国会成为联邦政府的核心。随之而来的是行政人员数量大增，且不直接受国会监督，滥用职权侵犯公民权益的现象时有发生。由于国会无法对政府实施有效的控制（至少是控制的有效度已有所减弱），因此，公民应当有权直接参与到政府行政的过程中，以防止行政权的滥用。[1]

政府权力的扩张起源于1929 ~ 1933年资本主义世界爆发的那场空前严重的经济危机。这场经济危机首先爆发于美国，造成股市崩溃、企业破产、银行倒闭等一系列连锁反应，市场一片萧条，失业人数激增，人民生活水平急剧下降。经济的大萧条使美国国内面临空前的社会危机，而各国为了转嫁经济危机开始在世界范围内进行经济战，又加剧了国际局势的紧张。富兰克林·罗斯福1933年上台执政后，随即大刀阔斧地推行一系列措施，大力加强国家政权对国民经济运转的干预和调节，并对中下阶级的要求作了一定程度让步。这就是具有罗斯福“新政”，简言之，就是部分调整生产关系，进行复兴、救济和改革（recovery, relief, reform）。这种由政府干预经济的新模式与美国传统的“自由放任”思想背道而驰，但有助于美国走出危机。但“新政”期间报刊因常常反对政府的社会和经济改革方案，引起政府的强烈不满，政府借助最高法院的多项裁决加强了对报刊的管制。

经过20世纪30年代的大萧条，联邦政府的权力进一步扩大，其地位逐渐超越了州。二战期间，罗斯福政府继续推行国家资本主义，参战前即成立了紧急管理署及其下属的战时生产管理局，供应、优先调拨和分配局，开始实行战时经济；参战后又相继成立了一百多个类似机构，颁布一系列法令，控制工资和物价，实行定量配给制等。到战争末期，联邦政府已经通过政府投资直接占有了大量生产设备，拥有了相当规模的国家资本。利用这场战争，美国最终摆脱了30年代那场大危机，经济进入一个周期性的繁荣阶段。“新政”和二战期间实施的行政措施，在程序上过于简单，虽可应付危机，但有失常规，

[1] 赵丽、胡旭光：“行政信息公开的理论意蕴和实践意义”，太原：《中共山西省委党校省直分校学报》，2007年第3期。

缺乏对公民权益的保障，涉嫌专制。

二战后市场垄断加剧，各种社会问题层出不穷，更需要政府出面解决不公平的现象。美国政府继承了“新政”开创的国家干预政策，对生产和分配实行社会调节，政府规模和政府职能不断扩大，并在1964年5月22日林登·约翰逊在密歇根大学发表了关于“伟大社会”的演讲后发展到顶峰。社会环境的变化促使国家必须履行更多、更全面的社会管理职能，政府的职能由以往主要维护公共秩序和安全，不断扩展至干预经济、教育、卫生、交通、社会福利等社会生活的各个方面。美国“大政府”的发展无疑促进了福利国家的建设，但是政府职能的不断扩张也导致国家权力深入社会，对公众生活产生越来越大的影响。政府对社会控制的加强也导致了对民主政治的威胁，虽然总统、州长、议员等是选举产生，但是具体行政管理人员却由职业公务员担任，他们并不由选举产生，与普通民众之间的关系较为疏远。

由于政府职能的扩张，产生了堆积如山的档案，政府所掌握的信息越来越多，甚至成为社会中信息占有量最多的主体，足以影响公民生活的方方面面，公众的政治经济活动越来越依赖于必须及时获得政府所掌握的准确信息。而与其不相适应的是，两次世界大战阻碍了信息的有效流通，“国家安全”和“国家机密”文化盛行，公众难以行使其对政府活动的监督权。直到20世纪中期，都没有什么重要的规则来界定包括记者在内的公民近用由政府制造和保存的信息的权利。记者通过与政府新闻来源的私人关系、政府的新闻发布和政府官员的泄密等途径获得他们所需的政府信息，二者关系复杂但非正式。普通市民则被拒之门外。[1]政府的职能是保护和促进公共利益，随着社会规模的越来越大，公众对政府信息的需求也越来越多，需要政府设置更加高效完善的机构来发布政府信息，秘密主义的做法无疑妨碍了公众民主权利及其他社会、经济权利的实现，限制了公民知情权的实现。

三、战时新闻控制与战后信息管制

库珀在1956年出版的《知情权：对新闻压制和宣传罪恶的一种揭露》一书中，详细而系统地描述了美国在两次世界大战期间采取的新闻检查

[1] （美）唐·R·彭伯：《大众传媒法》，张金玺、赵刚译，北京：中国人民大学出版社，2005年版，第298页。

（Censorship）和宣传（Propaganda）措施。他说，新闻检查是一种压制人民知情权的手段。它曾被看作国家控制公民或主体行为的表现。在实践中，它介于公开披露的微小缺失与所有信息被完全抑制之间。通过注射或替代手段进行曲解是宣传的功能，而不是新闻检查。库珀把新闻检查分为战时新闻检查与和平时期的政治检查两种方式。他称，对军事新闻的战时新闻检查是必要的，但战时新闻检查在和平时期将处于部分休眠状态。政治检查，根据军事需要存在于战争时期，它像军事新闻检查一样，因为习惯而一直继续下去或者在和平时期被用于压制信息。无论是否是有意地使用，当政治检查违反了光荣的民主程序，它就可能是恶性的。这两种类型的检查都是有害的，被用于掩盖政治家和军人的错误。[1]

无知的公众容易被操纵，信息通达往往会使公众了解战争背后的阴谋和利益纠葛，战时新闻管制的目的在于使新闻经过检查后再利用媒体发出，以获得国际、国内舆论的支持，保证其军事行动的顺利实施，为赢得战争服务。美军非常注重在战争中实施心理战，而运用大众传媒进行信息控制和新闻欺骗则是最为常用的伎俩。英国作者苏珊·L·卡拉瑟斯在其著作《西方传媒与战争》中披露："检查中，凡是对军队不好的反映，不管是他们的行为还是能力，从来都不会被检查员通过。国防部把记者们看作是特混部队的公关人员。他们的工作是记录好消息，在遇到麻烦时也要去寻找一线希望和慰藉，赞扬战士的素质和他们的先进装备，并且把握好一切可能不利于他们的消息。"[2]

而美军的战争宣传，则是充分利用报纸、广播、电视的公开性，大张旗鼓地把假情报传播出去，混淆视听，将敌方领导人及士兵的心理引向假情报的误区，从而放松对己方真实情况的警惕，达到造势的目的。1944 年，艾森豪威尔曾说过这样一段话："军事行动中的头等大事是不让敌人得到任何有价值的情报，而报界和广播界的头等大事则是尽可能扩大宣传"。[3]

1917 年 4 月 6 日，美国总统伍罗德·威尔逊（Woodrow Wilson）向德国宣战。6 月 15 日，国会接受行政部门提议，通过《间谍法》打击盗取美国军事情报的间谍活动，同时对反战言论进行限制，展开新闻检查活动。同年 10 月，

[1] Kent Cooper, *The Right to Know: An Exposition of the Evils of News Suppression and Propaganda*, New York: Farrar, Straus and Cudahy, 1956, p193.

[2] （英）苏珊·L·卡拉瑟斯：《西方传媒与战争》，张毓强等译，北京：新华出版社，2002 年版，第 144 页。

[3] 何小东："战时，美国如何进行新闻管制？"，北京：《解放军报》，2001 年 8 月 21 日。

威尔逊下令成立新闻检查委员会（Censorship Board），对通过海底电缆、电话、无线电报等向国外传送的信息和新闻电讯进行检查。到一战结束时，联邦政府就煽动性言论、报刊文章、传单和书籍提起的诉讼高达1900多起，邮政部取消了100多种出版物的邮寄资格。

在宣传方面，20世纪以前的美国，偏安一隅，与别国的联系仅仅局限在贸易往来上，政府也没有设置专门的机构用于对外宣传。一战时期，情况产生了改变。1917年，威尔逊为了控制战时军事报道，专门成立了公共信息委员会（Public Information Committee），任命乔治克里尔（George Creel）为主任，并发行《官方公报》（Official Bulletin）。它的主要任务就是发布关于战争的事实，协调政府的宣传工作，并负责政府与报纸之间的联络，制定一套以自愿为基础的新闻检查制度。据统计，一战期间，公共信息委员会向新闻界发布的6000余条消息几乎都是支持或有利于政府的战争行为，掩盖了大量的事实真相。在美国国内，政府通过各方面的措施对新闻界的反战论调进行打压，对外形成一致舆论，维护了美国国家利益。[1]

一战以后，西方人普遍认为，以控制人的心灵为目的的宣传对于战争成败和社会稳定具有举足轻重的影响，因而对于可能与专制相联系的宣传产生了一种恐惧心理。[2]1919年，公共信息委员会结束了它的历史使命。美国政府建立一家在和平时期继续进行国际宣传的新闻机构的提议没有获得考虑，即使倡议者宣称该机构将只用于援助我们在国外的商业开发，不会参与支持美国对外政策的政治宣传。[3]但在新闻检查方面，虽然军方放弃了对报纸的检查，政府干预出版自由的活动却没有停止。

二战爆发后，新闻检查和宣传重新恢复。军方开始控制无线电广播和检查战地新闻。1941年12月19日，新闻检查局（Office of Censorship）成立，对美国和其他国家间往来的邮件、电报、无线电通讯等进行强制性检查，由美联社执行新闻主编拜伦·普赖斯（Byron Price）领导。1942年，新闻检查局发布《美国报刊战时行为规约》（Code of War Time Practices for the American Press），严格规定所有印刷品不得刊登有关军队、飞机、舰船、战时生产、武器、

---

[1] 张勇："美国对外战争中的新闻真实性"，西安：《今传媒（学术版）》，2006年第11期。

[2] 展江："译者序"，载（美）哈罗德·拉斯韦尔：《〈世界大战中的宣传技巧〉与"宣传世纪"》，张洁、田青译，北京：中国人民大学出版社，2003年版，第XII页。

[3] Kent Cooper, *The Right to Know: An Exposition of the Evils of News Suppression and Propaganda*, New York: Farrar, Straus and Cudahy, 1956, p146.

军事设施和天气的不适当消息，类似的指示也下达到广播电台。[1]1942年2月，美国政府对外宣传工具“美国之音”（Voice of America）成立，同年6月，罗斯福把战时的宣传机构合并为战时新闻局（Office of War Information），负责新闻发布和宣传，由新闻评论员埃尔默·戴维斯（Elmer Davis）担任主任。

战争时期的特殊性，使新闻界一贯秉承的真实性原则失去了主导地位，新闻界与政府达成了默契，新闻报道更多地成为了战争宣传机器的一部分。新闻检查局在1945年8月15日二战结束时终止，但政府在压制那些他们不愿意公开的军事信息上仍然拥有强大的权力。1946年，丘吉尔的“铁幕”演说拉开了以社会主义和资本主义两种制度长期政治对抗和军事紧张为特征的冷战的序幕。8月1日，哈里·S·杜鲁门（Harry S. Truman）总统签署的《原子能法》（Atomic Energy Act），同样包含事前限制（prior restraint）和先行检查（advance censorship）的内容。报界经常发现，将有意于出版的资料在印刷前提交原子能委员会（Atomic Energy Commission）是明智之举。但未经培训的人员并不易区别资料是否危害安全。[2]冷战时期，美国制定了一系列的对苏联的战争计划，如代号为“吊球”的计划包括了大规模的心理战。美国的对外宣传在冷战开始后一下子被凸显到了重要的位置，思想文化意识形态成为美苏争霸的第二战场。[3]1953年6月1日，艾森豪威尔做出了建立美国新闻署（United States Information Agency）的决定，其宗旨是“把美国的故事告知世界”（telling America’s story to the world）。它与1942年成立的美国之音、1949年成立的自由欧洲电台（Radio Free Europe）、1951年成立的自由电台（Radio Liberty）等国际广播体系一起全天候地向国外宣传美国式民主和自由。美国新闻署作为战时新闻局在和平时期的延续，在许多国家开设新闻图书馆和阅览室，提供新闻稿件、影片、杂志和其他形式的宣传材料，并通过各种文化教育基金会影响世界舆论，为反共做出了不遗余力的努力。

美国政府对外和苏联进行的军备竞赛，无形中扩张了总统的外交权力和联邦的行政权力。但在冷战思维的笼罩下，政府不但没有有效满足公众了解这些与其生活密切联系的信息的需求，而且进一步控制信息思想文化的交流，

[1] （美）迈克尔·埃默里等：《美国新闻史》（第九版），展江译，北京：中国人民大学出版社，2009年版，第357页。

[2] James Russell Wiggins, *Freedom or Secrecy*, New York: Oxford University Press, 1956, pp99-100, 134-135.

[3] 沈国麟：《控制沟通：美国政府的媒体宣传》，上海：上海人民出版社，2007年版，第153页。

出于各种借口不断扩大国家机密的范围，使得许多与国际形势有关的信息被视为国家机密，同时诸多有关国计民生的科学技术和政治、经济及文化信息也被列入了与制造原子弹及国家安全相关的情报的范围。冷战给美国政府的信息流通政策投下防范的阴影，导致消极对待政府信息公开的官僚主义倾向蔓延。美国国会和舆论界也有不少人支持保密政策。例如，当时的参议员麦卡锡就极力夸大苏联间谍对美国的渗透、夸大“赤色分子”对美国的威胁。这种秘密主义盛行的情况，使得当时的美国被人们称之为“纸幕”国家。

但旷日持久的战争与冷战也使公众对独裁体制的宣传行径感到极度恐惧，加深了他们对宣传的憎恶。在美国人眼里，宣传意味着专制统治的一部分，是战争的根源，与深深植根于美国人心中的民主信仰背道而驰。倡导新闻自由有助于突破国与国间的新闻封锁，抵制国与国间的恶意宣传，防止国与国间的秘密外交，推动世界和平。1948 年，美国国会通过了《史密斯—蒙特法案》（Smith-Mundt Act），禁止国营广播公司对国内进行宣传。美国人在对外宣传和对内宣传之间划出了一道界线，避免美国政府把某个媒体当作喉舌，向国内受众传播为海外受众准备的宣传内容。而美国公众经过对法西斯主义的反思，意识到要防止当权者违背民意、滥用职权就应该公开政府信息，使公众知情。二战后，公民的民主参与意识与日俱增，于是提出了及时、全面地了解政府信息，进而参与国家权力行使过程的要求。“参与式民主”政治思潮在 20 世纪 50 年代风靡整个西方世界，公众向行政机密发起挑战，要求政府信息公开的呼声渐成气候。

四、传媒大众化与知情需要

当“出版自由”的提法最初产生时，印刷媒体是最实用的传播信息的媒介。19 世纪 30 年代便士报诞生后，传媒开始大众化，报纸逐渐摆脱政党的困扰，以独立的和为公众服务的形象揭露社会丑恶现象，敦促政府改革。整个 19 世纪，报纸报道的国会活动和公布的法令政策，基本满足了公众对政府事务的知情需求。到 20 世纪上半叶，教育的普及提高了人们的识字率，经济社会的变化也使其对报纸的需求随之高涨。到 1930 年，美国日报发行量增加到 3960 万份，星期日报纸增加到 2700 万份。致力于快速、详尽、公正地采集和传播一切新闻的组织——通讯社也在此阶段全面兴起，除了库珀所在的美联社外，中西部报业大亨爱德华·怀利斯·斯克里普斯1907年创办了合众社（UP），威廉·伦道夫·赫斯特1909年创立了国际新闻社（INS），两者于1958年合并为合众国际社（UPI）。[1]

同时，第三次科技革命加速了社会信息化进程。随着技术的发展，通讯手段的丰富加快了信息流通的速度，广播电视因其覆盖范围广、传播速度快、受众人数多等优势，成为重要的大众传播方式。尤其是电视对美国政治产生了重要影响，总统仿佛就是在电视屏幕前产生的。新闻事业的发展，标志着大众传媒时代的降临，信息日益成为不可或缺的资源，大众传媒作为一种向大众提供各方面信息的工具，对人们而言变得更加重要。其面向全社会公开传播的特性同政治民主所要求的信息沟通不谋而合，新闻界在享有采集、知晓政府信息权利的同时，还担负着让公众获知政府信息的责任。传媒业的兴起并参与社会政治生活，对民主政治的发展将产生重要影响，传媒对政府行为的报道是实现公民知情权的重要途径，不仅可以普及政治信息，为公民提供政治表达渠道，还能引导舆论。这些功能得以发挥的前提就是政府必须向新闻界提供最及时、最真实的信息，使公众的知情权得到保障。换言之，政府信息不公开将阻碍新闻自由，为了向公众传递公共信息以实现公众的知情权，新闻界的采访权和信息处理权必须得到保障。

另一方面，美国媒体走的是以商业媒体为主导的路线，一直以“第四权力”的身份而自豪，一直以政府监督者自居。商业媒体的一大特点是收入来自于受众和广告商，以经济独立谋取政治独立。如美联社就一直大力倡导客观性法则，因其成员来自不同阶层、不同党派、不同地区，其利益和口味各不相同，客观报道就成为其在商业利益下自我保护的唯一选择。历经20世纪30年代的大萧条和二战，美国政府权力越来越膨胀，但仍未越过“控制媒体所有权”这一界限，媒体和政府仍分属社会和国家两个范畴。商业媒体必然面对激烈的市场竞争，尤其是广播电视的发展使得报纸竞争加剧，媒体的竞争自然导致对信息的抢夺，随之也就产生更大的知情需求。同时，过度的商业化会导致垄断。20世纪三、四十年代，美国新闻业的集中和垄断趋势日益加剧，大众传媒的所有权集中在少数人手中，限制了新闻和意见来源的多样性，这对民主非常不利。谁拥有媒体，谁就拥有话语权，新闻媒体由于自身利益的影响，

[1] （美）迈克尔·埃默里等：《美国新闻史》（第九版），展江译，北京：中国人民大学出版社，2009年版，第250页。

往往对新闻内容加以主观处理，使公众无法顺利得到必要的信息，这与受众的社会期望产生冲突，新闻自由出现危险。为了改变这一不利局面，在作为大众传播手段的新闻业迅速发展的同时，公众进一步要求通过新闻出版表达意见和思想。

总的来说，各种利益相互平衡是社会生活的重要基础，在美国媒体这个平台里，政府和其他利益集团、社会组织是互相竞争的关系，许多信息在媒体这个平台和渠道中互相竞争。因此，除了战争时期，国家不能控制所有的信息流动。各种信息应呈相互竞争的状态，让公民自主选择接受什么样的信息。这种开放的沟通机制迫使美国政府在整个社会舆论的压力下越来越开放。[1] 在这种情况下，如何构建一套合理的公共规范，使人们能够突破可能存在的障碍，及时、准确地接触和知悉信息，进而参与到国家管理中，成为有识之士关注的重要问题。知情权概念由此应运而生。库珀提出，广播电视有助于在争议性问题上保持有关信息正反双方的平衡，但“出版自由”的提法并不适用于口头广播电视新闻。今天我们需要的是一个宪法修正案，以更加适当地表述连接报纸和人们的无线电功能的自由的真正涵义。那种自由就是“知情权”。[2]

五、公众知情诉求与行政机密的矛盾

法律法规对影响记者和普通公众搜集有关国家和社会正在发生的事件的信息具有重要影响。大体而言，美国的公共信息政策包含两项内容，一为国会有关政府信息公开的各项立法，一为历任总统的行政命令、新闻政策及行政部门规章。此外，各联邦法院和最高法院的相关判例也具有政策法规的效力。美国经济学家詹姆斯·M·布坎南认为，政府并不是一个摆脱了利己心的公共机构，也不是作为一个专门为社会谋福利而没有自身利益的组织，总难免自觉或不自觉地按照利益最大化原则谋取自己的利益。然而，公众的整体利益并不总是与政府利益或政府机关的局部利益相一致，维护、追求部门利益，往往成了政府机关公开信息、控制信息、垄断信息的基本出发点。只有“善治”

---

[1] 沈国麟：《控制沟通：美国政府的媒体宣传》，上海：上海人民出版社，2007年版，第25页。

[2] Kent Cooper, *The Right to Know: An Exposition of the Evils of News Suppression and Propaganda*, New York: Farrar, Straus and Cudahy, 1956, pp15, 17.

的政府，才可能追求公众整体利益的最大化。[1] 因此，政府部门在制定信息政策时不可避免地会将自身利益放在首位。

宪法《第一修正案》自诞生之日起，就屡次受到国家的挑战，从 18 世纪末的《外侨法》（Alien Act）和《煽动法》，到一战的《煽动法》（Sedition Act），二战的《史密斯法》等，都表现了在不同历史时期国家出于安全和利益的需要对言论和新闻自由施加的限制。[2] 为打击国内的反战势力，威尔逊政府相继于 1917 年和 1918 年推动国会通过了《间谍法》和《煽动法》，以压制反英、亲德和反战声音。《间谍法》规定，在战争期间，任何人在军中"恶意煽动或试图煽动不服从、不忠诚、叛变或拒绝值勤"或"恶意阻碍美国的征兵或服役"，均构成犯罪。[3]《煽动法》规定，在战争期间，凡"散布、印刷、撰写或者出版任何对政府、宪法、国旗或者美国军队不忠的、不敬的、暴力的、下流的、蔑视的、丑化的或者辱骂的言论"，或者发布任何可以推定为"藐视、嘲讽、侮辱、诋毁"言论的，均构成犯罪。[4] 政府的信息控制根本上与美国人所信奉的言论自由和新闻自由相矛盾。

1919 年出现了著名的"申克诉美国"案，被告人查尔斯·申克（Schenck）分发反战传单，指责美国政府无权把美国公民送往国外去枪杀其他国家的人民。联邦政府认为申克在鼓动抵制征兵，根据《间谍法》对他加以指控。申克则认为《间谍法》违背了宪法《第一修正案》对言论自由的保护。联邦最高法院的霍姆斯大法官在审理的中提出作为言论自由原则例外的"明显而即刻的危险"（"a clear and present danger"）的司法标准。他指出："一切（有关言论自由的）案件，都应该考虑所发表的言论在当时所处的背景和环境下，这些言论本身包含的性质是否会造成明显而即刻的危险，产生宪法有权制止的实质性危害。"[5] 这项判决具有三点意义：其一，宪法《第一修正案》的言论自由并不是一项绝对的权利，国会可因特定情况下加以限制。其二，1917 年《间谍法》并不违宪。其三，始创了一项新的衡量言论责任的原则——"明

[1] 林爱珺：《论知情权的法律保障——新闻传播学的视角》，上海：复旦大学新闻学院，博士学位论文，2007 年，第 78 页。

[2] 魏永征："代序"，载（美）唐·R·彭伯：《大众传媒法》，张金玺、赵刚译，北京：中国人民大学出版社，2005 年版，第 2 页。

[3] 任东来："一场打了两百年的言论自由保卫战"，上海：《东方早报》，2010 年 12 月 12 日。

[4] （美）安东尼·刘易斯：《言论的边界：美国宪法第一修正案简史》，徐爽译，北京：法律出版社，2010 年版，第 102 页。

[5] Schneck v. United States, 249 U.S. 47(1919).

显而即刻的危险”原则。显然，这个原则并不是用来保护而是限制言论自由的。[1] 最高法院判决申克有罪后，美国国内“恐赤病”进一步蔓延，对异议者的迫害变本加厉，压制了言论出版自由和公民的知情权。

在行政信息公开、政府档案开放方面，长期以来，政府的档案抽屉被称作“阳光照耀不到的地方”，利用档案文件的主体是那些使用档案、文件、手稿著书立说的历史学家等学者，公众无权翻看和过问。信息的不公开，使人们获得政府信息困难重重，这与公众的知情权诉求产生了矛盾。到20世纪上半叶，政府文件膨胀，尤其是机构法规激增，公众越来越难以判断如何找到某个行政法规，了解其颁布时间、修订或废除情况。由于联邦政府提高行政管理效率的需要，以及社会各界强烈要求改善档案管理状况，1934年美国成立国家档案馆，统一鉴别、移接和存放政府各部门具有历史价值的文献材料。1935年国会通过《联邦登记法》(Federal Register Act) 来规范混乱不堪的行政法规公布出版，授权国家档案馆设立联邦登记处，专门负责出版《联邦记事》(Federal Register)，主要公布总统文件；联邦机构的法规条例；联邦条例草案；政府机构的各项工作和活动四大类联邦政府信息。[2] 美国档案的开放利用工作趋于规范化，档案使用逐渐走向普通公众。

然而，《联邦登记法》在行政信息向民众公开方面并没有起到什么作用，它只规定政府部门要主动公开相关信息，却没有规定公众可以依法向政府部门申请公开相关信息，公众的知情权并没有得到很好的保障。1789年就已经颁布实施的《管家法》（Housekeeping Act）仍在使用。它虽然规定公众可以向政府部门提出申请，但又强调“行政部门或军事部门的机关长官可以制定法规管理该机关……以及机关的记录、公文、财产的保管、使用和维持”，即授权行政长官控制其所主管机关文件的公开与否。这种情况下，行政机关官员动辄以“国家安全”、“政府机密”等含糊、笼统的理由，拒绝公开行政文件，大量文件不能公开或须经法院审查才能公布，大大剥夺了公众的知情权。二战后，任意扩大保密权限的官僚主义倾向迅速蔓延。总统控制信息的权力不断增加，常常通过下达行政命令要求政府机构隐瞒信息。很多时候，

[1] 任东来：“一场打了两百年的言论自由保卫战”，上海：《东方早报》，2010年12月12日。

[2] 李音、王健：“从《联邦登记法》看美国政府信息公开”，北京：《中国档案》，2004年第12期。

政府为了避免因无视公众利益、独断专制而遭质疑，将没必要保密的文件加密。

1946 年实施的《行政程序法》(Administrative Procedure Act) 实现了信息公开制度理念上的突破。因为《管家法》是一种非民主的由行政权完全控制的理念模式，而《行政程序法》则明确了公众有权得到政府文件这一原则。不过，虽然《行政程序法》规范了各个部门和机关的工作程序，明确规定了哪些档案必须公开，但并不能充分保障人们利用档案的权利。它规定，“适当且有直接利害关系的人”有权向行政机构申请查阅、复制相关文件，但是行政机关“基于正当理由”或“为了公共利益”可以拒绝提供政府文件，而且它并没有规定公众在这种情况发生时可获得什么救济手段。该法处于美国历史上那个公众知情诉求不断增长与担心国家安全并存的独特时期，远未实现信息公开的目标，政府保密主义传统仍然没有很大改观，公民在实践中很难获得政府信息，对此新闻界表现出强烈不满。

1947 年，美国出台《国家安全法》(National Security Act)，创建了国防部、国家安全委员会、中央情报局和国家安全资源局等机构。该法将对信息的监督职能交给了“国家安全委员会”，但是该委员会的成员是总统、副总统、国务卿、国防部长，实际上是由总统行使监督和管理信息体系的职能。由于各个总统行事风格不同，对信息公开的态度也不尽相同，但是都可以通过签署行政命令来处理机密信息。该法还赋予中央情报局局长对情报进行分级加密的权力，中央情报局成为活跃的新闻操纵机构。[1]

随着政府权力的不断加大，政府保密主义的横行，公民的知情权受到极大制约。为了适应国内的现代化进程，更有效地参与、处理、协调日益复杂的经济、政治、社会及科技事务，美国公众、民间组织及各界人士要求知情的呼声日渐高涨，人们希望拥有丰富信息的联邦行政系统，向公众提供更多、更好的信息服务。这种公开与保密的社会矛盾和反差，终于在 20 世纪 50 年代初期引发了一场由美国新闻界倡导和推动，社会各界广泛参与的知情权运动。这场运动为《信息自由法》的制定提供了必要的参考资料、理论基础和舆论支持。

（与刘寒青合作完成）

[1] 朱江：“美国传媒控制的目的、方式和特点”，广州：《岭南学刊》，2006 年第 5 期。

新闻界如何呼唤知情权入法?

——美国《信息自由法》立法准备探析

知情权 (Right to Know) 即权利主体获取信息的自由，广义的知情权的对象包括官方和非官方的信息，既涉及公法领域也涉及私法领域。这里所述之知情权仅指狭义的知情权，也就是公法领域的知情权，即“公民、法人及其他组织依法对国家机关要求公开某些信息的权利，和不受妨碍地获得国家机关公开的信息的自由。”[1] 其权利主体是任何与请求事项有直接或间接利害关系的公民、法人及其他社会组织，客体是国家机关及其它公共事务管理机构拥有和应该拥有的公共信息。知情权作为一个确定的权利概念，一般认为最早由担任美联社（AP）社长 20 多年的肯特·库珀（Kent Cooper）率先提出。

一、库珀对知情权的鼓吹和阐释

1945 年 1 月 21 日，库珀在纽约第 65 大街一座教堂的百年庆典上，为教堂会众作了题为《真实的新闻：和平的基础》（Truthful News, a Basis for Peace）的演讲，第一次明确提出了知情权这一概念。他指出“世界性的自由的新闻界，全球性的通讯系统，以及报纸记者无论在何处工作都不受干扰的必要设施对于持久和平是不可缺少的。通过新闻自由，在新闻中传递事实真相是和平的必要条件，对我们而言甚至比疆土和金钱更有价值。”[2] 针对当时美国联邦政府机构消极对待政府信息公开，任意扩大保密权限的倾向，库珀抨击了战时新闻检查和宣传制度，他认为，政府的新闻控制造成公众了解的信息失真和政府间的无端猜疑，应该从民主政治的角度呼吁，用知情权作为对抗机密的手段。《纽约时报》1 月 23 日的一篇社论中引用了库珀的话：“我

[1] 刘杰：《知情权与信息公开法》，北京：清华大学出版社，2005 年版，第 48-51 页。

[2] Kent Cooper,"Truthful News, a Basis for Peace,"*New York Times*, Jan. 22, 1945. 转引自李立：《二战后美国的信息自由运动与公民政治知情权的实现》，天津：南开大学历史学院，博士学位论文，2007 年，第 5 页。

用一个新的术语取代老的（出版）自由，即把这一权利定义为‘知情权’。公民应当被赋予接近新闻的权利。不尊重知情权，无论是在一个国家还是在全世界便无政治自由可言。”[1]

1956年，库珀出版了《知情权：对新闻压制和宣传罪恶的一种揭露》（The Right to Know: An Exposition of the Evils of News Suppression and Propaganda）一书，重申了自己的观点，并进一步阐释了知情权的概念。在库珀看来，美国报纸确实拥有宪法保障的印刷权，即所谓的新闻自由。但是如果政府压制了新闻，那么报纸就不能适当地为公众服务。应该采用“知情权”这一术语取代“新闻自由”，因为前者实际上代表着人民的权利，而不仅仅是印刷业者的自私的权利。它意味着政府、报纸和广播电视工作者不应该通过任何方法，控制那些对公众福利和教化而言必不可少的信息的传递。那种控制行为是不正当的，应受到惩罚。库珀认为，应该将宪法《第一修正案》中“国会不得制定任何法律剥夺言论自由或新闻自由”的条款改写为“国会不得制定任何法律剥夺公众通过口头、文字或者其他方式传播思想或消息的知情权”，后者才是更好的措辞。库珀认为，他只是用一个新术语表达了一项存在已久的自由和权利。

库珀提出，如果人们还是意识不到新闻自由是授予他们的权利，而不仅仅是印刷业者的权利，那么法院和政府也将使用相同的方式思考，也就是，私权将会取代公权。如果对人民而言最重要的政府新闻，在消息来源处被不适当地扣压，或者报纸为给人民提供真相而寻找事实的努力，遭遇新闻检查或彻底压制的障碍，那么印刷的权利本身可能只对报纸具有有限的价值。[2]

库珀的贡献在于，他赋予新闻自由以新的内涵，即新闻自由必须包含知情权的因素，否则新闻自由不可能实现。他的提议很快得到了新闻界的积极响应，美国报纸主编协会（American Society of Newspaper Editors）甚至提出：“您的报纸为您的知情权而战斗。”此后，知情权作为一个保护和扩展新闻自由权利的新概念被新闻从业者普遍接受，成为号召人们冲破政府机密，争取信息自由的响亮口号。

信息是美国新闻事业与美国政治生活的生命，有关政府的信息和政府收

---

[1] “The Right to Know,” *New York Times*, Jan. 23, 1945.

[2] Kent Cooper, *The Right to Know: An Exposition of the Evils of News Suppression and Propaganda*, New York: Farrar, Straus and Cudahy, 1956, pp xii, 16-17.

集的信息是新闻界关注的焦点。知情权从一开始就与新闻界的活动有关，往往与媒体要求获得政府信息的呼声联系在一起，明确的知情权概念是库珀针对新闻工作者慑于战时的新闻管制而报道不实信息所提出的，并逐渐发展成为西方新闻理论的一个重要概念。曾任《华盛顿邮报》编辑主任的詹姆斯·拉塞尔·威金斯(James Russell Wiggins)1956年出版了《自由还是保密》（Freedom or Secrecy）一书，揭露了政府对新闻自由的压制，他认为人民的知情权至少包含以下五项内容：获取信息的权利；不受事前限制的出版的权利；不因出版而惧怕遭受未经合法程序报复的权利；拥有接近通讯所必需的相关设备及资料的权利；不受政府借法律名义干涉或蔑视法律的公民的妨碍而传播信息的权利。[1]1957年7月，美国报纸主编协会在年会上通过了一篇有关知情权的《原则宣言》（Declaration of Principles），也对知情权的基本内容做了类似的阐释。

库珀提出的知情权与新闻自由密切相关，美国新闻界非常重视并大量使用知情权概念，但其含义和适用范围却不仅限于新闻界，而是直接与民主相关。西方学者将知情权从新闻报道中的自由权独立出来，总的来说他们认为知情权至少有四个重要作用：是公民行使一切民主自由权利的基本前提；是现代国家民主宪政的基础要素；作为公众的一项社会权利和政治权利，是信息化社会所导致的一种必然性；是防止出现恶劣政府的必要条件。[2]随着信息化进程的加快，收集和传播信息的对象由新闻从业人员扩展到广大公众，知情权由一种保护和扩大新闻自由的原则依据，发展为一种广泛的社会权利和个人权利。

保障公众知情权的核心是政府信息的公开，只有政府公开其掌握的公共信息，公众的知情权才有可能实现，这也表现为对国家权力的制约。可以说知情权是公民的权利，信息公开则是政府的义务。知情权是公民主动要求了解政府行政情况，实现信息自由的积极权利。知情权的实现不仅要求信息自由，同时也与公民的其他权利息息相关，如表达自由、新闻自由等。表达自由的实现需要信息传播者与信息接收者的相互作用，它不仅是表达的自由，也包含接收者知悉从传播者那里传来的思想、意见、信息的自由。在现代政府职能不断增加，并拥有一定自由裁量权的情况下，如果公民不能很好地获

[1] James Russell Wiggins, *Freedom or Secrecy*, New York: Oxford University Press, 1956, pp3-4.
[2] 徐耀魁主编：《西方新闻理论评析》，北京：新华出版社，1998年版，第187-188页。

取政府掌握的大量信息，就无法形成自身的意见，其表达自由便难以得到保障。而新闻自由在一定程度上说是新闻媒介的特权，是公民间接的权利，它源于公众知情的需要，一个独立、客观、公正的新闻媒体，是公众实现知情权的重要渠道。也就是说新闻自由只是知情权实现的中介权利，对新闻自由的主张只是知情权实现的一个手段而已。

可见，知情权与表达自由、新闻自由之间的逻辑关系是：表达自由、新闻自由源自知情权，知情权是其法学基础和法理来源；知情权主体通过对表达自由、新闻自由的主张达到对信息的充分知情，或者通过中间媒介（尤其是新闻媒体）利用其宪法赋予的权利促进信息自由，从而自由领受相关信息。1965 年合作出版《大众传媒和现代社会》（The mass media and modern society）一书的威廉·L·里弗斯（William L. Rivers）、西奥多·彼得森（Theodore Peterson）和杰伊·W·詹森（Jay W. Jensen）指出，新闻界对政府信息政策的攻击是新闻自由的新定义的证据："今天，尤其是在公共场合，出版商和广播电视工作者通常在谈论'公众知情权'和'新闻界的责任'。这是因为，新闻自由的理论基础已经从个人转向了社会。曾经表达自由被视作普遍性的个人权利，现在往往以公众接近或知情权这样的术语来描述。"[1] 知情权是从表达自由中发展出来的独立权利，并脱胎于新闻自由和"人民主权"（Popular Sovereignty）理念。它从概念产生之初，便是一种兼具自由权和社会权属性的民主政治权利，暗含权利主体政治参与和监督的要求，是一项具有宪法地位的基本人权。基于人民主权理念，人民是国家的主权者，政府是实现民意的机构，社会中每个独立的个体只是让渡了自己的一部分权力交给政府管理，这是代议制政府的精神实质。人民拥有获悉相关社会公共领域信息及与本人相关信息的权利，有权对政府的工作情况进行监督，判断其行为是否符合人民意愿，进而影响政府决策，有效地参政议政，而行使这一权利的前提莫过于对公民知情权的保障，以最大限度知悉和了解政府权力运作的信息。可见，政府信息公开制度具体的宪法依据是知情权，最根本的理论依据则是民主宪政理论。

1945 年库珀提出知情权概念后不久，美国新闻界就将知情权视为维护采

---

[1] Robert Okie Blanchard, "The Moss Committee and a Federal Public Records Law, (1955-1965)," Syracuse, NY: S. I. Newhouse School of Public Communications, Syracuse University, PhD Dissertation, 1966, p4.

访权，维护新闻自由的依据，不断建立组织、发表专著，掀起了一场以打破行政机密、实现公众对政府信息的知情权为目标的知情权运动。这场运动使要求制约政府权力的呼声日益高涨，政府信息属于公共财产的观念逐渐深入人心，保障公众知情权的理念成为社会共识，对政治精英和立法部门构成了无形而巨大的压力。

二、新闻界、学界的早期行动

二战后，基于对导致战争的根源之一的思想专制的反思，公众民主意识增长，知情权得到迅猛发展。在所有的社会力量中，新闻界的作用不容小觑。媒体不仅是自由表达思想的公共论坛，也是公众借以了解政府活动的重要工具。当政府企图阻碍信息的自由流通时，传媒的利益首当其冲遭遇打击。因此，为摆脱这种控制，新闻界理所当然地成为争取信息自由的急先锋。库珀在《知情权：对新闻压制和宣传罪恶的一种揭露》一书中，回顾了美国新闻界为了取消政府的新闻检查和干预，从而推动了保密制度的变革而做出的各种努力。

1942 年，库珀出版了著作《冲破藩篱》（Barriers Down），揭露政府通过控制新闻机构用于宣传、阻碍信息流通的事实。1943 年 4 月，在美国宣布参加二战的 15 个月后，来自全国各地的一千多名新闻工作者聚集在豪华的纽约华尔道夫饭店，共同商讨世界因战争处于不同程度的政府新闻控制之中的问题。库珀号召美国报业发起一场运动，以推进其他国家建立新闻自由和接管远离政府控制的新闻机构的观念，为全世界人民争取真正的信息自由权利。这是一项个人事业，没有任何组织发起。库珀呼吁美国新闻界为这场使世界各国人民有幸得到知情权的世界运动创造和提供动力——不是通过政府的宣传，而是通过为这个国家的人民提供权利的方式。库珀的呼吁引发了有关新闻自由能够预防战争的全球性大讨论。[1]

在 1943 年 4 月新闻界所发起倡议的影响下，堪萨斯《明星报》（Star）主编、美国报纸主编协会会长罗伊·罗伯茨（Roy Roberts）于同年夏天宣布，该协会将承担起倡导世界范围的自由的新闻界的领导责任。该协会的成员也纷纷在协会的《公报》（Bulletin）上发表言论支持主席的决定。如路易斯维尔《信

[1] Kent Cooper, *The Right to Know: An Exposition of the Evils of News Suppression and Propaganda*, New York: Farrar, Straus and Cudahy, 1956, p164.

使新闻报》（Courier Journal）主编詹姆斯·S·波普（James S. Pope）就曾指出："如果半个世界有自由的新闻界而另一半世界的新闻界被控制，那么只可能产生两种情况——自由的新闻界勇敢地把其自由理想渗入被奴役的土地，或者压制将得到扩展并且废除其他地方的自由的新闻界。"[1]

库珀在给《公报》主编威廉R·马修斯（William R. Matthews）的信中，则就"作为运动发起者的美国报纸主编协会应该做些什么和能够做些什么"提供了自己的建议。包括组织国际运动需要筹集充足的资金，建立常设性的操作机构等。库珀强调，应该坚持，无论在何处，记者都有权从消息来源那里自由获取新闻，任何国家都不应该为本国媒体提供比其他国家优先的传输设备。库珀希望，在战后国际和平协定中能够包含建立自由的新闻界，获取信息自由的条款。[2]

库珀的种种努力也使得在1944年共和党、民主党全国代表大会上，两党一致赞成争取世界范围的信息自由的决议，并导致美国报纸主编协会发起一场争取在世界范围内自由地交换新闻和评论的运动。1944年4月，美国报纸主编协会召开大会，研究如何推广这次新闻自由运动，该大会决议，将国际新闻自由写进战后国际和平协定，并规定为签约国家的义务。该协会新一任会长、奈特报团创始人约翰·S·奈特（John S. Knight）致信共和党全国代表大会，希望在国会得到支持。他在信中写道："我们相信，所有的官员、官方机构代表、公众都必须维护自由的新闻界，所有对战后和平协定相关运动感兴趣和有关联的人都应该努力让协定中设计有保障新闻自由的条款。"为使该运动能彻底为世界各国了解，并在新闻自由运动中取得领导地位，该协会还组织代表团到世界各国进行积极鼓动。

该协会关于国际新闻自由的大力游说取得很大成效，美国报纸发行人协会（American Newspaper Publishers Association）大力参与合作，新闻媒体亦纷纷响应。因其符合战后美国对外输出自由主义意识形态的国际战略需求，从而也得到了美国政府的大力支持。最终，美国两大政党都将此运动列为各自政策，国会上下两院均通过了保证国际新闻自由的决议案：支持新闻采集和传播机构，无论是单独的还是联合的，不管通过任何方式，不受消息来源、

[1] Kent Cooper, *The Right to Know: An Exposition of the Evils of News Suppression and Propaganda*, New York: Farrar, Straus and Cudahy, 1956, p167.

[2] Kent Cooper, *The Right to Know: An Exposition of the Evils of News Suppression and Propaganda*, New York: Farrar, Straus and Cudahy, 1956, pp173-174.

传播手段或费用的歧视，在全球范围内享有互换新闻的权利。罗斯福总统也表示将积极响应新闻界的号召。二战结束后，库珀在给新任总统杜鲁门的信中，再次重申“新闻自由是对坚持和平政策的程度做出日常判断的最好途径”，建议将新闻自由写入战后的所有和平条约中。可惜他的意见未被注意。此后，库珀又督促联合国在其宣言中扩大有关新闻自由的标题，建议将“信息自由”（freedom of information）表述为“知情权”。但这个独创的词汇被保留了。[1]

此外，学术界也对新闻自由表示了极大关注。1944年2月28日，芝加哥大学校长罗伯特M·哈钦斯（Robert M. Hutchins）领导的新闻自由委员会（The Commission on Freedom of the Press）成立。哈钦斯委员会针对40年代美国大众传媒集中和垄断趋势加剧的情况，围绕新闻自由和防止新闻界滥用权力提出了“社会责任理论”，对新闻自由和新闻界的责任进行重新阐释。委员会在1947年发表的报告《一个自由而负责的新闻界》（A Free and Responsible Press）中提出理想的新闻业需要达到五项要求：一种就当日事件在赋予其意义的情境中的真实、全面和智慧的报道；一个交流评论和批评的论坛；一种供社会各群体相互传递意见与态度的工具；一种呈现与阐明社会目标和价值观的方法；一种将新闻界提供的信息流、思想流和感情流送达每一个社会成员的途径。[2]

紧接着，在联合国议程中，“新闻自由”（freedom of the press）的提法逐渐被“信息自由”取代。1946年联合国大会的第59号决议及1948年《世界人权宣言》第19条规定中增加了信息自由的相关内容。1950年10月，国际新闻协会（International Press Institute，简称IPI）在纽约成立，致力于推动新闻自由，以及为新闻工作者争取工作权。

三、信息自由委员会的努力

美国报纸主编协会一直领导着这场冲破美国国内政府信息压制障碍的知情权运动。1950年，美国报纸主编协会成立了信息自由委员会(Freedom of Information Committee)，向压制信息自由的政策发起进攻，成为推动知情权运

[1] Kent Cooper, *The Right to Know: An Exposition of the Evils of News Suppression and Propaganda*, New York: Farrar, Straus and Cudahy, 1956, pp177-184, 328.

[2] （美）新闻自由委员会：《一个自由而负责的新闻界》，展江、王征、王涛译，北京：中国人民大学出版社，2005年版，第11页。

动的主要组织。信息自由委员会第一任主席是奈特报团（Knight Newspapers）总编辑巴兹尔·L·沃尔特斯（Basil L. Walters），他一直反复提醒报人要保障公民的信息权。信息自由委员会成立后，收到了来自各地大报小报请求得到建议和帮助的咨询：我们怎样才能被允许进入市议会的会议；我们的县政府官员不对我们开放政府记录；我们怎样才能敦促他们开放合法的公共信息？[1]根据该委员会接收到的各地关于新闻采访受阻的投诉，沃尔特斯认识到，信息不自由会对国家产生危害：信息不能自由流动，不能自由地获取信息，就没有民众的自由权利，美国引以为豪的所谓民主、自治就面临严重的挑战。[2]沃尔特斯对美国政府封锁新闻和压制新闻自由行为的关注，不仅唤起了人们对这一问题的重视，也激发了新闻界为争取知情权而斗争的责任感。

沃尔特斯的继任者詹姆斯·S·波普表示："几乎所有的政府行政新闻都被控制了。部门的记录被放置于特权的和机密的位置，新闻界和公众无法行使检查权。"波普提醒道，新闻工作者过去常常在名义上或形式上与政府官员作斗争，以在他们的控制下获准接近信息。实际上，冲突远远超出了简单的形式。[3]1951 年 8 月，当马里兰州埃尔克顿（Elkton）的市镇议会决定开会期间不向媒体开放时，波普向市长递交了抗议信。信中写道："如果仅仅因为议会不喜欢报纸的报道就拒绝他们参加其会议，这个理由根本站不住脚。事实上，在宪法和法院的一系列判例中，都已经肯定了公共事务的公开原则。而且，任何政府机构都不能支配报纸应该报道的内容。"最终，议会不得不取消了上述规定。[4]

随后，信息自由委员会决定采取行动解决这一问题，同时向新闻工作者们提供建议和帮助。他们汇编了有关合法接近公共记录和程序的书籍，详细论证了无论官方喜欢与否出版物可以发表（on the record）的内容。同理可解释当官方说不供发表（off the record）时，意味着政府致力于为公众获知信息设置障碍。信息自由委员会第三任主席詹姆斯·拉塞尔·威金斯曾进一步阐释压

[1] Kent Cooper, *The Right to Know: An Exposition of the Evils of News Suppression and Propaganda*, New York: Farrar, Straus and Cudahy, 1956, p283.

[2] *Problems of Journalism*, Proceedings of the 1951 Convention of the American Society of Newspaper Editors, American Society of Newspaper Editors, Washington D.C., 1951, p170.

[3] Herbert N. Foerstel, *Freedom of Information and the Right to Know: The Origins and Applications of the Freedom of Information Act*, Westport, Conn.: Greenwood Press, 1999, p17.

[4] *New York Times*, Jan. 6, 1952. 转引自李立：《二战后美国的信息自由运动与公民政治知情权的实现》，天津：南开大学历史学院，博士学位论文，2007 年，第 60 页。

制新闻的趋势正在增长，“美国各级政府都存在一种明显的不愿让民众得知真相的情绪。立法者和法院对他们应该为之服务的公民关上了大门。政府的行政人员越来越不信任谨慎而智慧的公民。”威金斯不相信美国的政府体系会必然而自动地告知公众，但他认为民主制度将使诸如媒体这样的私人机构能够做到客观。

波普等人的目标不仅是维护、确保整个新闻界的采访权、报道权，而且要保障所有美国公民的知情权利益。因为他们明白，“当新闻受到压制时，报纸失去的不过只是一则消息，而人们却再也无法了解和控制自己的政府。”为此，保障新闻界的采访权和信息处理权，及时向公众传递真实全面准确的公共信息，是实现公众知情权的前提。正是由于这一系列卓有成效的工作，信息自由委员会在20世纪50年代后成为媒体抗争信息压制和争取新闻自由的大本营，在呼吁保障公众知情权方面具有强大影响力。波普对知情权运动的贡献是：明确了维护公众知情权要解决的具体问题。例如，如何认定政府官员的行为是掩盖信息？怎样才能依法证实这些官员的做法是错误的？改革应从何处入手？如何将采访报道中新闻界与政府之间的冲突，凝合扩大为强有力的社会运动？等等。[1]

为使上述具体问题得到一个系统、完整的解决，1951年，美国报纸主编协会信息自由委员会委托《纽约先驱论坛报》的法律顾问、哥伦比亚大学法学教授哈罗德·L·克罗斯（Harold L. Cross）对美国联邦、各州以及若干市镇政府的信息政策和司法程序进行全面、系统的考察。克罗斯花了两年时间，查阅大量资料，于1953年写出一本调查报告《人民的知情权：获取公共档案的法律途径和程序》（The People' s Right to Know: Legal Access to Public Records and Proceedings），后来又两度修订。

克罗斯在这本调查报告中就近用档案（access to record）问题提出深刻见解。他列出了每起近用权案件都存在的4个问题：

（1）特定的档案或会议是公共性的吗？虽然警察是公共官员而且在公共场所工作，但是警察的大量工作不接受公众的公开监督。

（2）公共材料是否具有公共性是指档案是否供公众查阅，会议是否让公众参加？从法律的角度看，少年法庭审理案件是公共的，但是它们经常不向

[1] 秦珊、邱一江：“美国新闻界与‘知情权’运动”，南宁：《学术论坛》，2008年第6期。

公众开放。

（3）谁可以查阅向公众开放的档案，谁可以参加向公众开放的会议？例如，许多档案可能只向特定的公众群体开放，而不是面向所有群体。

（4）当档案和会议向普通公众和新闻界开放时，如果近用请求被拒绝了，那么法院会向公众和记者提供法律救济吗？[1]

该调查报告是全面的和权威的。在列举了阻挠公众了解政务信息的各种法律和政治上的障碍之后，报告得出的结论是在联邦层面，由于国会立法的缺失，公众和新闻界想要查阅公共记录，只能依靠政府官员的仁慈和迁就。除非遇到开明、宽容的领导，否则很难获得接近这些信息的机会，因为行政当局掌握着这些档案和记录的处置特权。报告指出，出于对新闻工作者的戒备，政府不允许新闻界获取基本的政府信息，实际上是否决了美国人民对信息的自由获取。报告主张，记者出于合法、恰当的目的，拥有实施检查政府记录、获取政府信息的法律权利。报告综合考察了当时公众能否自由获取公共档案和记录的相关司法判例、法律条文和行政法规，找出信息公开的法理依据，再次强调了新闻界所担负的历史责任，并为新闻工作者捍卫知情权做了充足的法律准备。

克罗斯在报告中写道："公共事务是公众的事务。人民享有知情权。自由地获得公共档案和公共事务程序信息是他们的天赋权利……对于人们来说，仅仅在思想上或口头上承认信息自由权利的正当性，或依靠官员的恩赐来获取信息，或通过新闻媒体了解政府活动都是远远不够的……自治社会的公民必须具有检查公共事务的法定权利。为了实现这一权利，必须制定与急速扩张的政府活动相适应的监督、快捷的操作程序，必须用最高的法律条款加以保障。"[2] 在这里，克罗斯高瞻远瞩地提出应该通过立法形式来确认知情权。至此，知情权由一个抽象的概念、宣传口号，上升到一种要求以法律形式加以确认的公民权利。在那个公众尚无政府信息公开概念、法律尚未支持信息自由的年代，克罗斯的这份调查报告根据联邦、州、县市各级政府公布档案记录的情况，研究了相关法规、政府文件和会议记录，论述了知情权的宪政依据，

[1] （美）唐·R·彭伯：《大众传媒法》，张金玺、赵刚译，北京：中国人民大学出版社，2005年版，第298页。

[2] Harold L. Cross, *The People's Right to Know: Legal Access to Public Records and Proceedings*, New York: Columbia University Press, 1953, p132.

随即被新闻界用作争取制定联邦、各州信息自由法的重要依据，成为知情权运动的行动指南。

四、新闻界人士建立同盟

在信息自由委员会的号召下，曾经被视为个人权利的表达自由被知情权这一公民权利所取代，越来越多的新闻界人士加入了争取公众接近信息的权利的行列。20 世纪 40 年代末，美国报纸主编协会、美国报纸发行人协会、美联社编辑主任协会（Associated Press Managing Editors Association）、职业新闻工作者协会（Professional Journalistic Fraternity）等结成统一战线，积极开展了争取信息自由的运动。50 年代，美国新闻界从人权的角度强化了知情权概念。1951 年 9 月 30 日，42 名来自美国各大报刊、广播电台的主编和管理人员在伊利诺伊州埃文斯顿（Evanston）参加名为“政府侵犯信息自由”的讨论会。会后发表宣言指出，“除非能从公职人员那里自由获得有关政府的所有真实情报，否则美国人民的信息自由，乃至其他的民主权利都将陷入巨大的危机。”[1]

1952 年 11 月 12 日，美联社编辑主任协会在波士顿召开年会。威金斯在开幕式上指出，在争取信息自由的斗争中，协会和其他新闻界成员都应该担负起更大的责任，并做好打持久战的准备。只要人民的知情权受到挫折和挑战，战场就会出现，战斗就会打响。[2]11 月 16 日，协会通过决议，强烈要求联邦、州立法部门采取行动，促进政府信息公开。1953 年 10 月 28 日，在广播电视新闻总监协会（Radio-Television News Directors Association）的年会上，威金斯发表讲话，再次呼吁国会就政府的新闻政策问题举行听证会，以促进更大意义上的信息自由。[3]

在组织方面，除了美国报纸主编协会外，美国美联社编辑主任协会、全国编辑协会、弗吉尼亚报业协会（Virginia Press Association）等也纷纷成立信息自由委员会或类似的组织，与联邦政府和地方政府的保密行为进行斗争。在

[1] *New York Times*, Oct. 1, 1951. 转引自李立：《二战后美国的信息自由运动与公民政治知情权的实现》，天津：南开大学历史学院，博士学位论文，2007 年，第 60 页。

[2] *New York Times*, Nov. 13, 1952. 转引自李立：《二战后美国的信息自由运动与公民政治知情权的实现》，天津：南开大学历史学院，博士学位论文，2007 年，第 86 页。

[3] *New York Times*, Oct. 29, 1953. 转引自李立：《二战后美国的信息自由运动与公民政治知情权的实现》，天津：南开大学历史学院，博士学位论文，2007 年，第 93 页。

著书立说方面，除了克罗斯的调查报告外，关于知情权和信息自由的论著不断涌现，如库珀的《知情权：对新闻压制和宣传罪恶的一种揭露》大力抨击了新闻检查和宣传制度，介绍了新闻界争取新闻自由和知情权的斗争；威金斯的《自由还是保密》探讨了公众对立法机关、司法程序、行政部门、军事机构等的知情权，以及出版权、发行权等与知情权的关系。此外，在《马凯特大学法学评论》（Marquette Law Review）《加州大学法学评论》（California Law Review）等学术刊物上大量有关知情权和信息公开的论文得以发表。这些著述有助于知情权、信息自由概念得到广泛传播，形成一种社会思潮，使越来越多的人认识到政府信息公开的必要性和紧迫性。

（与刘寒青合作完成）

新闻界如何推动知情权入法?
——美国《信息自由法》立法过程探析

在推动立法进程中，由美国报纸主编协会成立的信息自由委员会继续积极行动，特别是第三任主席威金斯与国会议员组成了重要的政治联盟。国会的介入将知情权运动推向了立法的新阶段，并形成了国会领导，各种组织悉数登场，各界人士广泛参与的局面。经过不断的调查和听证、抗争和妥协，1966年美国国会终于通过《信息自由法》，以法律的形式保障了公民的知情权。

一、新闻界与国会合作的背景

在《人民的知情权：获取公共档案的法律途径和程序》一书出版两年之后，驻华盛顿的记者们、美国报纸主编协会、美国报纸发行人协会、美联社编辑主任协会、职业新闻工作者协会关于新闻压制的反复批评抱怨，终于引起了国会众议院政府信息委员会（House Government Information Committee）的注意。众议院于1955年成立"政府信息特别小组委员会"（House Special Subcommittee on Government Information），由来自加州的民主党众议员约翰E莫斯（John E. Moss）负责，故又称莫斯委员会。[1] 至此，新闻界和国会形成了反对秘密政策的同盟，而这一同盟的产生由许多因素促成。

（一）新闻界对国会的影响

新闻界为了保证消息来源和报道自由，对秘密主义的反对最为积极，是争取公众知情权、要求政府信息公开的中坚力量。莫斯委员会的成立从一开始就与媒体就有着千丝万缕的联系：许多著名的媒体人士都是莫斯委员会的咨询专家，委员会在如何对政府秘密政策进行调查、如何撰写报告等问题上都会征求媒体专家的意见；莫斯在挑选委员会成员时，倾向于选择有媒体从业

---

[1] Kent Cooper, *The Right to Know: An Exposition of the Evils of News Suppression and Propaganda*, New York: Farrar, Straus and Cudahy, 1956, p285.

经历的人；莫斯委员会在调查过程中积极与媒体展开合作。为了搜集政府拒绝向媒体提供信息的实例，委员会成员与记者建立起密切联系。[1]

克罗斯在《人民的知情权》中宣称美国各级政府都在隐瞒事实，并且政府的这些保密措施得到了法律的授权。对此，新闻界意识到，光靠自身的力量并不能有效应对政府的信息压制，必须用法律来对抗政府的机密政策。而想要推动政府信息自由的立法，获取莫斯委员会的支持成为新闻界的必然选择。克罗斯强调，国会应该通过立法来保障公众知情权，他表示："国会必须就信息的可用性这一普遍话题发言。一般性立法可以表述为，除了法律另有规定外，所有记录应该是公开的。"[2] 他在《人民的知情权》中呼吁："国会将是改革的主要力量。由于过于专注其他问题，国会已经给行政部门留下了太多的活动空间。现在，时机已经成熟，宪法《第一修正案》已经指明了方向。赶快结束对行政机构拒绝公开其公共记录气急败坏的控诉，让国会行动起来，尽快行使其立法功能来维护自身、公众和媒体的信息自由权利吧！"[3] 威金斯以克罗斯的报告为依据，说服了一些议会成员积极采取行动推动信息自由立法，并与众议员莫斯建立了良好的合作关系。

1956年3月1日，克罗斯在美国报纸主编协会的第385期《公报》上再次指出，他认为知情权联邦立法应包括：撤销信息的主要障碍；明确定义"公众记录"这一概念；对检查权的声明，对国会认为有必要因国家军事安全、公共利益等而豁免公开的界定；为官员扣压信息作辩护提供证据的责任。[4]

在克罗斯、波普、威金斯等人的不懈努力下，全国46个州和4个大区成立了信息自由委员会分会，致力于配合其他新闻和记者团体游说国会。美国学术界、法律界、史学界人士和普通公众也认识到这一问题的重要性，通过各种途径表达他们的不满，积极呼吁政府信息公开。在他们的推动下，一些地方政府开始界定"公共记录"的内涵，明确公众查阅公共记录的合法性，并

[1] 谢恩平：《美国的〈信息自由法〉与媒体》，北京：中央民族大学文学与新闻传播学院，硕士学位论文，2006年，第19页。

[2] Robert Okie Blanchard, "The Moss Committee and a Federal Public Records Law, (1955-1965)," Syracuse, NY: S. I. Newhouse School of Public Communications, Syracuse University, PhD Dissertation, 1966, p69.

[3] Harold L. Cross, *The People's Right to Know: Legal Access to Public Records and Proceedings*, New York: Columbia University Press, 1953, pp203-246.

[4] Robert Okie Blanchard, "The Moss Committee and a Federal Public Records Law, (1955-1965)," Syracuse, NY: S. I. Newhouse School of Public Communications, Syracuse University, PhD Dissertation, 1966, p18.

逐渐建立起具体的可操作程序。

（二）行政部门与国会的分歧

美国宪法建立了一个三权分立的架构，致力于分权和制衡原则。但如前文所述，20 世纪后行政部门逐渐成为联邦政府的核心，随着总统权力的扩大，总统常常通过行政命令的方式对公众利用和获取政府信息加以限制。1950 年 2 月 1 日，杜鲁门总统签署第 10104 号行政命令，在现有的“机密、秘密和限制”等级上增加了“绝密”等级，授权国防部长，以及海陆空三军长官按照这四个等级对相关信息进行分类加密。1951 年 9 月 24 日，杜鲁门总统签署了第二个涉及保密制度的行政命令——第 10290 号令，大大扩展了分级制度的范围，将政府信息的加密体系延伸到非军事机构，包括商务部、农业部、内政部等所有联邦行政机构。国会和新闻界都迅速指责该命令加密范围过于宽泛。该命令还规定，以“宪法赋予美国总统的权威”而非国会通过的具体法案来建立“联邦行政部门分级、传送和处理涉及国家安全利益的官方信息”的具体制度，大大扩展了总统控制信息的权力。1953 年 11 月 6 日，艾森豪威尔总统签署第 10501 号行政命令取代了 10290 号令，减少了可以对资料进行分级的机构数量，撤销了“限制”这一加密等级，将机密信息的范围缩小为与“国防”有关的信息。[1] 该命令到 1972 年仍然有效。掌握加密权的官员为了避免承担泄密责任，通常采用较高的保密级别。

1954 年 11 月 5 日，在艾森豪威尔总统的指导和国家安全委员会的建议下，商务部长辛克莱·威克斯（Sinclair Weeks）成立战略信息局（Office of Strategic Information），协同工商界一起自愿努力“在政府中提供一个中心位置，以防止某些未加密的战略资料流入那些可能把这些资料用于危害美国国防利益的国外势力之手”。[2]1955 年 3 月，政府的秘密政策提升到了一个新的高度，国防部长查尔斯·E·威尔逊（Charles E. Wilson）签署第 5230.9 号令，命令国防部有关政府官员减少公布信息，并且所公布的信息必须符合国家安全标准，同时对国防部的使命有“积极贡献”。随之而来的是大批军方人士被剥夺接受采访和发布信息的权利，新闻界和政府的矛盾加剧。

---

[1] Office of Declassification, “History of Classification and Declassification. July 22, 1996,” http://fas.org/irp/doddir/doe/history.htm.

[2] James Russell Wiggins, *Freedom or Secrecy*, New York: Oxford University Press, 1956, p102.

由此，总统及其行政部门成功地将国会排除在外，垄断了国防和外交信息的分级、加密、保存和公开。日益严重的行政机密致使公众无法了解政府的运作，也使得国会无法获得充分的信息，阻碍了新闻界和国会履行其监督职能。因大权旁落而苦恼的国会，与新闻界形成同盟，希望利用媒体对信息自由的重视对政府施压。新闻界对知情权的呼吁，很快引起部分国会议员的响应，并刺激国会展开一系列调查，发布调查报告要求联邦政府取消有机密倾向的行政命令，由此揭开了改变政府信息不公开状态的政治进程。

（三）党派斗争的影响

美国是两党制国家，共和党与民主党的党派斗争从未间断，这使得在野党担心一旦丧失政府中的消息来源，会在同对手的斗争中处于十分不利的地位。因此，在野党积极要求政府信息公开。1948 年大选前，所谓的杜鲁门政府“反共不力”成为共和党攻击民主党的理由。杜鲁门总统下达了禁止向国会和其他机构提供雇员忠诚调查文件的命令，共和党则对政府的保密政策提出批评，并提出议案要求行政部门向国会公开信息。杜鲁门留任总统后，民主党重获两院控制权，国会和行政部门对权力和信息的争夺暂时缓和下来。

1950 年后，约瑟夫·雷芒德·麦卡锡（Joseph Raymond McCarthy）开始大肆攻击民主党政府的内外政策，并帮助共和党赢得 1952 年大选，艾森豪威尔就任总统。此后，麦卡锡在参议院掀起了一波又一波的“揭露和清查美国政府中的共产党活动”的浪潮。起初，行政部门由于担心“亲共”罪名，对麦卡锡的指责处处退让。随着时间的推移，麦卡锡粗暴干涉外交、军事及其他行政事务的活动激起越来越多公众的反对。到 1954 年初，麦卡锡悍然发动对陆军部的调查，引发社会普遍憎恶。艾森豪威尔给陆军部长罗伯特·史蒂文斯（Robert Stevens）下达了一项行政命令，禁止军方人员在出席听证会时透露任何涉及政府内部讨论的信息。此举是对麦卡锡滥用国会监督调查权的有力反击，在当时赢得不少赞誉。但另一方面，却过分拓展了行政人员对信息的控制权，很快就被其它行政部门用作封锁内部公共信息和档案的依据，导致出现大规模行政部门向国会隐瞒信息，拒绝向国会提供其所求信息，拒绝出席国会听证会的现象。

1954 年，民主党控制了众议院。在这种共和党组成政府和民主党人控制国会的情况下，民主党领导人希望通过获得政府信息进而有效地开展工作。

此时，联邦行政部门的信息保密政策引起了广泛批评。伊利诺伊州民主党众议员威廉·L·道森（William L. Dawson）及其领导的众议院政府工作委员会意识到，谴责政府保密政策可以打击共和党政府，增强国会权威地位。众议员莫斯随即提出了以信息公开来控制政府。可见，知情权的立法思想也源于美国社会对政府普遍的不信任情绪，两党的政治利益斗争，以及国会与政府互相制衡的传统。当公众要求打破行政机构信息封锁的诉求被国会察觉时，国会便顺理成章地抓住了这个打击行政权力的时机，以政府信息公开为突破口，肩负起领导知情权运动的重任。

二、莫斯委员会的推动

莫斯委员会虽然应运而生，但当时，不论在新闻界还是国会，抑或公众都有很多人对信息自由立法工作疑虑重重。为了唤起公众对这一问题的关注，赢得支持，莫斯决定从挖掘政府机构存在哪些不必要的机密政策出发，依据事实制定行政机密改革法案。莫斯曾说：“我们可以确定联邦机构的基本信息政策，并查明信息公开的指导方针是否被清楚地拟定出来，抑或由于缺乏明确的和一贯的政策而存在任意的和反复无常的行为。”[1]

展开调查和举行听证会是国会履行监督职能，防止行政权力滥用的主要手段。1955 年 8 月 5 日，莫斯委员会设计了一份包含 80 个问题的调查问卷，分发到联邦各行政部门和独立机构，对美国的政府信息公开状况进行调查，以期揭露“政府来源的信息是否可以被充分地得到，以告知人们政府的活动”。问卷的第一个问题就是“贵机构拥有的哪种范畴和类别的信息不能被以下选项得到：新闻界和其他服务于一般公众的信息媒介；国会；其他联邦机构；工商界和其他经济利益团体；调查专家、科学家、公共事务机构和类似团体或个人。”问卷显示，联邦政府的秘密政策十分普遍并具有任意性，各个部门的信息公开程度有很大不同，并且许多新增加的保密类别与安全问题没有什么关系。莫斯认为这一调查结果是联邦政府官员无视公众知情权的一个有力证据。

同年 11 月 7 日，莫斯委员会开始就政府保密情况举行一系列听证会，迫

---

[1] Kent Cooper, *The Right to Know: An Exposition of the Evils of News Suppression and Propaganda*, New York: Farrar, Straus and Cudahy, 1956, p287.

使联邦政府向新闻界和公众开放更多的信息，以更直接的方式推动信息自由立法准备工作。其内容主要包括两方面：一为邀请新闻界、法学界等专家就某些具体问题展开研讨；二为传唤联邦行政部门和独立机构的官员说明其信息政策及实施情况。克罗斯作为莫斯委员会的法律顾问，多次作为新闻界代表出席听证会。他认为，行政部门拒绝公开信息的理由主要包括三方面：两部国会法案（《管家法》和《行政程序法》的公共信息条款）；在国家安全等重要领域，国会都没有采取行动，致使行政部门可以为所欲为；总统签发或授权签发的系列行政命令、信件、备忘录和行政法规。这三项内容正是国会可以采取行动进行改革的地方。[1] 在听证会上，一些行政部门的官员们称，他们对所有合理的索取信息要求都给予了回答，而且他们有权判断什么是“合理”的请求。这与上述问卷调查的结论——行政机关保密具有任意性——完全相反。行政部门的强词夺理引来人们对艾森豪威尔政府的强烈批评，政府保密演变成一个极大的政治事务。美国多家报纸对听证会进行了报道。[2]

在1955年12月2日的听证会上，莫斯委员会认为：“商务部是‘战略信息’概念的源头——即使不涉及安全性质的信息也应该避开公众，因为这些信息可能被潜在的敌人汇编来用于可能的战时使用。新闻界在最近几个月遭遇了尤为严重的‘战略信息’概念。”[3]1956年后，委员会开始重点关注政府的“国家安全”信息加密政策，及其拒绝公开信息的具体依据。在委员会的强烈建议下，国会撤销了给商务部战略信息局的拨款。同时，委员会还重点调查了国防部的信息政策。

截至1960年，莫斯委员会有关政府信息公开化的一系列听证会共产生了17卷书面材料和14卷的调查报告。听证结果证明了克罗斯之前的调查结论：《行政程序法》实际被政府部门用作限制公众合法获知政务信息的挡箭牌，政府官员常常援引该法第3条“为了公众的利益”等措辞抽象的规定扣压本应公开的信息，以掩盖某些令其难堪的决策失误或违犯规章制度的不良行为。听证会的结果使莫斯委员会达成一项共识，即《行政程序法》的保密条款必

[1] 李立：《二战后美国的信息自由运动与公民政治知情权的实现》，天津：南开大学历史学院，博士学位论文，2007年，第107页。

[2] 秦珊、邱一江：“美国新闻界与‘知情权’运动”，南宁：《学术论坛》，2008年第6期。

[3] Robert Okie Blanchard, “The Moss Committee and a Federal Public Records Law, (1955-1965),” Syracuse, NY: S. I. Newhouse School of Public Communications, Syracuse University, PhD Dissertation, 1966, p164.

须给予更明确的界定，并且需要制定一个更加系统的联邦政府信息公开的行政法规。[1]这些材料揭露了政府信息不公开的实际状况，引起社会各界关注，并使莫斯委员会决定采取行动要求修改联邦法律，使得知情权、信息自由从抽象的概念和口号走向法制化。

三、亨宁斯委员会的加入

（一）推动对《管家法》的修正

1957年，莫斯提出了一个有关修改1789年的《管家法》的2767号议案，指出《管家法》从未授权政府机构拒绝向公众提供信息服务，并要求在《管家法》最后添上一句“本条款不得被用来拒绝提供信息给公众或限制公众获得某些档案记录”。莫斯的立法活动得到了新闻界的积极响应。如美联社编辑主任协会就通过决议要求迅速通过信息自由立法。

此外，在知情权运动中，参议院司法委员会（Senate Judiciary Subcommittee）下的宪法权利小组委员会（Senate Subcommittee on Constitutional Rights）也发挥了举足轻重的作用。该委员会主席是来自密苏里州的民主党参议员托马斯·C·亨宁斯。莫斯在众议院提出议案后，参议院也提出了内容相同的议案，并由亨宁斯负责召开听证会讨论和审议。

1958年8月12日，艾森豪威尔总统在该修正法案上签字。该法案是美国国会通过的第一个专门涉及信息自由的法案，美国知情权的法制化走出了第一步。它迫使政府机构无法利用《管家法》来禁止公众查阅政府文献，一度让人欣喜地认为知情权运动已经大获成功。但人们很快发现，该法案涉及面较窄，也没有详细制定开放政府信息的程度和措施。法案通过后，没有一个行政机构因为该法案而修改自己的信息政策。可见，对现有法律进行小修小补并不能彻底保障公众的知情权，要实现信息自由需要继续推动新法律的出台。

（二）推动对《行政程序法》的修正

早在1957年5月2日，道森、莫斯等人就向国会提交了要求修改1946年《行政程序法》第324章第3条（公共记录：除非法律特别要求，应根据

[1] 宋小卫：“美国《情报自由法》的立法历程”，北京：《新闻与传播研究》，1994年第2期。

已经公布的法规向“适当且有直接利害关系的人”提供公务记录的内容。当然，根据正当理由需要保密的信息除外。）的议案，以明确并保护公众对公共信息的知情权。亨宁斯随即也向参议院提交了内容相同的议案，并于1959年1月12日再次提交议案。亨宁斯委员会还对各州的公共记录法案进行了调研。[1]在1959年亨宁斯和莫斯提交的修正案中，要求所有的联邦机构公开其规章、公共信息政策和他们获得的可利用的信息。修正案对“公共记录”进行了定义，即至少包括“所有的申请、诉状、辩护、请求、声明、通讯、报告或其他文件，及该机构所有的记录和活动”，除非它们对公众的可利用性被出版规则所限制。可惜，尽管在缩紧《行政程序法》的措辞方面做出了这些努力，但在艾森豪威尔任内并没有通过任何有效的立法，政府机构仍然引用该法来隐瞒信息。[2]亨宁斯未能完成肩头重任便于1960年与世长辞，信息自由立法工作曾一度停滞不前。

20世纪60年代，美国国内社会动荡，爆发了黑人民权运动、女权运动、学生自由言论运动、反战运动、新左派运动、反主流文化运动等一系列社会运动，改革浪潮风起云涌，国外则仍然面临苏联的威胁，政府信息政策也受到影响。1960年5月，苏联击落美国U-2飞机后，白宫以为一定是机毁人亡了，就谎称这是一艘偏离航道的气象探测飞机。实际上苏联方面已经人赃俱获，不久即向新闻界公布了这架间谍飞机的证物。[3]政府的欺瞒行为引起新一轮抨击政府信息政策的高潮。在1960年的大选中，信息政策成为民主党争取选票的筹码。肯尼迪总统上台后曾宣称将执行更加公开的信息政策，保障公众的知情权。

然而，事实上肯尼迪却延续了艾森豪威尔的秘密政策。1961年4月17日，美国中央情报局协助逃亡美国的古巴人，在古巴西南海岸的猪湾（Bahia de los Cochinos）向菲德尔·卡斯特罗（Fidel Alejandro Castro Ruz）领导的古巴革命政府发动了武装进攻，并以失败告终。此后，国防部发言人拒绝公布任何有关古巴的新闻。4月27日，肯尼迪告诉美国报纸发行人协会成员，冷战要求新闻界自觉地进行自我审查，以防止泄露有助于美国的敌人的信息。肯

[1] 李立：《二战后美国的信息自由运动与公民政治知情权的实现》，天津：南开大学历史学院，博士学位论文，2007年，第136页。

[2] Herbert N. Foerstel, *Freedom of Information and the Right to Know: The Origins and Applications of the Freedom of Information Act*, Westport, Conn.: Greenwood Press, 1999, p37.

[3] 朱江：“美国传媒控制的目的、方式和特点”，广州：《岭南学刊》，2006年第5期。

尼迪说："现在每一份报纸在处理每一则报道时都会扣问自己：'这是新闻吗？'我的要求只是你们要添加一个问题：'这有利于国家安全吗？'"他表示，在"明显而即刻的危险"（指美苏冷战和核战危险）下，宪法《第一修正案》的特权应该让步于国家安全的公众需求。[1]1961 年，肯尼迪还签署了第 10964 号行政命令，即在 10501 号命令中增加一项规定：任何故意透露机密信息的个人都要受到行政处分。

肯尼迪对信息的新控制让新闻界愤怒了，全国各地的报社纷纷发表社论进行批驳。肯尼迪政府与新闻界的对立，在 1962 年古巴导弹危机期间变得更加尖锐。这种对立使新闻界进一步认识到，莫斯委员会 1958 年对《管家法》的修改是远远不够的。1962 年 12 月，美国报纸主编协会、全国编辑协会、美国报纸发行人协会联合发表报告指出，只有在告知公众所有不会对国家的军事利益造成危害的消息的基础上，国家安全才能得到保障。只有满足了人们的知情愿望，民主政治才能继续维持。1963 年后，莫斯委员会就政府的信息政策和实施情况进行了新一轮的调查听证工作。在收集证据和资料的同时，修改信息政策的立法常识也在持续进行。

1961 年后，随着越南战争的不断发展，美国政府的谎言不断升级，公民更为迫切地要求享有知情权。经过知情权运动的宣传，信息公开的理念深入人心。在这一背景下，政府对信息的掩盖和歪曲使公民产生更大的心理反差和不满情绪，并导致公众对政府的信任危机。1963 年 11 月 21 日，肯尼迪遇刺身亡，副总统林登·约翰逊继任总统，更多共和党国会议员转而支持政府信息公开。同年，来自密苏里州的民主党参议员爱德华·V·朗（Edward V. Long）出任参议院司法委员会下的行政立法和程序小组委员会主席，他和参议院共和党领袖埃弗里特·德克森（Everett Dirksen）联手向参议院提交了一份修改《行政程序法》的信息自由议案。由于这一议案未能满足政府部门在内部通信和外交事务等领域中的正当的保密需要，引起了联邦行政系统的极大不满和抵制。参议院于是在 1964 年继续就信息公开化举行了数次听证会，在做出了扩大保密范围等政治妥协之后，最终于 1964 年 7 月 28 日通过了朗-德克森法案（即后来的《信息自由法》）。1965 年 2 月，该法案的修正案再次提交参议院表决并获通过。在众议院，莫斯采纳了参议院修正案的补充规定

[1] Herbert N. Foerstel, *Freedom of Information and the Right to Know: The Origins and Applications of the Freedom of Information Act*, Westport, Conn.: Greenwood Press, 1999, p37.

之后也递交了相同的议案。[1]1965年，莫斯委员会就信息公开议案举行听证会，接收到行政部门对议案的强烈不满。而新闻界则一如既往地支持信息自由立法。10月31日，职业新闻工作者协会信息自由委员会发表年度报告谴责约翰逊政府的新闻和信息政策，包括突击召开的新闻发布会只允许某些白宫指定的记者提问等问题。最终，众议院于1966年6月20日批准了参议院的法案。

1966年7月4日，迫于舆论压力以及《信息自由法》对行政当局所作的妥协，美国总统林登·约翰逊在得州家中在法案上签了字。1967年7月4日，社会公众特别是新闻界翘首以盼的《信息自由法》终于开始生效，其主要条款被编入《美国法典》第5编第552条。

此后，美国许多州的政府信息公开在很大程度上仿效了《信息自由法》的模式，优先将政府资料必须对公众公开定为普遍原则，然后再规定例外。

《信息自由法》是二战后美国民主改革的一项重要成果，无论在美国国内还是在世界上都产生了深远影响。该法明确定义了“记录”（record）这一概念，将联邦政府信息和政府文件，包括书籍、公文、地图、照片、录音带和其他一切记载信息的资料，统称为行政机关的记录，使其具有公共财产的性质，不受版权保护。该法规定：“除本法明确规定外，本法并未授权政府机构对公众隐瞒信息或限制公众获取信息。不得以本法为依据对国会隐瞒任何信息。”其立法目的是强制联邦政府机构向公众开放政府的档案和文件，以实现公众对政府行为的充分了解和监督。该法确立了四项基本原则：信息公开是原则、不公开是例外；人人拥有平等获取信息的权利；由政府而非申请人对拒绝提供信息承担举证责任；不能合理获取信息的人，有权向法院寻求救济。[2]

具体而言，《信息自由法》解决了1946年《行政程序法》中存在的几个重大缺陷，规定了信息公开和不公开的标准，明确除了9类材料外其他政府信息原则上都必须向公众公开。这9类可以作为例外不公开的材料是：保密文件，国防、外交政策的某些文件；行政机关内部规则及制度；贸易秘密与商业或金融信息；政府内部联系；个人隐私；执行法律的某些记录和信息；金融管理部门为控制金融机构而使用的信息；关于油井的地质和地球物理的信息；

---

[1] 宋小卫：“美国《情报自由法》的立法历程”，北京：《新闻与传播研究》，1994年第2期。
[2] 王名扬：《美国行政法》，北京：中国法制出版社，1999年版，第956页。

其他法律规定应当保密的事项。[1] 政府机关在拒绝公开时负有举证责任，必须证明其不公开的材料属于例外范围。这与《行政程序法》要求的公众负有证明他享有信息公开权利的举证责任，否则政府可以不公开该信息的举证逻辑截然相反。这标志着行政信息由传统上的以保密为原则到"以公开为原则，不公开为例外"的转变。

该法规定每个人都有得到政府信息的平等权利。即"任何人"（any person），不论是否具有公民身份，不需要进行任何解释，也不必申明任何理由，均可申请查阅联邦政府行政部门各机构现有可识别的和未公开发表的任何事项的记录。这样，对申请者的要求从过去"需要知晓"（need to know）进化到"知情权"（right to know）。该法还规定了公众在获得公共信息的权利受到侵犯时，有权得到救济。即请求人可就行政部门拒绝公开其要求的文档信息的答复提出异议，并由联邦法院做出裁决。法院拥有审查政府机构拒绝提供的信息是否属于豁免公开的事项的权力，意味着是否公开政府信息的决定权由政府机构向国会和法院转移，从而保护了公众对政府信息的知情权。

对信息公开请求权的认可和保障使得知情权这一抽象性的权利得以具体化，并得到法律的有力保障。如果说从《管家法》到《行政程序法》，很大程度上是从完全的行政权管制模式发展到理念上认可信息公开，但实际效果上仍受行政权管制的话，《信息自由法》则在可操作性上和举证责任上有了质的突破。它较好地处理了公开与保密这对矛盾的关系，并最终确立了"公开为原则，保密为例外"的原则，不仅成为保障美国媒体寻找其报道所需的线索、背景和证据，获取联邦政府信息的一部重要法律，而且使知情权在美国开始被作为一项基本人权来看待，并且有了司法救济的渠道。

但是，即便如此，《信息自由法》仍然是各方利益相互妥协的产物，它只涉及联邦政府的行政机构，国会本身、司法系统和最高行政首脑总统均不在其管辖范围之内。它在决定信息公开具体内容上还赋予行政机构以很大的自由裁量权，公众乃至法庭都无权质疑。此外申请信息公开的收费规定也给法案的实施设置了隐性障碍，文件检索、复制或审阅等费用，使普通民众望而生畏。

林登·约翰逊在签署《信息自由法》时发表的声明反映出他对信息自由立

[1] 应松年：《比较行政程序法》，北京：中国法制出版社，2001 年版，第 312-313 页。

法的矛盾态度。他说："这个法律源于我们的一个最基本的原则：当人们拥有国家安全许可范围内的全部信息时，民主才能最好地运行。没有人可以给那些不会损害公共利益的信息罩上保密的帷幕。"同时他又强调："如果仓促地公布信息或将公共的调查性材料和内部讨论记录在形成决策前公开，会影响政府的运作效率……这项法案绝不会削弱总统按照宪法在国家利益需要时对某些信息保密的权力。"[1]

无论如何，在新闻界、国会、各种组织和社会大众广泛参与下，美国最终还是建立了以《信息自由法》为核心的知情权保护体系，使得知情权这一抽象性的权利得以具体化，实现了对公众获知政府信息的法律保护，同时也展现了美国民主制度的运作方式和过程。

（与刘寒青合作完成）

[1] Office of the White House Press Secretary,"Statement by the President Upon Signing S.1160,"July 4, 1966, http://www.gwu.edu/~nsarchiv/nsa/foia/FOIARelease66.pdf.

肆

诽谤与隐私

改革"因言获罪"法的四步走路线图

因言获罪，本来是20世纪以前各国"旧制度"的特征之一。在现代法治社会，对作为公民权利的言论自由和新闻出版自由的保护远远多于限制。在世界上，至少有140多部宪法保护言论自由和出版自由。在中国，宪法不但明确保护言论自由和出版自由[1]，而且还赋予公民监督和批评公权力机关及其官员的权利[2]。改革开放以来，随着市场经济的出现和民商法的发展，刑事诽谤逐渐为民事性的名誉侵权所取代，"因言获罪"。但是在现实中，尤其是近年来，因言获罪的问题非但没有解决，反而随着新媒体的发展而有抬头的趋势（例如，一些案例已经用尽《刑法》中的诽谤、侮辱和诬告陷害罪）。本文认为，这种趋势与中国的民主与法治进程是背道而驰的，必须藉由参考国际惯例、通过司法和立法改革分阶段加以解决。

[1] 《宪法》第三十五条：中华人民共和国公民有言论、出版、集会、结社、游行、示威的自由。

[2] 《宪法》第四十一条：中华人民共和国公民对于任何国家机关和国家工作人员，有提出批评和建议的权利；对于任何国家机关和国家工作人员的违法失职行为，有向有关国家机关提出申诉、控告或者检举的权利，但是不得捏造或者歪曲事实进行诬告陷害。

一、言论自由的法律保护

言论表达具有完善自我、发现真理，促进科技、文化进步，以及促进民主政治等多方面的价值。因此言论自由不仅被作为基本人权载入了有关国际人权文件，而且也被各国作为基本的公民权利载入本国宪法和法律。言论自由作为基本人权，其限制问题需要小心翼翼地对待。正是基于这样的国际共识，各国现代法治普遍强调对言论自由的保护。基于保护其他利益的考虑对言论自由进行限制时，必须适度，不能根本性地限制言论自由。在法治成熟的社会，对言论自由的限制所掌握的如下原则，都体现了法律关于言论自由本位的特点：

（1）公共利益原则。一方面，言论表达损害公共利益时，应受到限制；另一方面，国家基于公共利益的考虑，可以限制言论自由。同时，言论表达如是为了公共利益，则不应受到限制。（2）较少限制原则。即在有必要对言论自由进行限制的情况下，必须在多种手段中选择对言论自由限制最少、最轻或最小的手段。（3）"明显而即刻的危险"原则。只有公民的言论表达具有明显而即刻的危险时，政府才应予以制裁，否则就应予以保护。（4）法律明确规定、精确限制原则。对言论自由的限制必须有法律的明确规定，且法律规定对言论自由的限制范围和标准是精确的。

中国《宪法》规定的言论自由具有特定的范围与表现形式。一般说来，其范围包括：（1）公民作为基本权利的主体，都有以言论方式表达思想和见解的权利，因而言论自由的主体应该十分广泛。（2）通过言论自由表达的有关政治、经济、文化、社会等方面的看法和见解受法律保护，不受非法干涉。（3）言论自由的表现形式多样，既包括口头形式，又包括书面形式，其传播媒介可以是传统纸质书信，也可以是手机短信、电子邮件等伴随信息技术和电子技术的发展而不断出现的新媒介，这其中当然包括根据法律规定利用广播电视等传播媒介。（4）言论自由作为一项法律权利，在法定范围内，其享有者不应由于某种言论而给自身带来不利后果，民主社会里言论自由不是权力所有者的特权，因言获罪是历史的倒退，公民言论自由的合法权益受法律保护。（5）言论自由存在着法定界限，受宪法和法律的合理限制，因而公民的言论自由必须在法律范围内行使。简单地说，言论自由的边界，只能是他人的权利或公共秩序，与言论所承载信息的真假无关。

在现代民主政体中，言论自由不仅有助于个人自由和自我实现，而且也是社会民主进程的保证。一个负责任的公民受到免遭外部干预的保护，以使他（她）可以在没有外来威胁或强制的情况下自由地表达。联合国大会 1948 年 12 月 10 日通过的《世界人权宣言》第十九条规定：“人人有权享有主张和发表意见的自由；此项权利包括持有主张而不受干涉的自由，和通过任何媒介和不论国界寻求、接受和传递消息和思想的自由。”言论自由作为一项重要人权具有普世价值。

中国政府今天也越来越强调和维护人权，中国政府在 1998 年签署联合国《公民权利和政治权利国际公约》，该《公约》第十九条规定：“一、人人持有主张，不受干涉。二、人人有自由发表意见的权利；此项权利包括寻求、接受和传递各种消息和思想的自由，而不论国界，也不论口头的、书写的、印刷的、采取艺术形式的或通过他所选择的任何其它媒介。该公约在以国际法形式肯定言论和信息自由的普遍性的同时，也对这些自由附加了限制：本条第二款所规定的权利的行使带有特殊的义务和责任，因此得受某些限制，但这些限制只应由法律规定并为下列条件所必需：（甲）尊重他人的权利或名誉；（乙）保障国家安全或公共秩序，或公共卫生或道德。”以上文字确立了这样的原则：保障言论和传播自由是常态，运用法律加以限制是例外。[1]

二、“因言获罪”的法理分析

中国法律大体承袭大陆法系传统，在宪法层面肯定和保护公民言论自由和出版自由，而在民法、刑法和行政法中对滥用言论自由加以限制。这本来是合理和必要的，因为不实信息和贬损性言论，尤其是经过媒体传播之后，有可能侵害他人、社会何国家利益。但是，利用限制人身自由的刚性方式来惩治言论，这本身是与保护言论自由的初衷和宪法原则有矛盾的。因此中国现行相关法律对惩治言论表达作出了一些限制。

[1] 展江：“随意截取公民短信侵犯通信自由”，广州：《南方都市报》，2007 年 7 月 27 日。

（一）散布谣言、故意扰乱公共秩序之辨析

关于对散布谣言、故意扰乱公共秩序的处罚，中国法律主要有两处规定：一是《治安管理处罚法》第二十五条第一项："散布谣言，谎报险情、疫情、警情或者以其它方法故意扰乱公共秩序的"；一是《刑法》第二百九十一条之一："投放虚假的爆炸性、毒害性、放射性、传染病病原体等物质，或者编造爆炸威胁、生化威胁、放射威胁等恐怖信息，或者明知是编造的恐怖信息而故意传播，严重扰乱社会秩序的"。

从中我们可以看出《治安管理处罚法》第二十五条第一项的处罚对象是传播虚假信息故意扰乱公共秩序的行为，其行为内容和结果在程度上低于《刑法》第二百九十一条之一中的规定。换句话说，尚不够刑事处罚的一般传播虚假信息行为可按照《治安管理处罚法》第二十五条第一项的规定处理。这两条法律条文所处罚的行为具有两个共同的特征：第一，行为的主观方面必须表现为故意的心理态度，行为人故意传播、编造虚假信息，扰乱公共秩序。如果行为人在主观上是过失，即行为人不知道或者不能明确地断定其编造传播的信息是可以扰乱社会秩序的虚假信息的，则不能构成本行为。第二，本行为侵犯的客体都是社会公共秩序。可以说法律惩处这种行为的出发点是该行为是否足以危害公共秩序，而不是一种言论中是否含有虚假成分。二者的一个不同之处在于构成犯罪的本行为必须是结果犯，即必须发生严重扰乱社会秩序的结果。

（二）刑事诽谤之辨析

诽谤罪属于《刑法》分则中规定的侵犯公民人身权利、民主权利罪范畴，归属于侵犯公民人格权、名誉权之类。惩处诽谤的法律条文主要是《刑法》第二百四十六条和《治安管理处罚法》第四十二条。所谓诽谤罪，是指故意捏造并散布某种事实，损坏他人人格，破坏他人名誉，情节严重的行为。[1]本罪是情节犯，行为人捏造事实诽谤他人的行为，必须要达到"情节严重"的程度才构成犯罪，予以立案追究。[2]所谓情节严重，一般是指手段、动机特别

[1] 高铭暄、马克昌主编：《刑法学》，北京：北京大学出版社、高等教育出版社，2007年版，第542页。

[2] 曾斌主编：《立案定罪量刑标准与适用》，北京：法律出版社，2004年版，第292页。

恶劣，引起被害人自杀或精神失常等其它严重后果的情况等等。如果未达到“情节严重”的程度，则只是一般诽谤行为，不够成犯罪，可根据情节的轻重给予治安处罚。

从犯罪客观方面[1]来看，本罪表现为捏造并散布某种事实，损害他人人格，破坏他人名誉，情节严重的行为。所谓捏造，是指无中生有，凭空制造虚假的事实；所谓散布，是指用口头或文字方式扩散其所捏造的事实，使众人知道，只有捏造事实的行为，而未加散布，就不能以本罪处理。[2]诽谤罪侵犯的客体是公民的人格和名誉权利，侵犯的对象必须是特定的个人。主体为一般主体，即年满16周岁、具有刑事责任能力的自然人。主观方面必须是直接故意并且具有损害他人人格、破坏他人名誉的目的。因过失误信谣言并加以散布或者批评失实而损坏他人人格，名誉的，不构成犯罪。[3]行为人的行为必须同时符合以上四条定罪标准才能构成诽谤罪，换句话说，有一个条件不符合则不构成诽谤罪。而一般诽谤行为则是除了犯罪情节未达到严重程度外，其它必须要符合诽谤罪的定罪标准。

在对诽谤罪客观方面的认定中我们应明确只是传播了确实存在的事实，或确有其事但有出入的，不构成诽谤罪，但可能构成侮辱罪。此外，捏造还必须是具体的事实，如果行为人只是捏造内容较为抽象且并非一件具体的事情，不构成本罪。在事实的基础上，则也不会存在捏造事实以至达到足以贬低被害人在社会上的价值，损害其人格和名誉的程度。

当事人传播言论主观上要具有贬低、损坏他人人格的直接目的，如果启动公诉，公安司法机关要获得具有证明由主观故意构成的形态证据。证明由主观故意构成，并且具有“情节严重”后果“内容”的形态证据，是诽谤罪证据规格要求之一。在《刑法》第二百四十六条中规定诽谤罪告诉的才处理，但是严重危害社会秩序和国家利益的除外。刑法所称告诉才处理，是指被害人告诉才处理，如果被害人因受强制、威吓无法告诉的，人民检察院和被害人的近亲属也可以告诉。[4]《刑事诉讼法》第一百七十条和《刑事诉讼法解释》

[1] 犯罪客观方面，是指刑法所规定的、说明行为对刑法所保护的社会关系造成损害的客观外在事实特征。犯罪客观方面是构成犯罪所必须具备的要件。是定罪四标准之一。

[2] 刘宪权主编：《刑法学》，上海：上海人民出版社，2005年版，第602页。

[3] 高铭暄、马克昌主编：《刑法学》，北京：北京大学出版社、高等教育出版社，2007年版，第542页。

[4] 见《刑法》第九十八条。

第一条对自诉案件的规定中也明确把诽谤案规定为告诉才处理的案件(《刑法》第二百四十六条规定“但是严重危害社会秩序和国家利益的除外”)。由此可见，不论是从实体法还是从程序法上来看，中国法律都对诽谤罪作出了较为明确的规定。

与此类似的是《刑法》第二百四十三条：“捏造事实诬告陷害他人，意图使他人受刑事追究，情节严重的，处三年以下有期徒刑、拘役或者管制；造成严重后果的，处三年以上十年以下有期徒刑。”

三、因言获罪的渐趋沉寂和卷土重来

1985 年，《民主与法制》杂志两位记者沈涯夫、牟春霖因所写的《二十年“疯女”之谜》（发表于 1983 年第 1 期）被“疯女”的丈夫杜融告上法庭，上海市长宁区法院准予立案，使之成为中国第一起新闻记者因发表新闻作品而被判刑的刑事案件。长宁区法院 1987 年 6 月 29 日作出判决：鉴于两被告人故意捏造和散布足以损害自诉人杜融人格、名誉的虚构的事实，手段恶劣，情节严重，影响很坏，其行为已构成 1979 年《刑法》第一百四十五条第一款规定的诽谤罪。被告人沈涯夫犯诽谤罪，判处剥夺政治权利一年六个月；被告人牟春霖犯诽谤罪，判处剥夺政治权利一年；并分别判处沈涯夫、牟春霖赔偿附带民事诉讼原告杜融的经济损失。上海市中级法院 1988 年 4 月 11 日裁定，驳回两被告人上诉，维持原判。魏永征教授在此案终审判决 20 年后回顾时写道，这篇被定性为诽谤的文章以及刊物对它的处理，确实存在着一系列致命伤：第一，它挑战科学所认定的事实；第二，它直接对特定人作出审判；第三，它坚持错误，而且不给对方发言权。这样的案件本应按民事侵权处理，却以自诉刑案处理，还可以归因于案发时《民法通则》还没有施行。[1]

随着 1987 年 1 月 1 日《民法通则》[2] 的生效，因言论引起的诽谤诉讼在很大程度上摆脱了刑事犯罪的重责，而普遍成为一个民事问题。相比于 10 多年前结束的“文革”和绵延千年的“防民之口”的传统，这的确是一个巨大

[1] 魏永征：“纪念《疯女之谜》诽谤案20周年”，参见 http://weiyongzheng.com/archives/30105.html。

[2] 《民法通则》第一百零一条：公民、法人享有名誉权，公民的人格尊严受法律保护，禁止用侮辱、诽谤等方式损害公民、法人的名誉。第一百二十条：公民的姓名权、肖像权、名誉权、荣誉权受到侵害的，有权要求停止侵害，恢复名誉，消除影响，赔礼道歉，并可以要求赔偿损失。法人的名称权、名誉权、荣誉权受到侵害的，适用前款规定。

的进步。特别是20世纪90年代以来，随着言论自由和市场经济观念的普及和民商法的普遍适用，刑事诽谤案件在中国急剧减少，以至于学者后来将诽谤主要看成是民事行为，用名誉侵权、新闻侵权来称谓。在2005年之前，因刑事诽谤而被定罪的案例已经多年没有听闻。[1] 实际上，《民法通则》实施以来，“名誉侵权”的概念逐渐取代了难以区分属于民事还是刑事范畴而语义很重的“诽谤”一词。

但是，手机和互联网普及以后，一些地方屡屡对有关网民和手机用户针对地方政府和官员的举报和批评行为加以处罚。2006-2009年7月间，全国至少发生了近20起因此类通过新媒体的言论表达被行政拘留、通缉、刑事拘留、判处缓刑和有期徒刑的案件，所依据的法律主要是《治安管理处罚法》[2] 和《刑法》中的侮辱和诽谤条款。我们通过进一步分析这些案件可以看出这样两个不祥的趋势：一是这些冲突几乎全部发生在地域通常比较偏远的公权力、官员与普通公民之间，这些机关和官员的层级多为县级，并由向乡镇和村级扩散的苗头；二是原告和公诉机关从主要运用《治安管理处罚法》转为更多地依赖《刑法》，从追究“散布谣言”发展到惩治诽谤罪、侮辱罪和诬告罪，问罪色彩越来越浓。[3]

凡此种种说明，对言论自由进行必要限制的前四项原则——公共利益原则、较少限制原则、“明显而即刻的危险”原则和法律明确规定、精确限制原则——往往没有在司法中得到遵守。另一方面，现行法律的确存在某些漏洞，

---

[1] 2005年的一起传统出版媒体引发的刑事诉讼发生在武汉，武昌区法院判涂怀章教授诽谤罪。2003年10月，湖北大学13人状告61岁的武汉市作家协会副主席涂怀章教授的长篇小说《人殃》侮辱诽谤了自己，武昌区法院作为刑事案件立案。同年12月，一审判决驳回，自诉人上诉至武汉市中级法院。2005年4月发回重审。同年12月15日，武昌区法院判处小说作者拘役6个月。此案引起很大争议，12月19日，网易文化频道针对此判决以“创作还是诽谤 作家因小说而获刑”为题，做了网上投票调查：“您认为湖北大学教授涂怀章小说诽谤案会以什么样的方式结案”，到12月29日凌晨4时，投票结果为433票支持“推翻原判，宣告无罪”，得票率87.3%。

[2] 《治安管理处罚法》第二十五条规定：有下列行为之一的，处5日以上10日以下拘留，可以并处500元以下罚款；情节较轻的，处5日以下拘留或者500元以下罚款：散布谣言，谎报险情、疫情、警情或者以其他方法故意扰乱公共秩序的……第42条规定：有下列行为之一的，处5日以下拘留或者500元以下罚款；情节较重的，处5日以上10日以下拘留，可以并处500元以下罚款：（一）写恐吓信或者以其他方法威胁他人人身安全的；（二）公然侮辱他人或者捏造事实诽谤他人的；（三）捏造事实诬告陷害他人，企图使他人受到刑事追究或者受到治安管理处罚的；（四）对证人及其近亲属进行威胁、侮辱、殴打或者打击报复的；（五）多次发送淫秽、侮辱、恐吓或者其他信息，干扰他人正常生活的；（六）偷窥、偷拍、窃听、散布他人隐私的。

[3] 展江：“曹县帖案，‘依法办事’不是‘找法办人’”，广州：《南方周末》，2009年7月23日。

在今天的大众媒体时代有必要进行改革。

四、解决“因言获罪”的四级台阶

从以上分析中我们可以看出,《刑法》第二百四十六条和《治安管理处罚法》第二十五条、第四十二条是发表言论而受到的惩处的依据，由于这些内容在制定和执行中存在问题，从而导致了一些不当惩治公民表达权的错案的出现。这些案例中，一方的当事人往往多是权力机关或当权者，这就进一步致使关于诽谤侮辱言论的法条被公权力所有者歪曲利用。如何能够既解决“因言获罪”的问题，又能有效地保护公民隐私权，本文提出以下四步走路线图。

（一）现法不变，严格证明程序

这一途径主要是运用证明程序、“明显而即刻的危险”原则和法律明确规定、精确限制原则，在目前《刑法》第二百四十六条和《治安管理处罚法》第二十五条、第四十二条不做改动的情况下提出的，其目的是在非自诉下通过公诉对言论发表者进行刑罚的方式进行限制，即对《刑法》第二百四十六条“但书条款”的使用要从诉讼程序上加以严格规定，从而防止滥用法律条款的发生。

证明程序主要包括举证时限、证据交换、质证和认证等程序，在任何一个环节上的证据漏洞都应该成为免责理由。“明显而即刻的危险”原则意味着对所谓“故意扰乱社会秩序”、“严重危害社会秩序和国家利益”的主观故意和客观后果的严格认定。

实际上，近几年发生的“因言获罪”案例，多是因为案件的当事人发表言论而受到权力机关的处罚或刑罚，同时这些处理都引起社会的激烈争议。案件当事人的言论内容涉及当地存在的问题，且多是通过尖锐的言词讽喻当地执政过程中的问题，而其所述问题的背后其实是将矛头指向了当地的执政者，换句话说，这些言论可以看成是公民行使宪法赋予、受各部门法律保护的权利，对执政者的一种问责，言论内容并不违法。而现实中出现的这类案件根本谈不上严重影响了社会政治、经济、文化发展和人民生活的安定局面。新闻界和网络媒体对相关案件中权力机关和官员的有力批评与监督，往往就是从对法条的理解和程序着手的。

在英美等发达国家，为了实现上述两项权利的平衡，法院适用严格责任的规则来追究诽谤性言论的法律责任，但同时宪法和法律建立了一系列减轻或者免除发言者法律责任的抗辩原则。适用这些抗辩原则的程序是：首先是将被争议的诽谤性言论归属于事实性言论抑或意见性言论的范畴。事实性言论主要适用真实抗辩原则，意见性言论则适用合理评论原则。

1. 真实抗辩原则。真实性抗辩原则在司法实践中逐渐由完全真实到基本真实，从证明真实发展到确信真实。中国的司法解释也规定言论只要基本属实不具有侮辱他人的内容就不属于诽谤的范畴。证明真实是指发言者必须证明其言论是真实的，否则，即使其不存在过错，也要承担诽谤责任；证明确信真实是指发言者虽然不能证明其言论是真实的，但如果有充分的理由使人相信其在发言时确认言论是真实的，则即使其言论是虚假的，也不能追究其法律责任。采用大陆法系的日本曾有过此类案例。

2. 合理评论原则。所谓“合理评论原则”是指只要发言者对于某一事实的评论是适当、合理的，虽然其对他人的名誉构成了妨碍，但也不构成诽谤。最高人民法院于1998年发布的《关于审理侵犯名誉权案件若干问题的解释》第九条规定：“消费者对生产者、经营者、销售者的产品质量或者服务质量进行批评，不应当认定为侵害他人名誉权。但借机诽谤、诋毁，损害其名誉的，应当认定为侵害名誉权。”该司法解释在1993年司法解释的基础上进一步明确了“合理评论原则”。

（二）区分公私，出台司法解释

这一途径主要是运用公共利益原则来捍卫普通公民探讨公共事务的权利。近年来中共十七大和《国家人权行动计划（2009-2010）》强调保障公民的知情权、参与权、表达权和监督权。但是一些地方官员漠视普通公民的这种权利，对于他们的信息披露和批评嘲讽进行惩罚。如果我们借鉴国际经验，引入“实际恶意”原则（明知某项陈述有错或漠视事实真相），则可更好地保护公民和媒体的表达权和监督权。

理论上讲，根据中国《宪法》第四十一条，公民具有对国家机关和国家工作人员提出批评、建议的权利，相对应的是，国家机关和国家工作人员就有听取批评、建议的义务，并且宪法对公民行使批评、建议权只做出了“不得捏造和歪曲事实进行诬告陷害”的限制，亦是说，法律只禁止公民在行使批评权的时候故意捏造和歪曲事实进行诬告陷害，但并没有因为公民的批评有可能发生错误，而禁止其对国家机关和国家工作人员发表批评意见。因此，在中国，公民只要不存在故意或严重疏忽，其发表的言论即使对国家机关和国家机关工作人员的名誉造成损害，也不构成诽谤，也就是说，在中国诽谤案件中，适用“实际恶意”原则完全符合宪法的基本精神。

随着政府信息公开制度的建立，人民群众有更多的机会参与公共问题的讨论。这种讨论是民主进程的一部分，应鼓励全体公民参与其中。讨论中难免有错误陈述，万一因损害某人名誉而遭到诽谤起诉，那么许多人就可能因此而不敢参与讨论。而官员应该知道，他们的工作会受到其服务对象的审视甚至批评；官员有许多途径反驳这种批评，包括发言抨击批评者。为落实《宪法》第四十一条，限制公权力和官员的滥权，我们认为最高人民法院有必要就“实际恶意”原则、公众人物概念和政府是否不具备名誉权等问题出台司法解释。

（三）修改《刑法》，删除“但书”内容

根据《刑法》第二百四十六条，侮辱和刑事诽谤通常是自诉案件。果真如此，一些地方官员有可能放弃个人提起刑事诽谤诉讼的念想。然而本条有一个“但书条款”：“但是严重危害社会秩序和国家利益的除外”。正是由于如此，一些官员本身并不出面，而改为退居幕后，先是动用其治下的公安机关抓人，然后由地方检察机关提起公诉。如2008年初辽宁西丰县警察进京抓捕《法人》杂志记者案、2009年山东曹县段磊刑事诽谤案。而依据“但书”提出公诉的“诽谤罪”几乎都成了引起质疑的问题案件。依此条款，诽谤罪是个以自诉为原则，以公诉为例外的罪名。只有当“严重危害社会秩序和国家利益的”诽谤行为，才能由警方介入调查，并只有在同时符合“捏造事实诽谤他人”及“情节严重”的情况下，才能由检方提起公诉。然而法律并未遵循“明确规定、精确限制”原则，规定哪些情形属于“严重危害社会秩序和国家利益”。现在看一些官员的逻辑，凡是批评官员，就是“严重危害社会秩序和国家利益”，需要动用国家暴力机器，给这些“不老实”的草民一个教训。

有论者指出，期待官员主动因应时代趋势，转变执政理念，认真听取民众意见，有时是一厢情愿。近年来，“诽谤罪”已俨然成了一些地方官员钳制言论自由的利器。这些案件的法律根源，均源于“但书”被任意解释了。《刑法》是国家基本法律，面对有法条在执行过程中被如此曲解和滥用，建议全国人大常委会行使“立法解释权”来作出回应。尽管法律界对这些因言获罪事实并无分歧，但鉴于一些地方官员，缺少尊重法律、尊重专业判断的习惯，能够有效制止“因言获罪”的权宜之策还要仰仗权威部门明确表态。当然，长远之计还是要考虑能否废除“但书”，将“诽谤罪”彻底还原为“自诉案件”。[1]

（四）釜底抽薪 诽谤去刑法化

理论上讲，只要有法律中有侮辱罪和诽谤罪条款，“因言获罪”的阴影就不会完全散去。正因为如此，在保护人权呼声越来越高的今天，世界上出现了诽谤去刑法化（去罪化）的大趋势。欧洲人权法院和美洲人权法院等国际司法机构都已裁定，所谓以“侮辱”官员为入罪依据的法律直接侵犯了言论自由权与新闻自由权。根据国际组织2000年的一项研究报告，世界上还有90个国家和地区存在侮辱罪和诽谤罪条款。

另一方面，很多国家的法院和政府间组织抵制了一系列企图强制执行针对政府官员言论的刑事惩罚。在另外一些国家，还通过绝对废止侮辱和刑事诽谤法，或者虽然不能废除这类罪名，但至少消除了对这类犯罪的监禁处罚。这种改革已经完成的国家有：美国、英国、法国、新西兰、乌克兰、波黑、塞浦路斯、格鲁吉亚、阿根廷、智利、哥斯达黎加、加纳、肯尼亚、巴拿马、巴拉圭、斯洛伐克、南非、斯里兰卡、罗马尼亚。在中国，要避免河南王帅案、山东曹磊案这样的诽谤案件发生，釜底抽薪之道是从法律上废除对官员和对所有人的侮辱诽谤罪。

（与乔振祺共同完成于2008年）

后记：随着新媒体特别是微博的发展及其传播力的扩大，包括刑事诽谤在内的诽谤逐渐从线下转移到线上，国家与新媒体的关系也随之出现了新变化。2013年9月，最高人民法院和最高人民检察院联合发布了《关于办理利用信息网络实施诽谤等刑事案件适用法律若干问题的解释》，其中对《刑法》第二百四十六条第一款规定的“捏造事实诽谤他人”和“情节严重”、第二款规定的“严重危害社会秩序和国家利益”进行了扩大解释。如何理解新局面下的刑事诽谤问题将成为一个新课题。

---

[1] 王刚桥：“建议全国人大废除诽谤罪但书条款”，北京：《新京报》，2009年4月22日。

以民事诉讼矫正媒体妄为的可能性

以性为重要内容的个人隐私意识是以随着中国的改革开放、特别是最近10多年来在国人中间开始发展的。隐私在西方的历史长河中主要是作为一种积极的社会价值而存在的。但是在中国这样一个自古以来就以家国意识进行思想灌输的社会中，隐私及其前身阴私，具有相当负面的含义，被认为是与家国观念冲突的私人事务、甚至是见不得人的丑事。随着1987年初《民法通则》的施行，法律和一般意义上的公民的人格权和人格尊严意识成长起来。虽然《民法通则》规定的人格权中列有名誉权、荣誉权、肖像权、姓名权等，而并无隐私权和性自主权。但是，我们今天普遍认识到，不包括隐私权和性自主权的公民人格权是不完整的人格权。

性自主权原来叫贞操权，“性自主权是指自然人保持其性纯洁的良好品行，依照自己的意志支配性利益的具体人格权”。它的内容包括保持权、反抗权和承诺权。[1]也有论者认为，性自主权是指在法律不禁止的范围内，个人具有按照自己的意愿来选择和决定自己在性方面的一切事务的权利。具体包括：性对象选择自主权、性行为自主权和性表达自主权。性的自主权是由女性主义者提出和提倡的。她们主张，他人对于个人的性的自主权的干涉与破坏，首先和主要是针对女性的，女性所受到的侵害与损害也最多和最大。因此，女性必须反对任何对个人的性的自主权的侵犯，才能最终实现男女平等的理想。[2] 当然，今天的性自主权应该扩大到同性恋的范围。

大众媒体时代，尤其是以互联网为代表的新媒体时代，一定是一个开放的时代，其中涉及的性题材必然增多，并引发社会性观念的变化。曾几何时，我们的古老文明以含蓄和内敛著称，历史上在性这个最大隐私议题上偏于传统和保守，此类题材和话题多属于公开传播中的禁忌。如今，短短二三十年内，情况发生巨变。从某种意义上说，我们进入了一个情色社会。在新老媒体上，

[1] 王利明、杨立新主编：《人格权与新闻侵权》，北京：中国方正出版社，2010年版，第424-427页。

[2] 参见 http://baike.baidu.com/view/6616665.htm。

性主题似乎日益契合人们的兴趣。一方面个人主动通过媒体公开的现象与日俱增，一方面是媒体日益致力于追逐和挖掘此类题材。

但是，就像世界上的多数国家一样，中国仍然是一个男性主导的社会，在性观念走向开放的过程中，我们也不得不反思：（1）与媒体高度相关的性话题开放的边界在哪里？（2）开放的结果是否有利于处于弱势地位的女性，是否有利于性别公正？我们可以以十年前的一宗经典案例为起点，来进行某种检验和批判反思。

“女张二江”之污名

10 多年前，湖北省天门市原市委书记张二江的贪腐故事流传甚广，此人曾被当时的湖北省委书记俞正声称为“吹、卖、嫖、赌、贪”五毒俱全的“五毒书记”。2002 年初，张以涉嫌受贿罪被逮捕；2002 年 9 月因受贿、贪污近 80 万元被判处有期徒刑 18 年。据新华网报道，他曾与 107 个女性有染，曾让一名情妇的美照上了巨幅广告牌。[1]

2003 年 1 月，湖北省枣阳市原市长尹冬桂因涉嫌受贿，被湖北省检察院立案侦查。6 月 25 日，宜城市法院公开审理此案，称尹在担任枣阳市委副书记、代市长、市长期间，先后收受贿赂 43,000 元、美金 2,000 元。9 月 9 日，法院确认尹收受贿赂 43,000 元、美金 2,000 元，一审判决尹冬桂有期徒刑 5 年。

就在宜城市法院公开审理此案的当天，2003 年 6 月 25 日，《武汉晨报》第三版上发表了两篇报道，一篇题为“收受贿赂八万元，人称‘女张二江’……”，另一篇题为“与多位男性有染，霸占司机长达 6 年，枣阳有个‘女张二江’”。这两篇报道除了讲到尹冬桂因受贿将接受审判外，更多地谈到了尹冬桂的私生活问题。文章被多家报纸和网站转载，很多消息来源于《武汉晨报》。

一些媒体也予以仿效，广州《新快报》6 月 26 日以“湖北‘女张二江’昨受审”为题报道说：“一个曾担任县级市委副书记、政府市长的人，收受贿赂 6 万多元，按说在当今的反贪污反贿赂案件中，算不上一桩大案子，可尹冬桂一案为什么又吸引了那么多媒体记者？原来，尹冬桂一案虽然是涉嫌受贿，而在受贿的背后，有太多桃色丑闻和传说。因此，尹冬桂在民间才有了一个‘女张二江’的外号。”

[1] 参见 http://news.qq.com/a/20090610/001019_7.htm。

《新快报》的报道还写道："曾与尹冬桂有过接触的襄樊当地官员吴文彬（化名），曾与尹冬桂在一些正式场合见过面。吴说她'长得一般，蛮黑，个子也不高，按说是没有男人缘的'。可传言中她与多位男性关系暧昧，当中有官员，有商人。'最典型的是，她在任枣阳市委副书记时，竟然在下面单位调了个帅气的小伙子来给她当司机。'两年后，司机想成家了，另谈了个对象。尹大发其火，令司机与恋人分手。就这样，司机为她服务了6年之久。"

当时尹冬桂正关押于看守所，听到社会上的传闻后，精神状况发生一些变化，不思饮食，胡言乱语，一度失去生活自理能力。她被转入武汉女子监狱服刑后，一度不能行走、说话和进食，精神明显异常，被武汉市精神病医院收治。该院2003年11月5日作出鉴定，认为尹在被告知关于自己私生活的问题见报和女儿自杀等重大应激事件后出现精神异常，诊断为创伤后应激性精神病，须加强治疗。

媒体败诉冤不冤？

9月19日，即尹冬桂受贿案一审判决10天后，尹委托丈夫向《武汉晨报》所属的长江日报社索赔精神损害抚慰金41万元，另索赔经济损失8万元。2004年4月24日，襄樊市襄城区法院经不公开开庭审理作出一审判决：一、长江日报社在《武汉晨报》第三版上书面向尹赔礼道歉，以消除影响，恢复名誉；二、长江日报社赔偿尹精神抚慰金20万元；三、长江日报社赔偿尹各类经济损失27,992.90元。

法院一审认为，《武汉晨报》两篇报道内容失实，所用语句不当，对尹的人格尊严造成侵害。此案是一宗特殊的名誉侵权案，《武汉晨报》报道之日，正是尹涉嫌受贿接受审判之时，尹的刑事案件尚未作出判决，《武汉晨报》就用了"收受贿赂八万元"的字眼作标题，给人以确定感，既存在用语不当，数额也与最终的认定有较大出入。"我们不能苛求新闻媒体的用语有如法律用语般规范，但应当客观真实，尤其涉及对案件的报道，应少用批判性字语。"

法院判决书指出，"张二江"是湖北乃至全国对男女关系问题的特殊代用语，含有贬义，《武汉晨报》报道的标题本身就涉及个人隐私，个人隐私属人格权利的一部分，不容侵犯，而报道的内容极少提及刑事案件的审判，更着重于尹冬桂的个人生活问题。因此，这两篇报道从标题到内容均严重侵犯了尹的人格权利，导致其社会评价降低，名誉受损。这两篇报道又被多家媒体转载，上网传播，影响范围也相当广泛。尹正是在多重压力之下精神出现异常，但失实报道的刺激对尹作为一名女性而言应是主要的。

长江日报社不服一审判决，提起上诉。上诉理由主要集中在精神抚慰金和经济损失赔偿金数额的合理性上。襄樊市法院经审理认为，虽然尹冬桂作为公众人物理应更多地接受新闻媒体的监督，但是新闻报道不能超出法律允许的界限，更不能以满足公众知情权为理由侵犯公民的隐私权。但二审判决认为，《武汉晨报》的报道确实给尹造成了一定精神伤害，但其精神疾病的产生有诸多原因，且尹基本犯罪事实已被确认，其社会评价已不是报纸报道所能决定，因而20万元精神抚慰金显然过高，也不应由长江日报社承担尹的全部经济损失。二审判决：一、维持原审判决第一、第三项；二、长江日报社赔偿精神抚慰金由20万元改判为5万元，赔偿经济损失27,992.90元的70%即19,315元。

本案终审后，尹冬桂又接连起诉了35家转载侵权文章的媒体。新闻侵权研究专家徐迅女士认为，虽然在媒体上找不到关于起诉这35家媒体审判结果的任何报道，但基于本案已经确定的事实和生效的判决理由，这些案件如何判决仍然可以推断：只要确实刊登或发表了已被判决构成侵权的报道，也就是各家不加核实而转载虚假不实报道的被告媒体不以《民法通则》规定的停止侵权、消除影响、赔礼道歉、赔偿损失方式各自承担应有的责任，恐怕难以了结官司。[1]

尹冬桂案判决获高度评价

在本案例中，媒体受到了法律的制裁和规训。这给了我们一个启示，在媒体道德水准不容乐观甚至每况愈下的背景下，以民事诉讼的方式适度惩罚媒体的妄为，不失为一种矫正行为。虽然这种矫正不属于自律范畴，因而是辅助性的，但它是令人印象深刻的，因此可能是更为有效的。这类案例还反映出了一些深层次的社会问题，值得和需要以法律的眼光来审视。

时任中央人民广播电台法制处处长的徐迅女士在她主编的《中国新闻（媒

[1] “中国新闻侵权案件精选与评析”课题组：《中国新闻（媒体）侵权案件精选与评析50例》，北京：法律出版社，2009年版，第1-3页；陈文定：“‘女张二江’称呼违法 尹冬桂获赔20万元”，《新京报》，2004年4月30日。

体）侵权案件精选与评析50例》中，将本案列为书中第一个案例。徐迅女士在案例评析中首先强调了本案对新闻法制的贡献："令人欣喜的是，由于这个判决的出现，中国的新闻媒体以至公众将在几个方面获得教益"：其一，罪错应负责任，人格不容屈辱。其二，报道应有度，煽情不可取。其三，舆论监督媒体，自律力量增长。[1]

徐迅剖析了一些没有受过基本法律训练的媒体从业者存在的一种无知："长期以来，在中国这个经历过十年动乱的国度里，人格尊严应当受到尊重与保护的观念缺少应有的地位与高度。不少人认为，如果是一个好人，他当然享有人格尊严；但如果是一个坏人，则其人格尊严便无从谈起。因此侮辱一个有罪、有错的人的人格，是理所当然的事情。有些媒体对有错、有罪的人使用有损人格的表现手法，如拍摄未穿裤子的嫖娼者；发表死刑犯五花大绑、被揪头发示众的照片等，而如同武汉该报将传言当作事实加以报道，对犯罪嫌疑人的两性关系大泼污水，则是一种最典型的、最突出的表现。"[2]

徐迅女士还尖锐批评了相当一部分媒体的无知、颟顸和特权思想：在尹冬桂案的报道中，不少媒体追星逐臭，不加核实便对所谓"女张二江"的虚假新闻大加转载。这说明，"在舆论监督的旗帜下，我国的新闻机构在抨击社会各种不正之风的同时，似乎也形成了某种默契：对新闻界自己的错事、坏事、丑闻闭口不谈，使媒体成为舆论监督的特区，导致媒体业自律水准低下，某些媒体、特别是主流媒体的从业者特权思想严重，对法律一知半解，缺少了解与尊重，甚至即使错了，也不向公众和被损害者道歉"。[3]

徐迅认为，审判机关向媒体传达了两则信息：第一，犯罪嫌疑人的罪责由法院、而不是由媒体来确定。新版《刑事诉讼法》1997年1月1日生效后，新闻媒体对有关犯罪案件报道中对涉嫌犯罪之人的称谓一夜之间全部改变，"罪犯"、"犯罪分子"统统改为"犯罪嫌疑人"。但遗憾的是，目前新闻媒体违反无罪推定原则的表达触目可见，"法院未判、媒体先判"的情形屡见不鲜，权威媒体也不例外。第二，判决书中写道，媒体应当客观真实，尤

[1] "中国新闻侵权案件精选与评析"课题组：《中国新闻（媒体）侵权案件精选与评析50例》，北京：法律出版社，2009年版，第4-5页。

[2] "中国新闻侵权案件精选与评析"课题组：《中国新闻（媒体）侵权案件精选与评析50例》，北京：法律出版社，2009年版，第3-4页。

[3] "中国新闻侵权案件精选与评析"课题组：《中国新闻（媒体）侵权案件精选与评析50例》，北京：法律出版社，2009年版，第5页。

其涉及对案件的报道，应少用“批判性的字语”。事实上，“批判性的字语”令报道丧失客观性而不足取。既然法院对案件尚未宣判，被告人的命运并未最后确定，“批判性的字语”就潜伏隐患。虽然新闻报道应当引人入胜，但不能与客观公正的基本原则相抵触。徐迅强调，“充满形容词的煽情与炒作让一桩严肃的腐败新闻成为街谈巷议的风流韵事”，未经证实的传闻因“女张二江”的比喻“令受众产生了必然的联想，被告人因‘曾与一百多个男人有染’的滥情故事而成为低俗的娱乐性话题，法律问题由此与媒体道德联系在一起。而案件报道少用‘批判性的字语’的判决意见则是法官对媒体富有建设性的告诫。”[1]

贪官、罪犯与人格尊严

徐迅女士主张，由于加入了多项国际人权公约，中国在人权保障领域迅速接纳国际标准。人格尊严是人权的基础，是每个人与生俱来的固有权利，它是平等的、人人享有的，不因人的任何背景而有所不同。这其中当然也包括有罪、有错者的人格尊严。一个人不因有错、有罪而丧失其正当权利。法院可以剥夺人的财产、自由乃至生命，但不可剥夺人的尊严。即使是死刑犯，当他被依法剥夺生命的时候，也有权利有尊严地死。[2]

在中国国内法中，人格尊严已经延伸到了包括贪官以及各种“坏蛋”和罪犯在内的所有人。当罪犯被剥夺了政治权利之后，他的民事权利还继续存在。政治权利是公民从事公共政治生活的权利。如果法院判决剥夺某罪犯的政治权利，就意味此人丧失了以下权利：（1）选举权和被选举权；（2）言论、出版、集会、结社、游行、示威自由的权利；（3）担任国家机关职务的权利；（4）担任国有公司、企业、事业单位和人民团体领导职务的权利。但即使被剥夺政治权利终身，他们作为公民的民事权利——如名誉权、隐私权、肖像权、婚配权、继承权、受教育权等——并没有因此丧失。[3]

媒体评论员李德民在评论尹冬桂和辽宁省沈阳市中级人民法院原副院长

[1] “中国新闻侵权案件精选与评析”课题组：《中国新闻（媒体）侵权案件精选与评析50例》，北京：法律出版社，2009年版，第4-5页。

[2] “中国新闻侵权案件精选与评析”课题组：《中国新闻（媒体）侵权案件精选与评析50例》，北京：法律出版社，2009年版，第4页。

[3] 张有义：“贪官，情妇与他们的名誉权”，北京：《法制早报》，2006年10月23日。

焦玫瑰起诉报纸侵犯名誉权案时，讲得既生动又入法入理："按说，关在牢里的人，只准规规矩矩，不准乱说乱动。坐牢同住五星级饭店当然不一样，既没有自由，也没有好吃好喝。可是，这两个民愤很大、影响恶劣的女人，却在狱中为自己鸣冤叫屈了，向新闻媒体叫阵了，要求维护自己的人格和名誉了。也许有人会说，这不是要翻天么？不是在反扑么？其实不然，不管怎么说，两人的行为是法律允许的。服刑之人也有人格和名誉，法律也保护其人格和名誉。比如，在狱里，不准打，不准骂。同样的，在狱外，在媒体上，也不准骂。"[1]

当然，我们引进法律的视角，接受法律的教益和规训，目的还是在于维护媒体的道德正当性。而在努力矫正媒体失德行为的同时，还可以深入挖掘一下这些现象背后的行为逻辑。从性别平权的角度来看，一些媒体的表现很有问题。最近若干年来，不管是真还是假，女贪官总是逃不过绯闻的纠缠，被《北京青年报》评论员潘洪其称为"抹黄"的现象绝非个案。进入21世纪以来，每当一个女贪官倒下，媒体和社会关于她们的绯闻便满天飞。从湖南省建工集团总公司原副总经理、"三湘女巨贪"蒋艳萍到浙江省建设厅原副厅长杨秀珠，从尹冬桂到焦玫瑰，从深圳罗湖区公安局原局长安惠君到安徽省卫生厅原副厅长尚军，莫不如此。这其中，有些绯闻是真的，如"三湘女巨贪"蒋艳萍；有些绯闻却漏洞百出，甚至是胡编乱造的，如湖北尹冬桂、辽宁焦玫瑰和安徽尚军。

[1] 李德民："人人都有人格"，北京：《人民日报海外版》，2004年7月13日。

隐私权法的西风东渐与本土发展探析

法律上隐私权概念的出现源于大众传媒对私人生活的侵扰。在大众传媒无孔不入的今天，对于记者和网民而言，隐私权问题带来的麻烦和困扰越来越多，而随着新媒体的崛起，尤其是通过“人肉搜索”的方式，披露和围观他人个人信息、窥探他人私生活的行为越来越普遍。

一、中西方历史中的隐私

中国传统文化往往强调“崇公抑私”，天子代表公和天下。“私”一般具有贬义内涵，通常指向不可告人的所指。因此有研究者认为中国人没有隐私意识。[1] 文化大革命中甚至鼓吹“斗私批修”，“灵魂深处爆发革命”。

而在西方世界，隐私一直被表述为一种积极的社会价值。早在2000年前古希腊的希波克拉底时代，人们就期待医生为他们的医疗状况保密。[2] 人们都生活在对自己和他人尽责的社会中，缺少以休息、思考、实验和独立行动为目的的隐私，个人将很难尽到其作为公民的责任。为了促进自决和自主的个人发展，一定程度的隐私是必要的，而为了促进有责任感的家庭成员和社会的发展，也有必要形成某种程度的隐私。[3]

美国散文家亨利·戴维·梭罗（1817-1862）在其名篇《瓦尔登湖》中提到他对19世纪社交生活的看法：“有了伴儿，即使是最好的伴儿，不久也要厌倦，弄得很糟糕。我爱孤独。我没有碰到比寂寞更好的同伴了；”“社交往往过于廉价。我们相聚的时间是如此短促，都来不及使彼此获得任何新的有价值的东西。”瓦尔登湖畔的独居生活之所以有吸引力，是因为梭罗认识到：“大部分时间里，我觉得寂寞是有益于健康的。”英国作家乔治奥威尔（1903-1950）在反乌托邦小说《一九八四》中描述了这样一个社会：家家户户都有一个特殊

[1] 陈华明：《当代中国大众传媒的隐私话题研究》，成都：四川大学出版社2010年版，第12页。
[2] （美）公民教育中心：《隐私》，刘小小译，北京：金城出版社，2011年版，第153页。
[3] （美）阿丽塔·L·艾伦、理查德·C·托克音顿：《美国隐私法：学说、判例与立法》，冯建妹等编译，北京：中国法制出版社，2004年版，第11页。

的电视屏幕，透过这样的大屏幕，政府能看到或听到人们做的一切事情。小说中有一名句：老大哥在看着你！主人公温斯顿·史密斯发现一家商店楼上的小屋没有电视屏幕。即便这间屋子又小又残破，但是对于温斯顿来说犹如天堂一般。

美国法学家查尔斯·弗里德说："没有隐私权，我们就失去了人之为人的完整性。"[1]在当代，一个社会走向或已经实现民主法治，就必然高度重视保护公民个人的隐私权。美国一个公民教育机构甚至将隐私、正义、责任、权威列为民主的四大基础，认为隐私有六大益处[2]：自由、安全、个体性、保护经济利益、创造性、亲密。

国内学人认为，在互联网逐渐侵蚀以往个人对自己私生活领域的决定权的过程中，确有必要为公共领域和私人领域找到一个新的平衡点。隐私权保护在现代社会中有下列正面功能：（1）积极促进个人生活的自我确定；（2）培养活泼而创造性的个人特质；（3）合理设置舒缓大众压力的安全阀；（4）提高社会对于失足者的容让度。[3]

可见，现代人日益重视隐私，除了凭借直觉努力寻找心灵的港湾之外，确有其理性的成分："隐私是对人类自由和尊严的基本保障。隐私的价值不仅在于它本身，同时它对我们享有财产权，以及享有思想、言论、宗教和良知的自由都同样重要。没有隐私权，其他这些重要的权利对我们来说也就失去了意义。"[4]

二、"黄色新闻"与隐私权的诞生

19世纪末期，西方各国纷纷转向工业化、城市化，其间出现了大量商业性大众报刊。从1850年到1890年，美国报纸发行量增长近10倍，报业竞争激烈，而可供报道的公共事务是有限的。在此背景下，纯粹的私人事件可能会在一夜之间变成公共话题。"事实上，是对报界的义愤，首先创造了法律

[1] Charles Fried, "Privacy," 77 *Yale Law Journal*. 475, 477 (1968).

[2] （美）公民教育中心：《隐私》，刘小小译，北京：金城出版社，2011年版，第86页。

[3] 崔华强：《网络隐私权利保护之国际私法研究》，北京：法律出版社，2012年版，第18-19页。

[4] （美）公民教育中心：《隐私》，刘小小译，北京：金城出版社，2011年版，第3页。

上的隐私权。”[1]

隐私权法的源头，可追溯至美国律师塞缪尔·沃伦（Samuel Warr-en，1852-1910）和后成为美国最高法院副首席大法官的路易斯·布兰代斯（Louis Brandeis，1856-1941）于1890年在《哈佛法学评论》发表的重要论文《论隐私权》。其实在此之前，密歇根州最高法院首席法官托马斯M库利（1824-1898）就已在1880年将隐私定义为一种权利——“一种完全逍遥即独处的权利”。

沃伦和布兰代斯是哈佛法学院同学，毕业时成绩名列全班前两位。沃伦娶了波士顿一位阔太太，并为了继承家传的造纸业而放弃了律师业务。

沃伦夫人喜欢举办社交活动，而波士顿的报纸热衷于“以高度私人性的和令人尴尬的细节”报道沃伦夫人的聚会，尤其是《星期六晚报》。最不能让沃伦夫人接受的是报纸对她女儿婚礼的报道。于是沃伦找到前律师事务所搭档布兰代斯，结果就产生了这篇传世名文。[2]

针对“黄色新闻”时代的煽情报纸对个人的轻慢和贬损，沃伦和布兰代斯建议法律承认隐私权。沃伦和布兰代斯就隐私权及其在法律上的价值写道[3]：

> 报界正在各个方面明显逾越正当、庄重的界限。闲话[4]不再是游手好闲之人和品行不端之人的资源，它成为一种交易，可以通过勤劳工作和厚颜无耻而获得。为了满足淫欲的需求，性关系的细节在日报版面上广为传播。为了吸引懒惰之人，报纸的大量版面充斥着毫无价值的闲话，这些流言只有通过侵扰他人家庭生活方能获得。
>
> 伴随着文明的发展，紧张而复杂的生活使得人们有必要有一些时间和空间超脱于世事之外，与此同时，人类在日趋精致高雅的文化的影响之下，对于公开表现得越来越敏感；但是现代企业和现代发明却通过侵犯个人隐私，使其遭受精神痛苦和伤害，这

[1] （美）爱伦·艾德曼、卡洛琳·肯尼迪：《隐私的权利》，吴懿婷译，北京：当代世界出版社2006年版，第156页。

[2] William Prosser, “Privacy,” 3 *California Law Review*, 383 (1960) .

[3] Samuel D. Warren & Louis D. Brandeis, “The Right to Privacy,” 4 *Harvard Law Review*, 193(1890).

[4] 闲话（gossip），也被译为“流言蜚语”、“八卦”、“传闻”等。

种痛苦和伤害可能远甚于肉体伤害所能带来的影响。

《论隐私权》发表后，美国学术界及司法界展开了热烈的讨论。1905 年的"帕维斯奇诉新英格兰人寿保险公司案"是美国法院第一个承认隐私权的案例。此后，隐私权的观念逐步为大众所接受《美国侵权法第一次重述》也承认了隐私权，其中案型包括了报纸的侵扰、摄影师的窥探、未经授权的广告以及个人信息隐私等。从此，多数法院采纳"帕维斯奇案"的观点，承认隐私权的主张转居上风。[1]

三、欧美隐私权法的发展

隐私权的概念本身源自美国，历经百余年的发展，美国隐私法始终居于世界领先地位，影响甚巨。[2] 如果说从 1890 年起是第一个阶段，那么这个阶段大致持续了 70 年。1960 年起则进入第二个阶段。

1960 年，加州大学（伯克利分校）法学院院长威廉·普罗瑟（William Prosser，1898-1972）在《加州大学法律评论》上发表论文"论隐私"。至此，隐私权在普通法上的地位更加巩固。普罗瑟指出，隐私权经过多年发展，已不再是单一的法律概念，而是四种侵权类型的复合体。普罗瑟在收集大量判例的基础上分析，以侵害原告利益的不同，将隐私权侵权分为以下四个类型：（1）侵扰原告的幽居或独处，或侵入私人事务（Intrusion upon the plaintiff' s seclusion or solitude，or into his private affairs）；（2）向公众披露使原告尴尬的私人性事实（Public disclosure of embarrassing private facts about the plaintiff）;（3）以虚光的形式将被告置于众目睽睽之下（Publicity which places the plaintiff in a false light in the public eye）；（4）以被告图利为目的盗用原告的姓名等物（Appropria-tion， for the defendant' s advantage， of the plaintiff' s name or likeness）。[3]

正如普罗瑟所强调的那样，隐私侵权的四个分支彼此迥然有别，视具体

[1] 高圣平："比较法视野下人格权的发展——以美国隐私权为例"，武汉：《法商研究》，2012 年第 1 期。

[2] 王泽鉴："人格权保护的课题与展望（三）——人格权的具体化及保护范围（6）——隐私权（中）"，台中：《台湾本土法学杂志》，2007 年第 8 期。

[3] William Prosser, "Privacy," 3 *California Law Review*, 383 (1960) .

情况具体运用。普罗瑟所构建的隐私权体系极具影响力，成为美国隐私权法上的主流学说，几乎为所有法院所推崇。这一体系虽然还不时受到学界的批评，尤其是第三类和第四类隐私权侵权，以及隐私权利是单一权利还是权利束，但是并未撼动其在普通法上的稳固地位。及至《美国侵权法第二次重述》，上述隐私权体系更是得以明确和确定。[1]

20 世纪初，美国各州开始承认隐私权为民法权利。一些州制定了成文法，另一些州则在普通法的范畴内发展出这一权利。自此之后，法院逐渐将隐私法的管辖范畴扩展至"公开真实但令人尴尬的私人情况"，这正是布兰代斯和沃伦建议保护的那种隐私权。1974 年，美国有了成文的联邦《隐私法》。到 1998 年，美国所有的州和哥伦比亚特区都在州法（州宪法、制定法或普通法）上承认了隐私法。[2]

今天，美国对隐私权的法律保护有宪法、普通法和成文法三个层面，也有联邦法和州法之分。美国宪法对隐私权的保护旨在保障个人私生活不受公权力的侵害，其核心问题在于如何调和个人隐私保障与公共利益之间的关系；而私法（侵权法）对隐私权的保护旨在保证个人隐私不受他人侵犯，其核心问题在于调和个人隐私与言论自由的关系。[3]

根据"晕影理论"，隐私权受美国《宪法》诸多条款的保护：宪法《第一修正案》"集会自由"、《第三修正案》"禁止军人在平时驻扎于民房"、《第四修正案》"不受无理搜查和查封"、《第五修正案》不得"自证其罪条款"、《第九修正案》"在宪法中列举的某些权利不得被解释为否认或轻视人民所保有的其他权利"等规定的"晕影"中都存在对隐私权的保护。[4]

隐私权在美国宪法中得以确认始于 1965 年的"格里斯沃德诉康涅狄格州案"。该案确立了个人在做出涉及婚姻、家庭和诸如流产等抉择时不受政府无理打扰的权利。代表最高法院作出裁定的威廉·道格拉斯大法官认为，夫妻间的亲密隐私关系受到宪法的保护，州政府不应干涉已婚夫妇使用避孕装置

[1] 高圣平："比较法视野下人格权的发展——以美国隐私权为例"，武汉：《法商研究》，2012 年第 1 期。

[2] "*The Privacy Torts*: How U. S. State Law Quietly Leads the Way in Privacy Protection," http://www.privacilla.org/releases/Torts_Report.html.

[3] 高圣平："比较法视野下人格权的发展——以美国隐私权为例"，武汉：《法商研究》，2012 年第 1 期。

[4] 高圣平："比较法视野下人格权的发展——以美国隐私权为例"，武汉：《法商研究》，2012 年第 1 期。

的权利。他首先强调确有所谓隐私地带的存在，并通过"晕影理论"将隐私权宣告为宪法上的基本权利。

在大陆法系国家，德国没有采用"隐私权"概念，在联邦宪法层次上由《基本法》第一条人性尊严的规定、第二条人格的自由发展权的保护，加上第十条对通讯自由、第十三条对居住自由的保护构成；民法层面的隐私权由民法体系中的"一般人格权"的概念予以保护，这样就产生了与美国法殊途同归的结果。[1] 法国于1970年增补《民法典》第九条，规定了隐私权保护，即"任何人有权使其个人生活不受侵犯"；1995年将隐私权升格为宪法权利。日本二战后大致借鉴德国模式，在1964年和1969年分别在民法和宪法层次上实行了对"个人尊严"的保护。[2]

可以看出，美国和欧陆国家对隐私保护的维度是不同的。如耶鲁大学法学院詹姆斯·惠特曼教授所言，美国的隐私权理念建立在自由基础之上，而欧洲的隐私权保护建立在人格尊严基础之上。美国人之所以要保护隐私是为了保护人的自由，而最初提出的独处权是自由的一个基本范畴，后来发展为私生活的自由、自主，强调的都是以自由为隐私的基础。欧洲人在民法上那么强调隐私，实际上是为了维护人格尊严。[3]

尽管保护隐私的基理不同，但隐私作为一种权利已是国际共识。1950年《欧洲人权公约》第八条规定：人人有权使他的私人和家庭生活、他的家庭通信受到尊重。1976年联合国《公民权利和政治权利国际公约》第十七条规定：一、任何人的私生活、家庭、住宅或通信不得加以任意或非法干涉，他的荣誉和名誉不得加以非法攻击；二、人人有权享受法律保护，以免受这种干涉或攻击。

四、我国法律对隐私权的保护与缺憾

在我国学术界，关于隐私权定义的代表性观点主要有：（1）隐私权是指公民对自己个人生活秘密和个人生活自由为内容、禁止他人干涉的一种人格权；（2）隐私权就是自然人享有私人信息的权利，可称为私生活信息权或私人信息权；（3）隐私权是指公民享有的私人生活安宁与私人信息依法受到保护，

---

[1] 张莉：《论隐私权的法律保护》，北京：中国法制出版社，2007年版，第5-6页。

[2] 张莉：《论隐私权的法律保护》，北京：中国法制出版社，2007年版，第5-6页。

[3] James Q. Whitman, "The Two Western Cultures of Privacy: Dignity versus Liberty," 113 *Yale Law Journal* 1151(2004) .

不被他人非法侵扰、知悉、搜集、利用和公开等的一种人格权；（4）所谓隐私权，就是指个人秘密的不公开权；（5）隐私权是自然人享有的对其个人的、与公共利益无关的个人信息、私人活动和私有领域进行支配的一种人格权。

学界一般认为，隐私具有三种形态。一是私人活动，指相对于公共事务、群体事务而言的，以具体的、有形的形式表现于外界的隐私，且以特定个人为活动的主体，如朋友往来、社会交往、夫妻生活、两性关系等；二是个人信息，它指个人不愿公开的情报、资料、数据等，如健康状况、财产状况、历史污点等；三是个人领域，即私人空间，如个人居所、身体的隐密部位、日记内容、通信电话等。也有的司法文书中还提到个人生活安宁。

在立法层面，1986 年《民法通则》规定了生命健康权、姓名权、名称权、肖像权、名誉权、荣誉权等人格权，而没有将隐私权规定为公民的人格权。有学者指出“我国自建国之后，囿于历史原因，民法典起草屡受挫折，私权利长期蒙受压制，更遑论隐私权。直至改革开放之后，我国隐私权乃至人格权的研究较之财产法仍偏薄弱”。[1] 此后，最高法院在 1988 年 1 月《关于贯彻执行〈中华人民共和国民法通则〉若干问题的意见（试行）》第 140 条规定：“以书面、口头等形式宣扬他人的隐私，或者捏造事实公然丑化他人人格，以及用侮辱、诽谤等方式损害他人名誉，造成一定影响的，应当认定为侵害公民名誉权的行为。”1993 年《关于审理名誉权案件若干问题的解答》规定：“对未经他人同意，擅自公布他人的隐私材料或以书面、口头形式宣扬他人隐私，致人名誉受到损害的，应按照侵害他人名誉权处理。”依据这一司法解释，在对隐私权的保护上，适用以名誉权的保护方式进行保护，这是所谓的间接保护方式[2]。这实际是对隐私的一种变通保护，也是权宜之计。由于其对于侵权的构成没有细化的规定，从而使法院在审理此类案件中缺乏明确指引。

事实上，隐私权与名誉权一样是一项独立的权利，将其作为名誉权进行保护显然是不完备、不周密的。正如魏永征教授所言，这种间接保护只能是权宜之计，因为它有严重不足：“只是着眼于涉及私人信息的保护，而没有涉及私人活动和私人空间的保护。而在私人信息中，也只是注意到那些与名誉有一定联系的信息，有些私人信息公开后并不会导致当事人社会评价的降

---

[1] 马特：“侵犯隐私权的构成及类型化研究”，哈尔滨：《北方法学》，2007 年第 4 期。

[2] 张新宝：《隐私权的法律保护》，北京：群众出版社，2004 年版，第 48 页。

低，但是足以使当事人陷于尴尬，当事人却难以得到法律救济。”[1]

此后，1990 年《行政诉讼法》、1991 年《民事诉讼法》、1996 年《刑事诉讼法》、1997 年《刑法》等程序法中纷纷增加涉及隐私的条款。而 1991 年《未成年人保护法》、1991 年《残疾人保护法》、2005 年修订版《妇女权益保障法》和 1994 年《消费者权益保障法》也分别对未成年人、残疾人、妇女等特殊人群以及消费者的隐私权作了规定。

2001 年最高人民法院《关于确定民事侵权精神损害赔偿责任若干问题的解释》规定："违反社会公共利益、社会公德侵害他人隐私或者其他人格利益，受害人以侵权为由向人民法院起诉请求赔偿精神损害的，人民法院应当依法予以受理。”从某种意义上讲，这将包括隐私在内的人格利益纳入了直接的司法保护中，成为“我国隐私权法的一个重要突破”。[2] 而 2005 年修订的《妇女权益保障法》则是第一部使用“隐私权”概念的法律，其中第四十二条规定："妇女的名誉权、荣誉权、隐私权、肖像权等人格权受法律保护。”这改变了 1992 年《妇女权益保障法》第三十九条“禁止用侮辱、诽谤、宣扬隐私等方式损害妇女的名誉和人格”的表述，将隐私权与名誉权、肖像权等并列为一项独立的妇女人格权利。加上 2007 年最高人民法院《民事案件案由规定》和 2009 年《侵权责任法》，隐私权得到了民法比较全面的保护。对此，王利明教授指出“我们国家还是采用大陆法的概念。严格的讲，我们现在采用的还是德国的概念，就是人格权的概念。隐私只不过是人格权的一种形式。”[3]

根据现有法律，我国公民享有以下十项隐私权：（1）公民享有保守姓名、肖像、住址、住宅、电话等秘密的权利，未经其许可，不得加以刺探、公开或转播；（2）公民的个人活动，尤其是在住宅内的活动不受监视、监听、窥视；（3）公民的住宅不得非法侵入、窥视或者骚扰；（4）公民的性生活不受他人干扰、窥视、调查或公开；（5）公民的储蓄、财产状况不得非法调查或公布；（6）公民的通信、日记和其他私人文件（包括储存于计算机内的私人信息）不得刺探或公开，公民的个人数据不得非法搜集、传输、处理和利用；（7）公民的社会关系，包括亲属关系、朋友关系等，不得非法调查或公开；（8）

[1] 魏永征：《新闻传播法教程》，北京：中国人民大学出版社，2010 年版，第 164-165 页。

[2] 魏永征：《新闻传播法教程》，北京：中国人民大学出版社，2010 年版，第 164-165 页。

[3] 王利明："美国隐私权制度的发展及其对我国立法的启示》"，http: //www. jcrb. com/xueshu/ zt/200806/t20080613 _22802. html。

公民的档案材料，不得非法公开或扩大知晓范围；（9）公民的向社会公开的过去或现在的纯属个人的情况（如多次失恋、被罪犯强奸、患有某种疾病等），不得进行收集或公开；（10）公民的任何其他纯属于私人内容的个人数据，不得非法加以搜集、传输，处理和利用。这其中第九项涉及个人私生活乃至犯罪记录的内容，即过去所谓的隐私被列为受保护的隐私，目前还未能广为人知。

尽管如此，目前中国对隐私权的法律保护范围仍然有限，而且法律零散、途径间接、手段脆弱。加上新媒体的冲击，隐私法远远滞后于我国社会政治、经济、文化、科技发展的迫切需要。最重要的是，在司法实践中，隐私权仍被作为名誉权来保护。因此，加强和完善公民隐私权法律保护最重要的是让隐私权独立于名誉权，将其作为一项单独的人格权在立法中予以体现。

五、隐私权与知情权的矛盾

美国法学家小泽卡赖亚·查菲（1885-1957）曾说："媒体是一种野生动物，焦虑不安、巨大，总是试图寻找新的方法发挥自身的力量。"在美国人看来，当媒体利用自身力量揭露政府腐败，它就是监督国家的看门狗。但是，当这个"动物"漫步于人们所珍视的隐私之上时，似乎就显得既危险又具有掠夺性了。

对于公民、尤其是记者和网民来说，隐私权与知情权经常产生矛盾。知情权是当今社会的一项基本人权，隐私权的立法宗旨在于自然人有权隐瞒、维护自己的私生活秘密并予以法律保护，防止任何人非法侵犯。依据这样两个权利，人们一方面希望知道更多别人的事情，另一方面又不希望自己的事情让别人知道，两者之间即产生矛盾与冲突。

民法学家梁慧星认为，隐私的概念包含两层意思：一是与公共利益、群体利益无关的私事，即所谓"私"；二是本人不愿为他人知晓或者受他人干涉，即所谓"隐"。国内有论者指出，隐私是一种与公共利益、群体利益无关，当事人不愿他人知道或他人不便知道的个人信息，当事人不愿他人干涉或他人不便干涉的个人私事，以及当事人不愿他人侵入或他人不便侵入的个人领域。[1]杨立新教授指出："人格权是绝对的权利，是任何人都不得侵犯的权利，

[1] 梁慧星、廖新仲："隐私的本质与隐私权的概念"，北京：《人民司法》，2003年第4期。

任何人都绝对不得以牺牲他人的人格权来实现自己的自由。因此，在新闻自由和人格权的保护之间发生冲突的时候，法律向人格权的保护倾斜，着重保护公民人格权不受侵犯。”[1]

恩格斯在1874年提出一个处理个人私事与新闻报道相互关系的原则：个人私事一般应受到保护，但当个人私事甚至隐私与最重要的公共利益——政治生活发生联系的时候，个人的私事就已经不是一般意义的私事，而属于政治的一部分，它不受隐私权的保护，应成为历史记载和新闻报道不可回避的内容。恩格斯举例：法国国王有两个情人，这是他的隐私，但如果撇开这些隐私不谈，那法国革命前的全部历史就变得不可理解。[2]这一论述，说明了个人隐私与新闻自由之间的一般关系，可以作为处理隐私权和知情权冲突的一般原则。

参照恩格斯的思路，结合法学界的权威意见，处理隐私权与知情权关系通常可依据以下三个原则[3]：一是社会政治及公共利益原则，即个人隐私原则上受法律保护。但如果涉及社会政治利益及公共利益，则要以个别情况加以对待。社会政治及公共利益原则并不是对官员隐私权的剥夺或限制，而是为了保障社会政治和公共利益，牺牲个人某些隐私权。二是权利协调原则，即在隐私权与知情权发生一般冲突时，应进行某种适当的协调，而通过在较小的范围内公开隐私，以满足知情权的需要。遵循这一原则，对某些现象需要诉诸社会，但如果不是十分必要则不宜公开具体当事人及其住所。如果公开必须公开的当事人，也不要牵涉或影射与此无关或关系不大的其他人。三是人格尊严原则，即新闻媒体对社会不良现象的揭露，必要时可以涉及某些个人的隐私，但不得以伤害其人格尊严为目的。

六、媒体与隐私权

今天，对个人隐私的侵犯主要来自各种大众传媒，而新的信息技术的发展使侵犯隐私的方式和路径也不断出新。这使公众感到其“独处的权利”和不被窥视的权利受到越来越大的威胁。

[1] 杨立新：“隐性采访和人格权保护”，郑州：《河南省政法管理干部学院学报》，2001年第5期。

[2] 陈力丹：“马克思恩格斯的‘隐私权’观念”，《新闻法通讯》，1986年第1期。

[3] 杨立新：《人格权法》，北京：中国法制出版社，2006年版，第312页。

新闻报道要传播受众关心的事实信息，因此，越是真实的信息，就越符合新闻报道的要求。但是，并非所有真实的受众关心的事实都是可以报道的，有关公民的隐私信息就是如此。涉及公民个人隐私的信息，越客观、真实、全面，对公民隐私权的侵害就有可能越严重。

对于大众传媒而言，侵犯隐私权是在其信息采集和传播过程中对于个人信息的非法获取和使用。在信息采集过程中最容易侵犯隐私的莫过于隐性采访了，而隐性采访中受诟病最多的莫过于偷拍偷录，即在被采访者不知情的情况下，被广播电视记者秘密录音录像并公开发表。

目前，对秘密采访方式彻底放开和完全禁止都是不可能的。出于这种现状，新闻界必须合情、合理、合法地运用这种方式。新闻侵害隐私权行为尤为突出，它是指新闻媒体和新闻从业人员在新闻作品中，未经他人同意，披露他人与社会公共生活无关的个人信息、个人事务以及其他私生活情况，给他人造成损害的行为。

徐迅女士在“偷拍偷录问题的法律研究”一文中指出，在无明确立法的情况下不可一概而论，这之中有禁区，也有空间地带，更有新闻工作者的权利。这一方式虽无新闻法界定，但并非完全无法可依。中国相关法律已规定有几种公开刊播的禁区，即：涉及国家机密、涉及未成年人犯罪、涉及个人隐私以及涉及商业秘密。这一分类源于法律规定的法院不公开审理案件的范围。

这样，相关法律从原则上划定了“公开”与“不公开”的最基本界限。正因有“禁区”要在严格限制下谨慎从事。记者不公开身份，秘密采访或化装采访的方式早已有之，中外不乏先例，在一些国家甚至成为一种难以动摇的传统。是否准许秘密采访，在什么条件下准许秘密采访，要看国家及公众要求新闻界在社会生活中扮演的角色需要而定。[1]

在司法实践中，下列媒体传播行为可能构成对他人隐私权的侵害：（1）报道与性有关的话题对当事人不作避讳；如公开强奸等性犯罪案件受害人的姓名、地址和其他足于使人辨认的特征；（2）未经许可公开当事人已经成为历史的违法犯罪及其他不光彩经历；或者报道未成年人违法犯罪或其他不良行为时任意披露未成年人的姓名、肖像等足以辨认的资料；（3）披露他人婚姻恋爱家庭情况；如披露他人多次失恋、子女收养、婚外恋、婚外性行为、

[1] 徐迅：“偷拍偷录问题的法律研究”，北京：《中国广播电视学刊》，1997 年第 12 期。

未婚先孕、人工流产等情况；（4）披露他人信件、电话等通信内容；（5）披露其他个人资料；包括姓名和别名、私生活肖像、私人电话号码、住宅、个人生活、储蓄和财产情况、健康状况、日记和其他私人文件、社会关系（包括亲属朋友关系），以及其他个人不愿意向社会公开的过去或现在的纯个人的情况。

在美国，隐私侵权的抗辩事由主要有三项：（1）公众人物：政府官员特别是高级官员对公共事务负有特别的责任，公众自然产生一种期许，希望了解政府官员履历、出身、人品、能力、财产、婚姻家庭等，这些隐私从而与公共利益相联；只有在信息透明的基础上，公众才可能有效行使选举权、罢免权和监督权；（2）新闻价值：在美国法上"新闻价值"是最为有力的抗辩之根据普罗瑟的定义，凡是有关公共利益的事务，足以激起大众探知的欲望和权利，以及促使媒体报道的，都可认为具有新闻价值；（3）正当的公众兴趣：美国最高法院在"考克斯广播公司诉科恩案"中宣称，如果披露的是公众有正当理由关切的事情，当事人不得以侵犯隐私为由而提起诉讼。

在我国，记者和网民应对隐私侵权的主要抗辩事由有：（1）公开记录：报道中使用的是党和国家机关公开发布的正式文件、通知、判决书、布告等允许公开发布、引用的材料；由于这些记录的公开性，即使其内容涉及到隐私，也丧失了隐秘性，引用者可以免责；（2）公开场合：报道人们在公开场合下行为，不被认为侵犯隐私；（3）公众人物：公众人物因其私人活动往往与公共利益、公共兴趣相联系，故其隐私权要受到较为严格的限制；但是中国法律并没有相关的法律规定，因此法官有一定的自由裁量权；[1]不过相关判例较少，其中提到公众人物的更加少见；（4）公共利益：如果某人的隐私与公共利益或社会政治、经济生活发生联系，那它就不是一般意义上的隐私，不再受隐私权的保护；（5）本人同意：主要指当事人以口头或书面形式明确表示对新闻报道的同意，具体表现为接受采访、主动提供资料、协助新闻作品完成等；（6）不可辨认：对有报道价值的、涉及隐私的事件的报道，采取略去当事人姓名、

[1] 2002 年 12 月 23 日，全国人民代表大会常委会法制工作委员会向全国人大常委会首次提交的《民法典》草案中，删除了原草案第 157 条规定的"为社会公共利益进行新闻宣传和舆论监督为目的，公开披露公众人物的隐私，不构成新闻侵权"。这可能意味着新的《民法典》不接受"公众人物"概念。虽然中国法律暂不接受"公众人物"概念，但是在隐私权领域内，明星类公众人物还是被认为不同于常人，因此，即便发生了私生活肖像、私人电话号码、住宅等私人信息被泄漏的情况，也很少形成诉讼。

模糊当事人身份、面部打马赛克、声音处理等措施，使受众不可能从新闻中辨认或推断有关当事人。

这里的最大问题是，与诽谤法类似，中国法律界是否承认公众人物概念一直是不确定的。其次，虽然司法界普遍接受公众利益抗辩，但对如何界定公共利益也有分歧。最后，如何区分三项美国隐私法抗辩事由存在困难。

根据国内学人的研究，与侵害传统隐私权行为相比，侵害网络隐私权的行为和侵权方式更为多样，而且不作为和过失也会侵害隐私权。不作为侵犯隐私权的具体情形主要包括：媒体对涉及隐私的报道应尽到审核义务而未尽到；个人资料收集机构保留错误的个人资料，未及时修正；在个人资料收集时未履行告知或通知义务；保管他人资料，未采取必要的安全措施致使信息流失或失窃，如档案管理部门储存的电子数据因未采用必要的安全防范措施而被黑客窃取、散布等。[1]

在中国，隐私法领域目前还处在摇篮期，立法上滞后、司法上法理运用和理解模糊。而且，虽然日复一日痛感在新媒体时代隐私难保，但是以入禀法院的来维权的人寥寥可数，受害者往往只能诉诸于道德讨伐或以忍气吞声来息事宁已。因此，相比于名副其实的侵害名誉，纯粹因侵犯隐私最终形成诉讼的案例目前少之又少。

到目前为止，涉及新媒体侵犯隐私权的最引人注目的案件，恐怕是王某诉大旗网侵权案：31 岁的女子姜某在博客上诉说自己丈夫有外遇后，从 24 层跳楼身亡。此后，姜某的大学同学张某某开办网站为姜岩讨公道，大旗网和天涯社区刊登和转载了网民对此事进行评论的帖子。在这些文章中，王某成了备受谴责的焦点，包括他的婚外恋史。因不堪忍受，王某将张某某和大旗网和天涯社区以侵犯名誉权事由诉至北京市朝阳区法院，索赔 13.5 万元。2008 年 12 月，由姜某的死亡博客引发的首例“网络暴力案”做出一审宣判，原告胜诉。[2] 法院认为，隐私一般是指仅与特定人的利益或者人身发生联系，

---

[1] 马特：“侵犯隐私权的构成及类型化研究”，哈尔滨：《北方法学》，2007 年第 4 期。

[2] 一、被告北京凌云互动信息技术有限公司于本判决生效后 7 日内停止对原告王某的侵害行为，删除大旗网 (www.daqi.com) 中《从 24 楼跳下自杀的 MM 最后的 BLOG 日记》专题网页。二、被告北京凌云互动信息技术有限公司于本判决生效后 7 日内在大旗网 (www.daqi.com) 首页对原告王某刊登道歉函，刊登时间不得少于 10 天，道歉函内容由本院核定；否则，本院将本案判决书主要内容刊登于其他媒体上，费用由被告北京凌云互动信息技术有限公司承担。三、被告北京凌云互动信息技术有限公司于本判决生效后 3 日内赔偿原告王某精神抚慰金 3000 元。四、被告北京凌云互动信息技术有限公司于本判决生效后 3 日内赔偿原告王某公证费用 683 元。

且权利人不愿为他人所知晓的私人生活、私人信息、私人空间及个人生活安宁。隐私权一般指自然人享有的对自己的个人秘密和个人私生活进行支配并排除他人干涉的一种人格权。采取披露、宣扬等方式，侵入他人隐私领域、侵害私人活动或者侵害私人信息的行为，就是侵害隐私权的行为。公民个人感情生活问题，包括男女关系问题，均属于其个人隐私范畴的一部分。在正常的社会生活中，类似这些问题一般仅为范围较小的相对特定人所知晓，当事人一般正常情况下不愿、也不会在不特定的社会公众间广为散播。大旗网在网站上设置专题网页，进行调查和走访，披露当事人的真实身份，将网页与其他网站相链接，扩大了事件在互联网上的传播范围，使不特定的社会公众得以知晓，这一行为显然侵犯了王某的隐私权。

另外一起刊登女性裸体照片而引起的网络侵犯隐私权案也较有影响。2009 年 5 月 13 日，殷小姐向警方报案，称有大量涉及她身体隐秘部位的裸体照片被他人上传至网站 www.kdsphome.net 中。该事件被冠以“‘海运女’艳照门事件”。[1]2010 年 7 月 1 日，上海市静安区法院一审判决百度公司停止对殷小姐名誉权的侵害，断开搜索引擎中可辨认殷小姐相貌的涉案图片链接；删除网站上保存殷小姐的个人信息；连续 3 天在百度首页醒目位置刊登向殷小姐道歉声明，消除影响为殷小姐恢复名誉；支付殷小姐经济损失人民币 2000 元、精神损害抚慰金人民币两万元。

除了法律保护之外，有的国家还建立起介于法律约束和道德自律之间的行业和社会评议机构，来缓解媒体与社会之间因侵犯隐私造成的紧张关系。例如，在美国有职业新闻工作者协会等机构的《伦理规约》来指导记者的行为，在英国和其他国家有报刊投诉委员会或报业、广播电视评议会来接受报刊读者的投诉，在报刊与受众之间进行斡旋。有了这样的“防波堤”，加之在上述国家诉讼成本高昂，大部分侵犯隐私问题被消解于非法律途径。尽管如此，西方国家毕竟有了较完善的隐私法，并且产生了较多数量的判例。但是相比于其他法律领域，隐私法理论与实践还谈不上先进和丰富。

[1] 李鸿光、周凯：“‘海运女’状告百度一审获胜，百度须在首页连续道歉三天”，北京：《中国青年报》，2010 年 7 月 2 日。

七、结语

诚如王利明教授所言:“隐私权是现代社会民法当中一项非常重要的权利,甚至可以说,隐私权的发展是现代社会的一个重要特征。因为现代社会一个很重要的特点就是对政府的行为越来越要求公开、透明。但是,对个人的隐私越来越要求强化保护。现代社会是公民社会,要求越来越注重个人隐私权的保护。”[1]

互联网和手机一方面给我们带来了海量信息,极大地方便了现代人的生活和工作,另一方面又使我们的隐私受到很大的威胁。如果通过互联网对个人隐私进行非法披露,那就等于是向全世界进行传播,将比任何一个传统媒体对个人隐私的侵害更为严重。因此,新媒体对隐私的挑战是空前的。

由于互联网等新媒体传播的特殊性,具体的司法实践中如何运用这些原则,需要司法工作者和专家发挥智慧,并密切追踪新媒体产生的新问题、新挑战,在复杂多变的时代背景下慎思善断。其前提之一就是司法人员经常接触和了解互联网的飞速发展和随时变化的传播特性,同时高度关注和积极参与未来相关法律——《民法典》《隐私权法》《个人信息保护法》等的立法过程,让社会的知情权与公民的隐私权真正成为推动社会进步的双轮。

[1] 王利明:“美国隐私权制度的发展及其对我国立法的启示”,参见 http: //www. jcrb. com/ xueshu/ zt/200806/t20080613 _22802. html。

略论隐私权的法律起源

——兼与张民安教授商榷

1890 年 12 月 15 日美国律师塞缪尔·沃伦（Samuel D.Warren）和路易斯·布兰代斯（Louis D.Brandeis）在《哈佛法学评论》（Harvard Law Review）第 4 期发表论文《隐私权》（The Right to Privacy），引发了美国法律界的一场革命，“隐私权”是其中的核心概念。他们在文中责难 19 世纪末期为了寻找低级趣味的“新闻”随意打扰他人私生活的新闻记者，尤其是擅于偷偷拍照的摄影记者，恳求法律承认一种普遍的隐私权，为那些隐私被侵犯的人得以隐私权为独立诉因获得救济。此文不仅引起学界的热烈讨论，还引起普通法和成文法领域的变革。正是基于此，该文被美国法学界奉为隐私权研究的鼻祖。

我国学者也普遍支持这种主流观点，他们一般承认《隐私权》一文为隐私权诞生之始，或者未避争议，用“通说”这类字眼一笔带过。但是，近期，中山大学法学院张民安教授对此主流观点提出了质疑，他否定隐私权诞生于 1890 年的美国，而主张法国才是最早主张、最早对隐私权进行法律保护的国家。其论据有二，其一，法国学者在 1791 年和 1819 年就已经主张过隐私；其二，在 19 世纪中期，法国已经通过既有法律对隐私利益进行间接保护。

本文着重对这两种说法和隐私权法的早期相关司法实践进行剖析，最终结论不言自明。

一、沃伦和布兰代斯 1890 年《隐私权》文

1873 年，美国发生经济萧条。为了在这场危机中存活下来，报纸试图用通俗化的手段吸引更多的读者。“更大的标题、更可读的故事、照片和颜色的点缀”都是非常有效、实用和可取的技巧。记者用“骇人听闻、华而不实、刺激人心和满不在乎的那种新闻阻塞普通人所依赖的新闻渠道，把人生的重

大问题变成了廉价的闹剧，把新闻变成最适合报童大声叫卖的东西。”[1]在新闻史上，这一通俗化和煽情主义的做法被称为“黄色新闻思潮”（yellow journalism），此时的报纸版面被“罪恶、性和暴力”占据。

《隐私权》正是在这样的背景下写作。当时，出身富家的沃伦夫人在家中举办了一系列社交娱乐活动。波士顿报纸《星期六晚报》（Saturday Evening Gazette）用被认为是高度私人化和令人尴尬的细节报道了她举办的派对。报纸在沃伦夫妇女儿婚礼那天大显身手，以头版头条报道婚礼，沃伦很烦恼，于是求助律师搭档布兰代斯，二人合作完成了《隐私权》。[2]

作者严厉谴责了窥探他人私生活的新闻媒体，恳求实行普通法的美国在法律上承认隐私权，并且为这种或其他那些侵入隐私的侵权行为强加责任，“法律必须为私人肖像的非法流通提供救济措施”。[3]他们将擅长违背个人意志公开信息的大众传媒视为威胁受到美国人重视的“个人独处”方式的主要敌人：

> 最近的发明和商业手段使人注意到保护托马斯·麦金泰尔·库利（Thomas McIntyre Cooley）法官所说的个人和个体的“独处”必须采取下一步行动。瞬间摄影和报纸企业已经侵入了神圣的私人领域和家庭生活；无数的机械设备威胁着使“壁橱里的窃窃私语应该在屋顶上大声宣布”这个预言成真。
>
> 新闻界正在各个方面明显逾越正当、庄重的界限。闲话不再是游手好闲之人和品行不端之人的资源，它成为一种交易，可以通过勤劳工作和厚颜无耻而获得……为了吸引好逸恶劳之人，报纸的大量版面充斥着毫无价值的闲话，这些闲话只有通过侵扰他人家庭生活方能获得。[4]

作者提出了一种控制与自己有关的信息的传播的隐私权含义，并将其命

---

[1] （美）迈克尔·埃默里等：《美国新闻史》（第九版），展江译，北京：中国人民大学出版社，2009年版，第197页。

[2] William Prosser, “Privacy,” 48 *California Law Review*, 383 (1960).

[3] Samuel D. Warren & Louis D. Brandeis, “The Right to Privacy,” 4 *Harvard Law Review*, 193(1890).

[4] Samuel D. Warren & Louis D. Brandeis, “The Right to Privacy,” 4 *Harvard Law Review*, 193(1890).

名为“独处的权利”（the right to be let alone），它“是保护个人作品和其他所有个人产品的原则，不是针对盗窃和物理的挪用，而是针对任何形式的刊登，实际上它不是关于个人财产的原则，而是不容侵犯的人格（inviolate personality）的原则。”[1] 这种以独处为典型特征的隐私权以普通法中的以下概念为基础，即，每一个人都拥有决定“他的想法、情感和情绪在多大程度上传播给其他人”[2] 的权利。

自问世始，此文就在法学和历史学领域占据着高位，沃伦和布兰代斯作为隐私权法的鼻祖受到赞扬。即使是批评者也承认，《隐私权》可能是“最有影响力的法学文章”。[3] 许多评论家相信，此文“不亚于给我们的法律增添了一个新的章节。”[4] 直到今日，沃伦和布兰代斯的文章还作为由各大学法学院主办的“法学评论文章影响法律发展的最佳例子”[5] 被不断提及和引用，法庭在判案时依然将其作为权威来源加以引用。该文发表后，美国各州纷纷通过立法形式承认隐私权。

二、关于隐私权起源的观点

（一）国内外主流观点

与国外的大多数法学家一样，我国法学家在谈到隐私权问题时，也普遍认为沃伦和布兰代斯的作品是隐私权的诞生之作。我国首位详细论述隐私权的法学家张新宝博士[6]、民法学家王利明和杨立新教授[7]、媒体法专家魏永征

[1] Samuel D. Warren & Louis D. Brandeis, “The Right to Privacy,” 4 *Harvard Law Review*, 193(1890).

[2] Samuel D. Warren & Louis D. Brandeis, “The Right to Privacy,” 4 *Harvard Law Review*, 193(1890).

[3] P. Allan Dionisopoulos & Craig R. Ducat, *The Right to Privacy: Essays and Cases*, Eagan Minn.: West Publishing Company, 1976, p20.

[4] Edward J. Bloustein, “Privacy, Tort Law and the Constitution: Is Warren and Brandeis’ Tort Petty and Unconstitutional as Well?” 46 *Texas Law Review*, 611(1967-1968).

[5] Harold L.Nelson & Dwight L. Teeter, Jr., *Law of Mass Communications: Freedom and Control of Print and Broadcast Media*(3d ed), Mineola, N.Y. : Foundation Press, 1978, p162.

[6] 张新宝：《隐私权的法律保护》，北京：群众出版社，2004 年版，第 28 页。

[7] 王利明：《人格权法研究》，北京：中国人民大学出版社，2005 年版，第 580-581 页；王利明、杨立新：《人格权与新闻侵权》，北京：中国方正出版社，2010 年版，第 396 页。

教授[1]、台湾民法大家王泽鉴教授[2]等都曾经指出，1890年以前尚无人提出过隐私权的系统理论，也无相应的立法和判例。布兰代斯和沃伦1890年发表的《隐私权》是隐私权的“开拓性”作品，该文的面世标志着隐私权理论的诞生，它成为被后世最广泛、最经常引用的经典作品之一，是隐私权理论研究的开端。其他关于隐私权的学术著述也多以1890年《隐私权》文作为隐私权的起始进行描述。[3]

（二）张教授对主流观点的挑战

尽管中国的多数法学家都普遍同意隐私权的诞生始于沃伦和布兰代斯的《隐私权》，但是，张教授在2013年的新作《隐私权的比较研究》[4]中提出了独到的见解。他认为，法国是世界上最早、最先认可隐私权理论的国家，法国的法律至少从19世纪中期开始就一直保护他人的隐私权，早于美国1890年的《隐私权》。其主要观点和论证过程如下。

1. 主要观点

张教授指出，法国的法律至少从19世纪中期开始就保护他人的隐私权，当行为人侵犯他人的私人生活时，法院借助1804年《法国民法典》第1382条和第1383条所规定的一般过错侵权责任来保护他人的隐私权；1791年法国宪法起草人之一雅各宾·热罗姆·佩蒂翁·德·维尔纳夫（Jacobin JérÔme Pétionde Villeneuve）和学者皮埃尔—保罗·罗耶—科拉尔（Pierre-PaulRoyer-Collard）分别在1791年和1819年主张过对隐私利益的法律保护。因此，如果从19世纪中期算起，法国对隐私权的法律保护要比美国对隐私权的法律保护早30多年，而如果从1791年算起，法国学者对隐私权的主张要比美国学者对隐私权的主张早将近100年。[5]

[1] 魏永征：《新闻传播法教程》（第二版），北京：中国人民大学出版社，2006年版，第190页。

[2] 王泽鉴：《人格权法》，北京：北京大学出版社，2013年版，第181-182页。

[3] 王秀哲：《我国隐私权的宪法保护研究》，北京：法律出版社，2011年版，第3页；张莉：《论隐私权的法律保护》，北京：中国法制出版社，2007年版，第1、3页；向淑君：《敞开与遮蔽——新媒体时代的隐私问题研究》，北京：知识产权出版社，2011年版，第7页。

[4] 张民安主编：《隐私权的比较研究——法国、德国、美国及其他国家的隐私权》，广州：中山大学出版社，2013年版。

[5] 张民安主编：《隐私权的比较研究——法国、德国、美国及其他国家的隐私权》，广州：中山大学出版社，2013年版，第118页。

2. 论据基础和论证逻辑

张教授认为，隐私权诞生于19世纪中期的法国的论据主要有两点：第一，法国的学者在1791年和1819年已经提出了对隐私权的主张；第二，在1970年制定法对隐私权进行保护之前，法国法官利用1804年《法国民法典》第1382条和第1383条对隐私利益进行间接保护，并且在19世纪中后期已经出现司法判例。

（1）主张隐私权的早期法国学者

张教授认为，维尔纳夫在1791年法国宪法制定时就对新闻自由和隐私权的法律保护之间的关系作出了说明，他在承认新闻自由对建立和维持一个自由的政府绝对必要的同时认为，完全的新闻自由会对他人的私人生活构成危险。因此，在建立新闻自由制度的同时，也必须建立他人的私人生活受法律保护的制度，让那些私人生活遭受新闻媒体侵犯的人能够向法院起诉。[1]

除了维尔纳夫之外，张教授认为，1819年，法国自由主义政治家、巴黎大学哲学系教授罗耶—科拉尔发表了著名的演说，在争取新闻界的言论自由的同时，强调私人生活得到保护的重要性。他强调，我们私人生活的隐私有可能被暴露在诽谤侮辱的危险中。新闻界理应享有一定的自由，但该自由的适当领域应仅限于公共范畴，即便是私人生活中的真实信息也不能被合法地公开。罗耶—科拉尔在演讲期还创造了经典的法国隐喻演讲术——“私人生活必须用围墙隔开！”——成为标准的欧洲口号并一直延续到20世纪。[2]

（2）适用法律规定对他人隐私权提供的法律保护

张教授主张，除了有法国学者在理论上提出对隐私权的主张之外，1890年以前，法国的司法实践中也存在着对他人隐私利益的法律保护，而且有早期判例为证。他认为，1804年《法国民法典》中虽然没有对隐私权的直接、明确的规定，但是，其第1382条和第1383条所规定的一般过错侵权责任被认为能够为包括隐私权在内的所有民事权利提供法律保护。在司法实践中，也出现了通过1804年《法国民法典》保护他人隐私利益的判例。第一宗是

[1] 张民安主编：《隐私权的比较研究——法国、德国、美国及其他国家的隐私权》，广州：中山大学出版社，2013年版，第122-123页。

[2] 张民安主编：《隐私权的比较研究——法国、德国、美国及其他国家的隐私权》，广州：中山大学出版社，2013年版，第358页。

1858 年的拉谢尔案（Rachel Affaire）[1]，与维护个人在公众面前的形象有关。[2] 在 1867 年大仲马案（Alexandre Dumaspère）[3] 中，法官再次适用一般过错侵权责任保护他人隐私利益。[4]

三、对张教授观点的讨论

笔者认为，张教授的观点和论据有失偏颇，理据不足，并从以下几方面予以辨析。

（一）1890 年《隐私权》被视为隐私权之始的原因

首先，法国学者对隐私的主张在时间上的确先于沃伦和布兰代斯，但是，学界将此二人列为隐私权诞生的鼻祖不是因为其时间在先，而是因为《隐私权》开启了美国法学界对隐私的探讨，在司法实践中大量引用之作为判决基础，并且影响了成文法的制定。

[1] T.P.I. dela Seine, June16, 1858, D.P. III 1858, 62.

[2] 该案中，拉谢尔是原告的姐姐，19 世纪早期的名演员。她临死时奄奄一息地躺在病床上。此时，原告雇请一名摄影师为拉谢尔拍摄，以便留下照片供家人瞻仰。在拉谢尔死后不久，照片就被另一个画家以草图的方式画了出来，并且放在当地商店出卖。原告向法院起诉，要求法官将摄影师和画家手中的照片、画像予以扣押并销毁，因为原告认为，摄影师和画家的做法侵犯了他们的家庭生活。法官判决原告胜诉，认为两名被告的行为侵犯了原告的家庭生活，判决收缴并且销毁两个被告手中的相片和画像。法官在判决书中写道："无论临终者是不是名人，只要没有经过临终者家人的明示同意，任何均不得再现并且对社会公众公开临终者在床上的肖像。"法官认为，当行为人再现或者公开他人临终仪容时，他们必须取得其家人的同意，在没有获得他人家人同意的情况下就擅自公开他人在私人场所的肖像或者仪容，其行为构成 1804 年《法国民法典》第 1382 条所规定的过错行为，该种过错行为不仅侵犯了他人的家人所享有的要求其他人尊重其家庭生活的权利，而且还暴露了他人家庭生活当中的最亲密内容。

[3] CA Paris, May 25, 1867, 13 A.P.I.A.L. 247 (1867). at 250.

[4] 19 世纪 30 年代，售价低廉的大众化报纸分别在美国纽约（1833 年）和法国巴黎（1836 年）问世，它们采用煽情主义的报道手法，追逐名人成为风气。1837 年，法国人路易·达盖尔发明"银版摄影法"，不但迅速推动了纪实摄影的发展，而且逐渐运用于报刊和公共展示。大仲马案就是产生于这样的背景下。1867 年，大仲马与 32 岁的美国女演员埃达·艾萨克斯·门肯坠入爱河。她以性感出名，而且因为与众多欧美文化名人有交往和暧昧关系而饱受争议。同为名人的小仲马威胁，如果大仲马不与门肯了断他就殴打其父。门肯、大仲马以及门肯母亲请摄影师阿方斯·J·利贝尔（Alphonse J. Liebert，1827-1913）为他们拍了一些暧昧的照片，有些照片中门肯只穿了内衣，还有一些照片是门肯和未穿上衣的大仲马的亲密合照。后来，利贝尔将这些照片进行销售并引发了国际性丑闻。大仲马向法院提起诉讼要求禁止这些照片的流传。利贝尔对这些照片享有著作权和财产权。在当时，财产权是被视为法律领域内神圣不可侵犯的权利。如果大仲马对其照片不享有财产权，那么还有其他可诉的替代性权利吗？对此，巴黎上诉法院认为，大仲马还有一个全新的权利，即隐私权。巴黎上诉法院认为，即便他人在一开始时就同意行为人公开披露其令人尴尬的照片，他人必须保留在随后撤销其同意的权利，并提醒私人生活须用围墙隔开。法官为此责令摄影师将其拍摄的相片卖给大仲马。

在美国，沃伦和布兰代斯也不是最早提出隐私权概念的人，至少在1880年，《民族》（The Nation）[1]的主编埃德温·劳伦斯·戈德金（Edwin Lawrence Godkin）就已经在发表于《大西洋月刊》的文章《诽谤及其法律救济》（Libel and Its Legal Remedy）中提出了一些基本建议。戈德金使用了“隐私权（the right to privacy）”一语，并说：“由于其影响力以及有形财产，新闻界不再有必要害怕任何种类的法律限制；而社区有很大的必要害怕所谓的过度曝光，或者个人会丧失隐私权。”[2]对此，有学者甚至提出，“戈德金在1880年发表的那篇文章，可能是美国最早使用‘隐私权’这一概念的文章之一。”[3]

1890年6月，戈德金再次撰文《公民权利之四：其自身声誉》（The Rights of the Citizen, IV.-To His Own Reputation）发表在《斯克里布纳》（Scribner's）杂志上，更加详细地论述了隐私权，“决定多少关于这个人的想法和感觉的知识，多少他和生活在同一屋顶下的家人的私人行为和事务的口味，习惯，能够为公众拥有，就像他决定他怎样吃喝，他穿什么，以什么样的方式度过闲暇时光一样，是一项天赋权利。”[4]

因此，若仅从时间来看，戈德金的文章比沃伦和布兰代斯的《隐私权》早了整整10年，但却为何未能获得“隐私权鼻祖”这一称谓？笔者认为，概因此文章是针对一般读者的，而未能在法学界引起反响，遑论引起法官和司法实践的引用。而沃伦和布兰代斯的《隐私权》则不同，它发表后，首先是引起法学界的广泛讨论，从此隐私成为一个有社会意义的重要话题。其次，《隐私权》的作者之一布兰代斯在1916年获伍德罗·威尔逊总统提名为美国最高法院大法官，自然会在自己审理的案件中倾向于保护隐私利益，除此之外，其他法官在司法实践中也大量引用该文作为判决基础。此文还影响了关于隐私的成文法的制定。基于此，学界和业界才把沃伦和布兰代斯的《隐私权》奉为圭臬。具体说来，《隐私权》主要在学界和业界引起了以下三个方面的

[1] 《民族》，美国现存最早的连续出版的周刊，1865年由经济学家埃德温·劳伦斯·戈德金（1831-1902）创办，是一份以知识分子为主要读者的小众意见杂志，但对精英界影响不小。戈德金除了创立《民族》杂志，还在1883-1899年任美国现存最老的日报《纽约晚邮报》（New York Evening Post）的总编。

[2] Edwin Lawrence Godkin, “Libel and its Legal Remedy,” *Atlantic Monthly*, Dec. 1880, pp729-738.

[3] David W. Leebron, “Right to Privacy's Place in the Intellectual History of Tort Law,” 41 *Case Western Reserve Law Review*, 769(1990-1991).

[4] Edwin L. Godkin, “The Rights of the Citizen-IV. To His Own Reputation,” *Scribner's*, July 1890, pp58-67.

变化。

1. 学界讨论

从引发学界广泛讨论这个角度说，《隐私权》一文带来的反响几乎是即刻的。1900 年之前，就有十多家法学刊物对隐私权这个问题展开了讨论。“关于这篇文章的评介也发表在《民族》和《斯克里布纳》杂志上。且不论这篇文章的影响之大，至少在这之前或之后都没有哪个法律评论上的文章能引起如此迅速的反应。”[1]

除了引发广泛的学界讨论之外，该文还引起了隐私侵权讨论的第二次浪潮，即加州大学伯克利分校法学院院长威廉·L·普罗瑟（William L.Prosser）教授对隐私侵权行为的四种分类。在 1960 年发表的长篇论文《隐私》（Privacy）[2]中，普罗瑟将《隐私权》一文中模糊的隐私定义——如“不可侵犯的人格”、“独处的权利”——区分为四种具体的侵权形式，并为法院和《侵权责任法重述》（Restatement of Torts, Second）直接采用。时至今日，普罗瑟的《隐私》文、特别是他对隐私侵权的分类还在影响着美国的司法实践活动。

2. 司法判例

沃伦和布兰代斯的文章除了引起法学领域内的热烈探讨和回应之外，普通法和成文法领域也兴起了一股隐私诉讼和立法的潮流。只是没有可供遵循的先例，对受害人感觉的伤害提供救济与传统观点不一致，以及美国宪法《第一修正案》对言论自由的保护，[3] 都限制了隐私权的普遍承认。法院不愿意跨越障碍做第一个承认隐私权的引导者。

1902 年，纽约州最高法院在《罗伯逊诉罗切斯特折叠箱有限公司案》（Roberson v. Rochester Folding Box Co.）[4] 中否定侵犯隐私的诉因。此案中的被告是一家面粉公司，它未经原告的知晓和同意就将她的肖像用在面粉的平面印刷品、照片和包装袋上。其肖像在商店、沙龙和其他公共场合公开展览。罗伯逊请求法院判决原告损害赔偿并授予限制散发她形象的禁止令。初审法院判决原告胜诉，上诉法院推翻了这样的判决结果，并且不承认隐私权是一

[1] David W. Leebron, “Right to Privacy’s Place in the Intellectual History of Tort Law,” 41 *Case Western Reserve Law Review*, 769(1990-1991).

[2] William Prosser, “Privacy,” 48 *California Law Review*, 383 (1960).

[3] Connie Davis Powell, “‘You already have zero privacy. Get over it!’ Would Warren and Brandeis Argue for Privacy for Social Networking?” 31 *Pace Law Review* 146(2011).

[4] Roberson v. Rochester Folding Box Co., 64 N.E. 442, 446 (N.Y. 1902).

个法定的诉因：

如果这样一个原则被吸收进入法律体系，通过衡平法院这一工具，有条理地应用这些原则的努力将必定不仅会导致大量的诉讼，而且会是离荒谬不远的诉讼，因为隐私权一旦被建立为一个法定原则，就不能局限在一个限制公开肖像的范畴内，而是必定也包含着文字图片的发表，对于一个人的长相、行为、家庭关系或习惯的评论。一旦主张隐私权，就会必定要主张包含着同样的东西，如果是用说代替印刷，一个侵犯了隐私，那么另一个也侵犯了绝对独处的权利。[1]

可见，该法庭对在当时的法律体系中引入这样一种隐私权持悲观和否定态度，“所谓的隐私权还没有在我们的司法实践中找到一个持久的位置。”[2]因此，沃伦和布兰代斯主张的观点没有得到法庭的理会。

但是，法院并没有完全拒绝这样一种隐私权，而是建议通过立法来保护它。加之法院的判决结果引起公众的强烈不满，直接导致纽约州立法机关次年通过了两部成文法，它们规定，未经同意，为广告或交易目的，使用任何人的名字、肖像或照片既是侵权行为又是违法行为。[3]这是对罗伯逊案判决结果的不满情绪的直接回应，它为沃伦和布兰代斯提倡的隐私权创造了一定范围和程度上的保护。

1895 年的《斯凯勒诉柯蒂斯案》（Schuyler v.Curtis）[4]在某种程度上承认了他们的主张。原告为阻止被告“女性纪念基金协会”（Woman’s Memorial Fund Association）会员制作、展示已故玛丽·汉密尔顿·斯凯勒（Mary Hamilton Schuyler）女士的雕塑而起诉。奥布赖恩（O' Brien）法官颁发了禁止令，并从《隐私权》引用了三大段来证明这一判决的合理性，同时宣布它“值得并且将会回报每一个律师的熟读。”[5]

之前的判例都没有直接保护隐私权，从这个意义上说，此案是史无前例的。虽然纽约州上诉法院最终在 1895 年驳回了这一禁止令。但是初审法庭中的法官和上诉法庭中的异议法官都将沃伦和布兰代斯的文章作为直接的论证基础，

[1] Roberson v. Rochester Folding Box Co., 64 N.E. 442, 446 (N.Y. 1902).

[2] Roberson v. Rochester Folding Box Co., 64 N.E. 442, 446 (N.Y. 1902).

[3] 1903 N.Y. Laws ch. 132, §§1-2. Quoted in Irwin R. Kramer, "The Birth of the Privacy Law: A Century Since Warren and Brandeis, " 39 *Catholic University Law Review* 703(1989-1990).

[4] Schuyler v. Curtis 15 N.Y.S. 787 (N.Y. Spec. Term 1891).

[5] Schuyler v. Curtis, 15 N.Y.S. 787, 788 (Sup. Ct. 1891).

可以说，此案是真正意义上的“第一个引用《隐私权》中提到的隐私侵权的案例。”[1]

被认为承认普遍隐私权的首个高级法院是佐治亚州最高法院，始于它在《佩夫西奇诉新英格兰人寿保险公司案》（Pavesich v. New England Life Ins. Co）[2] 中的判决，它拒绝效仿先例并且同意支持沃伦和布兰代斯的观点。此案中一家保险公司未经原告同意就在报纸广告上使用其名字、肖像照片和虚假归为原告的促销推荐信，原告主张被告侵犯了隐私权。

佩夫西奇案的法庭并没有将缺乏先例作为拒绝承认法定隐私权的借口。相反，该法庭认为，“对先例坚定的依赖将阻止他们为新的情况形成新的法律救济。”[3] 法庭尖锐地批评罗伯逊案中法官们固执的保守主义和冥顽不化，并认为隐私权作为一项法定权利，终有一天会得到当初反对者们的认可并植入美国的司法实践当中去。[4]

安德鲁·J·科布（Andrew J. Cobb）法官还将隐私权置于与言论自由和新闻自由同样重要的地位：

言说、写作和出版的权利受到保障的人们必须不滥用这一权利，拥有隐私权的人也必须不滥用这一权利。法律不允许一个人比另一个人更多地滥用权利。言论和新闻自由是而且已经是维持个体在合法、得体和适当行为的界限之内的一个有效的工具；隐私权可能在其合理界限之内被很好地用来维持说话、书写和出版的人在这些权利的宪法保障的合法界限之内。一个可能会被用来制约另一个，但是任何一个都不能被用来合法地伤害另一个人。[5]

对沃伦和布兰代斯的主张而言，佩夫西奇案的判决是一个巨大的推动力。因为它为后来的隐私判决提供了一个先例。1907 年，新泽西州一家衡平法法院禁止商业使用发明家托马斯爱迪生（Thomas Edison）的姓名、照片。[6] 1908 年，因为附近的一个监狱里的囚犯能够看到她的家，一个私房屋主主张其隐私被

[1] Benjamin E. Bratman, “Brandeis and Warren’s the Right to Privacy and the Birth of the Right to Privacy,” 69 *Tennessee Law Review* 623(2001-2002).

[2] Pavesich v. New England Life Ins. Co., 122 Ga. 190, 50 S.E. 68 (1905).

[3] Pavesich v. New England Life Ins. Co., 122 Ga. 190, 50 S.E. 68 (1905).

[4] Pavesich v. New England Life Ins. Co., 122 Ga. 190, 50 S.E. 68 (1905).

[5] Pavesich v. New England Life Ins. Co., 122 Ga. 190, 50 S.E. 68 (1905).

[6] Edison v. Edison Polyform Mfg. Co., 67 A. 392, 395 (N.J. Ch. 1907).

侵犯。[1] 印第安纳州上诉法院将佩夫西奇案作为权威先例加以引用，承认了一种有限的隐私权。在 1909 年的《福斯特—米尔本公司诉钦案》（Foster-Millburn Co. v. Chinn）[2] 中，肯塔基州上诉法院主张以商业目的利用另一个人的照片是侵犯隐私权，也将佩夫西奇案作为权威引用。不仅支持对隐私利益进行保护的案例将沃伦和布兰代斯的文章作为权威引用，甚至，某些拒绝承认隐私权的案例也引用了此文。1902 年的罗伯逊案，1909 年《亨利诉彻里—韦布公司案》（Henry v. Cherry & Webb）[3] 和《希尔曼诉明星出版公司案》（Hillman v. Star Publishing Co.）[4] 中的法院都广泛地引用此文。在《隐私权》发表后的近半个世纪里，美国法学家对隐私权问题产生了普遍的兴趣，发表了大量文章研究隐私权理论……美国法官开始通过判例确认隐私权为一项独立的权利。[5]

3. 成文法

除了普通法对隐私权的承认之外，各个州的成文法也都纷纷立法保护隐私权。到 1911 年，佐治亚、新泽西、印第安纳、肯塔基、密苏里、加利福尼亚、纽约、犹他、弗吉尼亚等州都用制定成文法的形式承认了某种隐私权，并且提供了救济的方法。[6]

1939 年《侵权责任法》规定："当一个人不合理地、严重地干扰另一个人在不让自己的事务为他人所知或他的肖像向公众公开中的利益时，他对此人负有责任。"[7] 以沃伦和布兰代斯的《隐私权》为基础，普罗瑟教授将隐私权演变成了四种独立的侵权，并于 1977 年为《侵权责任法重述》采用。今天，多数法庭承认所有这四种侵权，隐私权已经在美国司法实践中获得了一个显要位置。[8]

1890 年沃伦和布兰代斯的《隐私权》一文引发了美国法律界一场关于"隐私权"的革命。此文引起的不仅是学界的热烈讨论，更有司法和成文法领域

[1] Pritchett v. Board of Commissioners of Knox County, 85 N.E. 32, 33 (Ind. App. 1908).

[2] Foster-Millburn Co. v. Chinn 120 S.W. 364, 366 (Ky. 1909).

[3] Henry v. Cherry & Webb 73 A. 97, 100 (R.I. 1909).

[4] Hillman v. Star Publishing Co. 117P.594, 596 (Wash. 1911).

[5] 张新宝：《隐私权的法律保护》，北京：群众出版社，2004 年版，第 28 页。

[6] Benjamin E. Bratman, "Brandeis and Warren's the Right to Privacy and the Birth of the Right to Privacy," 69 *Tennessee Law Review* 623(2001-2002).

[7] RESTATEMENT (FIRST) OF TORTS § 867 (1939).

[8] Irwin R. Kramer, "The Birth of the Privacy Law: A Century Since Warren and Brandeis," 39 Catholic University Law Review 703(1989-1990).

的变革。在法院内部，法官们因为是否应该承认一种独立的隐私权而争论不休；学者则撰文对该文作出回应。经过长期的发展，隐私权已经在美国的侵权法领域和其他法律领域占据了一席之地，而沃伦和布兰代斯的文章也被后人评价为具有“种子般的力量”、“取得了有些人所说的传奇地位”。[1]

（二）张教授对惠特曼文的误读

张教授的主要论据之一是法国学者维尔纳夫和罗耶—科拉尔在1791年和1819年提出了对“隐私”的主张，这一论据来自美国耶鲁大学比较法和外国法教授詹姆斯·Q·惠特曼（James Q. Whitman）2004年的论文《隐私的两种西方文化：自由对尊严》（“The Two Western Cultures of Privacy: Dignity Versus Liberty”）。此文中，惠特曼认为法国对他人隐私予以保护的现代历史始于法国大革命。1791年法国宪法在为新闻界的言论自由提供宪法性法律保护的同时制定了相应的限制性条款以保证作为个人荣誉不可或缺的私人生活部分不会被侮辱或诽谤。[2]

惠特曼教授引述说，就此，维尔纳夫对宪法意图做出了如下说明：

新闻界充满活力的言论自由对保持一个自由政府是不可或缺的。尽管如此，我们仍然必须承认正是那些新闻界的自由威胁着“私人个体”（private person）。基于此，给予私人生活（private life）遭受侵犯的个人一些针对“侮辱”的追索权是很重要的。这样一来也不会破坏大革命争取而来的自由。相反，这将有助于达成革命的目的。[3]

惠特曼在此文中还提到，1819年，罗耶—科拉尔发表了著名的演说，警示“私人生活必须用围墙隔开远离‘恶意中伤’的侮辱的危险！”新闻界必须自由，但是这一自由仅限于公共领域，即便是私人生活中的真实信息也不能被合法地公开。[4]

对比此文，张教授对两位法国学者对隐私的主张进行说明时，将维尔纳

[1] Benjamin E. Bratman, “Brandeis and Warren’s the Right to Privacy and the Birth of the Right to Privacy,” 69 *Tennessee Law Review* 623(2001-2002).

[2] James Q. Whitman, “The Two Western Cultures of Privacy: Dignity versus Liberty,” 113 *Yale Law Journal* 1153(2004) .

[3] James Q. Whitman, “The Two Western Cultures of Privacy: Dignity versus Liberty,” 113 *Yale Law Journal* 1153(2004) .

[4] James Q. Whitman, “The Two Western Cultures of Privacy: Dignity versus Liberty,” 113 *Yale Law Journal* 1153(2004) .

夫所说的“私人生活”转化为“隐私”，事实上，这两位学者在自己的演讲中从未明确使用过“隐私”一词；将“私人生活必须用围墙隔开远离‘恶意中伤’的侮辱的危险！”转化为“私人生活必须用围墙隔开！”而且，《隐私权的比较研究》一书将1791年法国宪法第17条描述为“当行为人诽谤或者侵犯他人的私人生活时，基于他人的起诉，行为人的行为应当受到惩罚。”[1]实际上该宪法条文原意是：“对任何人有关私生活方面的行为加以诽谤和侮辱者，应根据受害人的诉追而惩罚之。”[2]惠特曼也指出该条款强调的是禁止对“私人生活的诽谤和侮辱。”[3]

可见，张教授为了证明自己的观点，用“隐私”代替原文中的“私人生活”，或者淡化、忽略“侮辱”、“诽谤”这类字眼。法国两位学者和1791年法国宪法强调的都是私人生活免受侮辱和诽谤，而张教授则以“侵犯”代之，事实上，这二者的涵义看似相近，实则不同。前者的重点在于禁止他人通过侮辱和诽谤他人的私人生活造成其名声受损，私人生活只是手段；而张教授将之转化为“侵犯”之后，私人生活成为受到保护的对象本身。“在法国，隐私被看作是个人荣誉的一部分”是惠特曼文的一条主线，用私人生活代替荣誉显然有违此文以及1791年法国宪法的本意。

惠特曼在文中谈到法国隐私权起源时确实提及“到了19世纪70年代和80年代，法国是可见的保护隐私法律的故乡”（“France was, by the 1870s and 1880s, the home of a very visible law of the protection of privacy”），但那应该是指法国法院在司法判例中借用其他相关法律规定来保护隐私利益，因法国不承认判例法，这不能说明法国已经有正式的隐私立法。事实上，法国迟至1970年才通过成文法正式保护隐私权。而且，就像下文即将说明的一样，即便是论及对隐私利益进行保护的时间，法国也不见得一定早于美英。因此，这并不能得出法国才是隐私权法发源地的结论。

综上，至少在18和19世纪，欧美已有维尔纳夫、罗耶—科拉尔、戈德金、沃伦和布兰代斯等有识之士认识到了保护隐私及私人生活的重要性，并纷纷

[1] 张民安主编：《隐私权的比较研究——法国、德国、美国及其他国家的隐私权》，广州：中山大学出版社，2013年版，第123页。

[2] “Les calomnies et injures contre quelques personnes que ce soit relatives aux actions de leur vie privée, seront punies sur leur poursuite.”

[3] James Q. Whitman, “The Two Western Cultures of Privacy: Dignity versus Liberty,” 113 *Yale Law Journal* 1153(2004) .

著述探讨此问题。但是对隐私权法的立法和司法产生直接和重要影响的应该是1890年的《隐私权》文。与引起学界与业界联动的《隐私权》相比，维尔纳夫和罗耶—科拉尔保护私人生活的主张并没有逻辑自洽的论证过程，也没有将隐私建构为一种值得法律保护的权利。它充其量只是隐私权法的一个萌芽，不能成为隐私权法的起源。当然，在18世纪末期就开始倡导私人生活免受自由的新闻界的侵犯已经是一种进步的认识，其贡献不可抹杀。这种深厚的隐私文化传统使得有些学者主张"法国是现在世界上最尊重隐私的国家。"[1]

（三）1890年以前美国法律对隐私利益的保护

其次，张教授说法国是最先认可隐私权理论的国家，还因为法国在19世纪中期在一些判例中用既有法律间接保护着隐私利益。其实，至少就我们目前所看到的案例而言，美国早在19世纪早期、英国在1849年就已经出现了对隐私利益的法律保护。因此此论据也不能成立。

在沃伦和布兰代斯的《隐私权》发表之前，美国的司法实践中已经出现与隐私有关的判例，一些法律也确实提供了一些对与隐私有关的利益的保护。但是因为隐私权并没有作为一项法定权利被提出来，所以这些法律对隐私的偶然保护都是作为保护其他法定权利的衍生结果。"其实，在沃伦和布兰代斯的文章发表之前，隐私也获得了大量的法律保护，某些隐私权的存在也得到了普遍的认可。"[2]

但是，1890年之前得到美国法律保护的隐私利益与法国的隐私含义有很大区别，19世纪中期在法国的司法实践中得到法律保护的隐私利益一般与个人在公众面前的公共形象有关。然而，诚如惠特曼教授所主张的那样，欧洲大陆和美国有相对不一样的文化传统，对欧洲人来说，隐私权保护的核心在于保护他人的人格尊严不受侵犯，其隐私的典型表现形式是个人支配自己在公众面前的形象的权利——保证别人以自己想要的方式看到自己，他们将善于公开信息的大众媒体看作侵犯隐私的首要敌人。而美国人更多的是以自由价值为导向来定义隐私，特别强调个人在面对政府权威时所享有的自由。所

[1]（日）五十岚清：《人格权法》，铃木贤、葛敏译，北京：北京大学出版社，2009年版，第154页。

[2] David W. Leebron, "Right to Privacy's Place in the Intellectual History of Tort Law," 41 *Case Western Reserve Law Review*, 769(1990-1991).

谓隐私权，是指他人不受政府侵犯的自由权，特别是在私人住宅内。因此，美国人将政府公权部门看成是威胁其隐私利益的最大敌人。[1]

事实上，1890年之前美国对隐私利益的保护已经明确地验证了惠特曼教授的此种观点。彼时，美国人就已经将维护私人住宅内的神圣不可侵犯性看成了隐私利益的核心，必要时甚至会采取决斗方式捍卫之。

住宅不得侵犯作为一种隐私的含义源自英国“一个人的家就是他的城堡”这句格言。即，一个人的家就是他的城堡；只要他是和平的，他就像这个城堡的国王一样得到保卫。英国政治家、后来的首相老皮特1763年3月在关于《消费税法》的演讲中说:“即使是最穷的人，在他的小屋里也敢于对抗国王的权威。屋子可能很破旧，屋顶可能摇摇欲坠；风可以吹进这所房子，雨可以打进这所房子，但是国王不能踏进这所房子，他的千军万马也不敢跨过这间破房子的门槛。”[2]

沃伦和布兰代斯的文章出现之前，在美国的司法实践中有很多涉及维护住宅内的神圣的判例：比如，住宅是“家人休息的地方”[3]；保卫“一个人住宅的神圣和不可侵犯性，”[4] 房主的“安静和平静的财产”[5] 的权利。即使是其他人的财产权也要屈服在房主的“紧闭他自己的大门的权利”[6] 之下。进入房子进行维修的房东[7]，试图取回物品的所有者，[8] 都要为侵犯住宅内的家庭的休息和平静负责。

除了保护住宅内的隐私判例之外，法院还承认了其他类型的隐私利益。比如，1838年的《马丁诉F.I.Y.剧场案》（Martin v. F. I. Y. Theatre）中，[9] 某法院虽判决被告口头公开行为不能作为原告提起隐私侵权诉讼的理由，但是并未完全否定隐私诉因。在1816年的《拜伦勋爵诉约翰斯顿案》（Lord

[1] James Q. Whitman, “The Two Western Cultures of Privacy: Dignity versus Liberty,” 113 *Yale Law Journal* 1153(2004) .

[2] William Pitt, “Speech on the Excise Bill,” Quoted in Frank v. Maryland 359 U.S. 360(1959), also quoted in Ken Gormley, “One Hundred Years Of Privacy,” *Wisconsin Law Review* 1335(1992).

[3] Mitchell v. Commonwealth, 88 Ky. 349, 353, II S.W. 209, 210 (1889).

[4] Christian v. State, 96 Ala. 89, 9I, II So.338, 338-39 (1892).

[5] Foye v. Sewell, 21 Abb. N. Cas. I5, I7 (N. Y. Ct. C.P. 1888).

[6] State v. Armfield, 9 N.C. (2 Hawks) 246, 247 (1822)

[7] Wien v. Simpson, 2 Phila. I58, I58-59 (Pa. Dist. Ct. 1857)

[8] Hobbs v. Geiss, I3 Serg.& Rawl. 4I7, 4I8-I9 (Pa. 1826).

[9] Martin v. FIY. Theatre Co., 10 Ohio Op. 338 (Ohio C.P. 1938).

Byron v. Johnston）[1] 中，被告以诗人拜伦的名义发表了一首蹩脚的诗，拜伦认为，自己的形象受到丑化，因而向法院提起诉讼，要求法院禁止该诗继续流传。最后拜伦胜诉。普罗瑟将这一案例归为公开丑化他人形象的隐私侵犯诉因之下。

可见，这些间接保护隐私利益的案例最早出现于 19 世纪早期，早于法国 1858 年的拉谢尔案。因此，如果以判例出现的时间早晚作为论证隐私起源的论据之一，法国不见得一定早于美国。

除美国之外，英国也在 19 世纪中期出现了间接保护隐私利益的案例，例如 1849 年《艾伯特亲王诉斯特兰奇案》（Prince Albert v. Strange）[2]。若以案例出现的时间先后论，英国似乎也比法国更有可能成为隐私权的起源国，但学者并未做此主张。因此，若以判例出现的时间来判定起源问题，那么追溯隐私权之始就会等同于搜寻首个保护隐私判例的工作，因为隐私权含义的复杂性和多样性，这几乎是一项无法产生共识的任务。因此，判例出现的先后未必是判断隐私权起源问题的适当标准。

（四）大陆法系国家不承认判例法

1804 年《法国民法典》第 1382 条规定："任何行为使他人受损害时，因自己的过失而致行为发生之人对他人负赔偿责任。"第 1383 条规定："任何人不仅对其行为所致的损害，而且对其过失或懈怠所致的损害，负赔偿责任。"[3] 二者被法国的法学家和法官看作是一般的过错侵权责任。

张教授认为，虽然以上两个条款没有明确限定哪些民事权利受到保护，但是从理论上讲，任何民事权利都应该受到这两个条款的保护，其中包括隐私权。笔者认为，法国是重视成文法的大陆法系国家，如果法条中没有明确

[1] Lord Byron v. Johnston, 2 Mer. 29, 35 Eng. Rep. 851 (1816).

[2] Prince Albert v. Strange, 2 DeG. & Sm. 652, 695(1849). 此案中，维多利亚女王和她的丈夫艾伯特亲王偶尔以作画和制作蚀刻板画取乐。这些作品被存放在温莎城堡而不做公开，仅向最亲密朋友展示。被告斯特兰奇等人不知用什么方法获得了部分作品，被告试图未经女王允许便印刷并公开这些作品的目录。艾伯特亲王向法院起诉，要求禁止向公众公开这些作品。高等法院大法官法庭副庭长（Vice-Chancellor）奈特·布鲁斯（Knight Bruce）在初审中认为，"读者通过这些蚀刻画目录，可以了解作者本人的爱好、心情、艺术品位和思想动态……作者本人作画时所流露出的状态，如在他个人控制范围内，对他来说是无害的，但若将这些画公布于众，就可能会扰乱他的生活，甚至事业。"沃伦和布兰代斯认为，此案保护的实际上是一种隐私权。

[3] 《拿破仑法典》，李培浩、吴传颐等译，北京：商务印书馆，2009 年版，第 212 页。

的对隐私权的规定，这种引申解释难免略显于法无据。张新宝、王利明和杨立新[1]也表达过类似的观点，“《法国民法典》颁布较早，当时对个人隐私的保护尚未成为一个具有重要社会意义的问题，因此，该法典在当初没有对隐私权作出任何规定，也没有对人格权作出一般性的规定。”[2]

再者，虽然法国在19世纪中后期出现了如大仲马案这样保护隐私的早期判例。但是作为大陆法系国家，在法律形式上，法国“一般不存在判例法……司法机关不能创制法律，相反必须严格执行法律。”[3]即，法官断案要以成文法为依据，不能主动制法。而且1804年《法国民法典》第5条规定：“审判员对于其审理的案件，不得用确立一般规则的方式进行判决。”[4]也就是说，该法“尤其禁止判例法的实践。”[5]这决定了19世纪中期那两个间接保护隐私利益的判例并不具有类似先例的法律效力，其对隐私利益的保护也并不能被延续和扩展。

（五）隐私权源于对大众化报纸的义愤

隐私权作为一种权利意识的出现与大众媒体有很大关系。“事实上，是对报界的义愤，首先创造了法律上的隐私权。”[6]“19世纪末期，西方社会发生了翻天覆地的社会转型，各国纷纷转向工业化、城市化。其间出现了大量商业性大众报刊，有几分类似于20世纪末崛起的互联网。从1850年到1890年美国报纸发行量增长近十倍，它们竞争激烈，并广泛深入地渗透了整个社会。纯粹私人的事件可能会在一夜之间变成公共话题，而报刊似乎日益倾向于开展这种活动。”[7]此时，煽情主义已经发展成了以“大图片+大标题”为形式、以耸人听闻为特征的黄色新闻思潮。严肃的新闻工作者戈德金1889年对这种低俗化、煽情化的新闻事业提出了尖锐的批评：“在任何一个基督

[1] 王利明、杨立新：《人格权与新闻侵权》，北京：中国方正出版社，2010年版，第400页。

[2] 张新宝：《隐私权的法律保护》，北京：群众出版社，2004年版，第42页。

[3] 赵化杰：“大陆法系与英美法系的比较”，新乡：《河南机电高等专科学校学报》，2010年第6期。

[4] 《拿破仑法典》，李培浩、吴传颐等译，北京：商务印书馆，2009年版，第1页。

[5] 参见 http://en.wikipedia.org/wiki/Law_of_France#cite_note-2。

[6] （美）艾伦·爱德曼、卡洛琳·肯尼迪：《隐私的权利》，吴懿婷译，北京：当代世界出版社，2006年第2版，第156页。

[7] 展江、吴薇主编：《开放与博弈——新媒体语境下的言论界限与司法规制》，北京：北京大学出版社，2013年版，第217页。

教国家中，一家黄色报馆在气氛上大概是最像地狱的了。因为没有一个地方能比黄色报馆更适合把一个青年训练成永远遭人唾骂的人。”[1]

为了吸引新的读者，当时的报纸版面充斥着公众人物以及上流社会人士的私生活细节。黄色新闻记者最日常的工作就是用便携式照相机趁名流不备瞬间拍下其百态。美国新闻史学家弗兰克·卢瑟·莫特（Frank Luther Mott）将这种以侵犯他人私生活为手段采集新闻的新闻业称为“锁眼新闻事业”（keyhole journalism），“流言和丑闻故事的流行，在其中，无辜的人们被频繁地拉进报纸的栏目，产生了一种‘锁眼新闻事业’……但是，它是公式的一部分，期刊依靠这个公式获得可观的发行量……与追求轰动效应密切相关的……是窥探的记者对隐私的侵犯。”[2] 此外，新闻界窥探蜜月中的格罗弗·克利夫兰总统和其新娘的故事也使总统很气愤。在1886年的一次演讲中，克利夫兰总统责难新闻记者是“残忍又兴高采烈地亵渎每一种私人生活的神圣关系。”[3]1837年，法国人路易·达盖尔（Louis Daguerre）发明“银版摄影法”，不但迅速推动了纪实摄影的发展，而且逐渐运用于报刊和公共展示，如商店招贴、博览会、广告等。摄影术对个人形象的逼真还原使得个人隐私和肖像面临着前所未有的威胁。

一方面，商业化的报纸为了吸引读者追逐着他人的私生活，另一方面，这些私生活细节一经大众化报纸的传播便迅速为不特定的多数人所知，这二者共同使私生活被窥探的当事人感到不安或受伤害。在这一背景之下，隐私才作为一种权利意识开始出现，人们意识到法律需要提供一种独立的隐私诉因，进而保护个人私生活不被擅于公开信息的大众媒体侵犯。

四、结论

本文梳理了关于隐私权起源的两种对立观点，并对张民安教授的法国起源说的论据进行了逐一分析。笔者认为，其一，若论对隐私权进行法律保护的时间前后，美国和英国至少在19世纪早期和中期就出现了对隐私利益的保

[1] （美）迈克尔·埃默里等：《美国新闻史》（第九版），展江译，北京：中国人民大学出版社，2009年版，第207页。

[2] Frank Luther Mott, *American Journalism*, A History 1690-1960, New York: Macmillan, 1962, p444.

[3] （美）丹尼尔·沙勒夫：《隐私不保的年代》，林铮译，南京：江苏人民出版社，2011年版，第116页。

护，早于法国 1858 年的判例；其二，《隐私权》奠基性文献地位的确定不是以时间的先后为标准，而是以在法律界（在大陆法系国家主要是法条，在普通法系国家主要是经典判例）引起的深广影响为准。就目前的发现而言，法国学者的主张在时间上确实比沃伦和布兰代斯更早，但是，他们并没有对隐私作为一种权利进行严密的论证，尽管在当时作出此种倡导已是一种难得的贡献。其三，1804 年法国民法典并未明确规定隐私权，也没有对人格权的一般规定，将 1382 条和 1383 条的规定解释为对包含隐私权在内的所有民事权利进行明确保护与法国成文法的传统有所出入。据此，就目前文献掌握范围和程度，本文倾向于关于隐私权的主流观点，认为对隐私权的主张始自 1890 年《隐私权》一文，美国至少在 19 世纪早期就已经对隐私利益进行了间接的法律保护。

（与李兵合作完成）

“吹哨人”斯诺登：金哨？黑哨？

一个即将三十而立的美国人，5月20日不远万里从夏威夷飞到香港，下榻于尖沙咀的美丽华酒店，旋即透过英国《卫报》等世界主流媒体放出美国政府的绝密内幕，将世界舆论搅得昏天黑地。

他是最新一位世界级的“吹哨人”。

不过，在国外舆论普遍赞扬他是维护公民自由的“爆料英雄”的情形下，美国国内舆论却一反历史常规，对这位名叫爱德华·斯诺登的前中央情报局雇员和国家情报局技术承包商出现了褒贬不一的两极化。

笔者刚从德国回来，听到的是欧洲媒体界对美国政府的谴责和不屑：一个向来以个人自由至上自诩的国家，居然和它一贯奉行的价值观背道而驰；而和它站在“道德制高点上”激烈抨击的“专制国家”采取同样的、甚至是更高端和更全面的监视公民信息自由的行动，简直令美国无地自容。

美国情报史学家马修·艾德认为，斯诺登的爆料“坐实了由来已久的如下怀疑：中央情报局对这个国家的监视比我们所知道的侵扰范围要大得多”。

一、斯诺登其人其料

在斯诺登今年5月从美国来到香港之前，他在夏威夷担任一家咨询公司的系统管理员近3个月，实际上为国家情报局工作。

斯诺登1983年6月29日生于北卡罗来纳州的威尔明顿，父亲是宾夕法尼亚州居民和前海岸警卫队军官，母亲是位于马里兰州的美国地区法院的书记员。1999年，16岁的斯诺登随家人迁居马里兰州的埃利科特城，进入一所社区学院就读于计算机专业，但是他未能完成课业，后来通过了GED（普通教育水平考试，相当于高中毕业证书）。2011年，斯诺登以在线学习方式，攻读利物浦大学的硕士学位。

2004年5月，斯诺登应征加入美国陆军特种部队。他想去伊拉克参战，但因在训练中双腿折断而在当年9月被解除兵役。他的下一个工作，是当上国家情报局在马里兰大学的高级语言学习中心的信息技术安全卫士。2006年5月，他在一个在线论坛上写道，他找工作无困难，因为他是电脑奇才。他说，中央情报局2007年找到他以外交身份做掩护，在日内瓦负责电脑网络安全维护。

斯诺登告诉《卫报》，他在2009年离开中情局，转而成为国家情报局设在日本的一个美军基地内一处设施的私人承包商。国家情报局局长基思·亚历山大确认，斯诺登曾在该局任职整整一年，然后成为一名顾问。在他今年5月从美国来到香港之前，他在夏威夷担任一家咨询公司的系统管理员近3个月，实际上为国家情报局工作。他自称这段时间“非常惬意”，月工资高达20万美元。

可能是由于斯诺登曾在日本的美军基地工作，据报道他对日本通俗文化深有兴趣，并学过日语。他还粗通中文，特别喜欢武术，并将佛教尊为自己的宗教信仰。此前他曾偕女友去过香港度假。

6月5日，《卫报》发表美国的外国情报监视法院(FISC)的一道绝密命令，责令威瑞森通讯公司的一个商业分支逐日提供“包括地方电话通话在内的美国境内所有的”以及“美国和外国”所有电话通话的元数据。6日，先是《卫报》、20秒钟以后是《华盛顿邮报》披露了据称能让国家安全局实时评估电邮、网页搜索以及其他互联网通讯的“棱镜”项目。

9日，应斯诺登的要求，他的身份通过《卫报》公开。格林沃德在《卫报》披露了政府的监控工具“无界告密者”（Boundless Informant），它通过电脑和电话系统按国别搜集海量信息，其中对伊朗、巴基斯坦、埃及、印度、约旦的监控最严。

12日，香港《南华早报》揭露说，美国国家安全局自2009年起侵入中国大陆和香港的电脑。17日，《卫报》则将监控实施国扩大到英国，称英国情报机构“政府通讯总部”(GCHQ)在2009年伦敦G8峰会期间截取外国政要的通讯。此后英国政府予以否认。

二、“吹哨人”面面观

引发吹哨行为的，不仅仅是导致公众利益严重受损的公司或政府的不法行为，任何不法行为都有可能引发“吹哨”。

“吹哨人”（whistleblower），是一个向人们报告不法行为的组织或是有权采取纠正行为的机构中的雇员、前雇员或成员。不法行为一般是对法律和规章制度的违犯，包括欺诈、侵犯公众健康和安全以及腐败等，它直接威胁到公众利益。“吹哨人”以企业雇员居多，但也经常是政府机构雇员。

引发吹哨行为的，不仅仅是导致公众利益严重受损的公司或政府的不法行为，任何不法行为都有可能引发“吹哨”。最常见的“吹哨人”是“内部吹哨人”，他们向所在公司或机关的其他雇员或上司举报不法行为。与之相对的，是向外人或实体举报不法行为的“外部吹哨人”。

在美国，“吹哨人”向律师、媒体、执法部门和监察机构，或者向地方、州和联邦机构举报。如果这种披露受到法律的特别禁止，或根据行政命令出于国防需要被要求保密，“吹哨人”的举报可能构成叛国罪。

人们对吹哨行为看法不一。有人认为“吹哨人”是追求公众利益和组织性问责的无私殉道者，有人则把他们看成沽名钓誉者。另一方面，对“吹哨人”的迫害在世界许多地方都成为严重问题。尽管根据“禁止报复雇员法”，“吹哨人”经常受到保护，但是仍然发生了许多惩罚吹哨行为的事件。

有鉴于此，许多私人组织成立了“吹哨人”法律保护基金会或支援团体来帮助“吹哨人”。美国《“吹哨人”保护法》在42个州适用。该法规定，政府在雇佣一个雇员时要在劳动合同上写明，不能因为这个人揭露了政府内部存在的问题，如腐败、渎职等而被解雇或变相解雇。

从知名的“吹哨人”的行为中不难发现，他们往往引发重大媒体监督案例。

1971年，埃尔斯伯格向《纽约时报》等媒体提供了后来众所周知的“五角大楼文件”。真实身份是在2005年曝光的“深喉”——前联邦调查局副局长M·马克·费尔特，是《华盛顿邮报》1972年“水门事件”报道获得成功的关键人物之一。

1994年，被美国第三大烟草公司布朗与威廉森烟草公司解雇的研发部副总经理、生化学家杰夫里·威甘德向哥伦比亚广播公司披露，该烟草公司刻意对消费者隐瞒，公司明知香烟会让人上瘾，仍然给香烟添加致癌成分，他也成为美国一位家喻户晓的“吹哨人”。

2002年，美国《时代》周刊史无前例地将3名女性“吹哨人”评为年度风云人物，她们是世通公司的内部审计师辛西娅·库珀、安然公司的副总裁莎朗·沃特金斯和联邦调查局特工科琳·罗利，前二人揭发了所在公司的财务丑闻，罗利女士则公开了联邦调查局对9·11事件的迟钝反应。

2004年，美军在伊拉克阿布格莱布监狱虐囚事件东窗事发，向美军司令部举报的内部“吹哨人”是一位名叫约瑟夫·达比的宪兵。

在美国以外，“维基解密”网站创办人阿桑奇成为令美国头痛而无计可施的互联网“吹哨人”。可能与阿桑奇相类似，《华盛顿邮报》报道说，斯诺登爆料的动机是他感到美国这个民主国家即将堕落为一个“监控国家”。在互联网和电脑时代，他很有可能成为美国和世界上迄今为止最大的“吹哨人”。

然而，这一次他吹的是“金哨”还是“昏哨”、“黑哨”，美国本土和各国各地的人们看法不一。

三、美国舆论的分裂

根据美国媒体的两次民意调查，普通民众的看法也是众说纷纭，莫衷一是，大致上是五五开。

传统上，许多美国人信奉自由主义的一种比较极端的形式——自由至上论（libertarianism）。它的基本主张是：极端强调个人自由，坚决反对政府干预社会和个人生活，主张以宪政制度保护个人权利并制约政府权力。因此，自由至上论是一种可被美国社会两大阵营即自由派和保守派共同接受的价值观，大致可称为美国式的自由主义。

斯诺登就自称为一名自由至上论者，他当然认为，美国政府利用巨大的信息技术优势实施的“棱镜”项目超大规模地侵犯了千千万万美国和外国公民的个人隐私和其他机构的信息，而不同于将个人隐私视为一种人格尊严的欧洲国家，美国人和美国法律界将个人隐私视为一种基本的个人自由。

因此可想而知，斯诺登的爆料一定会获得许多同胞的喝彩，而令美国官方空前尴尬。

82岁高龄的埃尔斯伯格在接受CNN采访时说，斯诺登对他的国家的贡献是难以估量的，他的爆料也许会防止美国滑向“监控国家”，斯诺登与战场上的士兵具有同样的勇气和爱国精神。向多位总统提供情报简报的前中情局官员雷·麦戈文同意埃尔斯伯格的看法，称“此时此刻他比过去更加感到美国民主大有希望”。阿桑奇称斯诺登是英雄，格林沃德也赞扬他。美国公民自由联盟则要起诉奥巴马政府。共和党内发生了分裂——多名国会议员支持斯诺登，有人并指出监控项目涉嫌违宪。

但是，反对斯诺登的政要和名人也不少，国会中尤以共和党头面人物为多。众议院议长约翰·博纳将斯诺登斥之为“将美国置于危险境地的叛国者”。一些美国政要甚至要求逮捕斯诺登，其中包括博纳以及参议院情报委员会主席、参议院对外关系委员会主席、众议院多数党领袖、众议院情报委员会主席等。

根据美国媒体的两次民意调查，普通民众的看法也是众说纷纭，莫衷一是，大致上是五五开。CNN 和一家民调机构 10-11 日的联合调查显示，44% 的人支持斯诺登，但是反对者多达 52%。《时代》周刊 11-13 日的民调显示，54% 的人赞成斯诺登的行为，而反对者仅为 30%。由皮尤研究中心和《今日美国报》12-16 日对 1512 人进行的一项新民调显示，54% 的人认为斯诺登应该接受刑事指控，38% 的人持相反意见。看来美国舆论风向对斯诺登不大有利。

四、9·11 成“分水岭”？

崇尚自由至上论的美国人又是功利主义者和法治信仰者，由此诞生了一个决定自由空间大小的标准——“明显而即刻的危险”的原则。

自从建国之日起，美国成了世界上各种难民的接纳国。到 2001 年 9·11 事件之前，尽管历史上多次发生过杀害印第安人、种族歧视、麦卡锡主义等侵犯公民权利的事件，世人仍然普遍认为美国大体是一个自由民主国家。罗斯福的“四大自由”不仅成了美国人的金科玉律，而且几乎被写进联合国公约。

在历史上，如果不发生战争，美国政府限制公民自由的能力相对较弱，宪法、国会、强大的公民组织以及自我武装的个人令政府退避三舍。公民和新闻媒体运用法律武器自我保护，无数次击败政府剥夺其自由的企图。1964 年的“《纽约时报》诉沙利文案”和 1971 年的“五角大楼文件案”，为国人所熟悉。

但是一夜之间，9·11 似乎改变了一切。机场实施空前严厉的安检，脱衣、脱鞋、搜身，令往昔的自由、特别是个人隐私空间大为压缩。可以看出，崇尚自由至上论的美国人又是功利主义者和法治信仰者。功利主义认为，两利相权取其重，两害相权取其轻。一大批美国人认为，如果不发生危急情况，个人自由高于对国家安全的考虑，在大量公共场所安装探头势必遭到反对。

法治信仰主张，个人自由是一种权利，国家利益和公民安全也是权利，权利和权利之间要加以权衡。正如以保护言论自由著称的最高法院大法官温德尔霍姆斯所言，言论自由并不包括在拥挤的戏院里高喊“着火了！”的自由。很显然，这种自由危及戏院观众的人身安全。由此诞生了一个决定自由空间大小的标准——“明显而即刻的危险”的原则。

在美国，共和党中主流的保守派似乎比自由派更钟情于自由至上论，向来推崇小政府、大商业和保护个人自由的传统价值观。但是，9·11 发生在共和党总统小布什任内，于是他一反常态，建立了美国史上最大的政府部门国土安全部，其雇员多达20多万，并竭力向国会推销限制公民自由的《爱国者法》。

虽然《爱国者法》未能通过，虽然小布什任内屡遭诟病，但美国人至少承认一点：9·11 以后，美国的“国土安全”确实得到了保障，没有发生过类似 2005 年伦敦地铁和公交爆炸案那样的恐怖事件。国家安全局局长亚历山大 12 日为“棱镜”项目辩护说，该项目在反恐工作中发挥了作用，让美国阻止了“数十次”可能的攻击行动。他还承诺在下周提供更多证据，证明监控计划的必要性。

这恐怕正是有切肤之痛的美国人既不像以往、也不像欧洲人那样一边倒或普遍支持“吹哨人”的主要原因。但是，如此规模的政府窃听和黑客行为，终究不是什么好事，有中国媒体称之为“烂事”也是事出有因。

斯诺登说他的爆料是“忧心于美国这个往昔的民主国家和人权卫道者即将堕落为一个‘监控国家’”。这是美国人不能回避的时代问题。

五、“斯诺登事件”的五种未来

写过《旧制度与大革命》的法国人托克维尔还在近 180 年前写过《论美国的民主》，如果是在今天，他会不会再写一部《论美国民主的困窘》呢？

斯诺登 6 月 10 日从香港美丽华酒店退房，目前行踪成谜。他本人表示，决不接受被引渡回国。美联社 6 月 14 日报道说，它获得了英国内政部致所有航空公司的一封函件的副本，敦促它们拒绝让斯诺登登上飞往英国的航班，因为他“极有可能被拒绝入境”。一名英国外交官私下说，让斯诺登飞往英国的航空公司将被罚款 3100 美元。

到 8 月初，斯诺登的 90 天赴港旅游签证将到期，延期的可能性几乎不存在。据分析，他的未来有五种可能——

第一种，他申请成为难民，90 天期限内悄悄离开香港。联合国难民署香港办事处高级专员纳兹尼恩·法卢奇 19 日表示，斯诺登如果向难民署申请庇护，将不会受到优待。

第二种，某国愿意收留。冰岛政府 19 日证实，斯诺登已通过中间人向冰岛寻求政治庇护，不过当局至今未接获正式申请，并拒绝透露会否给予斯诺登庇护。俄罗斯政府也有类似表示。

第三种，他的签证到期作废，香港警察将他逮捕。曾任保安局局长的香港行政会议成员叶刘淑仪表示，相信警方正追查斯诺登的行踪，而美国与中国香港早已签署司法互助协议，建议斯诺登离开香港。

第四种，他自己乘飞机或乘船神秘溜走。

第五种，美国发布逮捕令，他束手就擒。奥巴马总统 19 日首度公开回应事件，称司法部或寻求从香港引渡斯诺登回国。17 日，斯诺登的父亲朗尼·斯诺登公开恳求儿子早日回国面对审讯。他感到儿子受到沉重压力，希望儿子“不要向压力屈服作出坏决定”，呼吁他“不要发表任何可能构成叛国罪的机密数据”。但他同时为斯诺登辩护，相信其行事坚守原则且深思熟虑。他还抨击美国以反恐之名大搞监控，牺牲国民自由，等同于“败给恐怖主义”。

现在看来，第五种可能性较小，因为此举将太冒天下之大不韪。但是，即便是前四种中的任何一种，也就是美国方面睁只眼闭只眼，任凭事态自然发展，都会将美国政府置于新的尴尬境地。

写过《旧制度与大革命》的法国人托克维尔还在近 180 年前写过《论美国的民主》，如果是在今天，他会不会再写一部《论美国民主的困窘》呢？

（写于 2013 年 6 月 22 日）

伍 媒体与司法

一起“媒体审判”事件的传播讹误
———英国离奇命案“黑格案”真相探源

谈到“媒体审判”的典型案例，近年来国内谈新闻和法学界提及和讨论最多的，应该是英国的“黑格案”和中国的“张金柱案”。对于后者，争议最大、批评和反批评最多的是张金柱该不该死，可谓标准的观点之争。对于前者，国内业界和学界则出现了对基本案情的误译误读，因此可以说是“事实不清”乃至于以讹传讹。国人较多地了解黑格案，应该始于1998年初《南方周末》刊登的一篇文章，然后则是英国著名法官丹宁勋爵的著作《法律的正当程序》中文本1999年问世之际。笔者认为，现在是该正本清源、以正视听的时候了。

“杀人犯被逮捕归案”？

1998年初，当时的北京大学法学院贺卫方副教授在《南方周末》撰文《法官与大众传媒》(后收入《司法的理念与制度》一书)，其中提到：“法院严格禁止新闻媒体对于法院尚未审结的案件作出带有暗示或明显倾向性的报道或评论。黑格先生因涉嫌杀人被捕，英国某法院正待审理，《每日镜报》忽然出现大字标题——‘杀人犯被逮捕归案’，并报道说黑格已被指控杀人，且交代其他案犯，供出死者姓名云云。首席法官戈达德勋爵怒气冲天地说：‘没有比这更可耻的事情了，应该惩罚他们。’结果，《每日镜报》被罚款 1 万英镑，当天的值班编辑蹲了 3 个月班房。惩罚之后，戈达德勋爵还不依不饶地说：‘让那些编辑们小心，如果再发生这类事情，法律还会制裁他们，让他们明白，法律的力量是强大的。’文章还提到了丹宁勋爵。”[1]

2012 年 6 月，当北京外国语大学国际新闻专业研究生周卫就此段文字的出处询问贺卫方教授时，他说由于时间较为久远，记不起所写的黑格案的来源了，甚至不记得在哪篇文章里提到过这个案例了。2013 年 7 月初，笔者再次联系贺教授，告诉他上述文章发表于 1998 年初的报纸，询问该文与提及黑格案的丹宁勋爵《法律的正当程序》一书中译本问世于 1999 年，两者是什么关系？贺教授回答：其实，早在《法律的正当程序》在 1999 年由法律出版社购买版权出版之前，该书第一个中文版在 1984 年就出版了。根据中译本，丹宁写道：[2]

新闻自由是宪法规定的基本自由，报纸有——也应该有——对公众感兴趣的问题发表公正意见的权利，但是这种权利必须受诽谤法和蔑视法的限制。报纸绝不可发表任何损害公平审判的意见，如果发表了就会自找麻烦……我一般不大看报，这个案件发生时，我只读了《泰晤士报》。这家报纸对法院判决的报道相当出色，世界上任何一家报纸都难以和它媲美。这些报纸是由一些有资格出席高等法院审判的律师写的，因此常常被本法庭引用。但是这个时候，《每日镜报》却出了格。有一个叫黑格的人被捕了，受审之前，这家报纸登出了一条醒目的大标题：

杀人犯被逮捕归案

这家报纸说，黑格已被指控为杀人犯，并且已交代了其他人，还供出了据说是被他杀害的死者的姓名。首席法官戈达德勋爵说："没有比这更可耻的事情了，应该惩罚他们。"他罚了《每日镜

[1] 贺卫方："法官与大众传媒"，广州：《南方周末》，1998 年 1 月 9 日。

[2] （英）丹宁勋爵：《法律的正当程序》，李克强、杨百揆、刘庸安译，北京：群众出版社，1984 年版，第 39-40 页。

报》一万英镑，把当天的编辑送进监狱关了三个月。他还说：“让那些编辑们小心，如果再发生这类事，他们就会发现法律的力量是强大的，法律也可以制裁他们。”

本书的译者在法律专业方面的知识毋庸置疑。但是一旦涉及法律以外的媒体，就可能有些隔膜了。笔者根据英文原书，[1] 找出以上译文中的几处，在此与译者商榷其译法：

第一段：“对公众感兴趣的问题”应为“涉及公共利益的问题”；“公正意见”现通译“公正评论”；“蔑视法”应为“藐视法庭法”；“相当出色”应为“独一无二”；“这些报纸是由一些有资格出席高等法院审判的律师写的，因此常常被本法庭引用”宜译为“它们是由出庭律师撰写的，在法庭庭审中被人引用”；“受审之前”应为“受到指控之前”；“醒目的大标题”应为“通栏标题”。

最后一段：“已被指控为杀人犯，并且已交代了其他人”应为“已因一宗命案而受到指控，他还犯有其他命案”；“应该惩罚他们”宜译为“应该施以严厉而适当的惩罚”；“当天的编辑”应为“总编辑”或“主编”；“那些编辑们”宜译为“那些董事们”；“法律的力量是强大的，法律也可以制裁他们”宜译为“法律是强大的，足以制裁他们”。

中译本上述译文，有的可能是误译，有的是隔行所致（如“当天的编辑”应为“总编辑”），有的是不同表达（如“蔑视”与“藐视”）。但是，最为关键的是《每日镜报》的通栏标题，原文为“Vampire Arrested”，很简单和简洁的两个单词，乃是英国小报惯用的“标题艺术”和煽情手法，直译为“吸血鬼被捕”即可，不知为何被译成了“杀人犯被逮捕归案”？

可是很遗憾，大概是贺卫方先生和丹宁勋爵著作中文版的影响足够广大，加之上述引文中缺少一些要素，如黑格的全名、黑格案案发时间等等，有人凭借自己的想象力，给黑格案定了一个模糊的时间段。不知从何时起，在中文互联网世界，出现了以下这段文字[2]：

[1] Lord Denning, *The Due Process of Law*, London: Butterworth & Co Ltd, 1980, p44.

[2] 来源之一见凌峰文章“论司法透明机制下的司法独立与媒体监督”，发表于芜湖市镜湖区人民法院网（http://whjhq.gov. cn/714/readnews.asp? id=269）。国内有论者误认为此案发生在20世纪70年代，可能始于《检察日报》2003年10月16日刘佑生文章“也说‘媒体司法’”。

上世纪70年代，英国有个叫黑格的人被捕，在法庭审理之前，《每日镜报》以“杀人犯被逮捕归案”的醒目标题进行了报道，违反了无罪推定原则。结果，首席法官戈达德勋爵判《每日镜报》1万英镑的罚款，并判当天的编辑监禁3个月。这就是著名的“镜报审判案”。

时至2011年8月5日，清华大学法学院张建伟教授还在专业报纸上撰文提及：“丹宁勋爵在《法律的正当程序》一书中提到，一份报纸因在审判之前登出‘杀人犯被逮捕归案’的断言，这被认为损害公平审判而依藐视法庭罪受到了法院的惩处。”[1]

黑格谋财害命奇案真相

笔者最初对此案案情描述的怀疑，恰恰是从“七十年代”开始的。到了此时英国还会有报纸因为“媒体审判”而承担刑事责任？有人要坐牢？于是笔者根据“首席法官戈达德勋爵”这一线索，去检索英文文献，从英文维基百科发现了破绽。戈达德勋爵生于1877年，1971年以94岁高龄仙逝。因此他不可能在20世纪70年代作为法官办案。[2] 而且，英文维基百科戈达德勋爵词条中没有提及黑格案。在研究生周卫的帮助下，黑格案的英文材料纷至沓来。

约翰·乔治·黑格 (John George Haigh)，1909年出生于英格兰北部的林肯郡，双亲均为普利茅斯弟兄会教徒，成长环境刻板而严苛。但是黑格似乎不守新教教义，他20岁以后主要做推销员，能言善辩，衣着得体。他在1934年6月结婚，同年11月因诈骗入狱而离婚。1936年迁居伦敦，为富有的游乐园老板唐纳德·麦克斯旺当秘书兼司机，并利用其机械技术为老板修理机器。

1937年，黑格因冒充律师从事诈骗入狱4年。1940年初提前获释后继续以诈骗为生，先后几次坐牢。在监狱里，黑格构想出他所认为的完美谋杀：用硫酸将被害人的尸体溶解掉。他用老鼠做试验，结果只用30分钟尸体就消失了。1943年黑格出狱后在一家工程公司当会计。不久在酒吧里偶遇前雇主

[1] 张建伟：“大众传媒与司法公正：一个文化的视角”，北京：《人民法院报》2011年8月5日。
[2] 参见 http://en.wikipedia.org/wiki/Rayner_Goddard,_Baron_Goddard。

麦克斯旺。麦克斯旺把黑格引荐给了他的父母威廉和埃米。[1]

1944 年，黑格在海德公园附近的格洛斯特路 79 号租了一间地下室，作为他的工作室，后来自称在那里从事“发明”。同年 9 月 6 日，他将唐纳德·麦克斯旺诱骗至其工作室，把他击打致死并将尸体放入一个 40 加仑大桶，以硫酸浸泡。他两天后再回去发现，尸体已成了泥浆。黑格告诉麦克斯旺的父母说，他们的儿子为逃避兵役逃往苏格兰了。随后，黑格通过伪造证书将麦克斯旺的房产转至自己名下。

麦克斯旺的父母感到疑惑：为什么二战快结束了儿子还不回来？1945 年 7 月 2 日，黑格借机又将麦克斯旺的父母骗至其地下室，以同样的手法将该夫妇杀害。他窃取了威廉·麦克斯旺的养老金支票，攫取了老夫妻 8000 英镑（2013 年相当于 25 万英镑）的财产。

黑格用诈骗和谋财害命所得，住进位于南肯辛顿的翁斯洛·考特酒店的 404 房间。该豪华酒店的房客多为衣着考究、有社会地位的专业人士以及退休富人。许多房客把黑格视为意气相投的企业家，但是黑格没有交上几个朋友，因为他的性格不合群，外表也过于俗气，因而难以融入那个社交圈子。

到 1947 年夏，嗜赌的黑格将钱财挥霍一空。他在西苏塞克斯郡克劳利的利奥波德路 2 号租了一间小工作室，把硫酸和大桶从格洛斯特路 79 号转移到了那里。他以有意购房为幌子结识了阿奇博尔德·亨德森博士和他的妻子。1948 年 2 月 12 日，他开车将亨德森博士带到克劳利，谎称带他去看所谓发明，在那里用他从亨德森家偷来的左轮手枪将他枪杀。黑格再把亨德森夫人诱骗至工作室枪杀，并将尸体投入硫酸桶。他再以伪造文件方式获得了亨德森夫妇价值 8000 英镑的所有财产，并留下了主人的爱犬据为己有。

到 1949 年初，黑格再度手头拮据。他在银行透支了，酒店经理也不断催要房租。他的下一个也是最后一个猎杀对象是富有的寡妇杜兰德—迪肯夫人。黑格与这位翁斯洛·考特酒店的常住房客结识于酒店餐厅，他当时自称是工程师。2 月 18 日，黑格谎称对她的制作塑料指甲的主意感兴趣，邀请她到他在克劳利的新地下室商讨，在那里对她的后脑开枪射杀，再如法炮制投入硫酸大桶浸泡。黑格卷走了受害者的波斯羔羊皮和首饰等贵重物品。

同住翁斯洛·考特酒店的康斯坦斯·雷恩夫人是杜兰德—迪肯夫人的朋友，

[1] 参见 http://en.wikipedia.org/wiki/John_George_Haigh。

她不断向黑格询问朋友的下落，因为她听说过黑格欲邀杜兰德—迪肯夫人造访其工作室。2月20日，为避免怀疑，黑格陪同雷恩夫人去警察局报警。一名警官认出了黑格并核查了他的盗窃和诈骗记录。黑格成了怀疑对象并被传讯，但是他否认自己与杜兰德—迪肯夫人的失踪有关。[1]

警方拘留了黑格并对他的工作室进行搜索，在硫酸桶里发现了杜兰德—迪肯夫人未溶解完的遗骨及她的牙齿、唇膏等。警察还在他所住的酒店发现了一本日记，内有谋杀麦克斯旺及亨德森家庭的记录。黑格却在侦查过程中辩护称："杜兰德—迪肯夫人再也不存在了。我已经用硫酸把她毁尸灭迹，你们不能证明这是谋杀。"[2] 黑格显然曲解了"犯罪事实"（Corpus Delicti）的概念，他用硫酸毁尸灭迹，是因为他误以为只要找不到尸体，就不能给凶嫌定罪。

由此，黑格因被控谋杀杜兰德—迪肯夫人而受审。被捕后，黑格试图以以下行为来证明自己精神不正常以逃脱极刑：他喝尿液，并声称"杀那些人是为了喝他们的血"，还描述了令人毛骨悚然的谋杀细节。他还说他杀了9个人，以佐证自己有精神病，而警方只发现了他谋杀6人的证据。然而他的企图并未得逞：12位医师鉴定了他的精神状况，大部分认为他是在装疯卖傻。法院也认为他的"吸血"之说没有任何证据支撑。陪审团只花了15分钟便确定黑格有罪。1949年8月6日，黑格被执行绞刑。这就是英国轰动一时的"酸浸杀手"（The Acid Bath Murderer），曾引起医学界、法学界及科学界的极大兴趣。[3]

《每日镜报》因报道涉案

《每日镜报》全程介入了"黑格案"报道。这份知名小报创刊于1903年，1949年前后发行量高达450万份，到2013年初仍然有近106万份的日销量。[4] 其典型新闻操作手法是选取煽情和惊悚故事，以显著版面在大标题和大照片

[1] "John George Haigh: Acid Bath Murderer," http://usersites.horrorfind.com/home/horror/bedlambound/library/haigh.html.

[2] Katherine Ramsland, "John George Haigh," http://www.trutv.com/library/crime/serial_killers/weird/ haigh/index_1.html.

[3] Katherine Ramsland, "John George Haigh," http://www.trutv.com/library/crime/serial_killers/weird/ haigh/index_1.html.

[4] 参见 http://en.wikipedia.org/wiki/Daily_Mirror。

之下制造卖点。1949 年 3 月 1 日，该报头版报道了寡妇杜兰德—迪肯夫人失踪一事。报道第四段还采用加粗字体："尽管那天她未按事前约定与约翰·乔治·黑格先生会晤，但也可能坐车去了另一个地方。"文末还提到："伦敦警察厅已经审讯了一名有犯罪记录的男子，该男子是自上周五起失踪的寡妇的私人朋友。"

3 月 2 日，《每日镜报》在头版以"多少有钱寡妇死了——迪肯夫人葬身酸浴"（"How Many rich widows died-acid bath burial of Mrs.Deacon"）为题报道说，在英格兰东南部旧郡苏塞克斯郡一家工厂的硫酸桶里发现了杜兰德—迪肯夫人未完全溶解的尸体，"伦敦警察厅昨晚被告知，杀害杜兰德—迪肯夫人的男子也有可能杀了其他几名有钱寡妇"。报道还说，警方称杀手为"人格分裂型蓝胡子"（蓝胡子是法国民间传说中的人物，曾连杀 6 妻，第 7 妻得以逃脱）"凶手生活奢侈，曾经由于诈骗和行窃坐牢多年"。文末又提到："约翰·乔治·黑格，39 岁，公司董事长，周一下午 4 点 15 分去了警察局，今晨还在那里。他告诉警方，他在杜兰德—迪肯夫人失踪那天约见她，但是杜兰德—迪肯夫人没有赴约。"

3 月 3 日，《每日镜报》第一次将杀人凶嫌称为"吸血鬼"，在头版以"伦敦的吸血鬼恐怖"（"Vampire Horror in London"）为题报道说："警察正在追踪一个疯子，这个疯子就像东欧民间故事里的吸血鬼一样，吸了被害者的血。"又采用了加粗字体："警察厅认为，吸血鬼杀了 5 人——两个伦敦富有家庭成员——之后，肢解并销毁了他们的尸体。"《每日镜报》还列出了 5 名失踪者的姓名和年龄，以及其中一对遇害夫妇的照片，并采访了这些失踪者的友人，还称"警察厅正在收集一名吸血鬼疯子的恐怖档案，他的滥杀行为在英国犯罪史上史无前例"。

3 日晚，伦敦警察厅发表声明称："任何在案件审判前的陈述都可能损害被告人的公正审判权，发布这类观点或提及这类事件都是非常错误的，面对站在法庭上的被告人时，法庭无疑会考虑这些内容。"[1] 首席大法官戈达德勋爵事后称："从伦敦警察厅的声明来看，似乎之前有报纸报道了此事件。"[2] 而将凶嫌称为"吸血鬼"具有严重的误导性，因为这是黑格在自辩中提出的企图逃避极刑的一个借口。

[1] "Writ against the'Daily Mirror'," *Daily Mirror*, March 22, 1949.
[2] "Writ against the'Daily Mirror'," *Daily Mirror*, March 22, 1949.

然而在1949年3月4日，《每日镜报》又连发3篇报道。在其头版以“吸血鬼——男子被拘留”（“Vampire-A Man Held”）大标题报道说：“这个吸血鬼杀手再也不会来袭了。他已经被收押了，无力去诱惑他的受害者暴死了。这是《每日镜报》今天能给出的保证。”文章还写道：“但是当警方听了他的骇人的大规模谋杀、毁尸以及吮吸他的受害者的血的故事时，他较早前的自吹自擂还真不是假话。”[1]

该报道用粗体字描述：“他告诉审讯者，他割断了被他杀害的那些人的喉咙，并用柠檬水吸管吸他们的血。”该文还采访了很多就受害者遗产与这名“吸血鬼”有过接触的人，称遇害人之间的共同点只有一个，那就是“有一个共同的朋友——那个吸血鬼”，“5人因与他的友谊而惨遭杀害”。此外，文中还提到“他现在已经从审讯室回到了囚室。他在那里就其他罪行等待审判”。

第二篇报道在第二版，题为“凶手偷偷接近独处者”（“Murders talks the lonely”），称“伦敦有5个人失踪了。据信，他们已经惨遭吸血鬼杀手灭口”。文中还用加粗字体称“虽然有一名男子已供认罪行，但是其他人还有一个共同的话题：吸血鬼。”第三篇报道题为“吸血鬼索要租金”（“Vampire called for the rent”）。该文与前两篇一样，没有提及黑格的名字，而用“吸血鬼”或“他”来指代，讲述了“吸血鬼”如何假借遇害人的名义敛财。

3月5日，《每日镜报》的头版还是被“吸血鬼”占据。大标题为“新诉求紧随吸血鬼调查的发现”（“New appeal follows Vampire-probefinds”），称警方发现了谋杀的新证据。头版另一篇文章题为“男子曾作为唱诗班少年遭谋杀指控”（“Man on murder Charge as Choir boy”），还附上了一张嫌犯12岁时在唱诗班的照片。报道称，一个名叫黑格的人被指控谋杀了69岁的有钱寡妇杜兰德—迪肯夫人，并且“已经被送往刘易斯（苏塞克斯郡）监狱医院——这对面临最重指控而入狱的任何人而言是常规程序，并不意味着他病了”。

[1] “John George Haigh: Acid Bath Murderer,” http://usersites.horrorfind.com/home/horror/bedlambound/library/haigh.html.

法院严惩《每日镜报》

代表黑格的沃尔特蒙克顿爵士（SirWal-terMonckton）申请了对《每日镜报》总编辑西尔维斯特·博拉姆（Silvester Bolam）的拘留状。3月21日，王座法院就此举行听证会。蒙克顿爵士说："公认的原则是，如果某人被控以某项罪名，那么发表有可能损害该人公平审判权的材料就是藐视法庭。"蒙克顿爵士称，3月2日，黑格因被指控谋杀杜兰德—迪肯夫人而被羁押。而3月4日的《每日镜报》就黑格被指控一事发表了3篇文章。"难以想出有比这更加有预谋的事情：以这样一种指控，而不是以在最令人厌恶的种种情况下其他谋杀指陈的内容，发表在一份全国广泛发行的报纸的最显著版面上，来损害某个在押候审者的公平审判权"。

听证会上，蒙克顿爵士还宣读了黑格的辩护律师伊格先生的宣誓书。伊格称，"只有到黑格出现在诸位法官面前的时候，才提供了逮捕的正式证据"。宣誓书还提到，黑格3月5日告诉伊格说，他只被控以谋杀杜兰德—迪肯夫人一项罪名。[1]

代表被告人博拉姆的瓦伦丁·霍姆斯爵士（Sir Valentine Holmes）称，他不想为《每日镜报》的行为辩护，他是来"代表博拉姆承认一个严重错误，以及对法庭最谦卑的歉意"的。霍姆斯爵士还宣读了博拉姆写的一份宣誓书。它声称，到3月3日，很多人知道了一些失踪的人名以及这些人可能已经被谋杀的消息。博拉姆迅速告诉手下采编人员，失踪者的故事可以报道，但是不得诱导读者对各个失踪者产生联想，并且报道在付印前要提交主管"审核"。他认为，既然警方还没有就失踪人员指控相关人，而且尚无人被认定要对这些人的失踪负责，就不涉及藐视法庭的问题。但是，现在他意识到他错了。之后，博拉姆接到了警方的通知，他向主编们指示说报道必须重写，并且所有涉及供述的部分都要删掉。霍姆斯爵士辩称，现代日报的内容生产需要快速决定，由此也会出现差错。戈达德勋爵反驳说："没有人可以说这是判断失误。这些是一个人可能读到的最骇人听闻的东西。"

44岁的总编辑博拉姆因藐视法庭罪被判入狱3个月。《每日镜报》被判

---

[1] "Writ against the'Daily Mirror'," *Daily Mirror*, March 22, 1949.

罚款1万英镑并支付诉讼费。反讽的是，博拉姆与黑格在同一所监狱服刑。法官决定还要惩罚报纸的发行人，认为报纸的董事们也负有法律责任。根据3月26日《泰晤士报》的报道，法院认为："在当下这一类别案例的悠久历史上，在本法院看来，从未有过如此严重、如此可耻和如此恶劣的情形。本法院应本着公共利益维护正义的共同原则，务必使那些有此类罪行的人受到相应的惩罚，这一点具有头等的重要性。在本法院看来，该报的行为并非判断失误的结果，而是为了提高报纸发行量诉诸煽情主义的方针所致。"[1]

戈达德勋爵认为，《每日镜报》的"这些版次含有文章、照片和最大字体的标题，本法院只能称其性质为英国新闻界之耻；英国以正义和公平为傲，即使极恶之罪犯亦不例外，但《每日镜报》却将其践踏殆尽"。[2] 戈达德勋爵还警告《每日镜报》的管理层说："让董事们小心，现在他们知道了他们的雇员能干什么事，以及本法院对此事的看法。如果是为了增加他们报纸的发行量而再次冒险刊印此类材料，董事们本人也许会发现法院是强大的，足以制裁他们，并逐一收拾他们。本法院认为必须实行严厉惩罚。"[3]

《泰晤士报》3月26日写道："对于此案，用哈德威克勋爵[4]1742年对《圣詹姆斯晚邮报》案的话说，那就是在审判前不公正对待涉案者。"《泰晤士报》进而写道："如同本法院的成员们一样，任何不幸读到这些文章的人都一定想知道：在发表了这些之后，这个男子要获得公正审判如何可能。这些文章不仅称他为吸血鬼，并给出了如此称呼他的原因，而且在说他因一宗谋杀案被指控之后，他们继续说，他不仅因一宗谋杀案被指控，还犯有其他罪行，并给出了他们说被他杀害的人士的名字。有人提供了一张据说被他谋杀的某人的照片，附有一段对犯罪方式的描述。"[5]

[1] *The Times*, March 26, 1949, p3.

[2] *The Times*, March 26, 1949, p3.

[3] *The Times*, March 26, 1949, p3.

[4] 哈德威克勋爵(1690-1764)，英国律师、法官及辉格党政治家。1737年至1756年任大法官，在任达19年，对政坛起重要影响力。他坚持司法独立及公平审判，以公正公平而闻名。

[5] *The Times*, March 26, 1949, p3.

两点讨论和结论

1. 媒体审判中的“拼图识别”

近代刑法学鼻祖切萨雷·贝卡利亚早在1764年就说过：“在没有做出有罪判决以前，任何人不能叫罪犯……因为任何人当他的罪行没有得到证明的时候，根据法律他应当被看作是无罪的人。”[1] 英国司法界认为，司法审判的权力已由社会授予了陪审团和法官，当审判正在进行的时候，社会半途把这个权力收回（意指对审判进行评论）就违反了制度，但是审判一终结，这代理权就立刻收回，自由讨论就成为至高无上的社会公共利益。[2]

英国法官西蒙·布朗认为，暗示有罪推定的审前公开报道具有极大的危险性，媒体应谨慎提防。布朗曾表示：“在逮捕之后、审判之前对被指控名人进行有罪报道，这不是一个能够轻率采取的步骤。不仅如此，被告人越是容易受到攻击，相关案情越是复杂，相关报道越是不准确，媒体所承担的违法风险也就越大……因此，从事犯罪报道的所有人都应该认识到，发表此类文章是具有极大风险的。”[3]

英国的传统做法是，当犯罪嫌疑人被捕时，媒体只能简略报道嫌疑人的姓名、年龄、职业以及被指控的罪名等。即使犯罪嫌疑人对警方有所供述，媒体也不得报道。只有当犯罪嫌疑人有重大犯罪嫌疑需要移交检察官处理时，媒体才可进行详细报道，但是犯罪的过程和情节必须按照检察官的起诉书来报道。

如前文所述，在黑格案中，伦敦警察厅已经事先警告过《每日镜报》：在黑格被审判前不要披露案情的细节。但是报社却无视警告，依然做出了出格的行为。黑格称自己杀了9个人，但是法院最终只能证明其杀了6个人，另外三宗谋杀证据无迹可寻，而《每日镜报》的报道却暗示这些人均是被黑格谋杀的。

---

[1] （意）切萨雷·贝卡利亚：《论犯罪与刑罚》，北京：中国大百科全书出版社，1993年版，第54页。

[2] 吴飞、林敏：“政府的节制与媒体的自律——英国传媒管制特色初探”，杭州：《浙江大学学报》，2005年第6期。

[3] （英）萨利斯皮尔伯利：《媒体法》，周文译，武汉：武汉大学出版社，2004年版，第339页。

在英国，煽情小报为牟利无所不用其极地进行夸张、惊悚及煽情的报道。《每日镜报》总编博拉姆曾经这样描述煽情主义："煽情主义并不意味歪曲事实，它只是生动且戏剧化地陈述事实，以此给读者留下深刻的印象。它意味着大字标题、生动描述，将繁杂简化成日常语言，以及对漫画和照片的大篇幅使用。"[1]而《每日镜报》对黑格案的耸动式报道的确满足了公众的好奇心。

博拉姆之所以被判以藐视法庭罪，是因为法院认为该报的连续系列报道造成了"拼图识别"（jigsaw identification）效应。所谓"拼图识别"，是指不同媒体因报道诉讼案件时有所限制而各自合法地报道一些细节，但是却会无意间构成犯罪，因为通过不同媒体披露的不同细节，受众很有可能将这些碎片拼凑起来以确认那个法院尽力保护的对象。[2]《每日镜报》虽然没有在同一篇报道里明确说黑格就是杀害那些失踪者的凶手，但是读者很容易把该组系列报道组合起来，从而认定黑格就是所谓的"吸血鬼杀手"。"拼图识别"效应很容易使公众预设刑事被告人是有罪的，这无疑违反了无罪推定原则。

鉴于英美国家的陪审团制度，媒体审判可能会影响到潜在的陪审员，从而影响审判结果。陪审团由 12 名没有法律背景的普通公民组成，负责对案件的事实部分作出判断。陪审团在案件的审理中有着至关重要的作用，其职责是："听取双方当事人和律师提出的证据，然后进行评议，就诉讼中的争议事实做出认定，就被告有罪还是无罪做出裁决"。[3]显然，陪审团必须不受外界信息的影响。在"黑格案"中，陪审团只花了 15 分钟的时间就裁定黑格有罪。没有直接证据显示陪审团的投票受到了《每曰镜报》审前报道的影响，显然是对有关证据深信不疑。

2. 中文传播讹误与误判

一宗被丹宁勋爵称之为"1770 年以来轰动一时的刑事案件"之一和被认为是 20 世纪全球最著名的媒体审判案的英国名案，在中文世界里变得多少有点面目不清，甚至讹误频出和以讹传讹，这是令人十分遗憾的，因为它影响

[1] Engel Matthew, *Tickle the Public, One Hundred Years of the Popular Press*, London: Victor Gollancz, 1996, p179.

[2] Tim Crook, *Comparative Media Law and Ethics*. London: Routledge, 2010, p348.

[3] 程汉大、李培峰：《英国司法制度史》，北京：清华大学出版社 2007 年，第 297 页。

了许多学人和论者对媒体审判问题的历史认识和当下判断。[1]

其实，这里面没有多少深文大义，只是需要一些查对和校译，就可以避免那么多的差错和失准。而在丹宁勋爵另一部脍炙人口的著作《法律的未来》的中文本中，他还更为详尽地提到了黑格案，不但给出了黑格的全名，而且交代了1949年这个案发年份，只是没有提及媒体的作用，因此未受有关论者的关注。[2]

一些法学界和法律界人士常常举出黑格案来强调：法治社会中法院和法官的至高地位不容挑战和冒犯。对于这一点，笔者并无根本性的异议。但是，由于翻译的问题，由于对历史背景的交代不足，又由于中文世界的传播讹误，有地市级法院法官认为，透过黑格案和国内现实，英中“两相比较，差距何其大也！”以此暗示国内目前对“媒体审判”规训和惩罚不力[3]。笔者认为，这是成问题的。

1949年黑格案以后，英国再也没有出现过媒体人因犯下“藐视法庭罪”而入狱的事情。[4]这至少是出于两个原因。第一个原因，站在法院一边，黑格案中对于《每日镜报》的判决不无理由，但是也不乏争议，英国自19世纪起被誉为新闻自由的圣地，判决媒体人因职务行为犯罪总是有点不得人心。

在丹宁勋爵看来，在法治传统悠久的国家，法官不大受到媒体的影响。他说：“无论是谁，其都应该牢记，一个审理法官不能受到可能在报纸上所看到的内容的影响。坐在陪审团位置上的人并不是普通人。他们是心地善良、具有良好判断力的人。他们依据呈放在他们面前的证据而不是在报纸上可能读到的内容来进行判断。他们受到影响的风险是如此的轻微。”[5]

第二个原因，英国在黑格案案发第二年即1950年就签署了《欧洲人权公

[1] 话又说回来，人非圣贤，孰能无过？丹宁勋爵晚年写书已是八旬老人，他在退休前就屡屡讲话忘词。他的书中部分记载也有差误。例如《每日镜报》的大标题是“吸血鬼———男子被拘留”，而不是他在《法律的正当程序》中的“吸血鬼被捕”；陪审团认定黑格有罪用了15分钟，丹宁在《法律的未来》中说用了18分钟。详见维基百科丹宁勋爵词条 http://en.wikipedia.org/wiki/Lord_Denning。

[2] （英）丹宁勋爵：《法律的未来》，刘庸安、张文镇译，北京：法律出版社，1999年版，第69-70页。

[3] 孟玲：“市场经济条件下的法治建设之我见”，http://www. jhcourt.cn/NewsShow.aspx?id=2555。

[4] 英国还在1969年废除了死刑，此前的死刑均采用绞刑，最后一次绞刑是在1964年8月13日执行的。

[5] （英）萨利斯皮尔伯利：《媒体法》，周文译，武汉：武汉大学出版社，2004年版，第354页。

约》（1953 年 9 月 3 日生效）。《欧洲人权公约》特别重视保护言论自由和新闻自由。依据该公约设立的欧洲人权法院经常推翻《欧洲人权公约》各签署国不利于言论自由和新闻自由的国内法判决。

而在当下中国，一方面媒体审判和网络审判的现象的确值得担忧，一方面影响法院办案和判决的因素较多，媒体和舆情的影响未见得是最主要的一个。[1] 在这种语境下，简单地比较中外，甚至拿《欧洲人权公约》生效之前的一个经典旧案来就事说理，就显得立论不稳甚至有点可笑了。

[1] 周泽："舆论评判：正义之秤——兼对'媒体审判'、'舆论审判'之说的反思"，上海：《新闻记者》，2004 年第 9 期。

"媒体审判"值得我们担忧吗?

——对最高法接受舆论监督《规定》的称许和商榷

最高人民法院日前公布《关于人民法院接受新闻媒体舆论监督的若干规定》，要求人民法院应当主动接受新闻媒体的舆论监督。同时，新闻媒体如果对正在审理的案件报道严重失实或者恶意进行倾向性报道，损害司法权威，违反法律规定的，依法追究相应责任（2009年12月24日《中国青年报》）。

我对这个规定的反应首先是称许，因为它在观念上和制度上都体现了一种进步。在观念上，其内容具有合理性，因为最高法院作为国家权力机关，确立或肯定了司法报道、评论乃至一般新闻报道和新闻评论的基本标准，那就是国际公认的新闻工作准则——客观、平衡、公正，这是一个很大的进步，值得充分肯定。在制度上，它朝着新闻立法和依法管理媒体的正确方向迈出了一步。

作为最高司法机关的一个"规定"，似乎其法律位阶不明或不高，这对于建立和健全新闻法治的推动作用几何，似乎难以确定。此外，《规定》在接受新闻媒体舆论监督的同时，也强调了追惩媒体的五种情况："恶意有倾向报道在审案件的，泄露国家或商业秘密的，损害法官名誉及诉讼参与人权益的，干扰审判及执行的，严重损害司法权威、影响司法公正的"，因此更侧重的似乎是对新闻媒体的约束和管制。这些都是值得商榷的。

一、司法与媒体的冲突往往是社会最尖锐矛盾的折射

中国已进入大众媒体时代，电视观众超过10亿，报刊读者不下2亿，手机用户超过7亿，网民达3.6亿，这些数字都是世界之最。胡锦涛总书记2008年说过，今天的媒体有三类：党报党刊电台电视台、都市类媒体、互联网。都市报代表精英意见，互联网代表大众舆论，已经形成舆论监督传统，出现了媒体驱动型公民参与，也存在对司法产生了越来越强的监督。

根据网民反馈的信息，他们对这个规定仁者见仁，智者见智，众说纷纭，

褒贬不一。赞成意见认为媒体的问题应该得到遏制，这些规定就是有效手段；不同意见主要集中在对司法不公的回避以及将媒体的伦理道德问题和违法问题不加区分等等。总之，给人以对媒体的威慑过多的印象。我也认为有些具体规定值得商榷。例如什么是恶意，如何界定，由谁界定？这很复杂，如果联想到美国联邦最高法院通过判例制定的有利于新闻界的“实际恶意”原则，这个规定更值得商榷了。

在法治比较完善的国家，可能出现媒体审判。对策是社会、行业对媒体的法律和伦理约束（比如法国有“无罪推定”之诉）。在法治相对疲弱的国家，也就是有基本法律制度，但是得不到有效执行的国家，经常出现公权力和金钱干预、摆平司法的情况，中国目前恐怕难以摆脱这个阶段。但是，中国的司法机关和新闻界存在一个最大的共同追求，那就是维护社会的公平正义。据我所知，近年来，最高人民法院致力于推进司法公开和接受社会监督。随着法制的进步和媒体的专业化进程，两者的总体关系将会趋于良性。

理论上，公正审判高于新闻自由。但是只要司法的公信力、专业性不足，就可能招致舆论批评。中国是否存在舆论审判和媒体审判？传媒业界和学界有不同意见。我的看法是，要逐案甄别和考虑。总体上媒体发挥的正面作用远远大于负面作用。

有学者提出过媒体对于公众人物的“无过错怀疑权”，以有别于有罪推定。可以继续讨论这个问题，但现实中媒体在审判前对名人的报道和批评难以完全避免。由于存在上述矛盾，因此警方和司法部门在处理涉及官民和富人穷人的热点案件时，应在证据确凿的情况下努力实现执法和司法公开，尤其是关键证据和抗辩理由的公开。对于警方和检察院而言，以新闻发言人和发布会的方式谨慎、逐步披露信息十分重要。对于法院而言，真正的审判公开以及庭审记录和判决书公开势在必行，当然也包括判决后的适用法律说明。这方面要根据舆情进行预判和应对。

司法与媒体容易产生冲突的案件往往是中国目前社会最尖锐矛盾的折射，这个矛盾就是官民对立、贫富悬殊，背后是人们对官商勾结深度腐败的不满。具体而言，在涉及官员与民众、富人与穷人的案件中，舆论往往倾向于民众和穷人，如果关键事实存在争议或披露不力，情况可能更加严重，疑罪从无的司法原则有时受到舆论质疑。

二、避免“媒体审判”的十条原则

“媒体审判”的概念来自西方，最初叫“报纸审判”。它指新闻媒体在诉讼过程中，为影响司法审判的结果而发表的报道和评论。读者来信、时评、调查性报道、照片、漫画及电视影像乃至媒体所有的传播方式都有可能出现“媒体审判”。而在英美等国，虽然新闻自由受到宪政制度的保护，但是必须服从于公正审判，因为法治是根本的治国原则，而法治的核心是司法公正。如前所述，在英美等国，在法庭上任何干扰司法程序的行为都是违法甚至犯罪行为；而法庭外的媒体审判也是不受司法界欢迎甚至要受到惩罚的。

最近十多年来，随着中国媒体法制报道和评论的发展，对“媒体审判”的关注和批评也在增加。中央人民广播电台法制处处长徐迅女士指出，在中国，媒体审判的情形确实存在，其主要表现包括：对案件作煽情式报道，刻意夸大某些事实；偏听偏信，只为一方当事人提供陈述案件事实和表达法律观点的机会；对采访素材按照既有观点加以取舍，为我所用；断章取义，甚至歪曲被采访者的原意；对审判结果胡乱猜测，影响公众判断；未经审判，报道即为案件定性，给被告人定罪；发表批评性评论缺乏善意，无端指责，乱扣帽子，等等。上述违背法治精神的媒体审判确有升级趋势，它产生了不容忽视的负面后果，无疑已对司法公正构成一定威胁。

但是，正如徐迅所认为的那样，承认存在媒体审判现象，不意味着“媒体审判”这顶帽子就可以随便戴。如果简单地一概而论，认为只要媒体发表了有关案件的报道和评论就是媒体审判，必将导致对公众知情权和言论自由权的不合理限制。在尚未进入法律程序，即立案前，和一审判决作出之后，尤其是终审后发表的有关案件的报道和评论不应视为“媒体审判”。所谓司法公正，很大程度表现在判决结果上。如果判决尚未作出，媒体即发表文章对其公正性表示质疑，那是无源之水，无本之木——判都没判，你怎能认定公正或不公正？如果判决已经作出，特别是终审判决已经作出，媒体发表有关报道和评论便不再能影响判决结果了。

因此，徐迅提出了在学界有影响的“徐十条”：根据一系列法律法规和惯例，媒体报道司法应遵循十大自律：(1) 案件判决前不做定罪、定性报道；(2)

对当事人正当行使权利的言行不做倾向性评论；(3) 对案件涉及的未成年人、妇女、老人和残疾人等的权益予以特别关切；(4) 不宜详细报道涉及国家机密、商业秘密、个人隐私的案情；(5) 不对法庭审判活动暗访；(6) 不做诉讼一方的代言人；(7) 评论一般在判决后进行；(8) 判决前发表质疑和批评限于违反诉讼程序的行为；(9) 批评性评论应避免针对法官个人的品行学识；(10) 不在自己的媒体上发表自己涉诉的报道和评论。

三、舆论监督可以纠正严重的司法不公

针对"少数媒体违反新闻伦理，故意在报道中隐藏特定意图，以期混淆事实的真实面目，这对司法审判工作形成了巨大冲击"的判断，我认为，这些问题可能被夸大了。我们确实看到一些记者的不专业和不公正，甚至受贿为嫌疑违法者和犯罪嫌疑人开脱和张目。这些问题可以通过行业自律、社会批评及法律约束和惩戒等不同层次的办法来解决，而不一定非要适用最高法的上述威慑性规定。

当然，每个案件中是否都存在司法不公，不能一概而论。但是无可否认，在全国一些地方的确存在司法受到权力影响和干扰的现象。媒体一方面应力求像"徐十条"那样从事报道和评论，另一方面即使是在公安部门立案之后，媒体似乎也可以有理有节地介入事件。毕竟我们的法制还不够健全，地方保护主义和官官相护还很普遍，如果法院不能摆脱权力的支配，包括互联网在内的媒体可能制衡权力的滥用。同时，媒体也应避免被偏激的情绪所左右，特别是在难以断定是过失杀人还是故意杀人的命案中，不能轻易给官员或商人等特殊肇事者扣上"故意杀人"的帽子。事实上，近年来引发"媒体审判"批评的，主要是此类案件。

以今年 5 月发生的邓玉娇案为例。它是上半年最吸引国内民意的公共事件：在官民对立、贫富悬殊、性别鸿沟的社会背景下，湖北巴东弱女子邓玉娇，将一名试图对她不轨的地方官员刺死，而最初引发民众愤怒应该是官方媒体披露这位娱乐城女服务员在事发后立即自首的情况下涉嫌故意杀人被立案侦查的消息。

此时的媒体和舆情关注，大约持续了一个月。大部分网民的态度高度一致，即认为邓玉娇是正当防卫，而且这次是少有的"左派右派，同仇敌忾"。

一边认为她是电影《红色娘子军》中吴琼花式的苦大仇深的抗暴女英雄，一边认为这是公权力掌握者滥权的一个活典型。

就传统媒体表现而言，本地和广州、北京、成都等地的报刊、电视台都有介入，并且提供了基本案情，报道基本遵循客观、平衡的手法，而评论几乎都是倾向于邓玉娇的。就网络而言，一时间，互联网上的信息披露和观点发表势如潮涌，许多网民还以诗歌、文言文、老歌改词翻唱等文学艺术手法表现对邓玉娇的高度同情和对涉事官员的愤怒。而值得重视的还有网民调查团的参与。

在法律界，态度也与网民和其他大众相仿。对案件看法的分歧主要集中在法学界。一派是以马克昌、杨支柱、高一飞等法学学者为代表，认为邓玉娇防卫过当甚至有罪；一派是以中国政法大学副教授萧瀚为代表，反对上述意见。

此案件再次引发了是否存在媒体和民意审判的争议。尽管关键细节仍未公开，但是多数人认为基本事实清楚，邓玉娇无罪。而法学泰斗马克昌事后接受媒体采访时说的一番话耐人寻味。出言谨慎的马克昌教授一方面支持法院的判决，认为防卫过当的认定是正确的；另一方面他认为，如果没有民意，邓玉娇"至少"会判缓刑，而他对民意、包括网友的抨击表示理解。这实际上表明，民意在很大程度上纠正或避免了严重的司法不公。

总之，我认为最高法的《规定》出台仓促且未臻完善，甚至有明显瑕疵。如果在《规定》制定过程中能够倾听包括新闻媒体、新闻学和法学界在内的有关方面意见（如著名的"徐十条"），情况就会好得多。因此，我建议最高法在适当的时候（当然是越早越好）修订和完善这个规定，而更合适的做法是将它变成司法解释。

（写于 2009 年 12 月）

“媒体审判”真伪辨

自由与公正审判的关系问题，实际上是指新闻媒体如何在行使正常的采访报道权的同时如何避免对司法过程的不当干预。这种不当干预最初被称为“报纸审判”，这原本是国外司法界对报纸媒体在法制报道中越界行为的批评。后来又扩大到包括广播电视等电子媒体的“媒体审判”，近些年来随着基于互联网的公众舆论的兴起又被称为“舆论审判”。

徐迅认为，“媒体审判”指新闻媒体为影响司法审判的结果而发表的各类文图信息。要点有：主体是新闻媒体，不是个人，也不是在学术性讨论中的媒介审判；目的是影响审判结果，而不是讨论一个法律问题；内容这一点最重要，是给案件定性，给嫌疑人定罪；时间是在诉讼程序中间，也就是立案以后、结案以前才可能存在“媒体审判”；形式上，媒体各类文图信息都可以构成[1]。魏永征认为，“媒体审判”是指新闻媒体报道正在审理中的案件时超越法律规定，影响审判独立和公正，侵犯人权的现象。这种现象多数发生在刑事案件报道中。主要表现为在案件审理前或判决前就在新闻报道中抢先对案件进行确定式报道，对涉案人员做出定性、定罪、量刑等结论[2]。“媒体审判”是对法院的审判权和犯罪嫌疑人的公民权利的双重侵犯。

“媒体审判”本来是法律界和法学界对新闻媒体不当干预法院所独享的审判权以致阻碍司法公正行为的一种讥讽和批判。新闻媒体如果从事这样的活动，那就越过了正常报道的界限，是一种应该遭到谴责的媒体失德行为。但是在中国的特殊语境下，新闻传播和法律学界对于“媒体审判”的看法多有歧见，因此成为了一个中国式的媒体伦理议题。

[1] 吴飞、程怡：“传媒与司法的对话——‘公开与公正——司法与传媒关系研讨会’述评”，上海：《新闻记者》，2006年第4期。

[2] 魏永征：《新闻传播法教程》（第三版），北京：中国人民大学出版社，2010年版，第97页。

一、案例一：被判损害公正审判的黑格案

约翰·乔治·黑格，1909年生于英格兰北部的林肯郡，双亲均为普利茅斯弟兄会教徒，成长环境刻板而严苛。但是黑格似乎不守新教教义，而追求物质财富。1937年，黑格因冒充律师从事诈骗入狱。1940年初提前获释后继续以诈骗为生，先后几次坐牢。在监狱里，黑格梦想出他所认为的完美谋杀：用硫酸将被害人的尸体溶解掉。他用老鼠做试验，结果只用30分钟尸体就消失了。[1]1944年，黑格在海德公园附近的格洛斯特路79号租了一间地下室，作为他的工作室，后来自称在那里从事"发明"。同年9月6日，他将前雇主唐纳德·麦克斯旺诱骗至其工作室，将他击打致死并将尸体放入一个40加仑大桶，以硫酸浸泡。随后，黑格通过伪造证书将麦克斯旺的房产转至自己名下。1945年7月2日，黑格又将麦克斯旺的父母骗至其地下室，以同样的手法将该夫妇杀害。他窃取了威廉·麦克斯旺的养老金支票，攫取了老夫妻8000英镑（2013年相当于25万英镑）的财产。

到1947年夏，黑格将钱财挥霍一空。他在西苏塞克斯郡克劳利的利奥波德路2号租了一间小工作室，把硫酸和大桶从格洛斯特路79号转移到了那里。1948年2月12日，他将阿奇博尔德·亨德森博士带到克劳利，谎称带他去看所谓发明，在那里他将亨德森博士枪杀。黑格再把亨德森夫人诱骗至工作室枪杀，并将尸体投入硫酸桶。他再以伪造文件方式获得了亨德森夫妇价值8000英镑的所有财产。

黑格的最后一个猎杀对象是69岁寡妇奥莱夫·杜兰德—迪肯夫人。1949年2月18日，黑格谎称对她的制作塑料指甲的主意感兴趣，邀请她到他在克劳利的新地下室商讨，在那里对她的后脑开枪射杀，再如法炮制投入硫酸大桶浸泡。黑格卷走了她的波斯羔羊皮和首饰等贵重物品[2]。

警方拘留了黑格并对他的工作室进行搜索，在硫酸桶里发现了杜兰德—迪肯夫人未溶解完的遗骨及她的牙齿、唇膏等。被捕后，黑格试图以以下行为来证明自己精神不正常以逃脱极刑：他喝尿液，并声称"杀那些人是为了

[1] 参见 htp://en.wikipedia.org/wiki/John_George_Haigh。

[2] 参见 htp://en.wikipedia.org/wiki/John_George_Haigh。

喝他们的血”。他还说他杀了9个人，以佐证自己有精神病，而警方只发现了他谋杀6人的证据。然而，12位医师鉴定了他的精神状况，大部分认为他是在装疯卖傻。法院也认为他的“吸血”之说也没有任何证据支撑。陪审团只花了15分钟便确定黑格有罪。1949年8月6日，黑格被执行绞刑。[1]

《每日镜报》全程介入了“黑格案”报道。这份知名小报创刊于1903年，1949年前后发行量高达450万份，到2013年初仍然有近106万份的日销量[2]其典型新闻操作手法是选取煽情和惊悚故事，以显著版面在大标题和大照片之下制造卖点。1949年3月1日，该报头版报道了寡妇杜兰德—迪肯夫人失踪一事。报道第四段用加粗字体写道：“尽管那天她未按事前约定与约翰·乔治·黑格先生会晤，但也可能坐车去了另一个地方。”文末还写道：“伦敦警察厅已经审讯了一名有犯罪记录的男子，该男子是自上周五起失踪的寡妇的私人朋友。”

3月2日，《每日镜报》在头版以“多少有钱寡妇死了——迪肯夫人葬身酸浴”为题报道说，在英格兰东南部旧郡苏塞克斯郡一家工厂的硫酸桶里发现了杜兰德—迪肯夫人未完全溶解的尸体，“伦敦警察厅昨晚被告知，杀害杜兰德—迪肯夫人的男子也有可能杀了其他几名有钱寡妇”。报道还说，警方称杀手为“人格分裂型蓝胡子”，“凶手生活奢侈，曾经由于诈骗和行窃坐牢多年”。文末写道：“约翰·乔治·黑格，39岁，公司董事长，周一下午4点15分去了警察局，今晨还在那里。他告诉警方，他在杜兰德—迪肯夫人失踪那天约见她，但是杜兰德—迪肯夫人没有赴约。”

3月3日，《每日镜报》第一次将杀人凶嫌称为“吸血鬼”，在头版以“伦敦的吸血鬼恐怖”为题报道说，“警察正在追踪一个疯子，这个疯子就像东欧民间故事里的吸血鬼一样，吸了被害者的血”。又用加粗字体写到：“警察厅认为，吸血鬼杀了5人——两个伦敦富有家庭成员之后，肢解并销毁了他们的尸体。”《每日镜报》还列出了5名失踪者的姓名和年龄，以及其中一对遇害夫妇的照片，并采访了这些失踪者的友人，还称“警察厅正在收集一名吸血鬼疯子的恐怖档案，他的滥杀行为在英国犯罪史上史无前例。”

3日晚，伦敦警察厅发表声明称：“任何在案件审判前的陈述都可能损

[1] Katherine Ramsland, “John George Haigh,” http://www.trutv.com/library/crime/serial_killers/weird/ haigh/index_1.html.

[2] 参见 http://en.wikipedia.org/wiki/Daily_Mirror。

害被告人的公正审判权，发布这类观点或提及这类事件都是非常错误的，面对站在法庭上的被告人时，法庭无疑会考虑这些内容。”[1] 首席大法官戈达德勋爵事后称：“从伦敦警察厅的声明来看，似乎之前有报纸报道了此事件。”[2] 而将凶嫌称为“吸血鬼”具有严重的误导性，因为这是黑格在自辩中提出的企图逃避极刑的一个借口。

然而在1949年3月4日，《每日镜报》又连发三篇报道。在其头版以“吸血鬼男子被拘留”（“Vampire-A Man Held”）大标题报道说：“这个吸血鬼杀手再也不会来袭了。他已经被收押了，无力去诱惑他的受害者暴死了。这是《每日镜报》今天能给出的保证。”文章还写道：“但是当警方听了他的骇人的大规模谋杀、毁尸以及吮吸他的受害者的血的故事时，他较早前的自吹自擂还真不是假话。”[3]

该报道用粗体字写到：“他告诉审讯者，他割断了被他杀害的那些人的喉咙，并用柠檬水吸管吸他们的血。”该文还采访了很多就受害者遗产与这名“吸血鬼”有过接触的人，称遇害人之间的共同点只有一个，那就是“有一个共同的朋友——那个吸血鬼。”“人因与他的友谊而惨遭杀害。”此外，文中还提到“他现在已经从审讯室回到了囚室。他在那里就其他罪行等待审判。”

第二篇报道在第二版，题为“凶手偷偷接近独处者”，称“伦敦有5个人失踪了。据信，他们已经惨遭吸血鬼杀手灭口。”文中还用加粗字体称“虽然有一名男子已供认罪行，但是其他人还有一个共同的话题：吸血鬼。”第三篇报道题为“吸血鬼索要租金”。该文与前两篇一样，没有提及黑格的名字，而用“吸血鬼”或“他”来指代，讲述了“吸血鬼”如何假借遇害人的名义敛财。

3月5日，《每日镜报》的头版还是被“吸血鬼”占据。大标题为“新诉求紧随吸血鬼调查的发现”，称警方发现了谋杀的新证据。头版另一篇文章题为“男子曾作为唱诗班少年遭谋杀指控”，还附上了一张嫌犯12岁在唱诗班的照片。报道称，一个名叫黑格的人被指控谋杀了69岁的有钱寡妇杜兰德—迪肯夫人，并且“已经被送往刘易斯（苏塞克斯郡）监狱医院——这对

[1] “Writ against the‘Daily Mirror’,” *Daily Mirror*, March 22, 1949.

[2] “Writ against the‘Daily Mirror’,” *Daily Mirror*, March 22, 1949.

[3] “John George Haigh: Acid Bath Murderer,” http://usersites.horrorfind.com/home/horror/bedlambound/library/haigh.html.

面临最重指控而入狱的任何人而言是常规程序，并不意味着他病了”。

《每日镜报》总编辑西尔维斯特·博拉姆被拘留，经审判以藐视法庭罪被判入狱3个月。《每日镜报》被判罚款1万英镑并支付诉讼费。首席大法官戈达德勋爵认为，《每日镜报》的“这些版次含有文章、照片和最大字体的标题，本法院只能称其性质为英国新闻界之耻；英国以正义和公平为傲，即使极恶之罪犯亦不例外，但《每日镜报》却将其践踏殆尽”。[1]

二、案例二：首次被称“报纸审判”的谢帕德案

在美国，“报纸审判”这一贬义术语最早出现在1954年的“谢帕德诉马克斯韦尔案”的审理过程中。该案被认为是美国司法史上由于媒体不当报道而影响刑事被告公平受审的著名案例。案件当事人萨姆·谢帕德是俄亥俄州克利夫兰的一名外科医生，1954年6月4日被指控犯有谋杀罪，杀害了其正怀有身孕的妻子玛丽莲。该案引起了全国和地方各媒体的极大关注，案件的审理持续了9个星期。

在此期间，公众从报纸上读到了许多对谢帕德不利的报道，诸如：“他拒绝与警方合作，不接受关于谋杀案的调查”；“他聘请了一位知名的刑事辩护律师，这表明他显然是有罪的”；“他和许多女性存在婚外情”；等等。甚至有一家报纸的报道称，“检控方将请一位‘重量级’的证人出庭证实谢帕德的火爆脾气”。然而，这一证据并未在庭审过程中出示。媒体还非常强势地介入了整个庭审过程，甚至在法庭前排邻近陪审团席位的地方设置了专门的媒体席。《克利夫兰新闻报》曾经有这样的标题：“萨姆·谢帕德为什么不在看守所里？”

谢帕德的律师提出延期审理、改变审判地点、已进行的审理过程无效等请求，但是均被驳回。陪审团并未被隔离，法官也没有采取措施限制他们与外界的接触。最终，地方法院一审判决谢帕德谋杀罪成立。谢帕德以审判过程被严重干扰为由上诉至联邦最高法院，但被最高法院驳回。当事人双方都同意这样的观点：即防止“由报纸做出审判”的责任在于法官、检察官和警察，而不在于新闻界自身。最高法院赞同了这一观点。

在谢帕德被关押了10年以上之后，美国最高法院于1966年对该案进行

[1] *The Times*, March 26, 1949, p3.

了重新检视，认为由于媒体在审前渲染案情，严重误导陪审团判断，谢帕德在一审中没有得到公正审判，要求释放谢帕德直至该案件重新审理。州法院于是对该案进行了重新审理，第二次审理时，媒体的报道活动受到了严格的限制。经过16天的审理，谢帕德被判无罪，从狱中获释。

在“谢帕德案”中，最高法院大法官托马斯·克拉克在1966年的审理意见中批评了一审法官对媒体无节制报道庭审活动的纵容，这直接导致了庭审报道的失控。他指出，一审法院犯了四个基本的错误：第一，对关于审判的舆论缺乏控制；第二，能隔离却未隔离证人，导致证人被报纸和电台随心所欲地采访；第三，没有对媒体传播从警方、证人和控辩双方获取的未经证实的传言的行为采取控制；第四，没有对泄露庭审信息的当事人和知情人进行警告，也没有警告发布不当报道的新闻记者。他最后写道：

我们从本案中注意到，在关于未决案件的报道中，有越来越多的报道是不公平或带有偏见的。法律的正当程序赋予了刑事案件的被告获得不受外界干扰的公正陪审团审理的权利。目前，媒体对庭审的报道已经十分普遍了，要消除审前信息公开对陪审员的影响也很困难。因此，法院必须采取有力的措施以防止被告的权利因此而受到损害。

最高法院的这一意见为法官警惕新闻媒体对案件的报道提供了宪法上的理由。同时，“谢帕德案”也促使法官在此后的庭审过程中采取必要的措施，以避免案件陷入“媒体审判”的不利境地。[1]

三、“媒体审判”之中国版

进入新世纪以来，中国对“媒体审判”的关注和批评也在增加，法律和新闻传播业界和学界已经发表和出版了一大批论文和著作。就源头来看，这种批评首先来自维护法院审判权的法学界和法律界，包括新闻法学界。

魏永征在其《新闻传播法教程》中列举了多个他认为存在“媒体审判”的案例，其中的“夹江打假案”、“蒋艳萍案”、“张君案”和“尹冬桂案”在此后也被许多研究者认为是存在“媒体审判”的典型案例[2]。来扬制作了

[1] 来扬：《媒介审判与司法公正》北京：清华大学新闻与传播学院，硕士学位论文，2009年，第29页。

[2] 魏永征：《新闻传播法教程》（第三版），北京：中国人民大学出版社，2010年版，第99-100页。

1995—2008年间“媒体评论影响司法活动的典型案例一览表(如表1所示)”[1]。

表1 媒体评论影响司法活动的典型案例一览表

名称	庭审年份	类型	媒体报道倾向	裁判结果
夹江打假案	1996年	行政	质疑原告	驳回原告诉讼请求
张金柱案	1997-1998年	刑事	不利于被告	死刑
赵湘杰案	1998年	刑事	不利于被告	有期徒刑15年
蒋艳萍案	2001年	刑事	不利于被告	死刑
张君案	2001年	刑事	不利于被告	死刑
二奶继承案	2001年	民事	质疑原告	驳回原告诉讼请求
钟志斌案	2002年	刑事	不利于被告	无期徒刑
张二江案	2002年	刑事	不利于被告	有期徒刑18年
尹冬桂案	2003案	刑事	不利于被告	有期徒刑5年
刘涌案	2001-2003年	刑事	不利于被告	死刑
宝马撞人案	2003年	刑事	不利于被告	有期徒刑3年半
马加爵案	2004年	刑事	不利于被告	死刑
王斌余案	2005年	刑事	同情被告	死刑
黄静案	2004-2006年	刑事	不利于被告	无罪
尚军案	2006年	刑事	不利于被告	有期徒刑10年
邱兴华案	2006年	刑事	不利于被告	死刑
彭宇案	2006-2007年	刑事	同情被告	一审被告承担责任，二审和解
许霆案	2007-2008年	刑事	同情被告	有期徒刑5年

来扬认为，与美国的情形相似，被研究者认为是中国内地“媒体审判”典型案例的案件绝大多数都是刑事案件，其中又以造成巨大人身伤害或被告人有可能被判处死刑的重大刑事案件居多。而被指为存在“媒体审判”现象的民事案件和行政案件都存在一个共同特点：在这些案件中存在法律和情理的冲突，因而导致法院对案件事实的认定与媒体和公众对案情的评价存在重大分歧。

[1] 来扬：《媒介审判与司法公正》北京：清华大学新闻与传播学院，硕士学位论文，2009年，第43-44页。

纵观国内许多研究者选取的有关“媒体审判”的典型案例，大致可分为三个阶段：

第一阶段：2001年及以前。典型案例有夹江打假案、张金柱案、赵湘杰案、蒋艳萍案、张君案、二奶继承案等。当时，“媒体审判”（最初叫“媒介审判”）的说法刚刚被引入中国内地。除了魏永征教授等少数研究者率先比照这一说法的本原意义分析上述案件外，其他研究者的研究视角集中在对上述案件中媒体的不当“舆论监督”行为的反思。

第二阶段：2002—2006年。典型案例有钟志斌案、张二江案、尹冬桂案、刘涌案、宝马撞人案、马加爵案、王斌余案、黄静案、尚军案、邱兴华案等。

在“媒体审判”这一说法经“概念推广”并为广大研究者和实务工作者所接受后，他们开始对具体的个案展开分析和研究。2002年到2006年是对“媒体审判”现象讨论最热烈的阶段，其中又以2003年为最。有人将2003年称为“中国法治年”，媒体大规模介入司法审判活动，让这些本来就具有相当新闻价值的重大案件在公众中进一步传播，并引起巨大反响。对此，有人认为舆论监督强化了司法公正，推动了社会进步（如孙志刚案）；也有人认为其中的不少案件和庭审报道存在“媒体审判”的现象，危害了司法权威（如刘涌案）。

在这一阶段的后期，还有一个重要特征：随着互联网的普及使用，网络媒体开始介入对案件和庭审活动的报道和评论，并形成网络舆论。于是，“媒体审判”的内涵得到进一步丰富，开始包含一部分的“网络审判”和“舆论审判”。

第三阶段：2007—2009年年中来扬论文完成时。典型案例有彭宇案、许霆案。尽管2006年以后仍然有许多引人关注的案件发生，并且媒体的相关报道、评论和网络舆论的倾向性也引起了一定争议，但指责媒体的报道是“媒体审判”的评议却少了。相关的讨论和研究在一定程度上形成了“司法机关应宽容媒体的质疑”和“媒体在报道和评论案件和庭审时要平衡且公允”的共识；同时，研究者也进一步发掘公众利用互联网等新兴媒介评议案件时形成的舆论可能对司法审判活动造成的影响。

四、徐迅的“划界论”与魏永征的“行为犯论”

魏永征指出，“媒体审判”的报道在事实方面往往是片面的、夸张的甚至是失实的。它的语言往往是煽情式的，力图激起公众对当事人憎恨或者同情的情绪。它有时会采取“炒作”的方式，即由诸多媒体联手对案件作单向度的传播，有意无意地压制了相反的意见。它的主要后果是形成一种足以影响法庭独立审判的舆论氛围，从而使审判在不同程度上失去了应有的公正性[1]。

魏永征认为，刘涌案是“媒体审判”的表现。最初的报道是新华社的两篇电讯稿“沈阳‘黑道霸主’覆灭记”（2001 年 1 月 19 日）、“‘黑道霸主’刘涌是如何‘当’上人大代表的？”（2001 年 4 月 24 日）。这两篇报道，虽然刻意用“恶行”替代“罪行”，用“血案”替代“罪案”，回避了“罪”字，但是这种以国家通讯社名义发布的公布罪状方式的报道，无异确定了刘涌有罪，而且报道中使用的“组织黑社会性质的犯罪集团”、“黑道霸主”、“黑帮”、“黑老大”一类词语，远远胜过“罪犯”一词的分量，也就是宣布了刘涌的罪行十分严重。而刘涌被一审判决死刑是在一年以后，有关报道只有数百字。这是一种在法院判决之前就抢先给当事人定性、定罪的报道方式。

这种报道的有害之处在于：首先，有损国际形象。1997 年《刑事诉讼法》明文规定：“未经人民法院依法判决，对任何人不得确定有罪。”这被认为是“无罪推定”原则的中国式表述。无罪推定是国际人权公约规定的一项基本人权。刘涌案的初期报道就与这个原则相悖。人们会说，国家宣布尊重并保障人权，而且法律也已经作了明确规定，你们的国家通讯社怎么视若无睹呢？你们的司法公正是真的吗？而一篇有影响的“媒体审判”报道，足以抵消万言人权白皮书的煌煌宣示。其次，不利于对公众进行法治教育。媒体不仅以内容、而且以自身的行为来影响公众，新闻报道采取了违法的方式，怎么可能正确引导民众走向法治呢？其三，损害了法院的权威和尊严。

徐迅也认为，在中国“媒体审判”的情形确实存在，其主要表现包括：对案件作煽情式报道，刻意夸大某些事实；偏听偏信，只为一方当事人提供陈述案件事实和表达法律观点的机会；对采访素材按照既有观点加以取舍，为我所用；断章取义，甚至歪曲被采访者的原意；对审判结果胡乱猜测，影响公众判断；未经审判，报道即为案件定性，给被告人定罪；发表批评性评论缺乏善意，无端指责，乱扣帽子，等等。上述违背法治精神的“媒体审判”确有升级趋势，它产生了不容忽视的负面后果，无疑已对司法公正构成一定

[1] 魏永征：《新闻传播法教程》（第三版），北京：中国人民大学出版社，2010 年版，第 114 页。

威胁。

但是徐迅强调，承认存在“媒体审判”现象，不意味着“媒体审判”这顶帽子就可以随便戴。如果简单地一概而论，认为只要媒体发表了有关案件的报道和评论就是“媒体审判”，必将导致对公众知情权和言论自由权的不合理限制。在尚未进入法律程序，即立案前和一审判决作出之后，尤其是终审后发表的有关案件的报道和评论不应视为“媒体审判”。所谓司法公正，很大程度表现在判决结果上。如果判决尚未作出，媒体即发表文章对其公正性表示质疑，那是无源之水，无本之木——判都没判，你怎能认定公正或不公正？如果判决已经作出，特别是终审判决已经作出，媒体发表有关报道和评论便不再能影响判决结果了。[1]

五、对中国式“媒体审判”的质疑

如果徐迅的观点可称为“明确划界论”，那么另一名媒体法学者周泽则对中国是否存在干扰司法的那种“媒体审判”表示强烈质疑。这位执业律师承认，在目前的司法实践中，可能确实存在法官受媒体不当报道所误导的舆论影响。而这种种情形也正表明，我国司法权力的配置及其运行还存在问题，即法庭的不合格（法官不称职、不合格）、审判不独立，还达不到国际人权文件规定的公正司法的条件，而并不是媒体报道和舆论妨碍了法庭的独立审判。在司法权力的配置及其运行存在问题的情况下，对于一个具体案件，即使没有媒体的报道和舆论关注，也难以保证审判的公正。甚至可以说，没有媒体报道和舆论的关注，审判可能会更不公正。

针对有论者经常以“张金柱案”为恶例来批评“媒体审判”，周泽指出，张金柱那句“我是死在了媒体手里”的临终之言令人悲悯，以致很多人在论及媒体与司法关系时，都将“张金柱案”视为媒体影响司法公正的“恶”例。但是他认为，“在司法权力的配置及其运行存在问题的情况下，对于一个具体案件，即使没有媒体的报道和舆论关注，也难以保证审判的公正。甚至可以说，没有媒体报道和舆论的关注，审判可能会更不公正。如果我们的司法是独立的，法庭是合格的，法官是称职的；领导干部有基本的法治观念，不

[1] 徐迅：“质疑生效判决不等于‘媒体审判’”，北京：《检察日报》，2003 年 10 月 8 日，第 7 版。

随意对案件进行批示，不以行政权力干预司法审判。那么，即使媒体的报道有再大的问题，司法公正也不会被扰乱。”[1]

几乎在周泽立论的同时，2005年1月，曾在中国就学多年、与中国法律界和法学界熟稔的美国哥伦比亚大学法学院中国法律研究中心主任李本（Benjamin Liebman）在《哥伦比亚法学评论》上发表了关于中国法制的长达157页的鸿篇巨制，这篇论文题为“守望者还是鼓吹者：中国法律制度中的媒体”。李本指出，英美法系国家和地区的“媒介审判”是媒体的报道与评论可能直接影响到行使司法权的主体——陪审团，进而可能导致不公正的审判；而中国内地的情形则是，媒体的报道和评论首先影响不直接行使司法权的权力机关，再由权力机关对行使司法权的主体（法院）施压，从而间接影响审判的公正。因此，与人们一般理解的“媒体审判”不同，中国媒体影响司法的基本模式是“媒体影响领导，领导影响法院”。

在体现领导关心群众的新闻报道中，我们不难找到这种模式下的媒体-官员-法院互动关系的例证。1997年8月25日，《大河报》率先报道了张金柱案。26日，河南省委书记李长春、郑州市委书记王有杰等省市有关领导要求有关部门对此事抓紧时间严肃查处，公开见报，决不姑息。领导发话，闻风而动。27日，郑州市公安局金水分局将张金柱刑事拘留。同日，金水区检察院批准逮捕张金柱。在2009年4月贵州习水公职人员涉嫌嫖宿幼女案的审理过程中，遵义市政法委书记杨舟要求“对此案在法律规定的量刑范围内顶格处理，对此类伤天害理、影响极坏的案件必须依法体现从严、从重原则”。[2]

如果说局外人一般无法窥见判决决策内情，因而可能陷入猜测和推断的尴尬中，那么，具体办案的法院负责人和法官是怎么看待媒体的影响与法院最终判决的关系，他们能不能将这种内情公开出来呢？《网络舆论与法院审判》一书问世于微博刚刚兴起、尚未在舆论形成过程中大显身手的时候，但是它提供了许多来自法官的亲身经历和新鲜见解。该书作者之一、武汉市中级法院法官杨凯观察到了互联网所造就的“网络舆情刑事案件”给公权力带来的压力和反应：“当网络传媒的舆论监督将某一案件置于社会舆论巨大压力之

[1] 周泽：“舆论评判：正义之秤——兼对‘媒体审判’、‘舆论审判’之说的反思”，上海：《新闻记者》，2004年第9期。

[2] 雷成：“习水公职人员涉嫌嫖宿幼女案今日开庭”，北京：《中国青年报》，2009年4月8日，第4版。

下时，各级领导和地方党委、政府、人大、政协，以及社会团体组织为表示对案件的关注或重视，层层批示，限期审结，或要求‘从重、从严、从快'或要求‘考虑法律效果与社会效果的统一'或要求‘考虑民生问题'或要求‘依法公正处理'或要求‘依法审结，并报结果'从这个意义上讲，司法审判机关由于受到各级相关权力部门的干涉、干预而丧失独立性和中立性，或者说网络媒体通过借助相关权力部门的权力而构成对人民法院依法独立行使审判权作出公正裁判的侵犯或影响。”[1]

另一名作者、武汉海事法院副院长李群星写道：“在某些情况下，民意监督司法反而有利于促进司法机关独立行使职权。目前，我国司法机关独立行使职权的最大障碍不是民意，而是权力干预。”李群星还不失精辟地揭示了这种干预的运作机制：“一次有着民意充分表达的司法活动，权力很可能出现两次：一次是隐藏在民意表达之前就已经存在的操纵司法的力量，一次是后来公开表现出尊重民意的批示。在现实生活中，民意面对的常常不是独立的司法，而是已经受到权力干预乃至操纵的司法。在此情况下，民意表面上表达的是对司法的不满，实质是对权力干预司法的反感。民意通过对权力干预司法的阻击，为司法减轻了压力，由此而成为司法机关独立行使职权的推动力。”[2]

有论者通过比较中国内地和英美法系国家在司法审判制度和媒体体制上的区别，指出基于中国自身的司法和新闻制度，不存在本原意义上的“媒体审判”的根源：第一，中国内地地区并不实行陪审制度，对案件的事实认定和法律审判都是由法官（和人民陪审员）作出的。第二，中国的媒体是各级党和政府的“耳目喉舌”，其报道与监督的行为带有权利（Right）和权力（Power）双重属性。在我国当下司法不公现象广泛存在的情况下，新闻报道和监督对于司法的影响，从总体上讲是积极的（除非媒体背后有权力的介入）。正是因为媒体的积极介入，才推动了许多案件的公正解决。司法公正与否的关键在于司法人员自身，而不在于舆论如何或媒体如何报道。如果一定要说媒体对司法公正产生了影响，那么，这种力量并非必然地来自媒体自身，而是来

[1] 杨凯：“民意与司法：互动与交融——以民意与司法的关系为视角”，载郭卫华主编：《网络舆论与法院审判》，北京：法律出版社，2010年版，第36页。

[2] 李群星：“论民意与法意的冲突与平衡”，载郭卫华主编：《网络舆论与法院审判》，北京：法律出版社，2010年版，第9-10页。

自媒体背后的强大权力。[1]

六、如何改进媒体对司法的报道

事实上，魏永征也是倾向于李本和周泽先生的见解的。不过，他还进了一步，提出了一个关于“媒体审判”的新颖的区分。刑法学上有“行为犯”和“结果犯”之界说，行为犯是指以危害行为的完成作为犯罪客观要件齐备标准的犯罪。只要行为人完成了刑法规定的犯罪行为，犯罪的客观方面即为完备，犯罪即成为既遂形态。这类犯罪的既遂并不要求造成物质性的和有形的犯罪结果，它以行为是否实施完成为标志。结果犯是以法定的犯罪结果的发生为犯罪构成要件的犯罪[2]。

魏永征认为，“媒体审判”并不是一个法律术语，按照英美法，如果新闻报道足以影响公正审判，是按“藐视法庭罪”论处的。藐视法庭并不要求受到指控的新闻报道一定造成影响公正审判的后果。他类比道：“这有点像我们刑法理论里说的行为犯，只问行为，不问后果。我们不能轻易就说哪一件案件是媒介审判的报道造成的。但是这并不影响我们反对媒介审判，如上所述，那些超越和违反法律程序的报道，即使不影响法院审判，同样是有害无益的。而对于所谓的“结果犯”，即媒体能够产生直接影响法院和法官的结果，他是持怀疑乃至否定态度的：媒介的报道和意见一旦影响了党委领导、人大代表和政协委员或者政府的首长，他们会对司法施加实质性的影响，法官就很难抗御[3]。

当然，每个案件中是否都存在司法不公，不能一概而论。但是无可否认，在全国一些地方的确存在司法受到权力影响和干扰的现象。媒体一方面应力求像以下介绍的“徐十条”那样从事报道和评论，另一方面即使是在公安部门立案之后，媒体似乎也可以有理有利有节地介入事件。毕竟我们的法制还不够健全，地方保护主义和官官相护还很普遍，如果法院不能摆脱权力的支配，包括互联网在内的媒体也不能够制衡权力的滥用。同时，媒体也应避免

---

[1] 史忠治、王中伟：“中国有‘媒介审判’吗”，济南：《青年记者》，2008 年 9 月号下；王中伟：“中国语境下的‘媒介审判’解读”，htp://academic.mediachina.net/article.php?id=5776,2013-01-25。

[2] 参见 http://baike.baidu.com/view/373703.htm。

[3] 魏永征：“关于媒介审判的通信”，http://yzwefblogbus.com/logs/6682650. html。

被偏激的情绪所左右，特别是在难以断定是过失杀人还是故意杀人的命案中，不能轻易给肇事者（官员或商人等）扣上“故意杀人”的帽子。事实上，近年来引发“媒体审判”批评的，有相当一部分是此类案件。

根据魏永征的观点，无论你是认为“媒体审判”已经令人堪忧，还是认为它一定程度地存在，或者不存在媒体直接影响法院和法官的司法裁判，有一点是一定要反对的，那就是“行为犯”类型的“媒体审判”。而这种问题的根源比较复杂，既有可能是有人故意要误导司法进程，也有可能是记者、编辑以及网民对法律一知半解，或者完全不懂，弄不清“无罪推定”、“疑罪从无”、“罪由法定”这些基本原则，往往出于道德义愤而讨伐尚未定罪的犯罪嫌疑人。这样的行为着实令法律人不敢恭维。

从1997年起，《中国新闻工作者职业道德准则》中有了关于案件和庭审报道的准则。比如1997年版：维护司法尊严。对于司法部门审理的案件不得在法庭判决之前作定性、定罪和案情的报道；公开审理案件的报道，应符合司法程序。又比如2009年版：维护司法尊严，依法做好案件报道，不干预依法进行的司法审判活动，在法庭判决前不做定性、定罪的报道和评论。尽管如此，徐迅认为这样的准则存在三个缺陷：内容简单，表述含混，操作性差。[1]

因此，徐迅根据已有法律法规和既往经验教训，提出媒体在报道司法审判活动时的十条自律规则：

（1）案件判决前不做定罪、定性报道；（2）对当事人正当行使权利的言行不做倾向性的评论；（3）对案件涉及的未成年人、妇女、老人和残疾人等的权益予以特别关切；（4）不宜详细报道涉及国家机密、商业秘密、个人隐私的案情；（5）不对法庭审判活动暗访；（6）不做诉讼一方的代言人；（7）评论一般在判决后进行；（8）判决前发表质疑和批评限于违反诉讼程序的行为；（9）批评性评论应避免针对法官个人的品行学识；（10）不在自己的媒体上发表自己涉诉的报道和评论。[2]

[1] 徐迅：“媒体报道案件的自律规则”，上海：《新闻记者》，2004年第1期。

[2] 徐迅：“四大焦点引人注目十条规则首次亮相”，北京：《检察日报》2003年12月17日，第6版。

陆 附录

中国媒体的困境和出路

来源：共识网　嘉宾：展江　采访：蒋保信

嘉宾：展江，北京外国语大学英语学院国际新闻与传播系教授

主持人：蒋保信，共识网采访部主任

访谈时间：2014 年 10 月 22 日

主持人：大家好，我是共识网的编辑蒋保信，也是今天的主持人。展老师好，这是您第二次做客共识演播厅了吧？

展江：对，也隔了两三年了。

主持人：这次在线访谈的预告挂出来之后，我们在共识网的微信公众号上也做了相关推送，网友们向您提出了很多有价值的问题。我今天要向您请教的这些问题，虽然没有直接照搬网友的提问，但包含了他们的意思，另外也有些网友们没问到的问题。您先跟共识网的网友们打个招呼吧。

展江：好的。大家好！共识网是非常有影响的凝聚社会共识的思想网站，很荣幸到这里来做客。

主持人：最近两年，对于中国的媒体而言，我觉得真是多事之秋。如果用一次词来形容我的感受的话，这个词就是“哀鸿遍野”。我想这跟中

国媒体自身的问题有关，也跟时代转型的大背景有关。在这个时候，我们请来了展江老师来谈 " 中国媒体的困境和出路 "，应该是非常合适的。

中国媒体的腐败是全世界第一名

主持人：2014 年，反腐挺进媒体领域。先是央视二套被查，郭振玺、芮成钢等被带走；再后来，21 世纪报系也被查，曾经的“新闻圣徒”沦为“阶下囚”，引发媒体同仁一片哀鸣。媒体的一大社会功能是监督，但中国媒体却是腐败的重灾区，为什么会这样？

展江：我首先认为，媒体的腐败是政治腐败和商业腐败的一种延伸。我们的政界和商界都存在着很普遍的腐败现象，媒体也不能游离在外。

具体而言，中国媒体的腐败还跟新媒体带来的挑战和压力有关，也跟媒体人自身的问题有关。比如说记者拿红包，是不是腐败？虽然大家都拿红包，但这肯定算腐败。所以，造成中国媒体腐败的内因和外因都很多。

但不管怎么样，中国媒体的腐败是非常惊人的。惊人到什么程度呢？你在全世界范围内，都不能找到另一个国家的媒体有中国媒体这样严重的腐败，我相信是找不到的。说的不客气一点，中国媒体的腐败是全世界第一名。

媒体腐败的两种类型：勒索型腐败和勾结型腐败

主持人：具体表现在哪些方面？

展江：就近期媒体所披露的而言，主要是勒索型的腐败。以媒体的发稿权要挟对方给予经济上的好处，过去是暗示，后来发展到明示。这种勒索的具体体现是企业要给报纸投广告，甚至一些地方与媒体建立所谓的“战略合作关系”，其实是变相地支付“保护费”。企业和地方政府以经济上的好处换取媒体不发表对其不利的负面报道以及相关的评论，甚至封杀网民在该媒体上的负面信息，这就是勒索型腐败。

就目前来看，勒索型腐败在中国确实是比较严重的，也很容易暴露。当敲诈者和被敲诈者之间有激烈冲突的时候，比如我被你敲诈了，钱被你弄走了，即便当时我被迫给你支付了“封口费”什么的，事后我仍会想办法把这个事捅出来，将它曝光。

还有一类媒体腐败，不太容易暴露出来，但它的严重性完全不亚于勒索型腐败，我把它称之为勾结型腐败。传统的套路是索取“开口费”，我给你做正面宣传，给你发稿，或者让你在电视屏幕上出现，你给我好处。这种勾结性腐败也是惊人的，但我们很难发现，因为往往是私下交易，交易的双方都能达到目的，不容易曝光。

勾结性腐败和勒索型腐败不一样的地方在于，它更多的是存在于强势媒体之中。弱势媒体，像一些弱势官媒、行业报，现在没什么人看，它的发行能力和获得广告的能力都极低，谁会去找它们？想在媒体上亮相的人物，只会选择在强势的官媒上露脸，尤其是国家级的，当然也会选择一些地方的强势媒体。今天我们只要在媒体上看到一些不是按高层要求做的“正面宣传”，往往后面都有腐败，媒体收人家的钱了。为什么给人家说好话？事出有因吧？多少有点蹊跷。

当我们谈媒体腐败的时候，这两类腐败都要看到，不宜偏废。

要先惩治那些违法犯罪的媒体人

主持人：中国媒体的腐败，还不是一两个人的事，而是系统性的。

展江：没错。记者拿红包肯定是腐败，但它不是最严重的。在中国大陆，拿红包的记者多，还是不拿红包的记者多？现在不拿红包的记者被认为是异类。甚至有些地方，媒体的主管知道记者会有红包收入，所以就把记者在外面拿的红包也算作基本收入。几年前我听西北某省会城市的电台女编辑讲过，她说她们那里工资不高，月薪只有三千元，但领导知道我们每个月在外面会有红包拿，假设一个红包里有四百元，五个红包就有两千元，所以把她们的实际收入算成是五千元。

我们今天要整治媒体腐败，难度很大。一般的记者可能不会去做敲诈勒索的事情，但他们拿个红包什么的，就是小意思了，谁不这么做呢？所以，要扭转这个局面很难。我希望对于媒体的反腐，先惩治那些违法犯罪的媒体人，再给这个行业做一些规范，这当然有一个过程。

主持人：记者拿红包也算是中国特色了。

展江：是的。记者参加新闻发布会时普遍拿红包，还有记者会享受免费旅行的待遇，这在欧美媒体中是不允许的。当然，在西方媒体史上，也有过个别的记者拿“红包”和其他好处，但这是受到严厉批评的，因为他们觉得这会损害媒体的声誉，最后会变得无法立足。

据我了解，西方国家的记者本来就不是高薪职业，所以他们在入行之前是有思想准备的，如果不喜欢是不会选择新闻这一行的。既然选择了这一行，就要接受全社会中等偏低的待遇。在英、美、法、德，没有一个国家的记者工资会很高。唯独日本不一样，记者拿的是高薪。相比之下，我认为中国记者的平均工资水平属于正常，不高不低。说中国记者的工资很高，那肯定谈不上。但是说中国记者工资很低，甚至低到失去了体面的程度，也不是普遍的。

我问过一个法国记者，你们的工资这么低，谁还愿意来做记者？人家和我打趣说，现在经济形势不好，先有个工作再说。他还说：我们法国人认为记者这个工作有趣好玩，工资低点也没有什么关系。

建立退出机制，淘汰以敲诈勒索为生的媒体

主持人：对于如何解决中国媒体的腐败问题，您有什么建议？

展江：我前面说过，中国媒体的腐败和政商腐败是联系在一起的。实际上，中国社会的很多领域都存在腐败，包括医院、高校等事业单位。所以，要整治媒体腐败，不能一蹴而就。好在现在中国的反腐势头还不错，政界、商界都在反腐败。腐败都是互相连带的，不同的行业互相牵扯，媒体和政商之间的关系太紧密了，所以如果扼制了政商的腐败，也会一定程度上扼制到媒体的腐败。从大的方面来说，应该是这样的。

具体到媒体自身而言，我觉得可以做以下几方面的调整和改变。

一是媒体要有退出机制。一个媒体不适合社会需要了，没有能力获得受众和广告，它就应该退出。

没有退出机制是个很大的问题，举个例子，有一家行业报，多次被国家新闻出版总署点名，因为它多年来存在着相当严重的敲诈勒索行为。换句话说，这家报纸就是靠敲诈勒索活着的。否则，它哪有那么多广告呢，哪能养着整个报社的一大批人呢？因为这个媒体敲诈很过分，多次被人举报，听说大概在两年前，国家新闻出版总署就决定关闭这个报纸。可是后来没关成，为什么？因为它的主管部门是国务院的一个部委，处分出来以后，他们就去活动，成功地把这个报纸保下来了。最后对这个报纸的处罚，是将它的河南记者站站长移送司法。央视为此还做了一期节目，叫《记者站的秘密》，是今年播出的。

这是勒索型腐败的一个具体案例，由于没有退出机制，通过丢卒保车，这样的报纸又活下来了。那它能怎么活呢？还是继续靠敲诈维系？除非国家全部给它拨款。但目前看来，国家是不可能给它全额拨款的。因为国家只给少数几家官媒拨款，像《人民日报》、新华社等这几家正宗的官媒。至于那些边缘性的官媒，如果没有退出机制，在目前媒体的经营普遍困难的情况下，它们除了敲诈勒索之外，别无出路。

所以，我们一定要建立退出机制。其实，前新闻出版总署前署长柳斌杰先生早有此意，让一些被淘汰的媒体退出，这个思路是对的。但它贯彻不下去，因为媒体被认为是意识形态产业，它还有别的功能，为了这种功能，再加上各个部委不同的利益，很难让这些媒体关闭。所以，新闻出版总署其实一直是一个弱势机关，它能管的只是一些比它更弱势的普通纸媒。

媒体领域要实行法治，这是根本出路

二是媒体这个领域要实行法治，这是根本的出路。

要给媒体专门立法，一定要有《媒体法》或者《新闻法》。在这方面，我们离依法治国的要求还有很大差距。四中全会高举法治大旗，但是社会上还是有疑虑，法治能不能真正落实？能不能让所有重要的社会领域，都有法可依？

中国的法律体系属于大陆法系，大陆法系的特点是需要给各种各样的领域专门立法。只要一个领域有一定的重要性，就要立法。媒体是不是社会中特别重要的领域呢？肯定是。哪怕它是一般重要的领域，也都应该立法，比如我们已经有了《森林保护法》等涉及具体领域的法律。相比之下，《媒体法》或者《新闻法》更需要出台。

改革开放三十多年来，中国的法治还是有很大进步的，但媒体领域一部法都没有，出了问题以后，最终的解决往往不是靠法治。总的来说，我们在处理媒体问题时，媒体内外充满了各种各样人治的博弈。像我前面举的例子，这个报纸应该被关闭的，但后来也没有被关闭，就是因为官方内部有一种角力。我们从来看不到任何媒体对此有任何报道，它只是偶尔透露出来的。法治有一个要求，就是要公开，事情不能在暗箱里操作。

我觉得要解决中国媒体腐败的问题，第一是要建立退出机制，让媒体遵守市场法则。但根本的出路，是在媒体领域实行法治。

央视将薛蛮子“示众”，不是媒体审判

主持人：这两年来有个比较奇特的现象，就是薛蛮子和郭美美等人纷纷被央视“示众”，有人把它称之为媒体审判。据我听到的声音而言，还是以反对这种做法的主张为多。您怎么看待这个现象？

展江：央视让各种各样处在犯罪嫌疑人阶段的当事人示众，确实引起了很大的关注，人们对于这种做法基本上是批评的。但央视的做法是不是“媒体审判”？我曾就此写过专门的文章，也在学术期刊上发表过，叫《“媒体审判”真伪辨》。我不认为央视的这种行为是“媒体审判”，这是我的观点，我欢迎有关的朋友和我讨论这个问题。

我们都知道，“媒体审判”不是一个好词，它说明的是一种越位现象。审判机关本来是法院，媒体怎么代替法院审判别人呢？这是违反法治要求的。法治要求全社会尊重司法程序，只有在法院判决以后，才能确定某个当事人是否犯罪。在此之前，如果是刑事案件，只能说当事人是犯罪嫌疑人；到了法庭庭审阶段，只能说他是刑事被告人，而不能称之为罪犯。此外，在法院审判之前，无论是警方还是法庭辩论中披露的信息，都是不能作为事实来判断的。这是人们反对媒体审判的理由，因为媒体的横冲直撞，不仅破坏了法律的程序，也破坏了法院的权威。

什么是媒体审判？一个独立或自主的媒体在自己的报道和评论中，给一个案件定调，比方说媒体认为或暗示当事人是无罪的，不应该被定罪，或者说媒体认为或暗示当事人罪行很严重，不是一般的犯罪者，这才是媒体审判。而央视的行为很显然不是这样，它是工具。所以我认为不是媒体审判。

媒体审判要不得，媒体工具化更要不得

但央视对薛蛮子和陈永洲等人的报道，以及新华社对沈颢的报道，为什么会受到强烈的质疑和批评呢？因为法学界的人，包括学过法律的人，都知道这种做法是严重干扰法治的行为。我们刚才提到的这些案件，都还处在公安机关的侦查阶段。而根据相关的法律，侦查阶段的信息是要保密的。如果媒体把它披露出去，第一不利于办案；第二可能会对社会造成一些误导。所以，

媒体在这个阶段披露消息，是不可取的。

我们从央视和新华社的新闻报道中可以看出来，他们的信息来源是警方和专案组。这就会出现两个问题：第一，按照法治的标准，警方和专案组的行为是否已经越界？第二，媒体是否是在给人家当工具呢？很显然，媒体就是给人家当工具了，给人家当喇叭了。

媒体被当做工具，后果是很严重的。陈永洲案就是一个例，最初央视报道说他收了 50 万，现在法院一审判决认定他只收了 3 万元，数额少得太多了，那 47 万哪去了？央视的行为造成了恶果，因为他们的报道被当做事实传播了以后，社会大众可能会认为这个问题蛮严重的，然后做出各种不同的解读。对此，央视是要负法律责任的。第一，它不该披露那些信息；第二，它涉嫌诽谤，因为报道内容不实，跟基本事实相差太远。

媒体审判要不得，媒体工具化更要不得。最近几年媒体和司法的关系忽好忽坏很多司法界的人都说媒体人充斥低素质烂人，没受过基本训练，连法律的 ABC 都不懂，我们听到过太多这样的声音。媒体人应该好好学习一些法律常识，对于怎样报道司法案件都是有规矩的。

对于媒体工具化，也要做深入分析：这是媒体的自主行为，还是被动行为？如果媒体被当做某个权力机关的工具，它给社会带来的负面影响是非常大的。但如果完全归咎于媒体，也是不恰当的，因为这是对它的规定动作。但不管怎样，媒体工具化的危害是很大的。

主持人：从现在的趋势来看，这种不好的现象有没有改变的可能性？

展江：有。在互联网上，无论对于媒体审判，还是媒体工具化，社会各界都在强烈抨击。今天是微博时代，你只要在微博上发出这种声音，大家都能看见。我们的言论空间虽然还不够大，但你批评媒体是没有问题的，比如你在微博上批评一下 CCTV 或者《人民日报》，只要不涉及特别敏感的问题，都是可以的。今天很有利的一个条件是，媒体的所作所为很容易被记录下来，无论你是哪种形式，是文字，是图像，还是视频，都很容易被网民记录下来。改变现状，我觉得还需要社会各界的努力。

当然，也还需要媒体的自律，但要自律很难。因为中国还没有相对独立的行业组织，它对媒体的号召力也不够。归根到底，还得依靠法治，媒体产生的问题已经严重影响了亿万社会公众成员的生活了，需要通过法治来解决。

中国的新闻专业主义，曾经达到相当高的水准

主持人：下面谈一下新闻专业主义。我有个同学在新华社，他说有时候对于同一件事情，他们和南方系都去采访了，但最后各自发表报道的时候，他发现南方系有的同仁写的稿子，是观点先行，有意突出冲突以博取眼球，表现出一种颠覆者、革命者的姿态。我不知道是不是有这样的情况存在，所以我想请展老师谈谈，中国媒体在新闻专业主义上的表现是怎样的，多数报道是合格的吗？

展江：新闻专业主义的概念是最近十几年才在中国流行的，实践新闻专业主义的代表性媒体有几家，前后有变化。1998 年以后，中国有了在新闻专业主义上比较成功的媒体，那就是《财经》杂志。后来，无论是中国的报纸，还是杂志，甚至电视广播，都有一批从业者认为新闻专业主义是中国媒体发展的方向之一。媒体要站在居中的立场上，为社会各个不同的阶层提供有价值的信息，报道要中立，评论要公允，不为某个特定的利益集团说话。在这种背景下，中国确实出现了一些优秀的媒体，虽然为数不是很多，过去的《南方都市报》是其中一家。我说的是过去，因为我对现在的《南方都市报》没有研究。

现在的财新传媒、《财经》杂志、《新京报》，还有《中国青年报》的调查性报道，也很不错的。这些媒体不一定完全达到了西方的新闻专业主义标准，但在某些领域，比如深度报道和新闻评论方面应该说达到了很高的水平。《新京报》创办的时间不是很长，经济实力也不是很雄厚，起步也不早，但它却是北京都市报中比较受尊重的一家报纸。就媒体品质而言，《新京报》是实践新闻专业主义的一个范例。

新闻专业主义能够在中国出现，是很不容易的。因为在过去，中国的媒体喜欢做意见的鼓吹者，以发表政见为主。梁启超当年创办《时务报》，他就是专门发表政论的，时务文体“笔锋常带感情”。应该说，在启蒙阶段，这样的报纸有它们的价值。但现在，这类意见和观点取向的媒体受到了挑战，我们必须有大量高品质的新闻报道，然后依托这种新闻报道发表高质量的评论，新闻报道和新闻事实要优先于观点评价，这就是所谓新闻取向或者信息

取向的媒体。中国媒体改变了原来的“意见取向”传统，这是一个很大的变化，这在世界上应该说也不多见，因为一个国家的媒体取向往往是早就定形的，要改变很难。

主持人：对于中国媒体的新闻专业主义，您的评价还蛮高的。

展江：中国的媒体在这方面曾达到了比较高的水准。我们从两方面来看，一是新闻报道，二是新闻评论，前者是事实的传递，后者是意见的表达。

就新闻报道而言，调查性报道是最有代表性的。中国的调查性报道在2003年前后达到了空前的水准，当时所有不同形式的媒体，包括报纸、杂志、广播、电视，都在做调查性报道，而且都有优秀的拿得出手的作品，央视有《焦点访谈》《新闻调查》《经济半小时》，中央人民广播电台有《新闻纵横》，都做得非常棒。《财经》杂志的调查性报道是它的重头，《南方都市报》在那个时期的调查是非常强的。当然，《南方周末》也做了不少很好的调查报道。《中国青年报》是团中央的机关报，但它有好的传统，也照样追求好的调查报道。

新闻评论更是百花齐放，中国本来就有这样的传统。现在和以前不同，以前的新闻报道非常弱，在这种情况下发表的很多评论是站不住脚的，现在的情况要好一点。

主持人：您对中国媒体现在的表现，好像有保留意见？

展江：现在主要是调查报道受到了抑制。官员为了维稳，要控制负面信息，而调查报道是披露负面内容最厉害的一种。

主持人：就目前而言，中国媒体的新闻专业主义和西方有什么样的差距？

展江：在西方，媒体独立是一种理念。但中国现在的媒体不可能是独立于国家，传统媒体都是国家办的。现在有一些互联网媒体可能是例外。所以，这是和西方媒体的不同。

从实践上看，新闻专业主义进入中国的时间比较短，20年都不到。相对来说，新闻专业主义在市场化程度比较高的媒体中，成长更快一些。但也未见得全是这样，比如江苏的《扬子晚报》曾经排在全国晚报前三名，但它在调查报道方面乏善可陈，虽然它的发行量一度达到百万。

网络舆论的主流肯定是好的

主持人：以微博、微信等为代表是社交媒体的出现，使得许多热门事件和案件在网上备受关注。按照现有的案例来看，如果没有网友的围观、转发，有些事件可能是得不到解决的。但同时也造成了一个问题，就是网络舆论会影响司法审判。您怎么看待网络舆论？

展江：自媒体赋予了中国普通人讲话的机会，有的人提供信息，有的发表观点。但这里面泥沙俱下，鱼龙混杂，正面、负面作用都有。

对于网络舆论，我认为应该看主流，主流肯定是好的。传统媒体再多，也是有限的，仍会有很多盲区和死角。但进入新媒体时代，整个社会都动起来了，社会变得很丰富。以前，一个媒体发表的观点未见得能代表整体社会，但现在却可以看到所有人的反馈意见，网民们毫不客气地表达自己的真实想法。虽然网友的言论中有一些口水，甚至不太文明的用语，但我认为这不是主要的东西。只要开放辩论，一段时间后就能达到健康的传播秩序。越不开放，传播就越畸形，越不理想。

对网络舆论的管控，还是要讲法治

网络舆论的缺点我们不能无视，但它经常被放大了，官方对互联网上的信息过度关注，甚至把它切成一块一块的，每一块都有一批网警管控。我问过英国学者，说你们有网络警察吗？他们说没有。但我们国家的这支队伍却越来越大，主要工作是24小时监督网络信息，我觉得有些过了。网络监督的重点，是极端主义、恐怖主义以及危害国家安全和社会重大利益的信息。对于老百姓日常的观点，哪怕言词激烈，也不需要过度关注。否则，首先是这些部门很辛苦，其次是大家都觉得有点后背冒汗。所以，我觉得主管部门都要多想一想，我们的社会公众有了自主发声的渠道是好事情，有问题都可以拿出来讨论，不要一步就走到极端，人家发表了什么信息动辄拘留，这和法治精神和维护人权是相悖的。

中国这些年一直支持国际人权计划，按照国新办《人权白皮书》的说法，就是要保证公民的知情权、监督权、参与权和表达权，但最近几年很少有人谈这“四权”了。互联网为落实这“四权”提供了最优越的条件，如果你把它视为洪水猛兽，24小时看着，这是不对的。当年薄熙来主政重庆时，有人在网上转发一个漫画，都被抓进去劳教，这太恐怖了。

对于网络舆论的管控，我觉得还是讲法治。《宪法》第35条规定，公民享有言论自由，其次还享有出版自由。至于言论是否危害了社会，要让法律和法院说了算。去年，在台湾的黑心油事件中，到底要不要抓魏家的老三魏应充，这是由法官决定的。当然，大陆和台湾的法律制度有差距。但我们要由法院对公民的言论或其他行为，做一个判断，看看是否违法，是否要刑事拘留。毛泽东曾经说过：偏听则暗，兼听则明，言者无罪，闻者足戒。说话的人是无罪的，但现在有网民在网上说我们这里发了水灾，就被抓起来了，更不要说举报官员了，这是不合适的。

互联网具有强大的自净功能

主持人：有些人担心，如果没有网络警察，我们的社会是不安全的。您刚才说英国没有网络警察，他们的网络上会不会有很多谣言或者其他危害社会的信息？

展江：英国是有思想自由传统的社会，英国人普遍接受一个观念，谣言无足畏，不值得特别担忧。因为信息的自由市场本身就有一个自净功能，有人散布谣言，就有人戳穿它。

以维基百科为例，它是任由所有人自由编辑的。那么，在做学术研究的时候，维基百科的词条能够作为学术的来源吗？前几年，英美高校都告诫学生不要用它，说那是不靠谱的，要找资料还是得翻《大英百科全书》。但经过几年以后，这个看法改变了，现在维基百科中很多词条的质量，一点也不亚于传统的百科全书。这是怎么做到的？首先，优质信息和劣质信息有个较量，优胜劣汰；其次，假的信息不断地被别人批掉，准确的信息不断地被补充进来。所以，互联网具有强大的自净功能。

在互联网上，只要某个传言不会带来明显而即刻的危险，就不应该被压制。如果某人扬言要炸地方政府大楼，这让政府很紧张，它采取一些行动，这是可以理解的。但只要不是这类马上就制造明显危险的信息，都应该允许自由传播。

前几年，中国的言论自由有了很大的空间，大家觉得有进步。但现在空间怎么缩小呢？人们开始有这样的质疑。在国际上，人家对我们的言论自由也有质疑，中国是联合国常任理事国，签署了联合国的《人权宣言》，言论自由是要达到一定标准的，中国应该按照那个标准去做。做得好了，社会受益，政府的形象也会变好。

就目前而言，我们要弄清《宪法》规定的言论自由是什么含义，不到万不得已的情况不去惩罚那些发表言论的人，这是国际社会的通行做法。在德国，鼓吹纳粹的言论是犯罪；在美国，仇恨言论也是违法的。但是，在大部分情况下，公民的言论无非是陈述一个具体的事实或具体的观点，恐怕到不了违法犯罪的高度。回过头来看最近几年网民的言论，有几人的言论到了必须要用法律来惩罚的地步？我认为我们的做法有些过了。

在社会转型中，媒体的作用不可或缺

主持人：我们在微信上征求了一些问题，有位网友说得特别好，他说现在中国媒体乱象丛生，是一种现实和历史的必然。因为我们媒体是随着市场化的发展而开放的，就像中国的市场还不够开放，中国的媒体也不够开放。在半管制半开放的状态下，新闻界出现了一些类似权力寻租的情况也就不足为奇了。您赞同他的观点吗？

展江：中国媒体出现问题，确实不足为奇。但中国媒体的腐败程度还是令人震惊的，已经达到了世界第一了，说不好听点，这是国耻。

曾经有报道说，西班牙有一个著名的体育报的记者来中国采访，有人给他红包，他一头雾水。人家后来明白过来，肯定会认为这是一个耻辱，怎么能要这个东西呢？在我们这儿，我们也就把它当成一个笑话看待，但问题的严重性不能低估。

主持人：在社会转型中，媒体可以起到什么作用？

展江：一个社会能否成功转型有很多因素，媒体的作用肯定是不可或缺的。但媒体能有多大的空间？还真不好说。是次要的，还是主要的？是主导型？还是从属型？我觉得都是未知数。

在阿根廷的转型中，媒体的作用很大。在上个世纪八十年代初，阿根廷的军人政府和英国打仗失败，国内民怨沸腾，被迫还政于民，实现了民选。实现民选以后，媒体发挥了很重要的作用，就是调查军人政府对人权的践踏。阿根廷有个知名媒体人写了一本书，叫《死亡飞行》，记录了军人政府期间的政治犯是怎样被迫害的。阿根廷有一个海军学校，专门关押政治犯，有一天，一架飞机装了24个政治犯，他们都被绑起来，注射了麻药，飞到空中时，一个个被踢到海里去喂鱼。24 个人的生命就这样消失了，外界不知他们的下落。这个事情是怎样曝光的呢？当时参与这件事的一个海军上校年纪大了，良心发现，意识到必须在活着的时候讲出来。他就找了一个知名记者，把这一段讲出来了。后来导致什么后果呢？这个上校选择了到西班牙去自首，因为西班牙废除了死刑，不会判死罪。但那些受难者的家庭震怒了，虽然上校没被判死刑，但他罪孽深重，这些家属要求法院判他几千年监禁，法院最后判了他 640 年。有人可能会说，判他这么长的刑期有意义吗？可能有些人不明白，废除死刑是基于人道主义，但是要根据罪犯的罪行程度判处相应的刑期以示区别。

阿根廷的媒体披露这个案子之后，引起了社会的关注，也推动了阿根廷的司法改革。在美国，如果你批评总统，或者批评参议院和众议院的议长，不用担心犯“不敬罪”，而且因为被批评的是公众人物，他们难以起诉批评者。但在阿根廷，这却是犯了“不敬罪”。所以，阿根廷媒体觉得这个差距太大了，就进行了大量报道和讨论，最后“不敬罪”被取消了，还引进了司法审查制度。这就是媒体对社会转型的贡献。

在巴西的转型中，媒体的作用也很大。在八九十年代，巴西媒体是社会各界中，公信力最高的，超过了法官和医生。

在中国社会的转型中，媒体已经发挥了一些作用。媒体所揭露的冤假错案、个人的不公平的待遇等等，这些对法治的进步是非常重要的。我觉得，一个自主而负责任的新闻界和媒体，在任何时候都是需要的。如果没有它，社会就会像改革开放前一样，问题已经很严重了，但我们仍执迷不悟。

没有《新闻法》，媒体领域问题太多

改革开放以后，我们社会的自由增加了很多，但我们还是希望一些更核心、更重要的领域能够开放，不要有那么多禁区。至于什么能够成为禁区，一定要有法律规定，同时还要让社会公众达成共识，认为设置那样的禁区是必要的和合理的。

现在对媒体的管理，基本上还是按照传统的思维和办法，离法治的要求还很远。某些媒体的主管部门，经常是自己制定一些规章让媒体遵守，但它们是否跟现有的法律吻合呢？它们是否合乎说宪法？说到宪法，似乎扯得很

远了，一个具体的规定要联系到宪法，那就说明我们缺少中间性的法律，就是说缺少《新闻法》或者《媒体法》。

我们为什么一直没有给媒体立法呢？因为一位已故的高级领导人曾说过，立法对官方不利，他说过去在国民党时代，因为有了《出版法》，我们共产党就钻了国民党的空子，现在如果我们有了《新闻法》，别人也会钻我们的空子。

我认为在现代社会，是不宜有这种思维的。我不能说法治是万能的，不能说所有问题都可以通过法治来解决，但中国的很多问题确实是因为没有法治。一个没有法治的社会或者说一个实行虚假法治的社会，和一个真正的法治社会相比，区别是巨大的。从长远来看，法治对执政党也是有利的，人治肯定是逆潮流的，官方应该要意识到这个问题。

要有一个路线图和时间表，推进媒体领域的法治

对于媒体领域的法治，我们要有一个分阶段走的路线图。可以稍微缓慢地前进，但一定要有一个方向，有一个时间表，要让人知道经过多少年要达到怎样的水平。在一些没有法律的重要领域，要赶紧立法。中国的民法现在很不发达，只有《民法通则》，而其他国家早有《民法典》了。这会导致什么问题呢？举个例子，如何看待诽谤？1987年之前没有《民法通则》，你要起诉我诽谤，只能根据《刑法》起诉。中国的第一起告媒体的案件，发生在1985年，当时《民法通则》还没有出来。这导致了上海非常有影响的一本杂志《民主与法制》的两个老记者被判诽谤罪成立。那本来是一篇想伸张正义的文章，说一个丈夫虐待他的妻子。但它与事实不符，这个丈夫就起诉媒体，起诉的依据是1979年的《刑法》。1987年有了《民法通则》，以后就好办多了，现在方舟子要告崔永元，如果诽谤者败诉，那就只要承担停止侵害、赔礼道歉的责任，并可能有一定金额的赔偿，这就是法治社会中的常态。你错了要负责，但未必要被判蹲监狱。所以，体现以人为本的法治一定要推进。

媒体现在变成了一个人治的特区了，有一些莫名其妙地打着法治旗号的东西。我们非常希望政府依法管理它应该管理的社会领域，政府也多次说过要依法管理互联网，这很好，但法在哪里？我们找遍了关于互联网的法律，只有全国人大常委会的两个相关决定，而全国人大常委会的决定，是不是司

法裁判可以依据的正式法律？如果是，如何进入司法实践？我认为，凡是涉及宪法规定的言论自由的法律，都属于重要的法律，这种法律的立法权限，应该属于全国人民代表大会，应该有社会成员的广泛参与。

2013 年 9 月，两高推出的关于谣言和寻衅滋事的司法解释，就受到了质疑。因为这涉及到对《刑法》的重大修改，而《刑法》是由全国人民代表大会来制定的，根据《立法法》应该由全国人民代表大会来修改。我看到当时的法学界基本上是沉默的，这不难解释。如何落实法治的问题，在媒体领域，特别是在新媒体领域，是迫在眉睫的。

应出台一部涉及到大众媒体日常运营的法律

主持人：具体该怎么做？

展江：首先可以进行一些讨论，法学界的学者、研究新闻媒体的学者、媒体从业者和公民代表一起来讨论。现在有不同的思路，像一百年前那样，专门制定针对纸媒的《新闻法》，还是制定涵盖更广的《大众传媒法》？《大众传媒法》包括不包括新媒体？前几年，前国新办主任王晨曾说过，可以考虑制定一部《互联网管理法》。我当时看到这个信息还挺高兴，因为以前我们只有各种《办法》和《暂行办法》，这和法律是有很大距离的，很容易部门化，因为是那些部门里的专业人士自己制定的。这种《暂行办法》和社会公众的关系、立法的关系、行业的关系等都说不清道不明。我个人倾向于为互联网领域单独立法，传统媒体领域可以整体立一个法。

当然，《大众传媒法》也不能涵盖媒体所有的行为，但首先要有一部涉及大众传媒基本运作的法律，特别是涉及到媒体传播内容的法律。能传播什么，不能传播什么，应该怎么传播，出问题后该怎么惩罚，承担什么法律责任，我们在这些方面总体无法可依，这个问题太严重了。

我们不谈敏感话题，就说点简单的，比如色情和淫秽问题。按照一些法律上的观点，色情和淫秽是不一样的，色情局部挑逗人的性欲，在一定程度上可以容忍；淫秽是整体挑逗人的性欲，足以导致普通人堕落，是不能接受的。所以，法律应该限制传播淫秽内容，而不是限制传播色情内容。今天的中国社会简直是一个情色世界，到处有人开黄腔，大家都在说一些黄段子什么的，说明社会尺度不一样了。但什么是“黄”呢？“黄”违法吗？这些都是可以具体讨论的。再比如，一部电影能不能在大陆播放，是官方部门剪辑以后才能播放，还是建立分级制度？这些都是具体问题。2012年出台了一部法律草案，叫《电影产业促进法》(征求意见稿)，但现在也没有出来。

我希望四中全会以后，会出台一部涉及到大众媒体日常运营的法律，我觉得这是不能回避的问题。《新闻法》或《媒体法》不是万能的，但没有新闻立法，我们现在问题太多了。

对于新闻寻租，媒体人个体有不可推卸的责任

主持人：要改变中国媒体的生态，除了出台《新闻法》，可能也不能回避媒体伦理的问题。在权力和资本的夹缝中求生存，媒体人应该怎样做呢？

展江：随着媒体腐败的案件逐渐被披露，媒体界有两种意见。一种意见以胡舒立为代表，她在财新《新世纪》上发文章说，新闻寻租不可恕。她的文章受到了强烈的批评，有人说你不去批评体制，而去批评某些媒体人的行为，这是走偏了。我很难说自己站在哪一方，但在一定程度上支持胡舒立的观点，虽然制度有问题，但你个人怎么做，你还是可以有选择的，所以我认为媒体人个体有不可推卸的责任。这个行业虽然有问题，但你一定要去敲诈吗？

过去，记者收受别人的金钱和物质上的好处，到底是受贿，还是职业道德问题，这连法律界和法学界都说不清楚，但现在逐渐清晰了。陈永洲案，他已经被一审判决了，被追究的罪名是什么呢？非国家工作人员受贿罪。因为陈永洲不是公务员，所以在前面加了一个“非”字。国家公职人员受贿罪的起点金额会低一点，非国家公职人员受贿罪的起点金额要高一点。对于社会公众来说，这可能很难理解，还需要慢慢磨合。

在一些专门领域，比如律师有《律师法》，法官有《法官法》，警察有《警察法》，但在媒体领域却没有媒体法，这使得依法管理媒体的有效性让人存疑。

主持人：前面我们提到过央视二套的腐败和21世纪报系的腐败，公众对这两个案子的反应是不一样的。郭振玺被抓的时候，很多人认为大快人心。但沈颢被带走的时候，不少人认为一方面认为，如果沈颢有问题，那他受到惩罚是应该的；但另一方面还特别担心这不仅仅是打击腐败的新闻人，而是在打压新闻的空间。不知道您怎么看？

展江：这两个案子目前都没有进入司法审判阶段，我不便做具体评价。

但等未来案情公布以后，可以好好的总结。我觉得只要是涉及媒体大案，等尘埃落定后，可以叫上媒体人、媒体研究者、法官、法律研究者一起来做个探讨。

纸媒要把它的优秀传统，转移到新媒体里

前几年，中国财经类媒体是非常强势的，市场地位很高，但它为什么会走到今天这个地步？背后可探讨的东西太多了，其中，对内容的过度限制，已不足以解释财经媒体自身的问题了，因为财经媒体相对自由，不会涉及到太多政治敏感性，这是可以总结的第一点。

第二，中国媒体还有一个困境，就是来自互联网的压力，这和官方也没有关系。最近有一个很时髦的词，叫“媒体转型”。但我要说一句悲观的话，不存在什么“媒体转型”，老媒体要退出历史舞台，新媒体要取代它，哪有什么转型可言呢？

在中国，已经出现了传统媒体加速衰亡的现象。我对大多数纸媒的预期是，只有几年的寿命了。如果一家报纸按照市场法则运作，不靠补贴，它基本上是活不下去的。到现在为止，纸媒已经存活400年了，也许该退出历史舞台了。但纸媒要把它的优秀传统，转移到新媒体里，这是我们现在要做的事情。

传统媒体出现困境是很正常的，这是时代造成的。我可以理解一些媒体人对旧媒体的留恋，我也做过报纸，知道白纸黑字是一个很具有力量感和存在感的东西，当它要消亡时，确实很让人感伤。但新媒体有什么不好呢？无论从哪个角度来看，新媒体没什么不好的。所以，从积极的方面来说，我认为要做这个准备，花十年左右时间，完成从旧媒体向新媒体的对接。

纸媒在衰落，新媒体在崛起，这也涉及到很多政府管制的问题。比如你们共识网可以发表观点，这很不错，但你们能不能做新闻呢？不能，因为没有采访权。不光是你们没有，那些门户网站也同样没有，只有像人民网、新华网等官网才有。这就不正常了，这对市场化媒体来说，是一种非国民待遇性质的歧视，官方必须要改变政策，一视同仁。如果让互联网相对活跃一些、开放一些，对社会是好事情，能够很好地释放社会压力。

国际上的通例是，政府是不管纸媒的

主持人：有一位网友说，即使在高度开放的社会中，媒体的弊端也是难以避免的。相反，媒体过度市场化，可能发生类似英国媒体窃听这样的丑闻。在充分保证言论自由的前提下，对新闻媒体的有限管理还是必要的。我挺赞同这位网友的看法，不知您怎么看？另外，我还想问，在中国现在的语境下，从建设的角度来说，您认为应该怎样管理新闻媒体？外国有哪些做法是值得我们借鉴的？

展江：我同意这位网友的观点，媒体的确是有弊端的。怎么去限制媒体的弊端？除了诉诸法律，社会公众也要参与进来向媒体施压，媒体人自身也要坚守媒体伦理。

政府该怎么管媒体？很简单，依法管理，一定要有法有据。但依法管理在英美和奉行大陆法的国家是不一样的。英美主要是靠传统，英国关于媒体的法律相对较少，但言论自由在英国是一个不可颠覆的原则，政府要最大程度的保证舆论自由的空间，这不是宪法的具体规定，而是他们的习惯法。国际上的通例是，政府是不管纸媒的，也就是说不存在一个管理纸媒的机关。如果媒体涉嫌诽谤，或者涉嫌侵犯隐私，甚至是敲诈勒索，那么起诉它就可以了，政府和纸媒没有什么关系。

在广播电视领域，各国一般有专门的管理机关。台湾地区有一个管理广电的部门叫 NCC，它给 100 多个电视台发了执照，那么小的地方有那么多新闻吗？当然没有，他们电视里放过一名女郎在地铁里碰到一个色狼的新闻。但是，在真正有大新闻的时候，台湾媒体的报道还是很全面的，比如在这次“黑心油”事件中，你打开电视，基本上 24 小时都有关于它的新闻。

但在中国大陆，我们是没有《广播电视法》的，只有《广播电视管理条例》；没有《新闻出版法》，只有《新闻出版管理条例》，这是亟需解决的问题。

在七八年内，大部分纸媒应该会消失

主持人：刚才我们谈到了媒体转型的问题，其实从上世纪 80 年代开始，中国媒体经历了一系列的变化，那会儿基本上只有官媒，从 90 年代开始出现了一些市场化的媒体，后来又进入了门户网站的时代，现在又迎来了社交媒体的时代。我想请您预测一下，在未来几年中国媒体的发展趋势是怎样的？

展江：我只能做个有限的预测，在七八年内，大部分纸媒应该都会消失，特别是报纸。但广播的情况我不好说，它似乎还有存在的空间，因为它成本很低，所以还可以延续。另外，电视好像也是走下坡路。我说的都是和新闻有关的传统媒体，和新闻无关的图书、电影我很难评论。

门户网站是中国的特殊现象，台湾好像没有门户网站，美国和韩国虽然有，但发展得不如中国热闹。但是，相对于社交媒体，门户网站已经算是"老"媒体了。最近管新浪微博的陈彤辞职，引起了不小反响，但他的辞职是不是一种象征，还不好说。在互联网领域，虽然有一种所谓的代际更替，但我现在不好下结论，只能说未来的变化肯定会加剧，而且可能出乎意料。

很多事情都难以预料，前几年我们绝对不会想到中国纸媒的衰落会如此快，如果有退出机制，我相信每年都有几十家报纸关闭。复旦大学的李良荣教授说得比较尖锐，他说中国现在大概有1800多份报纸，应该死掉1200家，留600家足够了。李老师的表达方式很有个性，但他的观点很有道理，中国真不需要这么多报纸了。北京有很多莫名其妙的报纸，我不好点名，像那些半死不活的"边缘"官媒，主要是各种行业报，它们有存在的价值吗？我们平时不了解这些报纸，当我们知道它们的时候，往往是这个报纸出现问题了。

传统媒体的衰落令人感到惋惜，甚至还有哀愁。但新媒体的兴起又是一种充满希望的变化，这种变化太厉害了，太丰富了，它完全可以覆盖我们的传统媒体，尽管现在还没完全做到。新媒体可以同时呈现音频、视频、文字，传统媒体可以吗？我虽然不懂技术，但我欢迎新媒体，拥抱新媒体。新媒体的发展是一个大趋势，总体来说，我并不感到悲哀。

中国应该培植Huffington Post这样的网站

主持人：有个网友问，Huffington Post这类新闻网站对《纽约时报》这样的传统媒体会产生什么影响呢？中国会出现Huffington Post这样的网站吗？

展江：《纽约时报》是非常有名的高质量报纸，但它说倒就倒，一点也不奇怪。它会光荣地死去，但绝对不会被陈光标收购的。陈光标给再多钱，人家也不会卖给他。美国国内有人要买《纽约时报》，并且承诺延续《纽约时报》的特点，这也有可能。但《纽约时报》更大的可能性，还是会死去，我觉得它的生命已经进入倒计时了。

普利策奖这几年有些变化，它以前本来只给纸媒颁奖的，但现在也给Huffington Post这样的网站颁奖了。为什么？因为新闻网站是报纸的接班人。这对我们是个很大的启发，我们国内也应该培植这样的网站，这种培植既需要有商业投入，又需要政府放松限制。

我认为中国也有可能出现Huffington Post，但还是要看社会环境。我们不缺人才，但缺少良好的法治环境和市场环境。如果政府依法减少对媒体的限制，鼓励媒体在市场上自由竞争，允许优胜劣汰，那么这完全是有可能的。目前中国在媒体领域还做不到优胜劣汰，但这20多年的实践证明，媒体要是有好的内容，好的声望，也能获得好的市场回报。现在是互联网时代，新闻应直接在网上呈现。

主持人：我们乐观其成。今天的访谈就到这里了。依照惯例，还想请您对共识网说几句寄语。

展江：共识网是我们这些大学教师、知识分子和以及许许多多关注中国未来的网民非常关注一个很有影响力的专业性网站，我说的专业性是指：共识网侧重于社会思潮，凝聚社会不同意见。在中国当下这个特殊的转型期里，共识网发挥的作用是非常独特的，运作也是非常成功的，我这里说的成功当然不是指商业上的成功，而是说共识网集纳了非常多的思想资源，让大家来温和、理性地探讨中国社会的问题和出路，这是非常了不起的，我非常钦佩你们的努力。

主持人：谢谢展老师，也谢谢网友们的参与，我们下期再见。

后　记

30 年前的 1985 年，在上海出现了中国自 1949 年以来第一宗新闻记者吃官司的案件，而且是刑事案件。虽然改革开放已兴，但当时的法律仅有 1982 年《宪法》和 1979 年《刑法》。很有影响的上海《民主与法制》两位老记者因新闻事实而被判定诽谤罪成立，并分别被剥夺政治权利 1 年到 1 年半。其余波令近距离观察其事的魏永征先生至今不能释怀。其时，中国新闻法制的另一条更宏大的脉络正在进展中，那就是在 1984 年初全国人大常委会决定制订《新闻法》。

20 年前的 1995 年年初，与新闻与大众传播关系密切的《广告法》生效。此时《新闻法》立法计划虽已搁置，但是社会主义市场经济体制开始建立，关涉新闻与大众传播的大规模分散立法成为主流，尤其是随着《民法通则》1987 年初的生效，在传播法中至关重要的诽谤法出现了“民法转向”，即新闻媒体大量成为被告，乃至形成了另一媒体法研究名家徐迅女士所言的“中国新闻侵权的第一次浪潮”，但是记者们不大担心被判诽谤罪了。

10 年前的 2005 年，以互联网为代表的新媒体大兴，如何既保障公民的知情权和表达权，又限制互联网侵犯他人名誉、隐私、肖像等权利的行为，成为国家和全社会的一个重大考量。而随着“萨斯”事件的爆发和政府应对，2003 年成为中国政府信息公开元年。其后，随着《突发事件应对法》在 2007 年和《政府信息公开条例》在 2008 年的生效，政府信息公开实现了初步的法治化，并深刻影响了新闻与大众传播。另一方面，针对网民表达的治安处罚和刑事惩罚开始增多，引发了社会的关切。

在这套“传播法研究”丛书出版启动的 2015 年初夏，实施了 20 年的《广告法》于 4 月 24 日由全国人大常委会修订通过，9 月 1 日起实施。3 月份的两会忽然传来《新闻法》草案即将提交全国人大审议的消息。而在本书即将付梓之际，《网络安全法》（草案）有望作为传播领域的第一部正式法律公开发布并征求社会各界意见。

总之，在法治国家的口号深入人心和新老媒体无比强大的今天，恐怕无人再否认传播法和传播法研究的价值了。当然，与整个国家相对完整的法律体系相比，（新闻）传播法的体系性还远远不够完整。虽然在私法和民商法领域以及某些公法领域（政府信息公开）大有进步，（新闻）传播法在公法领域仍然有很大的成长空间。

放眼世界，随着全球民主化进程和传播技术的飞速发展，以保护媒体和个人传播权为主、对特殊传播表达加以限制的国际法——联合国《公民权利和政治权利国际公约》《欧洲人权宣言》等影响日益扩大，并且成为特定国家软实力的一个重要方面。本书既重点关注本国新闻和大众传播法治的进步和演化，也跟踪观察世界多国新闻传播法治的若干案例和趋势。

作为丛书的主编之一，我深深感到肩头任务之艰以及个人研究能力之有限。丛书的出版，得到中国出版集团旗下世界图书出版公司和赵泓先生的大力支持，此举显示了一种令人钦佩的卓识。我们谨代表为本丛书撰稿的各位研究者表示真切的谢意。本书的写作一定程度上也是我与我的博士和硕士生雷丽莉、李兵、乔振祺、刘寒青、黄晶晶、冯霜晴合作的成果，研究生王茸等提供了资料查询和校对方面的帮助，在此一并致谢。

展　江

2015 年 7 月 8 日